吴式颖　李明德

丛书总主编

外国教育通史

第五卷

文艺复兴时期的
人文主义教育

褚宏启　王者鹤

本卷主编

GENERAL HISTORY OF
FOREIGN EDUCATION

北京师范大学出版集团
BEIJING NORMAL UNIVERSITY PUBLISHING GROUP
北京师范大学出版社

图书在版编目(CIP)数据

外国教育通史：全二十一卷：套装／吴式颖，李
明德总主编. -- 北京：北京师范大学出版社，2025.1.
ISBN 978-7-303-30486-8

Ⅰ. G519

中国国家版本馆 CIP 数据核字第 20251WL437

WAIGUO JIAOYU TONGSHI：QUAN ERSHIYI JUAN：TAOZHUANG

出版发行：北京师范大学出版社 https://www.bnupg.com
　　　　　北京市西城区新街口外大街 12-3 号
　　　　　邮政编码：100088
印　　刷：北京盛通印刷股份有限公司
经　　销：全国新华书店
开　　本：787mm×1092mm　1/16
印　　张：684
字　　数：9000 千字
版　　次：2025 年 1 月第 1 版
印　　次：2025 年 1 月第 1 次印刷
定　　价：4988.00 元(全二十一卷)

策划编辑：陈红艳　鲍红玉　　　　　责任编辑：赵雯靖
美术编辑：焦　丽　　　　　　　　　装帧设计：焦　丽
责任校对：陈　民　　　　　　　　　责任印制：马　洁

目 录 | Contents

导　言

　　本书是二十一卷本《外国教育通史》的第五卷，讲述的是 14 世纪到 16 世纪文艺复兴时期欧洲的人文主义教育。

　　"文艺复兴"从其词义看，是指古典文化即古希腊、古罗马文化的复活或复兴。但文艺复兴绝非纯粹的复古，其本质是面向未来而不是面向过去的。文艺复兴运动是在意识形态领域里向封建主义和天主教神学体系发动的一场伟大的文化革命运动，标志着欧洲现代文化的发端。

　　文艺复兴运动具有阶段性和地域性，其中心时期是 14 世纪中至 16 世纪末，最先发生于 14 世纪的意大利，15 世纪末传播扩展到北部欧洲①，16 世纪初于北部欧洲诸国扎根生长，而其尾声则一直延续至 17 世纪初。文艺复兴在北部欧洲引发了建立在人文主义与宗教理想双重基础之上的宗教改革运动，而宗教改革运动又导致了天主教会的反宗教改革运动。不能把"文艺复兴"与"人文主义"画等号，文艺复兴时期作为欧洲现代史的早期阶段，是一个具有多样化内容的历史时期，在这一时期，欧洲发生了许多事件，不能把它们都称为人文主义，宗教改革、反宗教改革也同样发生在文艺复兴时期。因此，文艺复兴时期的教育在时间维度上，包括人文主义教育、新教教育和革新后的天主教教育(如耶稣会的教育)，本卷主要关注文艺复兴时期的人文主义教育。但由于人文主义运动与宗教改革在时间上有交叉、在内容上有联系，本

---

　　①　本书中的北部欧洲是指阿尔卑斯山以北地区，德国、法国、英国等皆属此地域范围。

卷在阐述人文主义教育的社会背景、实践与思想时，也会涉及宗教改革的一些内容。

本卷所讲的人文主义教育是文艺复兴时期的重要教育形态之一，其以人本主义、世俗主义、古典主义为典型特征，是对中世纪教育的反叛和超越。

人文主义是文艺复兴运动的重要成果，但是很难为"人文主义"下一个确切的定义。众多人文主义者的观点并不相同，但在他们的意识和行动中却不同程度地体现了一些与中世纪不同的、进步的思想和价值观，人文主义实质上指的就是这样一种新的时代精神，其基本特征主要表现在以下方面：

第一，肯定人的价值和尊严。人文主义对人的赞颂与中世纪天主教会对人的贬抑形成了鲜明的对照，在中世纪天主教会看来，人是罪恶、卑微、消极的存在，只有上帝是完美的。人文主义提升了人的地位，认为人是有能力的，人能够发展自身，从而获取各种优秀品质，不断臻于完美。中世纪神学宣扬人对教会的教义教规的绝对信仰和盲目服从，而人文主义与这种权威主义做法针锋相对，要求把人从天主教会的教义、教规和其他教条的束缚中解放出来，倡导人的思想解放和个性自由。

第二，倡导乐观向上的人生观。人文主义者对人的看法更加乐观和自信，认为个人的能力及其发展是获得成功、荣誉和较高社会地位的主要依靠，人的伟大与高贵不在于其血缘、门第、财富等因素，伟大与高贵不是生就的，而是通过个人发展、个人奋斗造就的。人文主义者反对消极悲观、无为的宿命论，认为人有能力决定个人的命运，人的能力发展得越充分，就越有能力战胜命运的肆虐。人文主义者反对中世纪禁欲主义和来世说宗教教条，来世说以今生受苦受难作为死后进入天国的条件，引导人克制甚至泯灭人生各种合理的欲望与追求。而人文主义者肯定现世生活的价值和尘世的享乐，将天国的幸福和欢乐移至人间，要求人们追求现世的幸福和欢乐，将虚无缥缈的天国放在一旁。

第三，重视教育对人的发展的作用。教育是一种后天的、人为的力量，对教育的重视也是对人的力量的自信，即人有能力造就完美的人。人文主义者主张通过教育来培养具有多种造诣的全面发展的通才。人文主义者认为中世纪教育是职业性的，是狭隘的，不能使人的各种潜力得到充分的、全面的发展，他们主张传授古典学问，让学生接受广泛的人文学科教育，目的在于培养头脑发达、能言善辩、风度优雅、体魄强健的经世致用之才，以适应丰富多彩的社会生活的需要。

第四，倡导新的治学方法。人文主义者在研究古典文化的过程中，逐渐发展出一种语言的和历史的考证方法。人文主义者发现不少古典著作在中世纪出于抄写错误和人为篡改等原因已经面目全非，令人生疑之处甚多，于是他们就尽力搜求原始的资料，通过对语言文字的考证比较，力求重现古典著作的本来面目。同时，他们还从古代作者所处的社会条件出发，历史地、批判地理解把握作者的思想。人文主义者要求用历史主义的客观态度去把握历史，这种治学方法具有强烈的批判性，这是一种在任何领域都行之有效的方法，对于清理垃圾、为知识的健康发展开辟道路具有重要意义。而到了文艺复兴后期，归纳法这种新的思维方法走上历史舞台，对于自然科学的发展、教育教学方法的进步产生了重要影响。

以上所讲的人文主义的若干特征是对众多人文主义者的思想表现所作的一般性的概括，人文主义不是一个严格的思想派别或学说体系，而是一种宽泛的价值倾向，一个思想和信仰的维度。人文主义的思想特征在人文主义教育中有着充分的表现，它们对教育目的论、教育内容论、教育方法论等皆具有深刻的影响。甚至可以这样说，这些思想特征本身就是人文主义教育的重要组成部分。

尽管人文主义有若干共同的思想特征，但在不同时代、不同地域，人文主义也有其时代差异和地区差异，具体而言，意大利前期人文主义与后期人文主义、意大利人文主义与北部欧洲人文主义就有许多不同之处。与之相应，不同地域、不同时期的人文主义教育也有不同的表现。

意大利人文主义有前期后期之分。前期为14世纪到15世纪末，后期为15世纪末到16世纪中期，这两个时期的教育具有不同的内容和特点。由于14、15世纪意大利文艺复兴的领头羊是佛罗伦萨，而佛罗伦萨又是共和主义政治背景，这就使得"公民"的培养成为人文主义教育思想中的主题。到了16世纪，除威尼斯仍是共和制外，君主制已经在意大利占据了统治地位，君主和朝臣的培养便成为学者们关注的一个问题，这种关注直接导致了人文主义教育思想的转向，培养公民的教育理想被培养君主和朝臣的教育理想所取代了。

北部欧洲人文主义最大的特点就是更加关注宗教问题，因此，北部欧洲的人文主义也被称为"基督教人文主义"。北部欧洲人文主义的根本特征决定了北部欧洲人文主义教育的基本特点。意大利人文主义教育有着较强的世俗性，而北部欧洲人文主义教育则特别强调虔敬与道德的价值。意大利的学校从古罗马时代起，世俗气息就比较浓厚，中世纪以及其后建立的大学和城市学院，也多受世俗势力控制，而北部欧洲的宗教势力比较强大，且北部欧洲的人文主义者多从宗教团体"共同生活兄弟会"那里接受了教育，因此出现这种差异就不足为奇了。另外，因政治背景的不同，教育的政治功能亦旨趣迥异。意大利在文艺复兴前期实行城市共和制，共和政体要求培养富于自由、平等精神的公民，而北部欧洲人文主义教育家崇尚君主制，把治理国家的希望寄托在君主和朝臣身上，因此，他们关注的是对那些将来有希望成为君主和朝臣的人物应该施以什么样的教育。

尽管存在差异，但二者的一致性却是更为根本的，体现在：第一，古典科目构成人文主义课程的基础和主体；第二，强调教育与社会的联系，重视治人治世之学，力图通过教育改造社会，至于对自然的改造、对自然科学的研究尚未受到重视；第三，重视古典语言，漠视本民族语言的教学，本民族语言在教育中地位甚低。

随着社会的发展，早期人文主义教育的上述特征日益滞后于时代，人文主义教育的内涵必须进行新的拓展，这种新拓展主要体现在培养目标的改变、世俗精神的增强、学习内容的丰富、本民族语言的引入、学习方法的进步等方面。

宗教改革之后，随着基督教人文主义的衰落，一种新的人文主义精神渗入欧洲教育实践和教育思想中，具体表现在：其一，不再重点强调教育的宗教和伦理价值，而是要培养身心都得到发展、具有良好风度的绅士，绅士教育成为教育实践与理论的热点。其二，教育的内容也发生了变化，实用性的学科如本民族语言、化学、绘画等受到重视，体育被置于十分重要的位置。随着民族主义精神的加强，本民族语言如英语、法语、意大利语的教学得到了强调。其三，现代科学方法开始对教育方法产生影响，培根的归纳法开创了人类认识的新纪元，也对教育教学方法的变革产生了巨大的影响。

文艺复兴时期人文主义运动为 14 至 16 世纪欧洲各国的教育提供了新的发展契机与发展动力。为了培养时代需要的各种人才，人文主义者冲破中世纪教会教育的束缚，编写教材，兴办学校，大力开展世俗教育。各种世俗化的私立学校和公立学校出现在欧洲各地，教育的控制权逐渐由教会转移到世俗政府手中。各国学校教育的形式发生深刻改变，教学内容大幅扩充，人文学科范围得以扩大，产生了知识世俗化和科学化的转向。在人文主义思想的影响下，欧洲各国大学相继发生了重要变革。人文主义在欧洲的大学中获得了一席之地，许多大学开设人文主义讲座，聘请人文主义学者为教授，意大利、英国、法国、德国、西班牙的一些大学成为人文主义教育重镇。

文艺复兴时期人文主义教育实践与教育思想是不可分的，实践一定是思想的产物，一些人文主义者教育实践与教育思想并重，二者相得益彰。文艺复兴时期许多教育家不仅在教育实践上开拓了新领域，在教育思想上也有新建树。教育实践源于教育思想，但是有了教育思想不一定就会产生教育实践，不少人文主义者长于思想而短于实践。就文艺复兴时期的人文主义教育对于人类教育史的贡献而言，教育思想的贡献要远远大于教育实践的贡献，现代教育的国家化、系统化推进是宗教改革和工业革命以后的事情，但是人文主义教育思想早早地为现代教育实践奠定了思想基础。

文艺复兴时期人文主义教育的发展突出表现为教育思想的进步，本卷的重点是论述人文主义学者的教育思想。意大利的维多里诺、尼德兰的伊拉斯谟、法国的拉伯雷和蒙田、西班牙的维夫斯、英国的莫尔和培根，都是文艺复兴时期人文主义教育思想的主要代表人物。历史过程从哪里开始，思想进程也从哪里开始，教育思想的发展总与教育发展的历程相伴。尽管教育思想的发展历程和教育的发展历程并非亦步亦趋、一一对应的关系，教育思想也并非教育实践简单的、直接的主观反映，但教育思想总是特定时空条件下即特定历史时期、特定地域条件下思想主体对教育现象、教育活动的认识成果，对教育问题的思考源于教育问题对思想者的刺激，而教育问题的产生又具有其社会背景，因此，一定历史时期的社会条件、教育状况给这一时期的教育思想状况划定了基本的框架。

仅从教育思想的角度去把握教育思想的演进历程，是不可能对教育思想发展的内在逻辑予以深刻揭示的，教育思想产生的动因以及教育思想的最后归宿都不是教育和教育思想本身。教育思想的主体在思考教育问题时往往都有一个鲜明的社会取向，教育思想所论及的是教育问题，在表现形态上似乎是内向于教育的，但在本质上却是外向于社会的，这种外向性在文艺复兴时期特别鲜明。本卷对人文主义教育产生的社会条件以及教育思想对社会政治、宗教、道德、文化等问题的关注给予了充分的重视。

产生教育思想的个体条件也不容忽视，教育思想是思想者对教育问题进行思想所产生的个体成果，它带有强烈的个性色彩，反映着思想者个人的人生经历。离开对思想者生存状态的认识，就很难把握其教育思想的独特和深刻之处。不可否认，每一类教育思想群体，如人文主义教育思想家们都有着基本相同的理论框架，但具体到个人，则其教育思想又都有着独特的个性，而每位思想者的价值和魅力就在于其独特的个性。因此，本卷不仅想揭示文艺复兴时期相对于整个人类历史时期教育思想发展的时代个性，不仅想揭示文艺复兴时期人文主义教育思想的个性，不仅想揭示人文主义教育思想在不同发展阶段、在不同地域的个性，而且尤其想揭示每位思想者的教育思想的个性表现。这就需要把教育思想与教育思想者的生活史二者结合起来予以考察，对思想者的生平予以充分的关注。本卷对几位重要教育思想人物的生平进行了细致的分析，这样做对理解他们的教育思想大有裨益。当然，在叙述他们的生平时，并非事无巨细，而是从教育思想的角度做了取舍。

在文艺复兴时代，谁是教育问题的思想者，即教育思想的主体是谁；这些思想主体关注哪些教育问题，他们为什么关注这些问题，为什么提出这样而非那样的教育主张；这个时代的教育思想是否只是"复兴"过去而并无创新，教育思想的生成方式和存在形态与过去的遗产、与当时的社会历史条件、与思想者个人的性格特征有何联系，不同时期、不同内容的教育思想之间有无传承、融合和冲突；总体上看，这个时代的教育思想是否成熟，它在人类整个教育思想发展史上的地位如何——这些都是本卷所力求回答的也是不容回避的问题。

本卷通过描绘文艺复兴时期人文主义教育的演变历程，在一个更宽广的背景下，更深刻地揭示人的发现和人的解放的教育意蕴，展现文艺复兴时期人们的教育追求。同时，本卷还着力描述人文主义教育产生的社会条件和个体条件，这是本卷的特色之一。

本卷在写作过程中运用了一些新的史料，也运用了一些新的方法对史料进行了甄别和选择，根本目的在于还历史以本来面目，即充分描绘出教育发展的丰富性和复杂性，对教育的发展历程予以立体的刻画，并在此基础上对之做出历史主义的客观评价。

除导言、结语外，本卷内容共有八章。第一章主要从宏观上描述文艺复兴运动的兴起和欧洲人文主义的发展，为阐述人文主义教育提供社会背景；第二章至第八章讲述文艺复兴时期意大利、尼德兰、英国、德国、法国、西班牙人文主义教育的发展状况。

因为研究资料匮乏和研究基础薄弱，本卷写作具有较大难度。尽管作者付出了较大努力，尽管与以往的国内研究成果相比有了较大进步，但由于作者水平所限，书中难免有许多不足乃至错谬之处，敬祈学者专家和广大读者批评指正。

第一章

文艺复兴运动的兴起与欧洲人文主义的发展

第一节 欧洲文艺复兴运动的社会背景

文艺复兴是一场静悄悄的文化运动，并非一场骤起的疾风暴雨，其结束也不是突然的，因为它所体现的丰富的新思想因素被思想界以不同的方式、于不同的方面、在不同的时间继承和发扬。因此，很难对其起始和终结划定一个确切的时限，但大致说来，从时间上看，文艺复兴的中心时期是14世纪中至16世纪末。在意大利，从13世纪末就已可见它的端倪，而在北部欧洲，其尾声则一直延续至17世纪初。从影响上看，文艺复兴对欧洲社会的发展影响深远，它标志着欧洲近代社会的开端，是欧洲社会力图冲破封建束缚的第一个重要历史进程。

文艺复兴是以古代世界的发现为前提的，而人的发现又是与古代世界的发现同时并进的。文艺复兴的成就是多方面的，包括文学艺术、哲学、科学、宗教、法律、教育等，并非只是"文艺"的复兴；其成就并非只表现在文化方面，在政治、经济等层面也有丰富的表现，文艺复兴时期的社会是一个虽与中世纪相联系但却与中世纪相当不同的新社会。文艺复兴并不仅是"复兴"，而是含有大量的创新成分，不少成就虽以古典文化为基础，但青出于蓝而胜于蓝，有些成就则是古典文化所不具有的，"虽然许多新成就的基础是古典文化，但是它们很快地超越了希腊、罗马影响的范畴。事实上，绘画、科学、政治学和宗教方面的许多成就和古典遗产关系并不大"①。

"文艺复兴"一词从表面上看，是指古典文化即古希腊、古罗马文化的复活或复兴。但文艺复兴绝非纯粹的复古，其本质是面向未来而不是面向过去的。文艺复兴是一场反叛中世纪精神权威和旧价值观念、开创新时代思想文化传统的运动，反叛在开始时需要有不同于中世纪的精神权威和价值观念的支持，而创造新文化也必须有一个起点。所有这些，人们是从古典文化中找到的。古典文化对当时新文化的产生和发展起到了决定性的作用，所以这个时代被冠以"文艺复兴"之名。

人们常常将文艺复兴与中世纪彻底对立起来，认为中世纪是黑暗的，而文艺复兴则一片光明，似乎二者之间有一条鸿沟，有一个断层，文艺复兴是突如其来产生的。这种认识是片面的，实际上，文艺复兴与中世纪社会有着明显的发展上的连续性，文艺复兴肇始于中世纪后期欧洲社会所发生的种种变革，"中世纪后期和文艺复兴的文明比一般人们所认为的有更多的共同点"②。

中世纪后期，由于贸易与手工业的发展以及与民族国家的发展相伴的君主权力的加强，欧洲的封建制度渐趋解体，作为封建农业基础的采邑制日渐衰落，封建贵族的势力被大大削弱；而作为封建军事基础的骑士制度由于火枪的运用和雇佣军队的建立也日益成为历史的陈迹。在宗教领域，中世纪后期也发生了许多重要的变化，乐观主义和对世俗事务的兴趣逐渐取代了中世纪早期倾向悲观主义和来世的思想；宗教中的人性化色彩不断加重，神职人

①　[美]爱德华·麦克诺尔·伯恩斯、[美]菲利普·李·拉尔夫：《世界文明史》(第二卷)，罗经国等译，119页，北京，商务印书馆，1987。
②　[美]爱德华·麦克诺尔·伯恩斯、[美]菲利普·李·拉尔夫：《世界文明史》(第二卷)，1页。

员的苦行主义遭到反对，圣母玛利亚作为现世美丽慈祥的母亲形象而受到崇拜；中世纪后期的基督教神学——经院哲学力图使理性与信仰协调一致，在宗教的形式下孕育着理性的精神，而唯名论对经验的重视和对怀疑精神的推崇更为文艺复兴后期科学的进步奠定了基础。① 在文化教育领域，教育的发展，尤其是中世纪大学的产生给中世纪后期的文化和学术带来了活力；中世纪后期的文学，尤其是民族语言文学和市民文学中充溢着异教精神和世俗色彩，现世生活受到歌颂，而神职人员则总是作为被嘲笑的对象而出现；即便是中世纪后期的建筑和音乐也表现出新的精神内涵，哥特式建筑取代了罗马式建筑，其建筑风格和装饰更强调世俗意识，强调人对自身、对自然的热爱，而音乐更强调个人的创作而不是对传统曲调的继承，人对自身的能力更加自信。这种种社会变化为文艺复兴运动的产生和发展提供了良好的社会基础。②

社会发展尤其是文化发展上的连续性也决定了教育的连续性。文艺复兴初期的人文主义者都是中世纪教育的产物，中世纪后期大学与城市学校的兴起以及世俗学科受到重视等已为文艺复兴时代的教育做了铺垫，"文艺复兴从中世纪后期继承了高度系统化、专门化了的一大批知识"，正是这一大批知识为文化的复兴和创新开辟了道路，而且，这些知识"虽然经过许多变化和补充，它仍是文艺复兴期间教育的主脉"。③

文艺复兴最先产生于意大利，这是与意大利特殊的社会文化条件密切相关的。意大利在中世纪不是一个统一的国家，而是长期分裂为许多独立的城市共和国以及封建小邦，又长期受西欧大国如法国、西班牙的欺凌，内战和外患连绵不断。但意大利面临地中海，是西欧和东方贸易的枢纽，因此它的

---

① 参见[英]阿伦·布洛克：《西方人文主义传统》，董乐山译，7—8 页，北京，生活·读书·新知三联书店，1997。

② 参见吴式颖：《外国教育史教程》，156—157 页，北京，人民教育出版社，1999。

③ [美]保罗·奥斯卡·克利斯特勒：《意大利文艺复兴时期八个哲学家》，姚鹏、陶建平译，183—184 页，上海，上海译文出版社，1987。

城市在欧洲最为发达，经济上在一些城市中最早出现了资本主义生产关系的萌芽，政治上则形成了相当强大的城市国家。正是城市社会和城市生活孕育了文艺复兴，促成了新文化的形成。西方学者彼得·伯克指出："没有城市，就没有文艺复兴。"①

富足的城市社会改变着人们的生活方式和文化趣味。富裕的上层市民沉迷于世俗生活的享乐之中，剩余资本使城市政府、经济团体特别是一些有权势的个人有能力赞助学者、诗人和艺术家，让他们美化并丰富公共和私人的生活，以博取和增加城市、商号和个人的社会声望。在这种社会经济条件之下，意大利城市中不仅形成了比较开放自由的文化气氛，而且产生了欧洲中世纪以来最早的世俗知识分子阶层，专门从事文化创造活动。这个阶层的思想感情基本上是上层社会的，但作为知识分子，他们又有一定的独特趣味和追求，因此往往能够超出纯粹对物质利益和实用价值的关心而集中于对知识文化的追求。生机勃勃的意大利城市社会生活与中世纪长期居支配地位的种种价值观是相矛盾的。在这样一个富裕、多变、更加讲求实际的社会中，人们较以往更加公开地、理直气壮地追求尘世利益与世俗乐趣，这与教会宣扬的禁欲主义是格格不入的。活跃的城市生活中出现的各种问题、各种新事物和新兴趣，也大大冲淡了人们对来世的关切。随着事业上的成功和社会地位的提高，人们的自信心也日益增加。与此相应，中世纪消极、保守、重传统、宗教色彩浓厚的精神生活方式开始为一种积极、自由、重理性、带有更强世俗性的精神生活方式所取代，一种新的思想文化运动就在这样的历史背景下产生了。②

意大利本身的文化遗产也是文艺复兴发生于意大利的重要条件。古希腊、古罗马古典文化的传统，在中世纪时更多地保存在意大利。近水楼台先得月，

---

① 参见[英]阿伦·布洛克：《西方人文主义传统》，16 页。
② 参见马克垚：《世界历史·中古部分》，403—404 页，北京，北京大学出版社，1989。

这使得意大利学者有更多的机会接触古代的手稿、遗物、遗迹并对其加以研究。意大利各城市长期同拜占庭、阿拉伯地区有着经济和文化上的联系，这使得意大利人熟悉了更多的古希腊文稿和其他文化遗存。意大利本土各占二分之一的图书馆分别属于王公藏书室和教堂图书馆，其中的一大部分藏书是大量古希腊、古罗马的珍贵文献。

> 古人历史有许多是在意大利这块土地上演出的：在罗马，那里的大广场、竞技场、公共浴室的废墟遗址至今仍是当时罗马显赫威势的无声证人；在南方，有像叙拉古那样的讲希腊话的城市；在中部和南部乡间，那里的农民在耕田时还不断地挖出古代的塑像、钱币和碑石。①

意大利文艺复兴正是以这种良好的文化遗产为基础才首先形成的。

文艺复兴的产生和发展是与发掘和研究古希腊、古罗马文化遗产的热潮紧密相关的。当然并不只是到文艺复兴时期人们才对古典文化感兴趣，在中世纪时，拉丁文作品并未被完全遗忘，古希腊哲学家亚里士多德被基督教神学奉为"先哲"，因此可以说，当文艺复兴发生时，人们对古典文化的研究已有了一定的基础。但这种研究十分有限，对古人思想有不少曲解和误解之处，而且这样的研究也主要是为了神学的需要。文艺复兴时期对古典文化的兴趣是在很不相同的社会背景下产生的，其规模和取向大不一样。在城市中生活、接受世俗教育，并想从封建与教会的传统中摆脱出来的意大利人已经具备更深刻地领会和欣赏古典作品的能力，而且他们也想从古典文化中找到一种比中世纪文化更符合自己兴趣和人生态度的文化。这样，发掘古典文化遗产在意大利蔚然成风，学者们深为古希腊、古罗马的文化成就所吸引，以巨大的热情投入搜寻、校订、翻译、研究和宣传古代著作的工作，并努力模仿它们

---

① ［英］阿伦·布洛克：《西方人文主义传统》，15 页。

的风格进行写作。王公、富豪乃至教皇也支持这类活动，他们在时代风尚的驱使之下，争相雇请学者文人，搜寻古希腊、罗马手稿和其他遗物，建立学园和图书馆，为这场运动推波助澜。古典文化的复兴产生了十分重要的历史影响，它使人们直接接触了古代的原始手稿，并发现了许多埋没已久的作品，从而对古代非基督教的思想文化有了更好的认识。这有助于开阔人的视野，丰富人的头脑，进而使人养成比较开放的态度，并使人慢慢学会用神学以外的观点去看待各种问题。①

西方学者阿伦·布洛克认为，承认"文艺复兴时期与中世纪千丝万缕的关系，并不意味着把连续性当作同一性"，因为，

较早几个世纪看待古代世界的方式，与十四、十五世纪尤其在意大利看待古代世界的方式，有着关键性的不同。中世纪能够从古代经典中取其所需，正是因为他们与古代世界之间没有分隔感。但是不论他们从古人那里拿来了什么，不管在艺术、神话、文学或者哲学方面，他们都把拿来的东西融化在他们自己的完全不同的基督教信仰体系之中，改变了这些东西的原来含义使之适应这一体系，而没有任何不合时代的感觉。只有到了彼特拉克和十四、十五世纪的意大利人文主义者，古人的世界才开始被看作是一种凭其自身价值而单独存在的文明，不再是一个任人劫掠的货栈。中世纪对古代世界的感觉是轻松随便的熟悉的感觉，而文艺复兴时期则第一次从历史的角度来看待它，觉得它既遥远生疏，又令人着迷。他们所努力的不是吸收它的某一个特点，而是把它当作一个自成一体的极其不同的世界，认为这个世界比他们自己的世界不知优越多少倍，因而佩服得五体投地。②

① 参见马克垚：《世界历史·中古部分》，404—405 页。
② ［英］阿伦·布洛克：《西方人文主义传统》，10 页。

古代世界的重新发现不仅恢复了过去已被淹没和歪曲的古典文化，而且这种重新发现成为新文化的生长点，为新文化最后超越古典文化做出了积极的贡献。

北部欧洲的文艺复兴在时间上大大滞后于意大利。直到 16 世纪初文艺复兴才在北部欧洲诸国扎根生长。为什么在 16 世纪以前文艺复兴不能在意大利以外的地方产生有效的影响呢？西方学者丹尼斯·哈伊认为要回答这一问题，唯一的途径是对社会结构予以分析。北部欧洲国家基本上都是君主国，而在 14、15 世纪的意大利，人文主义具有浓厚的共和政治色彩，对于以这样的政治背景和政治取向为基础的意大利文艺复兴新文化，北部欧洲的君主们自然不会感兴趣。到了 15 世纪末，意大利的政治形势发生了显著的变化，为意大利文艺复兴的文化革新在北部欧洲的传播扫平了道路。

　　意大利的革新要为北欧所理解的首要条件是这些革新必须适合于一个基本上是以君主和贵族为主体的社会。正如我们所看到的那样，这个条件在十五世纪晚期的意大利出现了。文艺复兴无论从文学还是艺术方面讲最早是从城市生活中产生的。这些城市的大部分都为各个小的家族所统治，后来这些家族统治演变成了带有宫廷侍从和官僚机构的君主国，成为意大利的政治统治形式，这时意大利的社会同北欧的社会相比已无太大区别。①

这从政治上为文艺复兴在北部欧洲的传播提供了有利条件。此外，在宗教方面，15 世纪末意大利学者对宗教问题的态度已与 14 世纪大不相同，此时的态度更适合北部欧洲的口味，更能与这些地区的宗教热情相融合。这也是

---

　　①　[英]丹尼斯·哈伊：《意大利文艺复兴的历史背景》，李玉成译，185 页，北京，生活·读书·新知三联书店，1988。引文中所述的北欧，即为北部欧洲地区。

促成文艺复兴于 16 世纪在北部欧洲生根的原因之一。

仅有意大利的条件还不够，北部欧洲对文艺复兴新文化的接受还需以其自身成熟的社会条件为基础。

人文主义不是一个严格的思想派别或学说体系，而是一种宽泛的价值追求、一种思想和信仰的倾向。

14、15 世纪的北部欧洲已经有一些土生土长的新文化的萌芽。15 世纪中叶以后，由于生产技术的改进、新航路的开辟以及和平在许多地区的恢复，北部欧洲的工商业迅速发展起来，资本主义因素开始蔓延并日趋活跃。经济的发展促成了许多城市的繁荣，为新文化的传播创造了良好的社会环境。新文化不仅适合城市市民和资产者的口味，也受到了君主贵族的欢迎。当时，政治、外交和宫廷生活都有了很大发展，新的风气逐渐形成，上层统治阶级对语言知识、修辞技能以及礼仪风度越来越感兴趣，他们因而对新文化常常持赞成态度。英国的亨利八世、法国的弗朗西斯一世、神圣罗马帝国皇帝马克西米安等君主都积极致力于推广文艺复兴文化。意大利与北部欧洲之间的文化交流也促进了北部欧洲的文艺复兴。

早在 15 世纪中叶，意大利的部分学者已经来到英国、法国和德意志等地区，传授拉丁文和古希腊文知识，介绍古典和意大利人文主义的著述。这些活动引起了各国学者们对意大利文艺复兴文化的兴趣。不少北部欧洲学者纷纷前往意大利求学，然后将新文化带回本国，广为传播。15 世纪下半叶，印刷术的应用为北部欧洲传播新文化提供了十分有效的手段。这样，大约在 15 世纪末 16 世纪初，意大利文艺复兴的种子在北部欧洲扎下了根，与当时的新文化萌芽结合起来，形成了该地区的文艺复兴运动，并进一步引发了宗教改革运动。[①]

宗教改革运动产生于 16 世纪初，其矛头直接指向天主教会和教皇制度，

---

① 参见马克垚：《世界历史·中古部分》，414—415 页。

而反宗教改革则是天主教会对宗教改革运动的反动。

自 5 世纪罗马帝国灭亡后，天主教会一直是欧洲唯一的国际性统一组织，其势力渗透到欧洲社会的各个层面，对社会生活进行着广泛的控制。在原则上，教会作为一个神圣的机构，应关注人的精神的纯洁，其目标是将上帝的荣耀带到人间并通过圣事使众生得救，而要做到这一点，教会人员首先应具有较高的道德水准，为教徒树立榜样。然而教会在其发展过程中，腐败现象有增无减，到了宗教改革前夜，教会的腐败已达到了令人无法容忍的地步，对于教会的抱怨、讥讽和批判以各种形式流传在社会上。"纯洁教会"成为欧洲当时一个最普遍的口号。人们以一种怀疑和否定的眼光来审视教会，教俗之间的矛盾日益尖锐。

文艺复兴为宗教改革做了思想准备，人文主义思想家对天主教会和神职人员的腐败、愚昧与虚伪的揭露，对改革教会、改革现实社会的呼吁，对人道精神、批判意识的推崇等，成为宗教改革者对天主教会及其教阶制度、仪式、教义等予以怀疑、批判进而予以否定的重要条件。可以说，宗教改革是文艺复兴运动在宗教领域的延续。

长期以来，对于天主教会的种种积弊，天主教会内部的有识之士也深感不安，他们力图革除教会弊端，改革教会行政，但这些尝试最后都以失败而告终。既然这种内部自上而下的自我改革不能实现，那么外部的、自下而上的宗教革命就在所难免了。

教权与王权的冲突也是促成宗教改革运动的一个因素。王权的强大降低了教会在欧洲社会中的地位。教会作为一种超国家机构，其存在和发展的主要条件是封建主权的分裂和王权的衰微，只有在这种条件下，教会作为统一的管理社会生活组织，其必要性才能充分显示出来。而王权的强盛和民族国家的形成，使得曾经是欧洲教育者、开发者、管理者和仲裁人的教会已经不再为人们所需要，强大的王权和民族国家已有能力管理各种世俗事务。在世俗事务中，教会所有的职能只剩下一件，那就是继续向整个欧洲索取财富。正是在这个意义上，教会真正地堕落和腐化了。教会成为整个欧洲走向近代社会的一个赘物。

教会对欧洲财富的占有量达到了令人吃惊的地步。16世纪初，法国大约四分之一的财产、德国二分之一的财产和意大利二分之一以上的财产都掌握在教会手中。在德国，教会拥有的土地占了国土面积的一半。教会敛财的手段多种多样，除征收"什一税"外，还接受教徒的捐献、出售教职、销售赎罪券等。其中销售赎罪券最不得人心，教会1517年在德国出售赎罪券的行为直接引发了宗教改革。

德国于15世纪末已基本上确立了地域的统一，接近于一个民族联合体，但在政治上仍旧处于分裂状态。内部的分裂和混乱使德国不能像法国、西班牙那样以一个国家自身的力量反抗教廷的盘剥。德国成了"教皇的乳牛"，罗马教廷的肆意盘剥在德国表现得最甚，这自然引起了德国各阶层的愤恨，激发起德国人强烈的民族意识。1517年10月，教皇以修缮罗马圣彼得大教堂为名，派特使到德国销售赎罪券，声称："只要购买赎罪券的钱一落进钱柜，罪人的灵魂立刻就可以从炼狱升入天堂。"教皇的特使还声称，赎罪券不仅能够赦免以往的一切罪过，甚至还可以预先赎去未来将犯下的罪过。马丁·路德（Martin Luther，1483—1546）公开反对买卖赎罪券，认为人的得救不取决于是否购买赎罪券，而在于是否对上帝有真诚的信仰，人唯有有信仰才能得救。每个人都可以在阅读、理解《圣经》的基础上产生对于基督的信仰，宗教的最高权威不是罗马教会和教皇，而是《圣经》，个人与上帝的沟通无须教会做中介，这样，教会及其所操持的一切复杂仪式和活动便成了多余的东西，这实际上肯定了个人的理性、意志在宗教活动中的地位。路德的思想从理论上彻底否定了教会的权威，他反对出售赎罪券的言论引起了巨大反响，宗教改革的序幕就此拉开。

宗教改革开始后，德国境内的新教势力与旧的天主教势力进行了长期的斗争。直到 1555 年双方才握手言和，订立了《奥格斯堡和约》，规定各诸侯、城市有权选择自己领地内的宗教，确立了"教随君（诸侯）定"的原则，路德派新教从而取得了合法地位。路德派新教在德国的主要势力范围是在德国北部，在国外的影响主要及于斯堪的纳维亚半岛诸国如瑞典、丹麦、挪威等。

德国的宗教改革开始以后，瑞士、英国等地也掀起了宗教改革运动。瑞士的茨温利（Ulrich Zwingli，1484—1531）1518 年任苏黎世大教堂教士，他在传教过程中抨击天主教会的腐化堕落，反对出售赎罪券。1522 年他发表《六十七条》，系统地阐述了其宗教改革主张，引发了瑞士的宗教改革。瑞士分裂为新教诸州与旧教诸州，双方发生对抗，茨温利在武装对抗中战死，瑞士的宗教改革渐趋衰落。1534 年，法国的加尔文（Jean Calvin，1509—1564）到瑞士宣传新教教义，使加尔文派新教运动首先于瑞士，继而在法国、尼德兰、苏格兰、英格兰、北美等地获得了广泛开展。

从 1529 年起，英国开始自上而下地进行宗教改革，1534 年国会通过《至尊法案》，宣布现任国王及其继承人是英国教会的最高首领。这样就否认了教皇干涉英国事务的权力，从而彻底与罗马教廷决裂。

新教有许多不同的教派，大的教派主要有路德派、加尔文派和英国国教派，此外还有很多小的新教教派。这些新教教派之间意见不一，也有分歧和争吵。尽管各派主张不尽相同，但基本观点都是一致的。新教徒反对罗马教廷巧立名目，欺世敛财；反对神职人员的荒淫无耻、贪婪腐化；反对教会仪式的繁文缛节、陋习陈规等。新教徒依然信奉基督教，但都反对天主教教义。中世纪罗马教廷的正统教义认为，教会是上帝与教徒之间的中介，教徒要得救，要获得上帝的恩宠，必须经过教会和教士的中介，教徒必须在教士的参与下依天主教教义和教皇训诫来理解《圣经》，教徒必须在教士的主持下履行洗礼、圣餐等仪式，方能赎罪和得救。教士掌握着《圣经》的解释权和圣礼的主持权，这使得教会具有无上的权威，更使得教皇成为权威的权威。新教则强调个人而不是教会在宗教生活中的地位，否认教会的绝对权威；认为上帝与教徒的沟通不必以教会为中介，教徒可通过个人对《圣经》的独立阅读和理解，通过个人对上帝的信仰，从而获得上帝的恩典；唯一的权威不是教皇、教会，而是《圣经》，"《圣经》而且只有《圣经》才是新教信奉的宗教"①。这样，信仰就成为个人的事情，任何外在的权威和中介都失去了存在的合理性和必要性，新教在本质上是个人主义的，它对大一统的教皇统治具有强大的消解作用。新教还进而指责天主教教义的虚伪性，认为中世纪教会的许多教义、教规在《圣经》中没有依据，完全是天主教教会出于自身的需要而杜撰的。新教要求以原始基督教教义取代中世纪天主教会教义，以古代教会为楷模革新天主教会。

宗教改革运动使一个受罗马教廷统治的统一的欧洲天主教会分崩离析了，欧洲天主教遂分裂为新教和旧教两大阵营。两大阵营展开了长期的斗争，对欧洲天主教会产生了巨大的影响。

与人文主义运动相比，宗教改革运动是一场更广泛、更深刻、冲击社会各个阶层的全民性社会改革运动。它的意义绝不仅在于"宗教"改革，而是触及了社会生活的各个主要层面。宗教是西方文化的核心，而教育是传播文化的工具，宗教的变革势必导致教育的变革，势必导致教育思想的变革和新教教育思想的产生。

在宗教改革运动兴起的最初20余年，天主教会对新教猛攻的反击是软弱无力的，几任教皇均未能认识到情况的严重性，仍旧像过去的教皇那样追逐世俗利益，不关注教会事务。

随着新教势力的不断壮大和天主教会危机的日益加深，教皇于16世纪中

---

① [英]托马斯·马丁·林赛：《宗教改革史》(上册)，孔祥民等译，389页，北京，商务印书馆，1992。

叶开始把教会事务放在首位，积极采取措施来遏制宗教改革运动，以图复兴天主教，史称"反宗教改革运动"。

反宗教改革运动主要采取了以下几项措施。

第一，进行内部整肃。在天主教会内部实行整顿，惩办贪污腐化、渎职和严重违犯教规的教士。教皇把一些热心整顿天主教会的人士安插到红衣主教会议之中，专门成立了"九人委员会"，负责天主教会的整改事宜。

第二，改组和建立宗教裁判所，对有异端嫌疑的人严刑逼供，处以没收财产、监禁或放逐的刑罚，甚至火刑。

第三，召开特兰托宗教会议。1545 年教皇在意大利北部的特兰托召开宗教会议，目的是反对新教。会上天主教内部有强硬派和妥协派的分歧，而且教皇与皇帝的矛盾也很尖锐。会议断断续续地开了 18 年，直到 1563 年才结束。会议最后确认教皇为天主教会的最高权威，宣布一切新教教派都是异端，宣布天主教的教条、仪式和做法(甚至出售赎罪券)都完全正确无误；公布禁书目录，禁止教徒阅读禁书；同时下令开办神学院，训练为天主教会忠心服务的神职人员。

第四，积极推进海外传教。天主教会主张"在欧洲失去的，要在海外补回来"，因此向美洲和东方派遣了大量传教士。海外传教扩大了天主教在世界各国的影响。

第五，支持和发展耶稣会。耶稣会是反宗教改革运动的先锋和中坚，该会 1534 年就开始活动，但 1540 年才得到教皇的正式批准，此后它始终与罗马教廷保持着联系。作为一个国际性的宗教组织，耶稣会意欲"让世界都服从罗马教廷"，它设有专门的教服和固定的活动场所，尽力向社会各个阶层渗透。耶稣会始终走在反宗教改革的前面，为了维护教皇和天主教会的利益，不仅以讲道、传教、兴办教育机构等措施极力维护天主教的影响，而且还采取手段扩大天主教的政治利益。

耶稣会把兴办教育机构视为实现其宗教和政治目的的重要手段。由于措施得力，耶稣会的教育活动颇有成效。在 16 至 18 世纪的欧洲，"没有哪一个教会团体像耶稣会那样在教育上发挥了重要作用"①，因此，耶稣会的教育活动及其代表人物的教育思想在西方教育史上占有不可忽视的一席之地。

反宗教改革运动取得了相当的成效，天主教势力在德国、西班牙、奥地利、波兰、意大利等国家又重新得到了巩固。

宗教改革及其所带来的宗教冲突对欧洲社会产生了深远的历史影响。新教势力和旧教势力的冲突和斗争首先在各国国内激烈地进行，随着冲突的加剧，国内战争遂发展为国际战争。1618—1648 年的战争就是一场大规模的国际性的宗教战争。这场战争是新教势力与天主教势力的一次大决战。以德国为主要战场，丹麦、瑞典、尼德兰、英国、法国、瑞士、西班牙、波兰皆介入其中，战争给整个西欧尤其是德国造成了巨大的破坏。战争的进程使新教、天主教双方都认识到，谁也不可能消灭对方，继续战争只能给双方带来更大的危害。最后，战争以妥协而告结束，参战各方签署了《威斯特伐利亚和约》，规定路德派、加尔文派信徒和天主教徒一样享有同等权利。

几十年的宗教战争，结束了中世纪以来一个教皇主宰欧洲的局面，承认了大小国家平等、信教自由的原则，大体确定了欧洲各国疆界和新教、天主教的势力范围，新教基本上获得了与天主教平等的地位，"欧洲大陆上的宗教改革运动可以认为至此结束"②。战争结束后，新教、天主教之间的大规模冲突随之告终，欧洲各地的宗教状况也基本形成定局。但教皇对战争的休止提出抗议，反对天主教势力和新教势力议和，利用耶稣会以地下活动和外交手腕继续反对新教，企图全面恢复天主教。

---

① Paul Monroe, *A Cyclopedia of Education*, Volume 3, The Macmillan Company, 1918, p.533.

② [美]威利斯顿·沃尔克：《基督教会史》，孙善玲等译，502 页，北京，中国社会科学出版社，1991。

第二节　14—16 世纪欧洲人文主义的发展

在西方思想中，看待人和宇宙的模式可大致分为三种。第一种是超越自然的模式，这种模式聚焦于上帝，把人看成是神所创造的一部分。第二种是人文主义的模式，它聚焦于人，以人的经验作为人了解认识自己和外物的出发点。第三种是自然的，即科学的模式，把人看成是自然秩序的一部分，与其他有机体一样。第一种模式在中世纪占支配地位，第二种模式形成于文艺复兴时期，第三种模式到了 17 世纪才形成。17 世纪以后，这三种思想模式都继续存在，相互间处于竞争、并存的局面。这种划分尽管过于简单化，但对于从宏观上把握和分析问题却很有用处。① 那么，人文主义的内涵是什么呢？

一、人文学和人文主义

我们很难为"人文主义"下一个确切的定义，这个词不论在古典世界或者文艺复兴时期都还没有出现。"人文主义"一词的英文 humanism 是从德语 humanismus 译过来的，而这个德语词是 1808 年德国一位教育家在一次关于古典教育在中等教育中的地位的辩论中，根据拉丁文词根 humanus 杜撰的。从历史上看，"人文主义者"（humanist）和"人文学"（humanities）这两个词的出现比"人文主义"（humanism）这个词要早得多。在 15 世纪末，意大利的学生即开始使用 humanista 一词，英文即 humanist（人文主义者），这是学生们用来称呼教古典文化的教师的，就像称法律教师为 legista 一样。教师所教的有关古典文化的科目在文艺复兴时期被称为 studia humanitatis，译成英文就是 humanities，中文译为"人文学"或"人文学科"，在 15 世纪，这些科目一般指"七艺"，即文法、修辞、逻辑、算术、几何、天文、音乐。学习这些科目必须以拉丁文

①　参见［英］阿伦·布洛克：《西方人文主义传统》，12—13 页。

和古希腊文为基础。

本书中所讲的"人文主义者",其范围较"人文学"教师的范围要广一些,研究人文学的学者也被归入人文主义者之列。人文学具有强烈的世俗色彩和人本精神。以希腊神话为例,有的研究者指出:

> 希腊神话中的神是高度人格化的。他们具备人类的思想感情,他们的性格也十分鲜明。和其他民族的神话不同,他们的神既不是抽象道德概念的化身,也不是阴森、怪诞、令人生畏的偶像。他们同人类一样,有爱,有恨,七情六欲样样具备,甚至好嫉妒,爱虚荣,有时在道德上还不如人。他们不是高高在上,高不可攀,他们常常来到人间同美貌的男女谈情说爱。他们同凡人不同的地方,就在于他们长生不死,具有无比的法术和智慧,有超乎凡人的力量。希腊神话很早便摆脱了兽形妖灵阶段,而走上了神人同形同性的道路……希腊神话中充满了追求光明、酷爱现实生活、以人为本、肯定人的力量的思想。古希腊人认为享受现实生活就是享受神的恩赐,因此,他们追求自然的美景,追求物质的享用,追求文学艺术的赏心悦目,追求自然与人生中的美。……希腊神话与其他民族神话一样,相信神,相信命运,有的神话故事与宗教祭祀紧密相连。但是,神话强调的却是人的力量、人的奋斗精神。强调对人生与现实的热烈追求,充满乐观主义精神,从某种意义上说,希腊神话更像"人话"。[1]

对人文学的重视,反映出文艺复兴时期世俗精神和人格意识的觉醒,人们正在走出中世纪宗教观念的迷雾,开始用世俗的眼光去看待人生和社会,开始

---

[1] 朱维之、赵澧主编:《外国文学史·欧美部分》,27—30 页,天津,南开大学出版社,1985。引用时有改动。

形成一种新的人生观和价值观。这种"人文学"所表达的、为人文主义者所宣扬和传播的新人生观和价值观就被称作"人文主义"。

正是在与中世纪不同的古代世界里，人们发现了人，发现了人性，发现了人的尊严和伟大，发现了尘世生活的美好，发现了人在尘世中还可以有另外的更好的活法。古代与现世人生状态的鲜明对比，引发了对古代的向往和对现实的批判，引发了"人的解放"的时代要求。意大利学者加林指出："在人文主义里不可能，也不应当区分古代世界的发现和人的发现，因为它们是合二为一的。"①

古代世界的发现和人的发现都是通过对古典文化遗产的发掘和整理实现的。古典文化，不论是古希腊文化还是古罗马文化，都具有强烈的世俗色彩和人文精神。

中世纪神学宣扬人对教会的教义教规的绝对信仰和盲目服从，而人文主义与这种权威主义做法相对立，要求把人从教会的教义、教规和其他教条的束缚中解放出来，如同英国史学家西蒙兹(Symonds)所言，

> 这是思想大解放……人们竞相摆脱控制，纷纷批判循规蹈矩，全都热衷于自由自在的古风，对审美观有了新的认识，不顾一切地要为自己争取不受权力约束的自由天地。人们是如此精力充沛和自有主见，都感到了探索的愉快。没有他们不敢面对的问题，没有他们不愿按他们的新认识来加以修正的公式。②

人文主义者包括形形色色的人物，其成分非常复杂，其中有品学兼优者，

---

① ［意］欧金尼奥·加林：《意大利人文主义》，李玉成译，14 页，北京，生活·读书·新知三联书店，1998。

② 转引自［英］托马斯·马丁·林赛：《宗教改革史(上册)》，44 页。

也有趋炎附势之辈；有精明干练之人，也有迂腐不堪的书呆子。这些人的观点并不全都相同，甚至在同一个人身上也会出现不同甚至相互矛盾的思想倾向。但人文主义者的意识和行动却不同程度地体现了一些进步的、与中世纪不同的思想和价值观，如对人生意义的肯定，对人及其潜力的信任，对人的活动的赞赏以及对自我的强调等。人文主义实质上指的就是这样一种新的时代精神。

肯定和赞扬人的价值和尊严是人文主义的核心特征。人文主义者认为人是有能力的，人能够发展自身，从而获得各种优秀品质，不断接近完美。人文主义对人的赞颂与中世纪教会对人的贬抑形成鲜明的对照。在中世纪教会看来，人是罪恶、卑微、消极的存在，只有上帝才是完美的。奥古斯丁认为，上帝是全知全能全善的，而人是卑微的，人具有天生的原罪，有罪的人是不完美的，人在上帝面前软弱无力，唯有靠上帝的恩惠才能得到拯救。一切都是命定的，没有天命，就连一根头发也不会从头上掉下来。然而，意大利人文主义者皮科（Giovanni Pico della Mirandola，1463—1494）在《论人的尊严》中宣称，上帝赋予了人按照自己的意志塑造自身的能力，人可以下降成为动物，也可以上升从而成为与上帝相似的东西。不仅文学、哲学歌颂了人，而且绘画也歌颂了人。例如，画家拉斐尔（Raffaèllo Sanzio，1483—1520）不是像中世纪那样把人描绘成迟疑不决的、受折磨的人，而是把他们描绘成温和的、聪明且高尚的人，他的圣母像表现的也是人间母亲的善良贤淑。拉斐尔所要表达和歌颂的是人之美以及人性之美。人文主义提升了人的地位。

（一）倡导乐观向上的人生观，重视人的能力

人文主义反对消极悲观、无为的宿命论，认为人有能力决定自己的命运，人的能力发展得越充分，就越有能力战胜命运的肆虐。人文主义对人的看法更加乐观和自信，认为个人可以凭借其能力及发展获得成功、荣誉和较高的社会地位。人的伟大与高贵不在于其血缘、门第、财富等因素，伟大与富贵

不是先天生就的，而是通过个人发展、个人奋斗后天造就的。人是积极有为的，而非消极无为的。

（二）肯定现世生活的价值和尘世的享乐

这是对中世纪禁欲主义和来世说宗教教条的背离。来世说以今生受苦受难作为来世欢乐和永生的条件，使人克制甚至泯灭人生各种合理的欲望与追求。人文主义者将天国的幸福和欢乐移至人间，要求人们追求现世的幸福和欢乐，将虚无缥缈的天国放在一旁。著名人文主义者伊拉斯谟曾问道："如果你把生活中的欢乐去掉，那么，生活成了什么？它还配得上称作生活么？"①

（三）重视教育对人的发展的作用

人文主义者主张通过教育来培养具有多种造诣的全面发展的通才。人文主义者认为中世纪教育是职业性的，是狭隘的，不能使人的各种潜力得到充分的全面发展，他们主张传授古典学问，让学生接受广泛的人文学科教育，其目的在于培养头脑发达、能言善辩、风度优雅、体魄强健的经世致用之才，以适应丰富多彩的社会生活的需要。教育是一种后天的、人为的力量，对教育的重视也就是对人的力量的自信，即人有能力造就完美的人。

（四）历史观发生变化

历史不再被看作天意的实现，而是人类努力后成功或失败的产物。人成为历史的主体，历史是人创造的。人文主义者都具有强烈的历史感，这种历史感与他们强烈的自我意识和追求青史留名的个人愿望相结合，使他们往往把自己视为历史过程中的一份力量，他们力图以自己的力量去影响历史，去建功立业，以名垂青史，让后人景仰。

（五）批判经院主义，要求致力于对人的问题的研究

人文主义者尖锐地抨击经院哲学一心扑在逻辑范畴和形而上学的问题上，

---

① 北京大学西语系资料组：《从文艺复兴到十九世纪资产阶级文学家艺术家有关人道主义人性论言论选辑》，29 页，北京，商务印书馆，1971。

攻击它的抽象推理脱离了人丰富多彩的日常生活。意大利早期人文主义者彼特拉克(Francesco Petrarca，1304—1374)指责经院哲学总是试图教给人们那些对于丰富人们的生活"没有任何贡献的东西"，而对"人的本性、我们生命的目的以及我们走到哪里去"这些至关重要的问题却不加理会。他认为人们应该把他们的脑筋转到人生和社会问题上去，而不要用于讨论抽象空洞的问题。在人文主义者看来，人文学是关注人生世事的，应以之取代空洞无用的经院哲学。

(六)倡导新的治学方法

人文主义者在研究古典文化的过程中，逐渐发展出一种语言和历史的考证方法，这是人文主义的重要成就。人文主义者以研究古典文化为使命，他们发现不少古典著作在中世纪由于抄写错误和被人为篡改等因素已经面目全非，令人生疑之处甚多，于是他们就尽力搜求原始的资料，通过对语言文字的考证比较，以校正后世出版的古典著作，力求从语言文字上重现古典著作的本来面目。同时，他们还从古代作者所处的社会条件出发，历史地和批判地理解、把握作者的思想。人文主义要求用历史主义的客观态度去把握历史，按照过去的本来面目去理解人类过去的历史，

　　正是在对待过去的文化，对待历史的问题上所持的态度，明确地确定了人文主义的本质。这种态度的特征并不在于对古代文化的特殊赞赏或喜爱，也不在于更多地了解古代文化，而是在于具有一种非常明确的历史观。"野蛮人"并非不了解古典著作，而是不能从当时真实的历史环境出发来理解这些作品……人文主义才算是真正地发现了古代人。①

人文主义的这种治学方法具有强烈的批判性和客观性，这是一种在任何

①　[意]欧金尼奥·加林:《意大利人文主义》，14 页。

领域都行之有效的调查方法，是一种新的思维方式和方法，对于清理垃圾、为知识的健康发展扫清道路具有重要意义，人文主义"通过新的思维方式和方法，对自然科学和普遍的现实问题产生了影响"①，对人类后来文化的繁盛做出了积极的贡献。加林认为，只有对这种人文主义的治学方法有了深刻的认识，才能够明白：

> 为什么文艺复兴不仅是艺术家们的时代，而且也是科学家们，托斯卡内利和伽利略的时代；为什么中世纪进行的关于物理学和逻辑学的非常肤浅和贫乏的讨论，只有经过含义上全新的人文主义教育之后，才显得具有丰富的内容；为什么新型的医生是从语言学校中产生的。由于这种学校中所具有的严格的批判精神，也就可以理解笛卡尔对许多问题所持的怀疑态度。我们还可以了解，为什么意大利文化能对整个欧洲统治近两个世纪之久并成为产生无数哲学天才的肥沃土壤。②

二、人文主义的时代差异与南北差异

在不同时代、不同地域，人文主义的内涵也有差异。具体而言，意大利前期人文主义和后期人文主义、意大利人文主义与北部欧洲地区的人文主义就有许多不同之处。

意大利前期人文主义主要是指在 15 世纪初兴起于佛罗伦萨的"市民人文主义"（civil humanism）。市民人文主义者强调积极投身社会生活，他们中的大多数在政府中任职，对城邦政治问题十分关心。他们为共和制度大唱赞歌，相信在共和制度中，每个市民都有同等机会参与城邦管理，并通过这种活动获得个人荣誉，这样就将个人能力的发挥与城邦国家的发展和繁荣结合了起

① ［意］欧金尼奥·加林：《意大利人文主义》，1 页。
② ［意］欧金尼奥·加林：《意大利人文主义》，17 页。

来，将个人主义与爱国主义统一了起来。市民人文主义者认为人的本性要求人积极投身于社会生活，雄心勃勃、追求荣誉是高尚的，应受到鼓励，但人的雄心壮志也应与光耀家族、报效国家统一起来。

到了 15 世纪末，君主制在意大利占据了统治地位，随着意大利政治形势的变化，以市民人文主义为基础的共和主义价值观被君主主义价值观取代，市民人文主义衰落了，意大利人文主义的发展进入了后期。这个阶段的意大利人文主义更关注君主政治，此其一；其二，随着新柏拉图主义的兴起，意大利人文主义者加强了对宗教问题的研究。这些研究尽管是初步的，但为北部欧洲地区基督教人文主义的发生和发展奠定了必要的基础。

16 世纪北部欧洲地区的人文主义者在许多方面继承了意大利人文主义的传统，如对人的价值和现实生活的肯定，对古典著作的浓厚兴趣，对经院主义和教会专制的反感，对教育和普及新知识的重视以及对政治、社会问题的关心等。但北部欧洲地区社会与意大利社会在历史背景、文化传统以及所面临的现实问题等方面的不同，使得北部欧洲地区人文主义具有不同于意大利人文主义的个性。

北部欧洲地区人文主义最大的特点就是更加关注宗教问题。一方面，在历史、地理方面，北部欧洲地区与意大利相比，受古典异教文化的影响较少，而受中世纪教会的影响较深；另一方面，教会的腐败劣迹在这些地区引起了普遍的不满，宗教改革运动正在酝酿之中。在这种情形下，宗教问题备受关注。北部欧洲地区人文主义者用人文主义的语言和历史方法研究《圣经》和早期神学家的著作，目的是摆脱中世纪的错误译本和诠释，给基督教以新解释。他们力图从教会的教义和活动中清除种种神秘的、烦琐的尤其是虚伪的东西。因为特别关注对基督教问题的研究以及强调虔敬的价值，北部欧洲地区人文主义也被称为"基督教人文主义"。

实际上，通过研究古代语言文字来加强对基督教的研究，这一做法在彼特拉克时就已经开始了。但一方面由于实际的需要，另一方面也由于古代语言知识的增长，这一做法在16世纪北部欧洲地区人文主义者中形成了更为普遍的风气。基督教人文主义者批判教会的腐败劣行，加深了人们对教会的不满；他们否认教会和教皇的绝对权威，认为这种中世纪确定的权威并无切实的依据；他们推崇《圣经》的权威地位，认为个人可通过《圣经》即"上帝之音"而与上帝直接交流，无须教会做中介；他们希望消除一切有碍虔诚的东西，希望改革教会，回到早期基督教的简朴状态中去。基督教人文主义所要求的教会改革是指在维护教会统一前提下的内部改革，与后来兴起的新教改革不同，但在客观上，基督教人文主义为新教改革做了重要准备。宗教改革正是由基督教人文主义所引发的。

三、人文主义与宗教、科学的关系

人们一般认为，人文主义与宗教距离较远而与科学距离较近，有人甚至以人文主义"贵人"而宗教宣扬上帝为由，认为人文主义与宗教是对立的。这种认识是错误的，实际上就文艺复兴时期人文主义、宗教、科学三者之间的关系而言，人文主义离宗教更近一些而离科学更远一些。

人文主义者批评教会甚至教皇，但他们不反对宗教，更不打算消灭宗教。人文主义"对于人类尊严的歌颂，并不意味着反对宗教……大多数人文主义者具有真正的宗教感情"①。

人文主义与宗教感情之间并无冲突，不仅不冲突，不少人文主义者尤其是基督教人文主义者反而认为二者是相得益彰的。人文主义者对人的看法与中世纪虽有不同，但这并未对他们的宗教信仰造成妨碍。西方学者阿伦·布洛克指出：

---

① ［英］G.R.波特编：《新编剑桥世界近代史　第一卷　文艺复兴》，中国社会科学院世界历史研究所组译，136页，北京，中国社会科学出版社，1988。

我们是无法回避奥古斯丁笔下人的充满罪恶的存在状况与文艺复兴时期对人的看法之间的冲突的。因此在奥古斯丁所绘的画像里，人是堕落的动物，没有上帝的协助无法有所作为；而文艺复兴时期对人的看法却是，人靠自己的力量能够达到最高的优越境界，塑造自己的生活，以自己的成就赢得名声。但是对人文主义者自己来说，这种冲突却很少成为问题；他们大多数人继续把基督教信仰视为理所当然的事，并没有感到自己对古典的热情需要与它协调。①

人文主义的宗教性与中世纪的宗教性显然是不同的，前者以为人与神平等，而在后者眼中神则高高在上。人文主义者眼中的宗教与中世纪教会眼中的宗教，其内涵也是不同的。以北部欧洲地区的人文主义者为例，

他们相信宗教是为了人的好处，而不是为了有组织的教会的利益，甚至也不是为了人们所敬畏的上帝的荣誉；他们主要是从道德观点上解释基督教。他们认为基督教的许多神学和超自然的因素都是不必要的，即使不是完全有害的。他们很少用任何形式的宗教仪式。他们嘲笑尊敬圣物和出卖赦罪券等迷信。他们承认需要有限数量的教会组织，但是他们不承认教皇的绝对权威，也不承认真正需要有教士作人和上帝之间的中间人。总之，大多数基督教人文主义者所真正希望的是理性高于信仰，行为高于教条，个人超越有组织的制度。他们相信只要逐渐通过征服愚昧和消除弊端，不必通过激烈的反抗，能够建立一种朴素而又合乎理性的宗教。②

---

① [英]阿伦·布洛克：《西方人文主义传统》，36 页。
② [美]爱德华·麦克诺尔·伯恩斯、[美]菲利普·李·拉尔夫：《世界文明史》(第二卷)，177 页。

可见，他们心目中的宗教实为一种道德追求。他们虽然关心宗教问题，但有明显的世俗倾向。他们反对圣礼、圣物的神秘和迷信观念，也不像中世纪教徒那样希望从"原罪"中解脱出来，或把目光盯住上苍，祈求超自然的恩赐和外来救星。相反，他们中大多数人注重和肯定尘世生活，对自己的能力充满信心，相信可以通过追求知识和道德目标达到自我解救。在他们心目中，现实的道德和社会问题比来世或者彼岸更为重要。他们所关心的首先是基督教中的伦理内容，注意的中心与其说在灵魂拯救方面，不如说在人的向善和社会风尚改良方面。① 他们极为重视道德建设，认为道德问题是解决社会问题的关键。

人文主义与科学的关系比较复杂。人文主义者关注的是治人之学，对自然事物并不十分感兴趣；对中世纪经院哲学的反感导致他们厌恶系统的、抽象的思维方式，而系统抽象的思维方式对于认识自然来说又是绝对必要的；他们关于自然的许多观念还受古代权威的束缚，有不少错误之处。基于此，有人甚至认为人文主义阻碍了科学的发展。这种看法有一定道理，但并不确切。因为从相反的方面看，首先，人文主义者对世俗事物的重视，唤起了人们研究自然事物的兴趣；其次，他们对古籍的发掘、整理和出版，为人们继承古代的哲学和科学成就提供了便利；最后，如前所述，人文主义不受权威约束的、实事求是的治学方法也为人们超越过去关于自然的知识成果奠定了重要基础。

第三节　欧洲人文主义教育的兴起

文艺复兴时期的人文主义教育可以提供修辞技巧，加强道德训诫，能培

---

① 参见马克垚:《世界历史·中古部分》，416—417 页。

养和统治精英休戚相关的道德责任感。意大利城市的富裕阶层需要广博的通才教育，特别注重有效的口头表达和社会责任感的开发。而古罗马社会有一套本质上属于雄辩或修辞学的教育体系，西塞罗关于伦理和雄辩的著述传承了这种修辞式教育。15世纪后期这些著述已成为人文主义学习的标准教科书。

文艺复兴时期的人文主义教育是务实的，而中世纪的通才教育产生了空洞的、对现实生活毫无用处的纯思辨论述。修辞技巧和人格发展成为人文主义教育的优势。

人文主义教育的目标和方法适应了当时政治和社会的需求。到14世纪末，人文主义教育在意大利各城市成为热潮。至15世纪中叶，人文主义教育所培养的修辞和语言技巧对君主和共和国的作用基本相同，人文主义者不仅可以从事秘书、公共行政、政治宣传等工作，也为统治阶级的后代提供教育。意大利人文主义教育的期望是使学生具有拉丁语读写能力、充分的古代历史和文学知识以及初步的古希腊语知识。

在文艺复兴时期的意大利，不仅大学传授拉丁古典范式、关注古典文学，下一级学校即"中等学校"也是如此。12世纪到14世纪，意大利创建了许多拉丁文法学校，有些由城市议会兴办和控制，但大多都私属于一名有经验的师长，向学生传授实用但不古典的拉丁语。这类学校的目标是让孩子为上大学打好基础。与文法学校平行的是算数学校体系，使用本民族语言向准备从商而不读大学的孩子传授商业算数、几何和会计知识。不管是拉丁文法学校还是算数学校，几乎全都被非教会人士控制，有些是城市议会管理的公共学校，有些是私人学校。不管属于哪种形式，学校都必须满足出资家长的要求。

12、13世纪，大学的兴起向拉丁文法学校（包括意大利和北部欧洲）提出了新的要求。当时拉丁文法的学习分成两个等级：一是针对男孩的初级入门教学，仅指导拉丁语阅读，但实际学习中的主要目的是本民族语言扫盲；二是更高级的高中或文法学校教学，也就是让部分孩子获得大学和其他需要掌握拉丁语的专业学习所需的预科教育。1500 年左右，人文主义者已促成拉丁语教学类型的决定性转变，即从中世纪和经院类转为古典和修辞类。他们还恢复了对古罗马重要作家的学习，尤其是维吉尔和西塞罗。

15 世纪教育领域产生的变化是一场真正的教育革命，这场革命是意大利文法学校从传统拉丁文（经院或文书）教育向新人文主义文化养成的转型。这种新文化由彼特拉克等早期人文主义者启发而生，经 15 世纪人文主义教师的培育而成熟。教育的新方向使人文主义成为决定 14 世纪和 15 世纪意大利生活方式的社会阶级所认可的文化：在欧洲各地生根后，又把全欧洲的教育体系翻耕为古典学的土壤，其统治地位至少保持到 19 世纪后期。

不像文法学校（也不像由当地社区密切控制的意大利大学），北部欧洲的大学更加独立，可以在一定程度上抵抗人文主义者增加新教育目标、实践和课程的压力。因此，当人文主义者在 16 世纪前竭力推动教育改革时，在北部欧洲，尤其是政府比较弱势、大学几乎完全自治的德国，文法和修辞教育的转型面对着更大的体制抗力，有时会导致激烈的冲突。

文艺复兴时期，社会延续了中世纪排斥女性的传统，把女性置于从属地位，女性总体上几乎得不到正式教育。抚育孩子、操持家务、投身宗教，是社会对女性仅有的要求，也只允许女性从事这些活动。但到 13 世纪和 14 世纪，一定数量的贵族和城市中产阶级女性开始接受教育，通常仅限本民族语言的阅读，也许还有基础算数。除了少数极有特权的女性，其教育基本不超出扫盲的范畴。来自贵族家庭和城市富裕家庭的女孩有机会入学，通常会进入单设的女班，由本身只接受过初级教育的女教师指导。对于中上层阶级的女性来说，阅读是有用的补充技能，所以这些学校传授本民族语言的阅读。尽管如此，女性学习最重要的主题还是纺纱、针线等传统女性技能。意大利有一些初级学校也接收女孩，但完成数年的初级教育后，女性的正规教育也就结束了。只有极少数女性有机会学习人文主义知识。

文艺复兴时期许多人文主义学者出版著作，兴办学校，从学校教育和社会教育的角度提倡、发展人文主义文化。

文艺复兴时期一些人文主义者反对封建教育和教会教育，注意挖掘、整理、研究古罗马和古希腊的教育论述。15 世纪初，意大利最早的人文主义教育思想家提出，应实施符合自由人的价值的教育。之后相继出现了许多古罗马和古希腊的著作。16 世纪时人文主义学者熟悉所有教育方面的主要古典著作。文艺复兴时期的教育家不再培养神职人员，而培养身心健康、知识广博、多才多艺的新人。文艺复兴时期封建教育制度受到很大冲击，教会不能再垄断学校教育，多种类型的新学校出现，不仅招收贵族和富家子弟，还招收少数平民子弟。

意大利的人文主义教育家在一些王公贵族和地方统治者的支持下，建立了新的宫廷学校。最著名的是维多里诺(Vittorino da Feltre，1378—1446)主办的"快乐之家"宫廷学校和格里诺(Guarinoda Verona，或 Guarino Veronese，1374—1460)主持的费拉拉宫廷学校。这两所学校对欧洲早期人文主义教育产生了很大的影响。这些学校聘请知名学者，并招收欧洲各地学生，施以通才教育。外国学生回到本国后，传播了意大利的人文主义。

当时资本主义发展较快的尼德兰是最早接受文艺复兴影响的国家。14 世纪时尼德兰的教育就比较发达，其中以"平民生活兄弟会"主办的学校最为有名。16 世纪这些学校又根据人文主义教育思想进行了革新。

1458 年法国在巴黎大学开设了研究古希腊文学的讲座。但保守派阻碍较大，人文主义传播比较迟缓。15 世纪末，文艺复兴思潮逐步在法国传开。在著名人文主义教育学者 G. 比代的积极倡议下，法国国王弗朗西斯一世为提倡人文主义新学，于 1530 年建立了设有多种学科的法兰西学院。16 世纪的法国不仅出现了拉伯雷(François Rabelais，1494—1553)和蒙田(Michel de Montaigne，1533—1592)等杰出的人文主义教育家，还成为西欧文艺复兴运动的中心。

英国接受文艺复兴的思潮比较晚。直到 16 世纪初，才出现了受意大利文艺复兴思想影响的人文主义者，比如莫尔（Thomas More，1478—1535）、科利特（John Colet，1466—1519）、黎里（William Lyly，生卒年不详）等，他们在伦敦进行人文主义教育活动，并得到了英国君臣的支持。伊拉斯谟（Erasmus Desiderius，1466—1536）长期在剑桥大学任教，推动了牛津大学和剑桥大学以及文法学校与公学的发展。人文主义政治家埃利奥特（Thomas Elyot，1490—1546）提倡以培养具有人文主义思想的贵族绅士为教育目标，他的教育思想符合当时英国统治阶级的利益和需要。

1456 年德国人文主义学者彼得·路德从意大利留学回国后在海德堡大学与莱比锡大学讲授人文主义新学，自此文艺复兴思潮开始在德国传播。16 世纪初维滕贝格大学和耶拿大学也开始讲授人文主义新学。同时，一些商业城市出现了新型文科中学。新型文科中学主要是受 16 世纪 40 年代后人文主义教育家约翰内斯·斯图谟（Johannes Sturm，1507—1589）在斯特拉斯堡文科中学的教育改革的影响才得以推广。

文艺复兴时期人文主义教育的特点主要体现在学校课程设置和教学方式与中世纪教育不同。中世纪教会学校的课程具有浓厚的宗教神学色彩，每一学科都要有宗教功用。但文艺复兴时期世俗学校的目的已经不是培养神职人员了，而是培养适应世俗职业的人。于是这一时期的世俗学校大幅调整课程体系，课程和学科体系倾向于多样化、复杂化和世俗化，中世纪教会学校培养神职人员的课程体系已经不复存在。

文艺复兴时期学校的课程和学科体系的变化推动了教学方法的改变。人文主义教育者批评中世纪教会学校的教学方法。人文主义者帕乔利说："知识是经验的女儿——思想家们提出的箴言与现实的经验不符时，这些箴言就失去了意义。"①其意在于想要获得真正的知识就必须亲身实践，不能把"权威"的话当成真理。基于此，达·芬奇、培根倡导教学和研究要使用精确的实验方法和严密的数学方法，因此促进了西方近代科学的产生。

---

① ［意］欧金尼奥·加林:《意大利人文主义》，180 页。

第二章

14—15 世纪意大利的人文主义教育

第一节　14—15 世纪意大利人文主义教育发展的背景

意大利人文主义教育思想萌芽于 14 世纪，在 15 世纪得到迅速发展，其产生和发展与意大利人文主义文化运动的发展状况密不可分，其内容充分反映了当时意大利社会政治、宗教、文化等方面的发展对教育的新要求。

以人文主义为基本文化特征的文艺复兴始于 14 世纪的意大利，但人文主义教育思想的产生与人文主义运动的产生并不是同步的，前者稍滞后于后者，人文主义的新要求在教育思想和教育实践中得到充分的表达是在 15 世纪。但不能因此就否认 14 世纪人文主义对人文主义教育思想的贡献。14 世纪意大利文艺复兴的主要表现形式是文学，通过文学宣扬和表达人文主义观点，但丁（Dante Alighieri，1265—1321）、彼特拉克、薄伽丘（Giovanni Boccaccio，1313—1375）是其中三位杰出的代表人物，但丁发表《神曲》是早期文艺复兴开端的重要标志。这三位代表人物都没有专门写过关于教育的著述，但他们的人文主义思想却在相当程度上决定了其后人文主义教育思想的框架和讨论教育问题的基本思路。

在整个文艺复兴时代，意大利文化教育的发展状况与政治、经济的发展状况相比，呈显著的不均衡状态。文艺复兴时代的意大利所担当的是"欧洲知识和艺术领袖的角色"，成为"现代欧洲的长子"①，其地位之高，早为世人所公认。但同时期意大利的经济和政治状况却远不如其文化那样充满生机和活力。

从 13 世纪末到 15 世纪末，意大利经济一直处于不景气状态，直到 15 世纪末才开始局部的复苏。

> 一般来讲十四世纪是一个经济上衰退的时期。这方面尽管意大利各地在经济衰退中差别很大，并且还有某些例外，但她仍同西欧总的发展趋势保持一致。人口减少，农业和工业生产下降的情况在托斯卡纳地区，特别是在佛罗伦萨表现得尤其明显。从十三世纪末起，就开始陷入了严重的灾荒。十四世纪初粮食连年歉收，纺织品生产大量减少。此外再加上 1348 年在意大利的城市，特别是在托斯卡纳地区暴发了黑鼠疫，使这一地区遭到沉重的打击。此地也如同其他地方一样，鼠疫的传播以普遍的饥荒为先兆。经济衰退持续的时间并不短：直到十五世纪末，才出现局部的明显复苏，即仅在农业而不是在工业和商业中的复苏。可以说，直到法国入侵意大利前夕，总的来讲这个国家的繁荣程度还不及它在十三世纪中期的情况。在经济上意大利文艺复兴时期就其整体来讲，比过去更加贫困。②

在政治上，文艺复兴时期的意大利呈分裂状态，政权实际上是地方性的或地区性的，相互之间冲突不断；在政治形态上既有君主制也有共和制。意大利文艺复兴前期的政治状态是：

---

① ［英］丹尼斯·哈伊：《意大利文艺复兴的历史背景》，60 页。

② ［英］丹尼斯·哈伊：《意大利文艺复兴的历史背景》，77—78 页。引用时有改动。

十三世纪意大利的形势是除了德国皇帝在北方保持有残余的势力和法律上的力量之外，中部和南部则是教皇的势力范围。同时，城市享有相当大的自由，商业的繁荣为城市增加了财富，也给人们带来了要从旧的束缚中解脱出来的希望。①

共和制兴起的基础是中世纪城市的产生。西欧封建社会初期，古罗马时代的城市已经衰落，遗留下来的一些城市如罗马、巴黎、伦敦等已失去经济中心的地位，仅是封建诸侯、教会主教的统治中心而已。中世纪西欧作为工商业中心的城市，并非从古代延续下来，而是 10 世纪到 11 世纪兴起的。西欧的新城市首先在意大利和法国南部发展起来，那里既有古代手工业与商业的良好基础，又适于同东方进行贸易往来。意大利的威尼斯、热那亚、佛罗伦萨等就是首批建立起来的中世纪城市，这些新城市虽然兴起较晚，但发展却非常迅速，市民争取城市自治的运动一浪高过一浪，在反对封建领主的斗争中获得了自治权，建立起独立的城市共和国。

共和制是与传统的世袭君主制背道而驰的，是一种新的政治组织形式。到了 12 世纪，意大利的北部各主要城市几乎普遍采用了这种共和自治的政府形式。这种制度给这些城市带来了一定程度的独立，但在法律上它们仍然被视为神圣罗马帝国的臣属。历代神圣罗马帝国皇帝都竭力要将自己的统治强加于北意大利地区，北意大利的主要城市则针锋相对，为保护自己的独立而战。在反对帝国干涉的过程中，关于政治"自由"的观念发展起来，它包括两层含义：第一，共和制城市有权使自己的政治生活摆脱任何外来干涉，即肯定自己的主权；第二，共和制城市有权以共和制度管理内部事务。教皇一直与北意大利城市和神圣罗马帝国斗争，但这是由于教皇觊觎北意大利地区的政治权力。到 13 世纪末，教皇已经直接统治意大利中部广大地区，北意大利

---

① ［英］丹尼斯·哈伊：《意大利文艺复兴的历史背景》，47 页。

大多数重要城市也听命于教皇。

面对教皇的咄咄逼人之势，一些城市开始反击。1266 年帕多瓦城市当局因当地主教拒绝纳税而与其发生严重争执，1282 年该城教职人员实际上被剥夺了受法律保护的权利；佛罗伦萨 1285 年宣布不承认教会法庭的审判权和僧侣的豁免权。为对抗教廷，方法之一就是抬出皇帝与教皇抗衡，亦即只需向帝国做出让步，承认北意大利确系神圣罗马帝国的一部分，便可论证教皇并非北意大利的合法统治者。在 14 世纪初，这是一个极有诱惑力的政治策略。因此，这种策略为当时的一些政治家所津津乐道。例如，但丁就极力支持神圣罗马帝国皇帝以对抗教皇，他在《论世界帝国》(约写于 1309—1313) 中要求人们把皇帝看作唯一能够消弭党争、带来和平的统一力量。他要求帝国的权威应独立于教会的权威，而不为后者所制约。当时抬出皇帝只是权宜之计，所以一向为其自由而骄傲的城市共和国不可能将但丁的建议看作救世良方。虽然城市能够以此来否定教皇干涉其内部事务的权力，但为此付出的代价是要再次被打上神圣罗马帝国臣属的烙印。显然，这些城市共和国需要这样一种政治理论，既能够为自己独立于教会的自由辩护，而又不至于再将自由拱手交给他人。①

在城市共和国内部，也出现了新的危机。从 13 世纪开始，由于商业的发展，新兴商人阶级显赫一时，但这些新贵在由名门望族所牢牢把持的城市议会中却没有发言权，他们极力谋求社会的承认，于是组织自己的议会向旧议会发出挑战。新贵的议会于 1250 年在卢卡和佛罗伦萨建立，1262 年在锡耶纳建立，不久在大多数重要城市中纷纷出现。这样，城市共和国内部的党派斗争愈演愈烈，但丁被流放也是内部党争所致，结果使共和制受到侵蚀。到 13 世纪末，绝大多数城市被内部党争弄得四分五裂，乃至不得不抛弃共和政体，

---

① [英]昆廷·斯金纳：《现代政治思想的基础》，段胜武等译，1—23 页，北京，求实出版社，1989。

去接受单独一位"首领"（signore）的强权统治，以此来取代混乱不堪、暴力冲突不断的"自由"状态，打着使城市获得更多秩序与和平的旗号，由共和政权转向专制政权。有人认为意大利城市共和国"自由的光焰"只是可悲的昙花一现。随着首领的登台、专制政权的建立，出现了一种新式的政治理论，它以歌功颂德的方式，颂扬首领是统一与和平的使者，认为专制政权较共和政权要稳定得多，能给人民带来和平和宁静，和平的价值远高于自由。到 14 世纪，意大利出现了许多地方性的君主国。

　　并不是所有的共和国都倒向了专制主义，还有些城市坚决捍卫共和制政权，佛罗伦萨就属其中的中流砥柱。捍卫共和的行动伴随着一种政治思想体系的发展，这种体系崛起于 13 世纪末 14 世纪初，到 15 世纪初则发展为"市民人文主义"。这一体系的目的在于辩明和强调共和制下的城市生活有其独特的优越性，极力颂扬共和制。

　　14 世纪时，北意大利地区的城市出现从自由城市向君主制转化的趋势，只有佛罗伦萨、卢卡、锡耶纳这三个城市仍然实行真正的共和制，它们的政府是人民的，贵族被排斥在权力之外。与这种政治现实相对应，在思想领域，一些人为共和制辩护，另一些人则为君主制辩护。15 世纪以前意大利君主制与共和制共存的格局并未有多大改变。正是共和制下的佛罗伦萨为意大利文艺复兴做出了真正的贡献，14 世纪文艺复兴三杰但丁、彼特拉克、薄伽丘皆为佛罗伦萨人；到了 15 世纪，佛罗伦萨的三任秘书官萨卢塔蒂（Coluccio Salutati，1331—1406）、布鲁尼（Leonardo Bruni，1370—1444）和波齐奥（Braccolini Poggio，1380—1459）将人文主义运动推向了一个更高的发展阶段，他们赞颂共和制，歌颂和捍卫自由，成为市民人文主义的主要代表，使市民人文主义成为整个欧洲人文主义运动中一面鲜艳的旗帜。

　　不论是在意大利还是在北部欧洲地区，人文主义的发展都与政治有着密切的联系。但丁对帝国统治的渴求、彼特拉克对君主美德所寄予的深厚期望、布鲁尼对共和制的热情歌颂，以及 16 世纪马基雅维利（Niccolò Machiavelli，1469—1527）、伊拉斯谟、莫尔等人对君主制的推崇等，都表明了这种联系的密切程度。另外，许多人文主义者尤其是有声望的人文主义者在权力机构中任职，或服务于教皇、皇帝和君主，或服务于共和国政府机构。人文主义与政治的这种联系在教育思想的发展上打下了深刻的烙印，使得教育与政治的关系问题成为文艺复兴时代人文主义教育思想的一项重要内容。

　　文艺复兴作为一场文化革命，必然会对教育产生深刻影响，但人文主义的新精神并没有马上渗入学校，

　　　　文化复兴革新了教育的内容，并且在文学和道德问题上采取了崭新的姿态。新兴的艺术（古典文化、艺术）在个人和公共的生活中占据了重要的位置。但是以上这些现象在十四世纪都还并不常见。我们更多是在个人的环境中而不是在学校里发现它们。它们还仅仅是以孤立的而不是普遍的现象出现。①

但丁、彼特拉克和薄伽丘在 14 世纪意大利新文化中的地位给人以鹤立鸡群之感，然而他们振臂一呼尚不能使应者云集，因为人文主义在 14 世纪末以前并无深厚的根基，但正是这几个人的思想培养出了好几代的人文主义者。到了 14 世纪 70 年代，人文主义的发展进入了一个新阶段，"这时人们对新文化的姿态已不是最初所表现出来的那样犹豫和观望，而是迈出了坚定的步伐"，"文艺复兴的根基已深深地扎到土壤下面去了"。②

　　在人文主义运动的推动下，到了 15 世纪，意大利人文主义教育开始发展起来，与之相应，人文主义教育思想也开始被系统地表达出来，涌现出一批讨论教育问题的著述和人文主义者。

---

　　① ［英］丹尼斯·哈伊：《意大利文艺复兴的历史背景》，78—79 页。引用时有改动。
　　② ［英］丹尼斯·哈伊：《意大利文艺复兴的历史背景》，100、104—105 页。

第二节　14—15 世纪意大利人文主义教育实践

　　人文主义起源于意大利。人文主义者打着"复兴古代文化"的旗号，搜集和研究古典著作。他们崇尚人文学科，创办学习古典学科的世俗学校，教授古希腊语和拉丁语，提出人文主义教育的理论并开展实践活动，反对僵化的经院哲学和教会教育，提出解放人性，教育要以人为本，从而赋予教育新的内涵。为培养资本主义发展需要的人才，他们以各种方式推行世俗教育。

一、基础教育

（一）私立学校

　　中世纪时意大利开始出现私立学校，文艺复兴时期私立学校规模逐渐壮大。文艺复兴时期意大利儿童接受教育的主要场所是私立学校。私立学校有以下两种形式：第一，富裕家庭延聘有声望的学者作为家庭教师教育自己的子女；第二，将孩子送到教师家中学习。在后一种形式中，教师往往租用专门的房子作为教育场所，并劝说邻居将孩子送到这里接受教育。政府和教会不管辖私立学校。学校只要能赢得家长的信任，就可以获得家长在财物上的资助。一旦家长对学校不满意或者不信任学校，家长就不让孩子来学校学习，没有学生的学校只能倒闭。当时意大利城市中公立学校数量不足，加之很少有人上教会学校，于是私立学校弥补了由此形成的教育缺位，有些私立学校的教师因为经常参加公开的学术活动而声望卓著。私立学校一般根据自身教师的声望和教育水平、住宿环境制定不同的收费标准。

　　寄宿学校是文艺复兴时期意大利很重要的一种私立学校，由人文主义者创办，最早出现于中世纪晚期。意大利在 14、15 世纪有大量的私立学校。从现存的威尼斯公证合同和政府的记录看，1300—1450 年共有 850 名多种学科的私立学校教师，在 14 世纪晚期，一年之内就增加 55 名之多。事实上，14 世纪末私立学校教师的数量不止如此，是记载的 2~3 倍，若按 1587—1588 年教师与总人口数的比例，14 世纪七八十年代的意大利应有 130~165 名私立学校教师。[①]

开办寄宿学校既是出于教育目的，也是出于经济目的。虽然需要在食宿上支出大笔费用，但开办寄宿学校依然能享有丰厚利润。孩子一般是在 10~12 岁时离开父母，由教师教授他们功课，规范他们的举止，提高他们的道德水平。寄宿学校的学生在世界观和思维方式上受到老师的很大影响，师生关系远比父子关系紧密。只有一部分孩子能到寄宿学校上学，在寄宿学校上学的学生出身富贵，能够承担高昂的学费。寄宿学校的出现反映了当时的社会现实，只有家境富裕的孩子才能上寄宿学校。

(二)公立学校

意大利的城市统治者们已经认识到教育对于社会的重要意义，但教会学校不能教育世俗社会的孩子们。于是 14 世纪时意大利的城市统治者为教育机构出资建设校舍并给教师补助工资，经过多年发展，这些教育机构成为市政公立学校。文艺复兴时期意大利的城市民众认为必要的教育可以避免让孩子犯罪或形成坏习惯，孩子不接受教育会使城市发生动乱。

最先出现公立学校的城市是佛罗伦萨和威尼斯，因为这些城市经济繁荣，有充裕的资金可为儿童提供免费教育，但此时的免费教育不是现代意义上的普及性免费教育。这是因为市政府只承担公立学校的部分办学经费，比如校舍修建维护费用和少数教师的薪金，大部分教师的薪金依然来自学生交纳的学费。虽然市政府认为发展公众教育对城市发展有利，但不会因此对所有学生实行免费教育，只有出身贵族家庭者或富裕市民家庭的孩子才能接受公立

---

① [英]保罗·F.格瑞德尔:《意大利文艺复兴时期的学校教育》，29—33 页，巴尔的摩和伦敦，1989。

学校的免费教育，因为他们将来会成为城市的统治者。市政府允许公立学校在完成学校教育的前提下招收其他学生，但名额很少，这些额外招收的学生必须交学费，只有非常聪明的学生不用交学费。当时罗马市政府允许贫穷家庭的孩子免交学费。到 16 世纪 60 年代时，公立学校的免费教育已经难以为继，由于学校长期收入微薄，不得以只能向贫穷学生收费，交不起学费的学生只能辍学。

(三)拉丁语学校

意大利人文主义者推崇古典人文教育，实施古典人文教育也是传播古典文化的过程。人文主义教育意味着对自身的发现和解放。14 世纪末期意大利的城市盛行人文学科的研究，在佛罗伦萨和其他共和国以及专制的米兰，人文学科的研究在接受教育的群体中具有明显优势。虽然当时很多保守的修道士或旧式商人认为人文学科的研究对于实际生活毫无用处，一些传统意识较强的佛罗伦萨人对有些人文主义者的挑衅行为表达了愤怒，但到 15 世纪中期时，许多城市的初级学校已成为人文主义研究的中心。佛罗伦萨被认为是 15 世纪"新学"的先锋和模范。在 1400—1450 年的 50 年里，意大利人文主义教育家进行了课程革命，这是西方教育史上为数不多的一次。到了 1500 年，他们的胜利得到了进一步的巩固，人文学科占据了统治地位，中世纪的课本几乎完全消失。

文艺复兴时期意大利的人文主义者建立了重视古典文化的新的教育体系，这些人文主义者包括彼特拉克、萨卢塔蒂、布鲁尼、瓦拉（Lorenzo Valla，1407—1457），尤以格里诺和维多里诺最为著名。他们不再讲授中世纪的作品，而是讲授语法、修辞学、诗歌、历史以及古罗马的道德哲学作品，人文主义教育的内容来源于发现、整理和选择古代文化。当时意大利几乎没有拉丁语课本，教师大多讲授维吉尔的诗歌、西塞罗的雄辩术、贺拉斯的作品以及奥维德的诗歌和恺撒的历史，此外，也有其他古典作品在学校出现。凡是受过拉丁语教育的人都能理解古典作品的引文和注释，这正是人文主义教育最为重视的。人文主义学科讲授实际的文学技巧和道德、市民价值观，其最大成就是将古典拉丁语教育的标准传达给社会上层。15 世纪意大利的学生在学校学习了正确的拉丁文法规则，如何写信，如何用优雅、流利的风格演讲，如何欣赏韵律和古诗中的优美诗句及历史知识。到了 16 世纪中期，意大利贵族以及神父与律师大都能背诵维吉尔的诗歌和西塞罗的散文，人文主义课程提高了文艺复兴时期民众的整体文化水平。

人文主义学科的范围后来还扩大到体育、音乐和绘画等。文艺复兴时期意大利人文主义者普遍轻视本民族语言，都认为用拉丁语讲话、写作是有教养的标志，古希腊语也是意大利人文主义者学习的重要部分，15 世纪是意大利开始系统研究古希腊语的第一个世纪。重要性排在拉丁语和古希腊语之后的学科是语法、修辞、雄辩术和写作。文艺复兴时期意大利人文主义学者将语法看作正确讲话和拼写的艺术。1470 年，佛罗伦萨立法机关规定佛罗伦萨聘请教师时要优先考虑"那些讲授拉丁语的人"，这种对语法学习的渴求直到佛罗伦萨上层社会的学生开始聘请私人教师才得以缓和。

15 世纪 30—50 年代意大利北、中部普遍施行了人文主义教育，这一时期北意大利讲授拉丁语的学校成为人文主义学校。15 世纪末这些拉丁语学校常常被称为"演讲、诗歌、语法学校"，丰富的人文主义课程更加明确了学校的人文主义方向。

（四）宫廷学校

维多里诺是 15 世纪意大利人文主义教育家，他一生致力于人文主义教育。1423 年维多里诺应曼图亚公爵贡查加（Giovanni Francesco Gonzaga，1395—1444）的邀请并在公爵的资助下，在自然环境优美的孟都亚湖滨创办了一所宫廷学校，招收王公贵族的子弟，校名为"La Casa Gioiosa"，即"快乐之家"。在"快乐之家"，维多里诺把他的人文主义教育理想完全付诸教育实践。"快乐之家"注重学生身心和谐和个性发展，改变了中世纪学校的知识传授式教学方式，采用直观的顺应自然的教学方式。"快乐之家"开设与古希腊、古罗马作品相关的人文主义课程，主要有文学、历史、哲学、算术、几何、天文学、音乐和体育。维多里诺认为贫苦儿童中也有颇具天分之人，因此"快乐之家"招收了少量贫寒家庭的孩子，为这些学生免除学费，并给他们提供食宿和衣物。"快乐之家"学生最多之时有70多名。学生于6~7岁入学，在校学习15年左右，学生全部住宿。维多里诺认为宗教是道德教育的重要手段，因此宗教教育方面的课程是"快乐之家"的必修课。"快乐之家"办学声誉卓著，意大利其他城邦的贵族子弟慕名前来上学，意大利各城邦纷纷效仿，开办了自己的宫廷学校。"快乐之家"是意大利人文主义学校的发源地，成为欧洲文艺复兴时期人文主义学校的典范。

二、职业教育

为了适应商品经济发展的需要，文艺复兴时期意大利还有一些学校讲授实用算术、商业簿记等应用学科。13、14世纪，意大利社会发展需要大量公证人、秘书和公众官员从事公众或私人事务，商人认识到商业数学对于事业发展的重要作用，因此他们希望其子弟和雇员可以在学校学习这些技能。普通家庭也非常欢迎实用技能的教育。在这些教授实用技能的学校中，比较著名的有佛罗伦萨的公证人学校，薄伽丘、布鲁尼、萨卢塔蒂和达·芬奇等人文主义者曾在此学习过民法，还有威尼斯的商业学校，当时在这所学校学习是成为商人的必要条件。①

讲授应用学科的学校，其学生主要是商人和工匠的子弟。一半以上的学生主要学习应用学科，学习内容有加、减、乘、除和比例的使用，以及兑换钱和计算规则，还有一些宗教和世俗文学，有时学一些初级拉丁语法。这类

---

① Edward Muir, *Civic Ritual in Renaissance Venice*, Princeton, 1981, p.138.

学校用本民族语言教授学生良好的品德，而不是通过拉丁文的经典著作。①
读、写、算等知识是从事工商业和手工业的基本要求。

文艺复兴时期意大利教授应用学科的学校得到很大重视而且深受下层民
众的欢迎，因为他们可以通过学习应用技能而谋生。一些家境贫寒的孩子可
以边学习边当学徒，既锻炼了技能，还可以获得补贴的费用。

三、高等教育

(一)两种类型的大学

文艺复兴时期意大利的大学分为两类，一类是"完整大学"，另一类是"不
完整大学"和"纸上大学"。建立一所"完整的大学"是很困难的。一座城市想
要建立一所大学，首先要拥有代表了教皇或皇帝同意的特许状，只有拥有特
许状的大学才能颁发毕业证书和授予学位。在得到教皇或皇帝的特许状后，
还要得到城市各方政治势力和市民的支持，并且资金支持也是建立大学的重
要因素。在基本要求满足之后，还必须拥有教授神学、法律、文科、医学等
各种课程的教师，这是建立大学最为困难的事情，因为一座城市中，有资格
教授大学课程的教师并不多。博洛尼亚大学是意大利建立的第一所大学。

除了"完整的大学"之外，还有的大学不具备创办大学的条件，这些大学
被称作"纸上大学"和"不完整大学"。"纸上大学"虽然有教皇或皇帝颁发的特
许状，可以授予学位，但没有教师和学生，只能提供证明学位的证书。威尼
斯医学院是最有名的"纸上大学"。威尼斯医学院拥有博士学位的授予权，但
这所学院中既没有教师教学，也没有学生学习，学生在其他大学接受教育，

---

① [英]保罗·F.格瑞德尔：《意大利文艺复兴时期的学校教育》，42 页，巴尔的摩和伦敦，
1989。

最后获得威尼斯医学院的学位。① "不完整大学"因为教师数量不足，不具备建成完整大学的条件。摩德纳就有这样一所大学，即便大学的教授可以进行大学水平的高等教育，但学校的教师数量不足，也不能授予学位，因此是"不完整大学"。文艺复兴时期意大利的大学非常受民众的欢迎，城市政府也为建立大学做出很大努力，但大学数量却增长缓慢。原因在于城市各方政治势力的博弈和建立大学需要巨额的资金以及合适的校舍，并且还要考虑市民的舆论。因此"不完整大学"和"纸上大学"才得以存在。

（二）大学的教师与教学

在意大利的大学中，一门学科的内容和讲授这门学科的教师的生活情况是变化不定的，法学家和医学家往往比其他教师待遇优厚，这是由于政府雇用法学家作为政府的法律顾问，而医学家可以有开业行医的权利。有学问的教授薪金很高，还有其他的收入来源，并且可以在很多学校兼任。大学教师的变动对大学发展是有必要的，因为从新来的教师那里可以得到一些新的东西。这在科学的成就在很大程度上依赖教师个人能力的时代是正常的。一个讲授古典作品的教师不一定真正属于他讲学的大学。可以提供交通食宿的私人讲学也是常有的。在罗马，拉丁文法和古典文学的研究很少和大学有关系，几乎完全依赖教皇和主教等个人的赞助或者教廷的任命。

（三）大学增加的课程科目

意大利的大学在文艺复兴之前只有神学、法学、医学三种科目。文艺复兴时期增加了修辞学、哲学、天文学等科目，增加的科目都是关于古典学问的，这些古典学问都是非基督教的，被看作人文学科，这些人文学科取代了神学在大学的首要地位。

---

① ［英］保罗·F. 格瑞德尔：《文艺复兴时期意大利的大学》，140—142页，巴尔的摩和伦敦，2002。

（四）人文学科得到专门化发展

许多人文主义者或接受过人文主义教育的学者，除人文学科外对其他科目也有浓厚的兴趣，并对这些学科做出过重要贡献，但重要的是认识到人文学科是一个有明确限定的研究领域。

15 世纪时意大利大学的人文学科有了专门的意义，主要包括五个科目，即语法、修辞、诗歌、历史和道德哲学。文艺复兴从中世纪后期继承了高度系统化、专门化了的一大批知识，任何有能力的研究者都能够掌握整个世俗知识的"七艺"时代也已经过去了。"七艺"已经为大量专业化的学科所取代，它们因此而发展出了各自的独特传统。这些专业化的学科继承了传统而各自发展，形成了当时的神学、罗马法、宗教法规、医学、数学、天文学、占星术、逻辑学、自然哲学、语法和修辞学等科目。

知识的这种组成方式是中世纪后期的特征，虽然经过许多变化和补充，它仍然是文艺复兴时期教育的主脉。换言之，如果我们要理解那些不属于人文学科的专门学科的历史，就必须在这些领域的中世纪传统背景中研究文艺复兴时期的神学、法学、医学、数学、逻辑学和自然哲学。虽然部分在人文主义的影响下，部分由于其他的原因，所有这些学科在文艺复兴时期都发生了一些重要变化，因而文艺复兴时期的亚里士多德逻辑学和自然哲学是与中世纪经院哲学的亚里士多德主义联系在一起的，上述其他学科的情况往往也是如此。

四、女子教育

文艺复兴时期，受到意大利城市发展、商业繁荣和人文主义思想的影响，许多人文主义者提出尊重女性和两性平等，认为女性可以与男性一样接受教育。城市部分女性有接受教育的需求，尽管当时社会普遍不支持女性接受教育，但现实中许多女性通过不同途径接受了各种教育。

　　14—15 世纪意大利的女子教育有三种形式，即基础教育、家庭教育、职业技术教育。

　　基础教育分为学校教育和修道院教育。学校教育包括公立学校、私立学校和教会学校，女孩一般接受识字教育。修道院教育主要是教育贵族家庭的女孩成为修女，学习古典文化。

　　家庭教育包括家庭启蒙教育、家庭技能教育、婚姻观念教育。家庭启蒙教育由父母特别是母亲承担，主要内容是必要的生活常识与知识和宗教理想的教育。家庭技能教育主要包括学习管理家庭必需的家政技能。婚姻观念教育主要是树立为婚姻作准备的良好家庭妇女的思想，学习履行未来母亲角色以及处理家务所需要的知识。

　　职业技术教育包括学徒制和行会教育以及工作职业技能培训。文艺复兴时期资本主义经济的发展促进生产方式发生结构性改变，除了传统的家庭劳动，一部分女性参与独立的经济活动，她们从事的行业有纺织、酿酒、零售、行医、家仆等，这些工作需要女性接受一定的职业技术教育。在城市手工业中，学徒制保持了手工技艺的传授。学徒制是城市下层女性接受教育的方式之一，女学徒不仅学到普通知识，还学习了专门的手艺，并且得到生活上的照顾。文艺复兴时期纺织业、采矿业和制造业的工场和作坊的产品由行会成员制作，工场和作坊由男工匠负责。工场和作坊有女性做帮手，她们有的是行会成员的妻子或女儿，有的是女工匠的徒弟，有的同其他行业的男子结婚后依然工作，还有的终生未嫁，靠手艺谋生。行会承认工匠有权教给妻女各种手艺，未婚妇女和不在丈夫作坊中帮忙的女性可以在工场和作坊劳动领取工资。文艺复兴时期意大利城市的纺织业比较发达，女性参与纺织业的各道工序，她们的岗位都是低技术、低报酬、低地位的，接受短时间的职业训练就能工作。

　　意大利城市的女子教育首先有很大的阶级局限，上层女性接受的教育较多，众多城市下层女性和乡村女性基本没有受过教育。其次女子教育受到性别歧视的制约。同一阶层中女性接受的教育远少于男性。

第三节 维多里诺的人文主义教育思想与实践

有人把自己的教育思想写在纸上，但从不将之付诸实践。而维多里诺则与此完全相反，他将一生献给了教育实践，却并没有把他的教育思想写出来示人。他的卓有成效的教育实践活动恰是其丰富深邃的教育思想的外化。他的教育思想在质上和量上均超过了许多留下文字的同时代人。

一、生平与教育活动

1378 年维多里诺出生于意大利的一个小镇费尔特雷（Feltre），关于他童年时代的生活情况，人们所知甚少。他的家境并不富足，有时连生活必需品都会缺少。费尔特雷比较偏僻，离大城市很远，交通也不方便，因而文化也不发达，教师和书本皆十分匮乏。由于费尔特雷不能使维多里诺强烈的求知欲得到满足，他 18 岁时进入帕多瓦大学求学。

这一年来自拜占庭的著名学者克里索罗拉斯（Manuel Chrysoloras，1350—1415）正在佛罗伦萨讲授古希腊语。尽管当时帕多瓦在学术文化上的地位不如佛罗伦萨那样重要，但帕多瓦大学与人文主义新学术却有密切的关系。彼特拉克对帕多瓦有重要影响，他与帕多瓦的望族和帕多瓦大学的学者都过从甚密，彼特拉克的丰富藏书在其死后多年一直保存在帕多瓦。彼特拉克的学生康弗西诺（Giovanni Conversano da Ravenna，1343—1408）曾于 14 世纪末在帕多瓦大学教授修辞学和拉丁文学。

在彼特拉克等人的影响下，帕多瓦大学具有较浓厚的人文主义气氛。就连传统的神学和辩证法(逻辑学)这两门学科，在 14 世纪末的帕多瓦大学也渗进了人文主义因素，纯粹的经院主义方法在神学和逻辑学研究中已没有地位。帕多瓦大学声誉在外，学生中不仅有意大利人，也有英国人、法国人、德国人、匈牙利人。大多数学生在此修习医学、教会法，但该校的文法修辞、哲学等学科的地位较意大利另一所著名大学博洛尼亚大学同类学科的地位要高。

维多里诺在此感受到了古典文化复兴的氛围，他为此觉得愉悦，于是潜心学习古典文化，对拉丁文法和拉丁语文学用力尤多。由于经济拮据，维多里诺靠担任文法课教师的报酬维持求学生涯。他此时所教的文法课是为私人而开设的初级文法课程，工作单调辛苦，收入也不高。靠此微薄的收入，他系统地修习了辩证法、哲学和修辞学，此外他还学习了教会法。由于古希腊语此时还未进入帕多瓦大学的课程，所以维多里诺没能在大学里学习古希腊语。获得博士学位后，维多里诺又开始学习数学，数学在当时的大学课程中并无地位，数学的教与学是在大学之外进行的，维多里诺数学学得很好，不久就成为颇有名气的数学教师。

维多里诺在帕多瓦待了近 20 年，其间深受著名人文主义者巴齐札(Gasparino da Barzizza，1360—1431) 和弗吉里奥(Pietro Paolo Vergerio，1349—1420)的影响。1407 年巴齐札来到帕多瓦，1415 年维多里诺离开帕多瓦。在对待古代语言和古典文化的态度方面，维多里诺受巴齐札影响较大。在巴齐札看来，拉丁语是一种活生生的语言，学术交流、文学写作都离不开它。而古典文化中则蕴含着改造现实社会的理想模式，因此研习古代语言和古典文化不可泥古不化，不应只学其皮毛，而应深刻把握其内涵。可见 15 世纪初的意大利人文主义并无 16 世纪初意大利人文主义那样的学究气息和形式主义倾向。弗吉里奥与巴齐札关系密切。当 1396 年维多里诺到帕多瓦大学读书时，弗吉里奥已在该校任教，但在此前，维多里诺已知弗吉里奥之名，因为弗吉里奥于 1392 年发表了《论绅士风度与自由教育》，名噪一时，对当时人文主义教育推动甚大。弗吉里奥这些教育构想被维多里诺全盘接受，并由维多里诺"付诸实践"。①

当时的意大利人文主义者并不都是道德楷模，不少人因沽名钓誉、钩心斗角、互相攻讦而背负恶名。维多里诺不仅学识渊博，而且绝无恶名。他生活俭朴，爱生如子，声望甚高。由于对帕多瓦大学纪律松懈、学生受外界不良影响不满而他又对此无能为力，他约于 1422 年辞去教职再次来到威尼斯。1423 年他在威尼斯开办了一所学校。由于他办学有方，吸引了不少学生，他也很快被公认为意大利"最值得信赖和最有能力的人文学教师"②。

1423 年曼图亚侯爵贡查加邀请维多里诺任其子女的家庭教师，当时维多里诺正忙于在威尼斯办学，加上他不喜欢不断迁居，于是拒绝了邀请。但贡查加的邀请又至，维多里诺说他厌恶宫廷生活，渴望平和及有用的工作，不喜欢抛头露面等，想以此再婉拒，而贡查加求贤若渴，给出的条件非常优厚，让维多里诺自订薪金额度，并应允他在教育事务上有充分的自主权。维多里诺最后答应了贡查加的邀请，于 1423 年年底来到曼图亚宫廷执教。贡查加及其夫人波拉都十分支持维多里诺的工作，这使得维多里诺遂心如意，能专心致志于他热爱的教育工作，他在此一直工作到 1446 年辞世。维多里诺在曼图亚建立的学校被称作"快乐之家"，位于曼图亚城的西北角，校舍设在靠近河边的一座宫殿里，三面环绕着草地，环境清新自然。校园里种植着树木花草，有宽阔的道路、大块的绿地，房屋也宽敞高大。维多里诺认为这种优美的环境对于学生的身心发展是有益的，利于学生活动身体，有助于使学生内心愉悦，他将学校称为"快乐之家"的意蕴也在于此。他欲使学校成为学生喜爱而不是厌恶的场所。维多里诺讨厌奢华的宫廷生活。在他的坚持下，宫殿里的

---

① ［英］博伊德、［英］金：《西方教育史》，任宝祥、吴元训译，164 页，北京，人民教育出版社，1985。

② William Harrison Woodward, *Studies in Education during the Age of the Renaissance*, Cambridge University Press, 1906, p.22.

豪华家具及陈设被搬走，宫殿得以重新装饰，墙壁上绘有儿童游戏的壁画，洋溢着欢乐的气氛。

起初，维多里诺只有 3 个学生，他们都是贡查加侯爵的孩子，从 3 岁到 9 岁不等。后来规模逐渐扩大，曼图亚的富家子弟、来自意大利其他地方的维多里诺朋友的孩子都成为该校的学生。维多里诺按学生父母的经济地位收取学费，收费不是为了他个人，而是为了救济贫困学生。维多里诺招收了不少家境贫穷的学生，他为他们承担全部的费用。维多里诺并无文艺复兴时代人文主义者所惯有的那种等级观念，而是认为贫寒的家庭中也会有才智出众的儿童。在教育中，不论学生的家庭背景如何，他都一视同仁，绝无偏袒。维多里诺对学生充满慈爱之心，对教学一丝不苟，深受时人敬重。当时最著名的一些人文主义学者如格里诺、波齐奥、费立尔福（Francesco Filelfo，1398—1481）等皆把自己的孩子送到维多里诺的门下求学，他们深信他们的孩子在这里能受到当时最好的教育。有趣的是，格里诺本人在当时也是著名的教育家，也开办了学校，但他却将自己的一个孩子送到维多里诺这儿受教，可见维多里诺在当时文化教育界的地位之高。学生的年龄大小不一，有的入学时才六七岁，有的则有二十几岁。后来成为著名人文主义者的瓦拉离校时已 23 岁。有些年龄大的学生甚至到快 30 岁时才离校。

曼图亚的"快乐之家"学校不久便名声大振，不仅在意大利而且在法国和德国等地也产生了很大的影响。学校的成功与维多里诺的学识和能力有关，但与其高尚的人格魅力也是分不开的。欧洲文化史研究专家雅各布·布克哈特（Jacob Burckhardt，1818—1897）曾这样描述维多里诺：

> 他是毕生献身于其特别擅长的事业的一人。他几乎没有写过书，而最后把他青年时代所写的、曾长久保存在他身边的少数的诗也毁掉了。他孜孜不倦地求学；从来没有追求过功名，他轻视一切这样的身外浮名；

他和师生友好，相处甚欢，知道怎样保持他们的好感。他在身体锻炼和精神锻炼上都是过人的，是一个卓越的骑手、舞蹈家和剑术师，无论冬夏都穿同样的衣服，就是在严寒天气也只是拖着一双凉鞋走路，他这样生活下去，一直到老年也没有生过病。他很善于控制他的激情、他的性欲和愤怒的自然冲动，因而能够一生保持童贞并且从来也没有用恶语伤过任何人。①

当时意大利新建的人文主义性质的学校有很多，远非只有维多里诺所开办的曼图亚学校这一家，"但是，像它这样完美地体现了文艺复兴教育理想的学校，却别无他处了"②。

二、教育理想和教育内容

维多里诺的教育理想是培养身心全面和谐发展的人，这种人应具有强健的体魄、丰富的文化知识、良好的品德和虔诚的宗教信仰。

维多里诺认为身体健康是学生精神发展的前提，故对学生的身体健康和锻炼十分关注。他悉心照料生病的学生，要求学生在各种气候条件下坚持锻炼身体，提高身体对寒暑的适应能力。当寒冬到来时，他不让学生在火炉旁取暖，他认为人感到寒冷是身心无所事事的结果，拍拍手、跺跺脚、大声地讨论、大声地读书等活动就可以驱走寒冷。

体育和军事训练在中世纪骑士教育中一直有良好的传统，但在中世纪教会学校里和后来市政当局开办的一些世俗性的学校里，体育没有地位。不应把维多里诺对体育的重视只看作他对骑士教育传统的继承，因为他不是为了

---

① ［瑞士］雅各布·布克哈特：《意大利文艺复兴时期的文化》，何新译，209 页，北京，商务印书馆，1979。

② ［英］博伊德、［英］金：《西方教育史》，165 页。

培养尚武精神。他重视体育是基于他对人性、人的发展和理想教育的理解。他认为人由身心构成，故人的发展应包括身体的发展，理想的完全的教育因此也应包括体育在内，而不只是进行心智训练。身体训练的目的不是使学生获得某些专门的体育技能，而是为了增强体质，培养学生吃苦耐劳的习惯，锻炼学生，使之具有坚强的意志。学生每天都必须从事体育活动，风雨无阻。活动的内容包括跑、跳、投掷、击剑和各种球类运动等。各种军事训练活动也是维多里诺所力倡的，他认为各种训练能使人举止优雅、行为灵敏、富有尊严。维多里诺喜欢户外活动，时常组织学生去登山，到伽特（Garda）湖游览，参观城堡，使学生充分领略自然景观和人文景观之美。每一次活动都精心组织，有时一次活动要持续几天。户外活动深受学生欢迎，对于增进师生关系、增强学生体质、培养学生的审美情趣皆大有益处。

维多里诺为学生开设了广博的人文主义课程，包括拉丁语、古希腊语、文学、历史、哲学、"七艺"等。古典文化在中世纪的意大利并未绝迹，"七艺"也是中世纪学校里的教学内容，但在维多里诺那里，对古典文化的态度则是典型的人文主义性质的，"七艺"的含义也已大大改变。

拉丁语和古希腊语是打开古典文化的钥匙，维多里诺非常重视二者的教学。同格里诺等当时的人文主义者一样，维多里诺轻视民族语言，在他的教学计划中民族语言没有什么地位。能用拉丁语演讲、写作在当时被视为有教养的标志。拉丁语准确、简练、优雅，而民族语言在当时还未发展成熟，显得粗鄙不堪。加上拉丁语是与伟大的罗马帝国和古罗马文化相联系的，其地位比民族语言高并不值得奇怪。

语言的学习是与语法的学习和古典著作的研读结合在一起的。他认为学习语法是学习语言的基础，学生在阅读古典著作和写作前应透彻掌握语法知识，语法教学除可使学生掌握语法规则外，对学生也是一种有价值的精神训练，对其精神发展是有益的。语法教学不应只重死记，还应注重应用。在语法教学中，教师首先通过口授向学生提供足量词汇，做词形词尾变化练习。然后从古典文学、历史、伦理学等著作中选出一些浅显的段落让学生做词法和句法的练习，并做初步的写作练习，有时他还引导学生就某一主题展开讨论。这种学习语法的方法灵活多变，效果远胜于单纯的死记硬背。

在古罗马文学家中，维多里诺推崇西塞罗、维吉尔、奥维德、贺拉斯、普劳图斯和塞涅卡等人。他要求学生背诵西塞罗和维吉尔著作中的一些段落，有的学生在离校前能将维吉尔的全部著作，西塞罗的所有演说、论文和书信背诵下来。在研究古典作品时，首先，他要求学生把握每一个词的含义及其在句子中的作用；其次，他要求学生体会、把握作品的风格，他认为风格能够体现出每个作家不同的个性；最后，他要求学生充分领会作品的深刻内涵。实际上这是要求学生既重视作品优雅的表现形式，又重视作品深刻的精神实质。在课堂中，维多里诺总是使用最简洁、最直接的语言进行教学，避免冗长和累赘。他具有较高的表达技巧，表意清晰，且能用不同的方式表达同一种意思。他注意让自己说的话适应学生的接受水平，以使学生能充分理解。他说话时的语音语调犹如音乐一样优美。因以上种种，维多里诺的语言教学很富成效，他的弟子中出现了一些像瓦拉那样的大家。

维多里诺的古希腊语造诣没有拉丁语造诣高。14 世纪末到 15 世纪前半叶，意大利境内的古希腊语教师可分为三类：第一类是来意大利执教的外国人，他们来自君士坦丁堡或希腊本土，克里索罗拉斯就是其中的一个典型；第二类是在希腊或君士坦丁堡居留过的意大利学者，如格里诺、费立尔福；第三类是在意大利本土跟从上述两类人学习古希腊语的意大利学者，维多里诺就属于这一类，他 38 岁时才在威尼斯跟从格里诺学习古希腊语。维多里诺对第三类古希腊语教师的古希腊语素养抱谨慎态度。为提高曼图亚学校的古希腊语教学水平，维多里诺通过费立尔福在 1430 年左右将特拉布宗的乔治（George of Trebizond，约 1396—约 1474），在 1441 年将伽查（Theodore Gaza，约 1398—约 1475)聘为古希腊语教师，他们都不是意大利人，属于上述的第一类教师。乔治和伽查都是造诣很高的古希腊语学者，他们在曼图亚教授古希腊语，同时跟从维多里诺学习拉丁语。伽查所写的有关古希腊文法的小册子是 15 世纪同类著述中写得最好的，伊拉斯谟在剑桥时曾将其引荐给英国的人文主义者，他还将之视为自己不可缺少的工具书。在伽查的推动下，曼图亚学校成为当时意大利学校中古希腊语教学最系统、最有成效的学校。维多里诺一生好学，他跟从伽查继续学习古希腊语，在古希腊文化方面的造诣有了进一步的提高。维多里诺要求通过学校的古希腊语教学，学生能够阅读古希腊语著作、能用古希腊语写作并能用古希腊语谈话交流。一些年纪轻轻的学生能用古希腊语写出优美的文章，令一些学者惊诧不已。在古希腊作家中，他要求学生阅读荷马、色诺芬、柏拉图、亚里士多德、普鲁塔克、伊索克拉底等人的著作。

除阅读和写作能力外，维多里诺还注重培养学生的演说能力。演说在当时意大利的社会生活中居于重要地位，维多里诺自然不会对之置之不理。此外，他还认为，演说能够检验出一个人是否确实掌握某些知识以及掌握到何种程度，只有真正掌握了的东西才能被清楚地叙述出来并传达给他人。他认为，在说话或演说时，口形大小要适当，呼吸的间隔应合宜，每一个音节都应清晰可辨，避免发出混浊不清的嗫嚅声。声音应洪亮，该强调的地方应加重语气，应注重语调变化，做到轻重有致，抑扬顿挫。演说者还应注意仪表，要与所说所讲的内容相协调，表现出风度的优雅和举止的尊严。

历史是重要的教学内容。历史主要是指古代希腊和古代罗马的历史，古罗马史尤其受到强调，因为古罗马历史意味着意大利民族英雄时代的历史。由于当时的历史研究注重个人在历史进程中的作用，维多里诺也就从这一角度展开历史教学，强调个人能力、个人独特的个性对历史的影响，并从古代的伟大人物那里为其学生寻找道德准则的指导。历史更多地被视为一种饱含伦理意义的东西，因为它能为抽象的道德信条提供具体生动的事例。人文主义者从历史著作中抽取出具有典型人文主义色彩的信条：人生的意义在于建功立业，在历史上留下英名。这是一种入世的、积极向上的、具有乐观主义色彩的信条。它肯定人的力量与人的价值，对人充满信心。维多里诺对学生的热爱以及他一生的不懈追求皆表明维多里诺的人生观具有典型的人文主义色彩。

维多里诺从伦理学的意义上来理解哲学，认为哲学的作用在于为人生提供有益的指导，因此他不看重哲学的思辨特性，这也就意味着他厌恶当时争论不休的经院哲学。柏拉图和亚里士多德的哲学著作是曼图亚学校的重要学习内容，不懂柏拉图和亚里士多德的人不能被视为有教养的人，"因为他们对造就一个人或一个公民是最重要的"①。对于年轻一点的学生，由于他们抽象思辨能力还有限，维多里诺则要求他们学习西塞罗的著作。维多里诺认为，西塞罗充分吸收了古希腊哲学和伦理学中最有价值的东西并将之运用于实际生活，年轻一些的学生在学习柏拉图和亚里士多德的著作之前可以先学习西塞罗的著作。

"七艺"也是重要的教学内容。文法教学既包括拉丁文法，也包括古希腊文法。修辞教学是与写作教学一起进行的，旨在使学生能用拉丁语和古希腊语写出优美的文字。辩证法（逻辑学）在当时的大学尤其在巴黎大学、牛津大学等传统大学中居于重要地位，但在人文主义者那里，其地位则是从属的。维多里诺认为逻辑学的作用在于它有助于使人更准确、更精确地思考问题，使人找到事物间的联系与不同，他反对经院哲学家借助逻辑学进行无意义的烦琐论辩。在维多里诺的心目中，逻辑学的地位远在文法和修辞之下。算术、几何、天文、音乐也是曼图亚"快乐之家"学校的教学内容。维多里诺擅长数学，在数学教学方面享有盛誉。在学生学习算术的初期阶段，他通过游戏教

---

① William Harrison Woodward, *Vittorino da Feltre and Other Humanist Educators*, Cambridge, 1905, p.59.

学生关于数的知识。他将几何学教学与绘图、测量等结合起来进行。在天文学教学中，他还兼讲自然史（natural history）。他认为音乐对人有巨大的感染力和影响力，能够陶冶学生的性情，他曾在学生就餐时演奏乐器，结果一些学生被音乐所吸引。此外，唱歌和跳舞也是与音乐有关的教学内容。由此可见，维多里诺已大大去除了中世纪教育笼罩于"七艺"之上的浓厚的神学色彩，而赋予"七艺"以较强的世俗色彩。

但这绝不是说维多里诺对宗教持反对态度，他实际上是一个虔诚的基督教徒，对上帝充满真诚的信仰。他的教育理想不是以人文主义精神取代基督教精神，而是欲将二者融于一体。他认为人生是否有尊严全依赖于人是否将自己与上帝相联系，他每天都亲自参加学校里的宗教教学，竭力培养学生的宽容、谦恭等基督教美德。他与学生一道去做弥撒，他本人还定期做忏悔。在他心目中，古典文化与基督教精神一点也不冲突，而且他认为二者对于一个人的全面成长都是必不可少的。他是一位出色的人文主义学者，同时也是一位恪守基督教道德的典范。

维多里诺热爱教育工作，深谙教育教学艺术，他所运用的教育教学方法给人以耳目一新之感。他所享有的盛誉，主要不是由于他的教育理想与教育内容，而是由于他教育教学艺术的高超。他注重环境对学生的陶冶作用，力求使学生生活的环境清新、朴素、自然，将学校建成环境优雅、使学生乐于生活其中的"快乐之家"；他要求将学生的精神发展建立在身体发展的基础之上；注意学习科目在安排顺序上的适当变换，以避免学生很快陷入疲劳状态；他以身作则，处处做学生的楷模。这些方面都是维多里诺的教育方法中超出一般教师之处。但这些都不是主要的，维多里诺教育教学方法最主要和最动人之处在于他对学生的尊重和了解。维多里诺热爱学生，将自己的心血全部倾注于学生身上。他爱生如子，对年幼的学生充满关爱和期盼之情，对年长的学生所取得的成绩深感骄傲，并对他们的前途充满信心。他与他的学生们生活在一起，一起就餐，一起游戏，一起出游，分享学生们的兴趣与欢乐。他不必使用严厉的惩罚手段就可以管理六七十个学生，良好的师生关系使得他对学生的管理工作变得轻松自如。他极少使用体罚手段，只有当学生有不虔敬或放荡的行为时才使用，但也必须在辩论和讨论后才使用，而且是作为开除的一种替代举措。如果学生功课准备得不好，惩罚办法只是让学生在放学后将之补上。他认为应吸引学生去学习而不是驱使、强迫他们去学习。他认为学生天生就富有学习的兴趣和能力，应相信学生，尊重他们的人格尊严，尊重他们的自由。①

维多里诺要求教师观察了解学生，根据学生的能力和兴趣因材施教。维多里诺本人十分细心地研究每一个学生的能力、兴趣及其将来的职业趋向，据此相应地调整教学方法和教学内容。他根据学生的兴趣和能力允许学生在学习知识时有所侧重，不搞一刀切。他认为一些学生应主攻古典文学，一些学生应主攻数学或者哲学，一些学生则应主攻诗歌或音乐。上午和下午的时间维多里诺进行集体性质的教学，而早晨和晚上则是他进行个别教学的时间，他与他所喜爱的学生能一直谈到深夜。他睡得不多，一大早就起来督促他感兴趣的学生起床，对之进行个别辅导。维多里诺的学生回忆道：当时是冬天，一大早维多里诺就来到学生住的地方，他一手拿着蜡烛，一手拿着一本书，叫醒一个学生后，他站在一旁耐心等候，给学生留出穿衣的时间。等学生一切准备就绪后，维多里诺把书递给他，并且用严肃认真的话语鼓励学生努力学习以取得进步。② 维多里诺的教育和教学工作做得非常细致，他掌握每一个学生的特点，关心每一个学生的进步，这是当时许多人文主义教育家远不能及的。

维多里诺是意大利人文主义教育思想的卓越实践者，他兴办的曼图亚学

① William Harrison Woodward, *Vittorino da Feltre and Other Humanist Educators*, p.34.
② William Harrison Woodward, *Vittorino da Feltre and Other Humanist Educators*, p.62.

校为人文主义性质的学校树立了榜样，他的弟子进一步将其教育思想发扬光大，广为传播，他的教育思想和实践对当时欧洲人文主义教育起到了巨大的推动作用。意大利人文主义者卡斯底格朗（Baldassare Castiglione，1478—1529）认为维多里诺所办的学校从古至今举世无双。彼特拉克曾被誉为"第一个现代人"（the first modernman），而教育史家伍德沃德认为维多里诺应被誉为"现代教师第一人"（the first modern schoolmaster）。① 详察维多里诺的教育作为和历史地位，此言不虚，名副其实。

第四节　格里诺的人文主义教育思想

　　同维多里诺一样，格里诺也没有专门的教育著述。这是一种比较奇特的现象，弗吉里奥、布鲁尼、西尔维乌斯（Aeneas Sylvius，1405—1464）等人并非专职的教师，但他们都有专门的教育书信和著述流传后世。终生献身于教育的维多里诺和格里诺对教育应最有心得，但却无专门的教育著述留给后人。是否他们醉心于或忙于具体事务而无暇写作？维多里诺可能是，但格里诺却并不是，因为他有不少著述和译著行世。这种情况给后人研究其教育思想增加了难度，回避是不当的，因为当时两人声名远扬，补救的办法只能是通过其教育实践研究其思想、通过他人的记载和论述研究其思想。格里诺在教育实践方面与维多里诺齐名，可通过其一些具体的教育实践来探讨其教育思想，因为教育实践是教育思想的外化。另外，尽管格里诺本人未撰写过教育著作，但他的儿子小格里诺即巴蒂斯塔·格里诺（Battista Guarino，1435—1513）于1459 年撰写了论文《论教学和阅读古典作家著作的方法》（"On the Method of Teaching and Reading Classical Authors"，拉丁文名为 *De ordine docendi et studen-*

---

① 　William Harrison Woodward, *Vittorino da Feltre and Other Humanist Educators*, p.92.

di），该论文部分体现了格里诺的办学思想，正如小格里诺在文中所述："此文的确是几个学者的教育理论与实践的小结，尤其是它体现了我父亲格里诺的教育思想。"①因此，将此文作为研究格里诺教育思想的基础之一是可行的。本节拟从以下几个方面探讨格里诺的教育思想。

一、生平与教育活动

格里诺 1374 年生于意大利维罗纳（Verona）的一个工匠家庭，12 岁时丧父，其母虔信上帝、富于爱心且非常能干，格里诺在其母亲的关怀下长大。其母对宗教的虔诚对格里诺影响甚大。格里诺青少年时期师从名师马尔札格亚（Marzagaia，生卒年不详）学习拉丁语，打下了良好的基础，但这种学习在方式上显然是前人文主义风格的。此后，格里诺又赴帕多瓦和威尼斯，意在进一步提高自己。1390—1403 年，他在帕多瓦结识了包括弗吉里奥在内的一些学者，在威尼斯结识了一些名门望族。很难认为此时帕多瓦的学者从事的研究是人文主义性质的，因为他们所使用的拉丁文并不优美、纯洁、雅致，而他们阅读的拉丁语著作所包含的知识又非常贫乏，并且他们也不懂古希腊语。尽管如此，帕多瓦在学术上还是显现出一些新气象，一些私人教师如弗吉里奥认为拉丁语并不仅是学习神学、法律和医学的手段，也是探索古代文明的工具。

格里诺在维罗纳、帕多瓦和威尼斯或学习或教书，度过了生命的前 30 年。1403 年他随威尼斯的一位商人兼官员来到君士坦丁堡，一直到 1408 年才离开。近 5 年的时间使他受益匪浅，并对其以后的生活产生了重大影响。对于当时热爱古典文化的学者而言，有幸访问古典文化的故乡是令人羡慕不已的事。然而格里诺的运气不止于此，他在君士坦丁堡还结识了克里索罗拉斯父子，当时克里索罗拉斯在意大利的佛罗伦萨和帕维亚（Pavia）讲授古希腊语

---

① William Harrison Woodward, *Vittorino da Feltre and Other Humanist Educators*, p.161.

后刚刚返回在君士坦丁堡的家。格里诺到克里索罗拉斯家拜访，并成为克里索罗拉斯之子约翰内斯（Johannes）的学生，师从他学习古希腊语。格里诺勤奋学习，熟练地掌握了古希腊语。由于君士坦丁堡是古典文化的重要保护所，格里诺还接触到了大量的古典著作，他沉浸其中博览群书，学业大进。

他34岁时回到威尼斯，想在威尼斯找一份合适的工作，但未果，遂于1410年2月怀着失望之心赴博洛尼亚，在此他结识了著名的人文主义者波齐奥、布鲁尼和其他一些学者。应布鲁尼之邀，格里诺来到佛罗伦萨。在佛罗伦萨，格里诺第一次发现他真正的职业应是教师，向学生传授古希腊、古罗马文化，因为他擅长此道，驾轻就熟，且对此兴趣盎然。由于格里诺也是克里索罗拉斯的弟子且去过希腊，这使他在崇尚古典文化的佛罗伦萨颇受尊重。格里诺开办了一所学校，很快声名大振。

1412年佛罗伦萨学园（the Studio of Florence）重新开办，格里诺被市政当局指定主持古希腊语讲座，这既是一项殊荣，也是对格里诺古希腊语水平的肯定，因为此前只有克里索罗拉斯一人在此主持过该讲座。这样，格里诺在文艺复兴的诞生地佛罗伦萨终于确立了自己的学术地位。作为文艺复兴的发祥地，作为一个崇尚自由的城市共和国，佛罗伦萨的文明程度名列欧洲前茅，频繁的对内对外交流、浓郁的人文主义氛围、高素质的城市公民、封建主义束缚的解除等给人文主义的发展提供了良好的条件。格里诺从其亲身经历中还体会到，古典世界与佛多伦萨的现实生活之间并无鸿沟，文艺复兴与现实生活之间有着完美的结合。在人文主义教学中有一个重要的教育理念，那就是"有益于现世人生"，人文主义研究和教育的崇高目的在于促进城市社会的昌盛，追求的是管理的廉正、纯粹的正义、爱国主义的自豪感、高贵的自尊和对社会有所作为的人生观。① 人文主义者追求声誉，而个人声誉的大小直接

----

① William Harrison Woodward, *Studies in Education during the Age of the Renaissance*, p.30.

取决于他对社会有何贡献。人文主义研究并不崇尚书本，并未沉迷于故纸堆中，并未沦为乏味的学究行为。

尼可利是当时佛罗伦萨人文主义研究的赞助人，此人出手慷慨但难以相处，克里索罗拉斯离开佛罗伦萨的一个重要原因就是与其不和。格里诺有着一个学者的强烈的自尊心，自然不肯摧眉折腰屈就于脾气不好的赞助人，因此与尼可利相处得并不好。格里诺与其他人文主义学者的关系也不太好，格里诺成就斐然，招致了一些人的妒意，格里诺本人在性格上也有缺陷，他脾气古怪、缺乏耐心，远没有维多里诺的人缘好。因此，尽管他身在佛罗伦萨，但心却在维罗纳和威尼斯。到 1414 年，冲突与不和已经公开化，这使得格里诺下定了决心奔赴威尼斯。

在威尼斯，格里诺为年轻的贵族们开设了一所学校，一些想掌握古希腊语的学者也到此学习，其中就有维多里诺。通过对西塞罗和修辞学规则的深入研究，格里诺的拉丁文知识大有长进，他还花了很多时间研究昆体良，从中学到不少教育的方法。正是在这一时期，他开始设想编一本古希腊语和拉丁语的语法手册(若干年后，在费拉拉宫廷，格里诺编的语法手册付诸使用)，将其教学心得和方法记录下来。1418 年他回到故乡维罗纳，成为维罗纳城的修辞学教师。随着文艺复兴运动的深入，人们对古希腊学术的兴趣愈加浓厚，很多不同年龄的学者和学生慕名前来维罗纳向格里诺学习古希腊语，其中甚至还包括一些修道士。

1430 年格里诺应费拉拉公爵尼可洛(Niccolò Ⅲ d'Este，1393—1441)之邀赴费拉拉，成为尼可洛之子利奥纳洛(Leonello)的教师，酬金在当时的人文主义教师中可能是最高的。教育利奥纳洛是其首要任务，同时他还教费拉拉城的其他一些年轻人。1435 年利奥纳洛结婚后，格里诺有了一座自己的房子，又招了不少寄宿生。1436 年费拉拉建立了大学(Studio pubblico)①，1442 年该

① 非家庭教育式的教育场所，是大学的雏形。

大学正式获得了神圣罗马帝国皇帝的授权，被命名为费拉拉大学(The University of Ferrara)。这所大学的建立与格里诺的影响大有关系，大学建立后，费拉拉遂成为人文主义发展的一个重要中心。格里诺从 1436 年起就担任该大学的修辞学教授，一直到 1460 年他辞世。

在 1408 年到 1460 年的 50 多年时间里，格里诺一直从事教育和研究工作，可以说是一位职业教育家，他对自己从事的工作充满兴趣和热情，好学不辍的精神使其拥有渊博的古典文化知识。他不仅熟知古罗马文化，也熟知古希腊文化。精深的文化修养使其教师生涯也与众不同，他不仅是一名知识的传授者，也是知识的探索者。这种探索和研究，使其教学永远充满新意，而非陈词滥调的重复，他的教学就是其研究成果的阐释、归纳和传递。在学术上他兴趣广泛，79 岁时开始翻译古希腊地理学家斯特拉波(Strabo，公元前 63—前 21 年)的地理学著作，历时 3 年才译完。

二、教育重心的转移

在格里诺那里，教育实践与理论的重心较过去有了一些比较显著的变化。在教育目的上，格里诺不再泛泛而谈博雅的目标，而是更强调为谋生、为职业做准备。这与其教育对象范围的扩大有关，如果教育对象只是王公子弟，那么尽可以不考虑谋生问题，毫无顾忌地"博雅"下去。而对于其他人，人生的第一要务当是谋生、是找到一份好的职业，格里诺一生飘零各地，对此深有体会。因此，从教育目标上看，格里诺更加务实，更加贴近学习者的生活实际，更加为其未来的出路着想，少了许多浪漫的、理想的成分。这也许是职业教育家与一般人文主义学者的不同之处。格里诺将教育与学生的未来前途相结合，使教育成为一种重要的人生手段。一些学生希望通过受教育获得一些必要的知识技能，从而谋得一个职位，要么教书，要么在政府部门或教廷找一个低级的职位。在阶级社会，高级职位往往由名门望族所垄断，是非贵族子弟所不能问津的。实际上这也是教育的悲哀，教育在人的沉浮升迁中并未起到举足轻重的作用。格里诺尽管名声显赫，但他的生存状态也具有依附性，依附于他人而生存，他几个儿子的职业选择也说明了这一问题。他的儿子中有一个子承父业，成为费拉拉大学的教授；一个做了大教堂的教士；一个成为市政机构的秘书；一个成了医生。这颇能说明当时社会上中等职业的构成状况。对于中下层子弟而言，博雅教育也许是一种奢侈品。

格里诺也开展军事教育和宫廷礼仪训练，"这可能是因为学校招收了几名来自社会最上层的孩子"[1]，言下之意是，若是没有这些孩子，有些内容完全就可以不教。

与此相应，教育的形式也发生了变化，从过去的以家庭教育为重心转移到以学校教育为重心，因为教育的对象扩大了。学校成为一个具有公共性质的机构，其地位和作用也越来越彰显。格里诺在费拉拉开办的学校后来被称为"Studio pubblico"或"Studio generale"，其中的"pubblico"和"generale"两词就体现了教育的公共性和开放性，体现了时代的进步。这种变化必定会带来一些具体的管理问题，如学生的住宿、学生的管理、学费的收取等。在这些方面，格里诺借鉴了中世纪大学的一些做法，如采取寄宿制、向学生收取费用等。格里诺自己办学，是"私学"，但其学校又面向社会，又是"公学"，由于其办学成效显著，许多人包括一些学者也慕名前来受教，有的来自匈牙利，有的来自莱茵河畔。由于学生较多，他一人无力承担全部教学工作，就仿效巴齐札的做法，雇用了一些助理教师对初学者进行教学。

另一个变化是，格里诺不再像一些人文主义者那样极力强调文学的价值，文学在他的眼中并没有地位，阅读文学作品只是休闲时的一种消遣，跟赌博、玩球、看剧相比，读书只是一种更好的休闲方式。好书不仅能怡人性情，还

---

[1]　William Harrison Woodward, *Studies in Education during the Age of the Renaissance*, p.34.

可使人获得知识。读书生活是一种"真正的、国王般的生活"，读书的乐趣远大于其他乐趣。

但研究起来，可发现格里诺眼中的"文学"，其范围比布鲁尼、西尔维乌斯要窄一些。他们的教育理想和实践实质上的区别并不大，都强调古典著作的学习，只不过格里诺是以语法学习统领古典著作的学习，将语法真正置于十分重要的地位。他甚至强调在语法学习的第一个阶段只应注意字词和语法规则，对著作的思想内涵等可不予关注，认为到了学习语法的第二个阶段才应关注思想内涵。正因为这样，不少学者指出格里诺的教学中已有形式主义的倾向。这种指责有一定的合理性，但并不确切。格里诺是一位教育专家，几十年的教学实践使其认识到，如何教学才能更有成效，在这一点上他比其他人更有发言权。他要求教学在不同的阶段应有不同的重点，在基础阶段要打好基础，这样才能在较高的学习阶段更好地理解作品的内涵。

还有一个重心的转移是，格里诺的教育思想更加关注教学方法问题。从表面上看其视野更窄了，实则不然，实际上他把教育理论深化、细化了，他的这种理论对教学实践的推动作用更大了，对自己实践经验的总结使其思想更具自己的特色而不只是古典教育思想的重述，创造性更强了。因此，格里诺教育思想的深刻性、针对性、创造性较前述诸人的确更强了，这标示着教育理论的发展而非萎缩。格里诺的理论和实践专业化更强，从纯粹教育理论发展的角度看，其价值远胜于泛泛而谈的"博雅教育"。

关注教学是格里诺教育思想和实践的主要特征。格里诺把教学分为三个阶段：基础阶段、语法阶段和修辞学阶段。学生处于哪一个阶段并不是按年龄划分，而主要看其对知识的掌握程度如何。

基础阶段学习拉丁语和古希腊语的基础知识。格里诺强调语音的重要性，他曾说："当你读书时，应将每一个词的发音都清晰地念出来，这不仅有助于生理上对食物的消化吸收，也有助于加深对所读东西的记忆。"①清晰地大声朗读于身于心皆有益，格里诺的这一认识是直接从普林尼（Gaius Plinius Secundus，23—79）那儿得来的。此外，发音还应自然，不要矫揉造作。除了学习语音，在基础阶段还要学最基本的语法知识，如名词、代词、形容词的各种词尾变化以及动词的时态和人称变化等。格里诺采用了中世纪晚期的一本小册子作为该阶段的教学用书。

教学的第二个阶段是语法阶段，这是格里诺教育思想与实践最富个性之所在。格里诺认为语法是教育的基础。如果不能透彻掌握语法，学生进一步的学习就很困难，也很难取得切实的进步。他将语法阶段又分为两个小阶段。

第一个小阶段的主要目的是让学生系统地掌握拉丁语和古希腊语的语法知识。拉丁文法的教学包括词法和句法两个部分，词法主要讲词形、词尾的变化，句法涉及动词造句和其他一些句法知识。为促进语法教学，格里诺专门编了一本《语法规则》（*Regulae grammaticales*）作为教科书。该书是格里诺多年教学经验的总结，它的一个重要特点在于其并不是只从语法本身的角度来编写，而是充分考虑到了学习者的需要。该书共分 13 个部分，从结构框架上看，并无很强的系统性或逻辑性，如并未将词法和句法分开编排，而是打破常规，混合编排。但处处考虑到学生的需要，将句法与词法混合编排也是出于这种考虑，能使学生高效率地学到系统的语法知识。《语法规则》是对中世纪相关语法教科书的一个超越，在当时得到广泛使用，影响很大。打破传统框架、考虑到学生需要是一种崭新的思路。还有一点与中世纪不同的是，在介绍句法规则时，格里诺并不试图去解释它，而是以古典作家的用法为范例来说明它，这种论证方式也是其他人文主义者常用的，反映出人文主义者对古典文化的尊崇。

---

① William Harrison Woodward, *Studies in Education during the Age of the Renaissance*, p.38.

为巩固所学语法知识，格里诺要求学生既要做口头练习也要做书面练习。只有通过快速的口头练习，所学的语言才能成为活的语言，才能被学生流利使用。至关重要的是，每一个学生都应为主要的语法规则找一些句子做例证，这样才利于掌握抽象的语法规则。格里诺教育学生学习语法规则时不仅应追求准确性，还应该注意语言的风格问题。他要求教师在教学中选择那些既能准确地说明语法规则，在表达方式上又比较优雅的范文作为教学材料。通过练习，学生能够牢固地掌握语法知识，达到使用时能信手拈来的熟练程度。

关于韵律的知识也非常重要，不懂韵律的人不能说受过教育。懂得韵律可使我们能够欣赏古诗的节奏之美，而不懂韵律会使我们对于古诗只知其义而不知其美。

作为一位精通古希腊语的人文主义教育家，格里诺十分清楚古希腊语的价值。他认为古希腊语与古希腊文化的教学同拉丁语和拉丁文化的教学一样重要。他认为，没有古希腊语的知识，拉丁学术就不可能存在。拉丁语从古希腊语那里借用了许多东西，如双元音的使用、拼字法等。小格里诺在其论文中以西塞罗、昆体良、加图和贺拉斯等人对古希腊语的重视为例来说明古希腊语的重要性。这些著名的拉丁语作家都强调拉丁语文学和语音对古希腊语的依赖性。在当时，古希腊语并不像拉丁语那样是一种交际语言，许多人视学习古希腊语为畏途。格里诺的教学实践表明，只要教法学法得当，古希腊语并不难学。小格里诺说："据我所知，我父亲的不少学生在完全掌握拉丁语之后能够在短短一年的时间里在学习古希腊语方面取得很大进步，能将中等难度的古希腊语著作准确、迅速地译成拉丁语。要达到如此熟练的地步，途径只有一条，那就是精心地、系统地进行古希腊文法基础知识的教学。"[1]在学习古希腊文法时，应将全部的注意力集中于词汇和语法结构上，只有当

① William Harrison Woodward, *Studies in Education during the Age of the Renaissance*, p.41.

学生牢固地掌握了词汇和语法知识之后，教师才可以给学生介绍一些难度较大、需要思考的书来读。

在学习古希腊语时，还应学习古希腊文学作品，《伊里亚特》《奥德赛》和古希腊戏剧作品都是学习的材料。

古希腊语和拉丁语的教学不是分两个不同的阶段进行的，而是同时进行的。也许格里诺认为这样的学习效果更好。

语法教学的第二个小阶段，主要研读散文作家尤其是历史学家的作品，同时也要读一些被认可的诗人的作品。与第一个小阶段不同的是，本阶段注重对所读作品内容实质的理解和把握。格里诺重视历史的价值，认为历史可使学生了解不同民族和国家的生活方式、法律规范和风俗习惯，检视芸芸众生和不同国家的命运，明察个人和国家成败的根源，探讨其优劣和得失。历史知识还具有现实价值，历史上的经验与教训可为世人安排个人事务提供有益的借鉴。小格里诺在其论文中以古代作家重视诗歌为例说明诗歌的重要性，在选择拉丁语诗歌作品时，将维吉尔列在首位，以下是奥维德、塞涅卡、泰伦斯等人；在选择古希腊诗歌作品时，将荷马的作品列在首位，然后是其他英雄史诗和戏剧作家的作品。此外，学生还应读一些天文学和地理学方面的著作。可见，在本阶段，教育是以学习和阅读古典著作为核心的，从小格里诺的论述看，阅读古典著作的目的有两个，第一是形式上的目的，即通过阅读著名作家的作品，学习他们的写作风格和写作方式，即学习其文学之美；第二是实质上的目的，即通过阅读古典著作，使学生在品德和知识方面得到发展。① 格里诺对古典著作的选择不是任意的，既重其形式亦重其内容，并使之与自己的教育目标相吻合。

教学的第三个阶段以学习修辞学为主，同时也学习一些逻辑学和罗马法的知识。修辞学的学习也将雄辩术包括在内。学生在学习过程中应仔细研读

---

① William Harrison Woodward, *Studies in Education during the Age of the Renaissance*, p.43-44.

西塞罗的《修辞学》和昆体良的《雄辩术原理》。西塞罗的著作是学习修辞学时的主要教材，西塞罗的《修辞学》全面、细致地论述了演说的各个方面，他的演说词更是运用修辞的典范。格里诺认为，想掌握雄辩术的学生应时时不离西塞罗，学习其简洁的文风，体会其高贵的道德力量。

本阶段还应学习逻辑学和罗马法。学习逻辑学可以以亚里士多德的《伦理学》和柏拉图的《对话录》为范本，学习的目的在于更恰当地理解柏拉图，西塞罗的对话集在形式和题材上常常直接仿效柏拉图。学习罗马法的目的在于有助于学生充分、全面地理解拉丁语作家的作品。①

从教学的三个阶段的划分可以看出，格里诺最为关注的是语法学习阶段。

格里诺始终持有这样一种教育观念，那便是追求教育、教学的效率，怎样使教育和教学更富成效是格里诺一直思索和探讨的问题。他的整个教育理论和实践主要是对这一问题的解答，这涉及教学内容的选择、教学过程与阶段的设计以及教育教学方法的运用等许多问题，其实质是"如何教"的问题，格里诺的主要贡献也正是在这一方面。小格里诺在其论文的开头就明确地讲，他写作这篇论文的目的就是给学生和教师提供学习方法和教育方法的指导，而他论及的这些方法主要来源于其父格里诺的理论和实践。

前面在阐述教学的三个阶段时已涉及教育、教学方法问题，在此再予以进一步论述。

人文主义教育家的基本教学内容是古典文化，但在具体教学方式方法的认识上并不一致。格里诺的几点突出的做法如下。其一，将拉丁语与古希腊语、古典拉丁语著作与古希腊著作同等看待，同时学习，将二者交融于一体，使之相得益彰。一些人文主义教育家因自身素质的限制，在教学中只能以讲授拉丁语、拉丁文化为主，格里诺则切实地打破了这一局限，使古典文化的教学更加全面，为古典文化的全面复兴和传播做出了贡献。其二，将教学划

---

① 　William Harrison Woodward, *Vittorino da Feltre and Other Humanist Educators*, p.172.

分为循序渐进的三个阶段，以语法教学作为古典文化教学的突破面和切入点，并不泛泛地谈古典文化的重要性和古典文化的学习科目，而是切合实际，突出重点，重视基础知识(语法知识)的教学。其三，在教学中使用教科书。除采用中世纪晚期的教科书、克里索罗拉斯的教科书外，他自己还编了一本《语法规则》给学生使用。使用教科书使学生学有所依，有利于提高学习效率。更为重要的是，格里诺在编写《语法规则》时渗入了新的教育观念，即把学生的心理需要与知识的逻辑性有机地结合起来，打破了过去教材编写偏重知识本身的逻辑性、系统性，忽视学生的实际需要和能力水平的局限性。这里实际暗含这样一种观念：教学过程是一个特殊的认识过程，它与人类的一般认识过程并不一致。正如杜威所言，教材的逻辑顺序和儿童的心理顺序不是一回事。格里诺显然已经认识到了这一点，并在编写教科书时充分地体现出了这种认识。

这些方面都是格里诺在教学认识上的一些独特之处，此外，格里诺在教学中也采取了一些具体的方法。其一，练习。格里诺注重练习，要求学生既做口头练习也做书面练习。其二，复习。每天晚上复习当天所学的有价值的东西，只有复习才能使人对知识保持良好的记忆。其三，翻译。因为古希腊语和拉丁语要同时学习，格里诺认为，让学生将古希腊语译成拉丁语、将拉丁语译成古希腊语是一种卓有成效的教学方法。其四，做笔记和摘录。选择所读著作之精要做笔记和摘录，可使人准确把握文意，形成自己的判断，同时能使人集中注意力并使人才思敏捷。摘录还有一个好处，就是可使人在认识某一事物时不满足于一家之言，而是在众多言论中有所比较，择优而从。小格里诺认为这对学生会有很大助益。其五，以教促学。这种做法是从昆体良那里借用的，昆体良认为，一个人如果知道他将要把他正在学习的东西教给他人，他就会细心而用功，对所学知识的每一个方面、每一个细节都不会放过。小格里诺认为，这种"以教促学"的方法可使人克服在学习中粗心大意和不求甚解的不良习惯。① 其六，自学。格里诺重视学生自学能力的培养，要求学生掌握自学的方法。这是颇具远见之举，因为学生跟从教师学习的时间总是有限的，主要靠个人自修。

小格里诺在其论文中，论述了一个已掌握了古希腊文法的学生怎样在没有教师帮助的情况下在学业上达到高水平。他建议，先选择一个古希腊作家，选择的条件是这位作家的著作已被准确地译成了拉丁语，然后将古希腊语原著与拉丁语译著逐词逐句地细加比较，这样就可熟悉文中出现的古希腊词汇。同时要养成朗读的习惯，大声诵读古希腊语著作，可以使声入耳、意入心，此外，小格里诺还引用普鲁塔克、普林尼等人的话为佐证，说明朗读不仅益于心也益于身，朗读可提高体温、加速血液流动，亦可促进消化。小格里诺认为，朗读训练还可增强一个人在大庭广众之下讲话的自信心，而自信心对一个演说者而言是至关重要的。在自学中，要注意处理好语言的形式与语言表达的思想之间的关系，即形式与内容的关系。格里诺既重视语言表达方式的优雅，也重视语言所表达的思想内容，如同小格里诺所说："言之无物是绝对不能令热爱学问的人满意的。"②

格里诺重视教学日程的安排，要求学生制订一个计划，规定什么时间学习什么科目，此计划一旦制订就要严格执行。不应贪多求快，应依规而行，日积月累，积少成多。如果不细心安排、列出日程，那么精力就会过于分散，要想彻底掌握知识是不可能的。

格里诺反对以强制手段强迫学生学习。他要求建立良好的师生关系，生视师为父，师待生如子。而以鞭笞手段强制学生学习，必然使学生视读书为畏途，对学习产生厌恶之情，摧残青少年自由的天性，使学生在品德上和智慧发展上皆受到损害。格里诺要求教师以善意对待学生，除非万不得已，不

---

① William Harrison Woodward, *Vittorino da Feltre and Other Humanist Educators*, p.172.

② William Harrison Woodward, *Vittorino da Feltre and Other Humanist Educators*, p.174.

使用惩罚手段。教师可利用学生争强好胜的特点激励学生，鼓励学生开展健康的竞争，这样竞争的双方都会从中获益。

这样，教师的选择就成为影响教育教学效果的一个重要因素。格里诺认为教师应受过良好的教育、有良好的教养、懂得教育教学方法并能尊重善待孩子。这种要求是很高的。实际上，在格里诺的时代，像维多里诺和格里诺这样高素质的教师少之又少，大多数孩子无缘受到好的教育。他们的教师往往既缺乏必要的知识储备也不懂教育的方法技巧，教育手段也非常残酷，学校如同牢狱，鞭笞屡见不鲜。格里诺的教育实践、教育理念与当时的教育现实之间有不小的差距，人文主义新式教育的实施需要一定的物质条件和高素质的师资条件，而这些条件在当时是较为匮乏的。① 因此，人文主义教育理想只是在一个狭小的范围内得到了实现，广大的教育空间依然充斥着陈规陋习。

总体来看，格里诺的教育理论较其他人文主义教育家是有实质性发展的，以往对他的评价有些偏低。

第五节　阿尔伯蒂和帕尔梅利的人文主义教育思想

一、阿尔伯蒂的人文主义教育思想

里昂·巴蒂斯塔·阿尔伯蒂（Leon Battista Alberti，1404—1472）的教育思想在风格上与格里诺截然不同。格里诺教育思想的主体是讨论教学过程、教学方式、教学方法等一些微观的问题，而阿尔伯蒂对这些问题几乎未做讨论，他探讨的都是一些比较宏观的问题，如个人发展与国家发展的关系、教育的内在价值与工具价值、教育与人性的关系等问题。与彼特拉克、弗吉里奥等

① James Bowen, *A History of Western Education*, Volume Ⅱ, Routledge, 2003, pp.230-231.

人相比，阿尔伯蒂在教育思想方面又有了一些新的突破，其观点有了更多的创新成分，而不单纯是对古典教育思想的复兴。

(一)生平

阿尔伯蒂生活的时代和生活经历对其教育思想的影响是非常明显的。阿尔伯蒂是佛罗伦萨一个富有的银行家的私生子。阿尔伯蒂家族是佛罗伦萨最富有的家族之一，在佛罗伦萨政治生活中的地位举足轻重，后因政治斗争被驱逐出佛罗伦萨。阿尔伯蒂 1404 年出生于热那亚，当时其家族已被佛罗伦萨驱逐。一直到 1428 年阿尔伯蒂 24 岁时才回到佛罗伦萨，此间 20 多年阿尔伯蒂四处迁徙。不过其生活并不艰辛，其父一直从事商业活动，获利颇丰，商业活动涉及欧洲主要城市如伦敦、巴黎、布鲁日(Bruges)、科伦、巴塞罗那、雅典等，在意大利境内，与热那亚、威尼斯、博洛尼亚等皆有商业往来。然而不论他们居于何处，不论其财富来源于何处，阿尔伯蒂的家族成员总是佛罗伦萨人。

阿尔伯蒂少时好奇心非常强烈，观察力十分敏锐，对自然、对人、对社会充满着探究精神，而且意志坚定。变动不安的放逐生活，使其接触到各种各样的人情世事，开阔了他的视野，也使其养成了自立自强的品格。在其家族的影响下，他鄙视无所事事，富有责任心，具有强烈的创新精神。正是这些因素使其奋发有为，成为当时出类拔萃的人才，为其个人、为其家族、为托斯卡纳、为佛罗伦萨赢得了巨大的荣誉。

1414 年或其后，他在威尼斯开始学习拉丁语和古希腊语，他如饥似渴，长进神速，同时对数学也产生了浓厚的兴趣。由于其父有很高的音乐才能，故阿尔伯蒂从小就学习乐器，能演奏好几种乐器。他还善于向他人学习，在与成年人的交往中，他在知识方面和个性发展方面都获益良多。尽管他能熟练使用拉丁语写作而且也不反对使用拉丁语写作，但他却旗帜鲜明地维护托斯卡纳方言的尊严和地位。阿尔伯蒂从小就练习使用这种语言。后来有人与其发生争执，反对学习民族语言而极力强调古典语言的重要性，阿尔伯蒂则对此予以驳斥，他痛斥一些迂腐的学者通过使用古典语言(学术语言)卖弄炫耀自己，把学问搞得晦涩难懂。古典语言诚然是获取古人智慧的重要手段，但他认为，应该尽可能地从实验室、从现实生活中获取智慧。阿尔伯蒂非常强调观察、试验和实验的重要性，并不盲从古人，这种观点始终贯穿在其艺术理论之中，并对达·芬奇等人产生了很大的影响。如同一位历史学家所指出的：

> 艺术理论涉及两个主要问题，一是表现的正确性问题，一是美的问题。前者是通过透视学的理论和实践，对人体、解剖学、植物学、动物学以及广泛的自然现象的研究来达到的。因此，阿尔贝蒂(即阿尔伯蒂——引者)要求："首先画裸体人像；然后画穿衣服的。"文艺复兴的伟大艺术家们都接受了这个忠告，我们从达·芬奇、拉斐尔以及其他一些人的无数预备性的素描中就可以看出这一点。正因为如此，米开朗琪罗和达·芬奇孜孜不倦地、极端热心地研究解剖学和从事解剖人体……也正因为如此，达·芬奇付出大量的劳动，采取严格的实验方法，通过观察和试验，企图解开大自然的秘密。在另一方面，美是天工的回声和反映，只有用宇宙的和谐以其为基础的那些比例，才能够巧夺。……达·芬奇特别是以阿尔贝蒂的发现为基础，要求艺术家必须令人信服地表现热情和情绪，而这些热情和情绪又必须准确地符合故事的戏剧性内容。[①]

阿尔伯蒂醉心于古典文化，但他更痴迷于现实事物，更尊重事实而非文字，其精神境界已远远高于其他一些人文主义学者了。

阿尔伯蒂不仅追求精神的完美，还追求身体的完美并力图使身心发展相

---

① [英]G. R. 波特编：《新编剑桥世界近代史 第一卷 文艺复兴》，216—217 页。

均衡。从童年时代起，他就刻苦学习各种体育技艺，故体魄强健。他还富于
审美情趣，力求使健与美相融合，举止优雅，仪态有风度，认为这样才能在
身体的力量与身体的外在表现上实现完美的和谐，否则身体之强健只是蛮力
而已。可见，阿尔伯蒂追求的是个性充分、和谐的发展。①

　　1424 年当他 20 岁时，其父已过世，他面临着人生道路的选择，他毫不犹
豫地选择了学问而放弃了父业。此时他主要潜心于研究民法，此外还写了一
部拉丁语的剧本，由于写作水平高超，有很多年该剧本被认为是古人的作品。
不久，迫于经济的压力，他谋取了一个为红衣主教阿尔贝格服务的职位，并
随其到了巴黎。其后，阿尔伯蒂于梵蒂冈担任了一个教职，并很幸运地获得
了教皇尼古拉五世的赞助。1428 年他获准返回佛罗伦萨，此时才第一次看到
了他的祖先的宅第。1431 年他来到罗马教廷担任秘书，在罗马期间他对建筑
产生了浓厚兴趣，开始潜心研究建筑学，后来他写了《建筑十论》一书②，认
为建筑应当是实用性与装饰性的统一体，建筑的美在于和谐，这种和谐来自
一定的数学比例和如音阶一样的韵律。他还认为建筑具有社会政治方面的影
响，体现着不同社会及其成员的特点。③ 在建筑实践方面，他"用古典式的壁
柱来加强表现曼图亚的圣安德列亚教堂(1470—1493) 的墙面的虚实交替的节
奏，而这样的极端非罗马处理方法，后来布拉曼特在梵蒂冈建筑上采用了，
就成为文艺复兴建筑进程中最重要的表现方式"④。除曼图亚外，阿尔伯蒂还
在费拉拉、乌尔比诺、佛罗伦萨等地担任过政府的艺术顾问并主持建筑设计
工作。可见，阿尔伯蒂在建筑学上也是颇具盛名的。1462 年，阿尔伯蒂辞去
教廷的职务，但继续在罗马生活，直到 1472 年去世。

---

①　William Harrison Woodward, *Vittorino da Feltre and Other Humanist Educators*, p.51.

②　该书于 1485 年出版，内无插图。参见[英]G．R．波特编：《新编剑桥世界近代史　第一卷
文艺复兴》。

③　张椿年：《从信仰到理性——意大利人文主义研究》，183 页，杭州，浙江人民出版社，
1993。

④　[英]G．R．波特编：《新编剑桥世界近代史　第一卷　文艺复兴》，181 页。

阿尔伯蒂的主要论著有《论家庭》《论命运和命运女神》《论心灵的安宁》《论法律》《论神学》《论绘画》《建筑十论》《论雕塑》等。他的教育思想散见于这些论著中，但较集中地体现在《论家庭》中。

阿尔伯蒂具有多方面的兴趣和才能，很难说他的主要兴趣和才能是什么，他在艺术、建筑、数学和文学等方面皆有骄人的成就。他一生勤恳，不懈地追求自身的完善和各方面才能的全面发展。也许他最被人称颂的成就在建筑方面，但他同时也是一位自然科学的探索者、一位数学家、一位拉丁语作家、一位古典文化学者、一位著名的身体强健者，"即便在那样一个群星璀璨的时代，在才能和成就方面也无人堪与其相比"[1]。他追求个人的完美，布克哈特认为阿尔伯蒂是一位出类拔萃的全才，还认为，"列奥那多·达·芬奇和阿尔伯蒂相比，就像完成者和创始者，专业的大师和业余爱好者相比一样"[2]。达·芬奇从阿尔伯蒂那里吸收了许多东西，没有阿尔伯蒂，就不会有达·芬奇的伟大成就。

阿尔伯蒂堪称完善的个性发展本身就是一个非常值得研究的教育现象，他的完美发展、完善该归功于谁？天赋的才能、家庭的影响、教师的教导还是自身的努力？探讨这么一位全才的教育思想是一件颇令人感兴趣的事。

(二)教育的宗旨

阿尔伯蒂的一生就是追求和实现其教育理想的一生，他的教育理想就是人的个性的充分全面的发展。

全面发展是身心兼顾的。身体为人发展之根本，"在所有的训练中，身体的强健是首要的目标，它是品德健康发展的前提，也是智力发展和有贡献于

---

[1] William Harrison Woodward, *Studies in Education during the Age of the Renaissance*, p.52.

[2] [瑞士]雅各布·布克哈特：《意大利文艺复兴时期的文化》，135页。

社会的前提"①。要保持身体的健康和活力，就必须训练，必须练习，要使学生在灵活性、耐性和技巧等方面受到训练，阿尔伯蒂还要求学生做一些户外运动，这不仅有利于身体发展，也有利于学生养成热爱大自然的情感。脑力劳动可与身体锻炼交替进行，以调节身心使之均衡。打球、击剑、跳跃、骑马、游泳都是锻炼身体的好办法。阿尔伯蒂反对学生将马上比武作为锻炼身体的项目，一是因为其太危险，二是因为这种运动含有浓厚的卖弄、炫耀的成分。身体的发展也应均衡，某一方面的身体技能出类拔萃者不应自足，应对那些发展欠缺的身体技能予以关注。阿尔伯蒂不要求为身体锻炼提出过高的目标，他认为有些人身体技能超凡与天赋有很大的关系，其他人不应盲目效仿，有些技能不是通过练习就能获得的，而且锻炼身体也不是为了竞技，主要是为了强身健体，提高身体的效能，并助益于精神的发展。在讨论身体发展问题时，人文主义学者的意见大同小异，因为这个题目在当时的知识背景下讨论的余地不是很大。但在精神发展方面，他们的看法就差异较大了。那么，阿尔伯蒂对此问题的看法有何特点呢？

其一，境界更高了。阿尔伯蒂对于人的精神发展的讨论充溢着进取精神和自主意识。布克哈特认为文艺复兴的重要成就是"世界的发现和人的发现"，人们又找回了世界，找回了自己。"人的发展"在阿尔伯蒂这里特别得到了彰显，他崇尚昂扬向上的人生观，认为人有能力把握自己，要求人做自己的主人。他认为人生的目的是行动，不是沉思，不是推理。他实际上是要求人过积极的生活，投身于自然和社会，有所作为，他反对隐士、修道士、学究式的生活，认为这样的生活是消极的，是背离时代精神的，于社会是无益的。但投身社会不等于否定自我，阿尔伯蒂要求人做自己的主人，他说，最高的王权不是别的，而是一个人能完全控制和驾驭自己精神的发展。在此，阿尔

---

① William Harrison Woodward, *Studies in Education during the Age of the Renaissance*, p.60.

伯蒂将个人驾驭自己的能力置于很高的地位，实质上他要求人战胜自己，有自制能力，以铁一样的意志使自己向上有为而不随波逐流。他说，最高的善就是成为你自己，但应是最好的、最高的自己，人应将追求自身完美作为人生的目标。阿尔伯蒂非常强调自我，强调个人具有改变自己、改变社会的力量，洋溢着乐观进取的蓬勃精神。他的一生正是他的这种追求的最好标志。

其二，视野更宽了。人文主义者都强调人的全面发展。但人的发展的目的又何在呢？许多人没有再进一步论述，似乎使人获得全面发展本身就是最终的目的，至多是认为人的发展和完美能给个人带来声誉。有人也将个人发展与国家、社会相联系，但并没有特别强调。阿尔伯蒂则鲜明地将个人发展与社会发展联系起来，非常强调个人发展的社会意义。他认为任何类型的生活即便是宗教生活，若无明确的为社会的完善而努力的情怀，那么必定是不完美的。一个人诚然有理由追求死后进入天国，但一个人更不应忘记他在今世的责任，他有义务改进其今生今世的生活。阿尔伯蒂认为，如果天国和今生发生了冲突，应当将今生放在第一位，重视今生才更具有基督教精神。正义是一种主要的社会性的美德，人应以追求正义为人生目的，并将此渗透于个人生活的方方面面，此外还应对与我们同时代的人尽责，而追求正义、履行职责都必须以个人具有才能为条件。优秀的个人才有可能为社会做出较大的贡献。

他认为，家庭是一个比国家更重要的联合体，它建立在血缘关系和亲情关系之上，是自然而然的东西，而国家则不然，国家是许许多多家庭的联合体，它或者是建立在互惠互利的基础上，或者是军事征服的结果，国家的组织机构都是人为设置的。家庭对儿童的教育力量较之国家更直接，影响也更为深远，血缘关系较一般关系更为亲密，相互间的责任感也更强一些。阿尔伯蒂关注的是通过何种方式才能使一个家庭的社会地位不断提高，才能使一个家庭兴旺发达，才能使一个家庭获得尊重，通过何种步骤才能使一个家庭获得声誉并名垂青史。阿尔伯蒂看到了家庭在个人与社会之间的中介作用，看到了家庭是构成社会的基本单位，他认为，家庭好了，社会也就好了，他并没有将家庭与社会割裂开来。他的这种认识显然是对当时意大利政治状况的主观反映。

在 14、15 世纪的意大利尤其是佛罗伦萨，家庭在城市社会生活中起着举足轻重的作用。阿尔伯蒂所说的家庭并不仅指由父母和孩子构成的小家，还包括由众多有血缘关系的家庭所组成的家族。在 14、15 世纪的佛罗伦萨，一些家族兴起了，另一些家族衰微了，兴衰的原因何在？当时家族左右着佛罗伦萨的社会和政治生活，一个大家族出于报仇、竞争、嫉妒、野心等动机可以打乱整个社会秩序并危及每一位公民的安全。在这种情势下，其他家族的成员对社会的安定和繁荣应尽到哪些责任？这些问题在当时是现实性非常强的问题，也是阿尔伯蒂非常关心的问题。阿尔伯蒂本人所在的家庭也是因为竞争失败而被逐出佛罗伦萨，因此他对竞争的后果有切身的体会。

其三，现实针对性更强了。阿尔伯蒂眼中的个人不是理论的、抽象的个人，而是比较具体的，生活于社会中、家庭中的个人。对家庭及其教育价值的关注是阿尔伯蒂教育理论的一个特点。为什么家庭使阿尔伯蒂如此感兴趣呢？

阿尔伯蒂抓住了当时生活中存在的突出问题，并且从此角度来论述教育，这样就使其个性发展、个人发展的理论与其他人区别开来，其视角是独特的，有强烈的现实针对性。他在论述个人发展、家庭的社会作用、社会发展等问题时充溢着社会责任感，这就使其教育理论显得大气磅礴，在风格上与格里诺等人注重具体的教育方法的探索大相径庭。

阿尔伯蒂的教育理想是，通过教育培养出好的个人，通过好的个人建立好的家庭，再通过好的家庭建立好的社会。先个人后家庭再社会，颇有中国古代修身、齐家、治国、平天下的意味。

　　个人取得成就是家庭的骄傲，是家庭的荣誉。个人的才能发展得越充分、越全面，就越能给家庭助力。同样，一个优秀的家庭越有才能、越有成就，其对国家和城市的贡献就越大。然而，禁锢的空气和氛围不利于人的充分全面发展，佛罗伦萨与其他地方相比有更多的自由精神，一个显著的标志就是，佛罗伦萨人在衣着方面各行其是，服装成了纯粹个人的事情，许多人为自己设计服装式样，只要自己认为合适就行，并无外人干预，人们把漂亮适体的服装看作个人完美的一项因素。[①] 也正因为如此，去过许多地方的阿尔伯蒂才把佛罗伦萨视为理想的地方，他一回到佛罗伦萨就感觉到这种自由的气息，就喜欢上了佛罗伦萨，这种喜欢绝不是因为佛罗伦萨是他的故乡。他认为这种社会氛围最利于人的发展。

　　阿尔伯蒂认为，一个家庭能否兴旺发达，能否有益于社会，直接取决于家长的品格和能力，因此，家长的素质和未来家长的培养就显得至关重要。人文主义教育家的教育目标不尽相同，但一般不外是培养公民、学者、廷臣、演说家、王侯等社会角色，阿尔伯蒂则与他们不同，他将培养一家之长作为教育的目标。他的《论家庭》所讨论的就是这一主题。《论家庭》的框架纲要大约酝酿于 1432 年至 1433 年。《论家庭》共有四卷：第一卷讨论长辈对孩子的责任、孩子对长辈的责任以及正确教育年轻人的若干原则；第二卷讨论了婚姻生活和家庭和睦问题，认为婚姻必须以感情为基础，还讨论了增进家庭共同幸福的条件；第三卷讨论了怎样才能对家庭的财物、地产、成员进行最好的管理；第四卷讨论家庭间的相互关系、家长间的相互关系以及这些关系对国家稳定的影响。这四卷皆涉及怎样教育培养未来的家长、家长应具备哪些素质等问题。

　　当时男女地位是不平等的，这种不平等在阿尔伯蒂的思想中亦有充分的反映。他认为父亲和丈夫乃一家之主，只有如此，家庭才能稳固，他说："在

---

　　① ［瑞士］参见雅各布·布克哈特：《意大利文艺复兴时期的文化》，363 页。

男人占主导地位的社会中，女人保持沉默并倾听男人的话，永远是和谐的标志；而女人多嘴饶舌则是轻率轻浮的表征。"①男尊女卑的理论依据是女人在身体和性情方面皆有不能与男性相比的劣势，女人在天性上是被动的、畏缩的、柔弱的、不稳定的，故家长应为男性。在家庭中教育儿子的职责归于父亲，做父亲者不应以事务繁忙为借口逃避这项职责，还有什么事务比教育儿子更紧要呢？阿尔伯蒂要求父亲对孩子要始终一贯地信任、关怀，并对其未来充满希望，他认为在儿童性格的形成中这种影响是最重要的，这样可使孩子在家庭中就形成不畏艰难险阻的观念，有利于他将来勇敢地面对各种困难。

阿尔伯蒂重视儿童宗教感情和道德情操的培养。他所理解的宗教感情带有明显的世俗性质，他认为宗教感情即个人忠诚于上帝的意志，它等同于关注社会的共同幸福和个人的自尊。迷信是与真正的信仰相对立的，而且对自由心智的运用是有害的。这种看法既不同于天主教教义，也与当时的许多人文主义者的看法有异。在品德培养方面，阿尔伯蒂强调诚实和自制两种品质。他认为人应制怒，应节制饮食，应控制住自己的好赌之心。阿尔伯蒂要求父亲在关注孩子的品德发展时应注意使孩子戒绝自以为正直的不良态度和道德上的虚伪之心。

阿尔伯蒂要求父亲仔细观察了解孩子的性情，这样可对孩子的一生尽早进行预测。说话、表情、姿势都可揭示一个人的品质。好的表现是厌恶无所事事、做事具有持之以恒的热情、待人坦诚、不固执己见、有宽容之心等，对这些品质应予以鼓励。父母还有责任养成观察了解孩子能力发展状况的习惯，这对家庭教育是非常必要的，这样就可找到促进孩子能力发展的最佳时机。

家庭对孩子的影响是很大的，幼时主要受母亲的影响，稍大一些主要受

---

① William Harrison Woodward, *Studies in Education during the Age of the Renaissance*, p.58.

父亲的影响，但阿尔伯蒂认为，与家庭教师的作用相比，父母的影响是第二位的。父母应视家庭教师为家庭中的一员，予以其充分的信任。在选择家庭教师时，对其品格的要求应放在第一位，而学问则放在第二位。从此可以看出，阿尔伯蒂所讲的家庭教育的范围是较广的，既包括父母对孩子的教育和影响，也包括家庭教师对孩子的教育。

（三）人性与教育

阿尔伯蒂对人和人性饱含赞美之情，对人的发展的可能性予以充分肯定。他认为从外观来看，人在所有造物之中最高贵、最优雅，人的身体亦为造物主所造，必须尽力使其保持健康、美观，人要通过身体才能给国家、家庭和自己提供长期的服务，身体不健康的人是无力提供这种服务的。在此，阿尔伯蒂极言身体的重要性，实际上是论证体育的合理性。这种看法与中世纪正统的天主教教义是相对的，后者认为，人的身体是没有价值的，所以没有必要善待肉身，人应过克己的苦行生活，这是典型的禁欲主义观念，与此相对应的教育观念就是，可以对学生施以体罚，通过对肉体的折磨实现对灵魂的拯救。

阿尔伯蒂还赞美人的智慧。他认为人的智慧有两个突出的表征，一为无休止的好奇心，二为与好奇心相联系的探索真理的能力，这二者是人之为人的标志。

人与其他动物具有共性，如都有基本的生存本能，但只有人拥有探究万物和判别行为好坏的愿望和能力。人的好奇心、判断力和推理能力是重要的天赋，正是这些东西使人有所作为。阿尔伯蒂在此实际上是主张人的意志是自由的，人可依自己的意志塑造自我、完善自我，人是有为的，不是无能的。

当时不论是在意大利还是在北部欧洲地区，人文主义者往往对人性都持一种乐观主义的看法，以为人性是善的，认为这种善的天性可以给人带来无穷无尽的进步，伊拉斯谟就持此观点，古代的权威也支持此观点。这种乐观主义的性善论与基督教的原罪论是直接对立的。佛罗伦萨的多明我会对人文主义者的这种人性论持反对态度而强调原罪说，后来的新教也持原罪说。人文主义者的人性论与天主教和新教是不同的，但是阿尔伯蒂却既不持严格的性恶说，也不对人性持盲目的乐观态度，他从自己的经历中看到了人具有非凡的自我发展的能力。他从当时意大利一些有才干的人身上看到了人的个性的巨大力量，但他认为，人不仅有能力为善，亦同样有能力作恶。阿尔伯蒂到此就没有进一步展开其理论，他对人性可为善亦可为恶的看法与其所处的社会环境、与其对社会状况尤其是对佛罗伦萨社会状况的变迁的反思是分不开的。有能力的人不一定为善，家族的野心和贪婪会破坏城市的共和秩序，会妨害公民权利，能力越强，危害越大。但不论怎样，阿尔伯蒂都充分肯定人的巨大潜能，也正是从此意义上，他赞同多明我会关于人性恶的观念，认为必须抑制人性中恶的方面。

总体来看，阿尔伯蒂对道德问题的思考并不深刻，这也是当时人文主义者思考道德问题时的一般特征。阿尔伯蒂对死亡和末日审判、人类的罪恶、今世与来世的冲突等宗教问题并不十分关注，在旧信仰和新兴学术二者的关系上，阿尔伯蒂与同时代的许多人文主义者一样，并未予以认真的清理，对二者的剖析并不明晰。当时是一个新旧杂陈的时代，时人也很难像后人一样对旧思想与新观念之间的异同做出清晰明澈的厘定。阿尔伯蒂对这类问题的兴趣并不大，他认为有德行之人应追求一种生命的内在和谐，这种和谐建立在廉正诚实和热爱美德这一基础之上。人的精神的完善与这种内在的和谐是不可分割的，他认为即便是宗教信仰，也应当是这种内在和谐的强劲的对外表达。

如果一个人仅仅满足于生理欲望，追求低级趣味，置时代和社会对其提出的要求于不顾，他就难以达到这种内在的和谐，难以达到精神完善之境。阿尔伯蒂认为，最高的善就是人之自我，但这一自我必须是一个人尽力所能达到的最高的、最好的自我。这种自我不是一种纯粹内在的自省和体验，而应是与时代、社会相联系，具有外向情怀和有为精神的生存状态。阿尔伯蒂的道德理想是力量（strength），人生应当是有力量的人生，而不是消极悲观、无所作为的人生，人的各种才能的发展、人的各种成就功业，均是这种力量的表达。从此角度看，阿尔伯蒂的内在和谐实为人与外在世界的一种和谐，但他在讲人与外在的关系时，并不将个人依附于外界，而是强调个人应具有的精神高度和道德境界，要求人改造外在世界，使之更加完美。阿尔伯蒂是将人的发展和社会发展放在一起讨论的。有所作为是他毕生的写照，也是其理论的精髓。如此看来，尽管他承认人性有恶的一面，但他要求抑恶扬善，要求人奋发有为，完善自己也改造社会，洋溢着蓬勃的朝气和活力，这种朝气和活力恰恰是人文主义精神的典型特征，是持性恶论的多明我会绝不会有的。

中世纪后期西欧兴起了一些行会学校，这些学校以教基本的读、写、算为主，具有较强的职业性和世俗性，冲击了当时宗教教育一统天下的教育格局，其进步意义自然不可低估。人文主义教育兴起后，一些人认为古典人文主义教育离现实的职业预备太远，没有直接的实用价值，对人文主义教育的价值表示怀疑。阿尔伯蒂反对这种看法，认为这种认识是狭隘的。他认为，人具有好奇和求知之心，这是一种重要的天赋，艺术、科学、文学等能满足人的这种天赋的要求，通过适当的教育和教学，这种好奇和求知之心就会变成一种自发的兴趣，即便离开了教师，人也会充满探索精神，充满生机和活力，使自己更完美，使社会更完善。他认为不能仅仅从实用性角度看待知识的价值，他要求将知识的实用价值与内在价值结合起来，甚至认为二者是难以分开的。他说："文学绝不是一个累赘，不论一个人从事何种职业，文学显然是力量的源泉。"①文学修养可使人更具绅士风度，文学可使人的精神更加高贵。阿尔伯蒂认为每个人都应具有一定的知识修养，职业是第二位的。获取知识修养的途径就是受教育，教育使人有教养，他认为一个有教养的人和一个无知的人的区别，就像一个成年人和一个孩子的区别一样，有教养的人是成熟的，而无知者则是幼稚的。他认为有探索精神的、求知欲强的人才能得到较充分的发展，才能成为一个更有效率的公民（a more efficient citizen）。

那么，一个人要学习哪些知识才算有教养呢？一个孩子在学习了读、写、算和初步的几何知识之后，应该进入一个新的学习阶段，即学习古典文化知识。同其他一些人文主义者一样，阿尔伯蒂也将语法作为学习的中心。学习语法时他要求精选作家和作品，荷马、色诺芬、西塞罗、维吉尔、李维等都是其所列人选。对于怎样教、怎样学这些古人的著作，怎样学习语法知识，阿尔伯蒂几乎没有论及，在这方面，他远远不能与格里诺这位教学法方面的专家相比。

算术、几何、天文、音乐亦在阿尔伯蒂所主张的教学内容之中。当时算术和几何发展较快，应用也较广泛，阿拉伯数字已传入佛罗伦萨，使算术的进步成为可能；商业交往中也采用了新的计算方法，为满足商业发展的需要，一种以算术、欧几里得几何学和初级代数为主要学科的新型学校在佛罗伦萨应运而生，吸引了大批学生。阿尔伯蒂对数学甚感兴趣，算术和几何是其计划中的重要科目。天文学在文艺复兴时期发展较快，并发展、分化为物理学、地理学和气象学，后两者与商业活动有关。阿尔伯蒂对地理学颇感兴趣，他与当时的一位地理学家是好友。作为一个艺术大家，阿尔伯蒂对审美教育颇为钟情，音乐在他看来有助于促进人的和谐发展，他甚至建议建筑设计师从音乐的节律中寻求启示，以决定建筑物的比例结构。

①　William Harrison Woodward, *Studies in Education during the Age of the Renaissance*, p.61.

尤为值得注意的是阿尔伯蒂对艺术尤其对绘画艺术的教育价值的强调，许多人文主义者不将绘画列入人文学科之内，认为绘画、雕塑、建筑等为工匠所为，具有较强的职业性，自由人不屑为之。阿尔伯蒂则将绘画置于教育中一个非常重要的位置。从艺术史上讲，正是他提升了绘画的价值，使之成为一种高雅的、受人尊重的艺术，他开辟了艺术教育的新时代。在其影响下，艺术和艺术家越来越受人尊重。

阿尔伯蒂的教育思想具有宏大的气概，洋溢着清新的气息，不再是古代教育思想的重述，而是饱含创新的成分和蓬勃的朝气。他重视古代的智慧和古典文化，积极地从中吸取精神养料，但他绝非泥古不化之人，而是在古代文化的基础上向前更进一步，他的许多成就尤其是艺术成就已远远超越古人。在古与今的关系上，他更重视今，学古也是为了实现现世的目的。从他对意大利俗语的态度上也可看出他的价值取向，他重视古典语言，但也重视意大利语，尤其对佛罗伦萨人使用的托斯卡纳方言充满感情，他认为在佛罗伦萨每个人都在使用它，都能理解它，它将成为一种权威性的语言，其地位就像拉丁语在学者眼中的地位一样。阿尔伯蒂是当时意大利语的主要促进者之一。强调大众日常使用的民族语言本身就充分说明阿尔伯蒂对现实生活的重视。他重视现实但并不盲从现实，他力图通过教育手段培养出高素质的人（尤其是家长）并由此改造社会，使社会更加完美。他是超越古代的也是超越现实的，然而他并未因此而遁入来世的虚幻，他思想中的未来不是来世，而是现实社会的未来。其思想的本质是现世的、创新的、世俗的，他已走出古人和宗教教义的阴影，正像伍德沃德所指出的：

> 不论在社会理想或政治理想方面，还是在艺术方面和学术方面，阿尔伯蒂从来都不只是一个模仿者，创新才是阿尔伯蒂的典型风格，他是

文艺复兴发展到更自由、更富创新精神阶段的代表人物。①

在阿尔伯蒂眼中，进步并不只是重复过去，而是要超越过去。只有从这个角度去评价阿尔伯蒂的教育思想，才能客观把握其历史地位。

二、帕尔梅利的人文主义教育思想

帕尔梅利（Matteo Palmieri，1406—1475）是阿尔伯蒂的同时代人，两人是好友，教育思想也有颇多相似之处，但在个人发展方面，帕尔梅利没有像阿尔伯蒂那样创造出令世人瞩目的成就，而且两人之志趣也不尽相同。相比较而言，帕尔梅利更关心政治，是一位政治人物，这样就使得其教育思想更多地与当时佛罗伦萨和意大利的政治现实联系起来。

（一）生平

帕尔梅利出生于佛罗伦萨一个富贵之家，这个家族熟悉政治和商业，这无疑培养了帕尔梅利的政治兴趣。他师从当时几位著名的人文主义学者，学习拉丁语和人文主义课程，接受了良好的人文主义教育。帕尔梅利与佛罗伦萨的圭奇阿尔狄尼（Guicciardini）、卡伯尼（Capponi）等大家族和其他一些名门望族交往密切。1432年他26岁时就开始担任公职，在其漫长的从政生涯中，他一共担任过50多个不同的高级职务。在从政过程中，他高尚的品德和卓越的智慧表现得淋漓尽致，为他赢得了佛罗伦萨卓越公民的荣誉。在1475年帕尔梅利的葬礼上，人文主义者里鲁西尼发表了演说，认为帕尔梅利是主持公正、坚持正义、廉洁奉公的典范。

当时意大利邦国林立，政局动荡，不论是君主国还是城市共和国，政治生活的一项重要内容就是处理对外关系，外交是政治最主要的组成部分。帕

---

① William Harrison Woodward, *Studies in Education during the Age of the Renaissance*, p.64.

尔梅利是出色的外交家，多次代表佛罗伦萨出使国外，为佛罗伦萨谋求和平和安宁。在出使中，其才能得以充分表现。1455 年，他出使那不勒斯，意欲就某一条约达成协议。在那不勒斯国王阿方索的宫廷上，帕尔梅利使用拉丁语、西班牙语和意大利语三种语言发表演说，他的学者风度和处理外交事务的娴熟技巧令阿方索赞佩不已。阿方索是 15 世纪的世俗君主中对古典文化热情最高者，他十分尊崇人文主义者的才能，对他们另眼相看，推心置腹。当他以优越的条件任命吉安诺佐·曼内蒂为他的秘书时，他对后者说："我将和你分享我的最后一块面包皮。"他延聘了许多人文主义者为其服务，要求其中一位每天给他和他的廷臣讲授李维的著作，甚至在戎马倥偬时也没有停止，"无论走到哪里，他都随身带着古代经典著作；如果有一天没有读书他就认为这一天是虚度了；当他读书时，他不容许有任何打搅，甚至音乐亦然；他轻视当时一切既非学者也非学术的保护人的那些君主"①。这些都足以说明阿方索在人文主义学术方面是有一定造诣的，作为一个行家里手，他对帕尔梅利的赞赏无疑具有很高的可信度。

在意大利政治中，教皇是一个不可忽视的因素。教皇也想方设法与各世俗君主或城市共和国争夺世俗利益，有时甚至达到不择手段的地步。当时的教皇西克图斯四世(Sixtus Ⅳ, 1414—1484)就因其力图争夺世俗利益而与一些小国(包括城市共和国)发生冲突，致使意大利一直处于危险和骚乱之中。包括教皇国在内的意大利各小国间的冲突最后势必导致其向外国尤其是法国、土耳其和西班牙要求援助和干涉，而这种援助和干涉又进一步带来了侵略。当佛罗伦萨执政者美第奇家族的洛伦佐与教皇西克图斯四世作战时，法国国王路易十一向他承诺提供援助，洛伦佐则言："我不能把我自己的利益看得高于意大利的安全，但愿法兰西的国王们永远不打算对此国土动用武力。如果他们要这样做，意大利就完了。"此话竟不幸言中，后来法国成为意大利的首

① ［瑞士］雅各布·布克哈特：《意大利文艺复兴时期的文化》，221—222 页。

要侵略者。为了保卫整个意大利的利益，一些小国遂结成联盟。1473 年帕尔梅利作为佛罗伦萨的代表与教皇西克图斯四世谈判，商谈如何保卫整个意大利不受外来势力的干涉。当时的教皇醉心于世俗利益的争夺而不关注本该关注的宗教事务，这也影响到了帕尔梅利对宗教和教育的看法，既然教皇也是争权夺利的凡夫俗子，宗教似乎就不再是神圣之物。在帕尔梅利的思想中，宗教气息是非常淡薄的。

帕尔梅利的主要著述有《论公民生活》《论正义》《编年史》《生命之城》等，其中《论公民生活》是其影响最大的著作，其教育思想也主要体现在这部著作中。《论正义》认为人民才是正义的真正代表者。《生命之城》是一首长诗，认为社会不公正的原因是贫富分化，贫富分化的原因是私有财产过分发展，他认为财富应服务于国家社会和救济贫民，而不是为几家几户所占有。《编年史》是一部从 449 年到 1449 年的西欧纪年史，是撰写中世纪通史的最初尝试。

（二）教育目的

帕尔梅利的教育目的是培养完美的公民，这是《论公民生活》的主题之一。《论公民生活》共有四部分，写作于 1431—1438 年。帕尔梅利采取了四个人在郊区躲避瘟疫时相互对话的形式，讨论了维持家庭、领导国家和做一个好公民应有的品质。《论公民生活》的第一部分讨论了如何对一个人在理智和身体两方面进行教育；第二部分和第三部分讨论了好公民怎样在其生活的各个方面体现"正义"；第四部分讨论了"效用"和"美德"之间的相互作用，即为社会做善事的动机和为了个人完善的动机之间的相互作用。这几个问题既是重要的理论问题，在当时也是重要的现实问题。

完美的公民应掌握人类积累下来的知识，帕尔梅利对学术的未来、对通过学问促进人类的进步充满信心，体现了文艺复兴时代典型的乐观主义精神。

帕尔梅利眼中的理想公民是有知识、有教养、能处理社会事务的人，这种人是当时意大利城市生活迫切需要的，这反映了其理想的现实性特征，他描述的理想人物并不是乌托邦中的人物。他赋予自己的理想人物以浓郁的人文主义精神，要求他们充分占有人类文化的精华并在此基础上更进一步，有所创新。他认为，过去古典文化尤其是拉丁文化湮没不彰，致使现世之人无缘领会其中的妙处。文学和各自由学科是人类文明的坚实基石，是各卓越技艺的真正向导，然而却因种种原因湮没长达 800 年甚至更久，只是到了当时随着古典文化的复兴，它们才重见天日。拉丁语在中世纪被公认为粗陋不堪，为人轻视。从布鲁尼开始，古典拉丁语的纯洁、美丽和动人的节奏才开始为世人所知。

帕尔梅利认为，每一个有思想的人都应该感谢上帝让他出生于、生活于这个充满希望和憧憬的新时代，这个时代较之过去拥有更多的精神财富，这些精神财富让人兴奋不已。他说，要使我们这块多灾多难的意大利土地得到真正的和平，我们现在就必须种下种子，以使将来能收获和平的果实。这样的种子就是代表人类文明的知识和伦理道德。在黑暗时代，书籍本身的内容就是晦涩难解、含糊不明的，这种错误、混乱的知识状况反过来使学术研究的状况更加暗淡无光。复兴时代的到来结束了黑暗时代，但知识的新时代与教育的新时代并不同步，知识的复兴给刚开始转折的教育带来了混乱和低效，他说：

> 不久以前，一个素质不高的教师要把他的大部分时间花在学习复杂难学的拉丁文法上，他以荒谬劣质的教学手册为依托进行教学活动，将语法同哲学、同逻辑学、同各种各样的学习混在一起，产生了可笑的不良后果。[1]

---

[1] William Harrison Woodward, *Studies in Education during the Age of the Renaissance*, p.67.

　　因为缺乏教学方法的有效指导，人文学科的教学效率不高是文艺复兴初期教育的通病，后来随着昆体良教育学说的复兴，尤其随着维多里诺、格里诺等人在教学方法方面所做的大量工作，教学的效率才得以大大提高。帕尔梅利对此表示满意，他说：

　　　　现在我们高兴地看到，我们的青年在学习拉丁语时采用了正确的顺序和方法，他们在一年或两年的时间内，就可以流利准确地说、写这种语言，而我们的父辈是完全不可能做到这一点的。①

　　这也从一个角度说明人文主义教育思想的发展，尤其在教学方法方面的发展是比较快的。

　　人为什么要学习知识？当时通行的观点是，学习、掌握知识可使人更具优势，可为人赢得声誉，帕尔梅利则认为学习知识还有其内在的价值，即它可使人获得满足感、体验到探索的乐趣。当时人们将自我发展视为教育的目的，但同时也要求自我发展与社会目的结合起来。帕尔梅利则极为强调教育的社会性目的，他认为，在人的各种各样的行为当中，最高贵的行为是旨在增进社会安定和繁荣的行为，是旨在促进不同阶层公民之间的信任和团结的行为。他考察了各种优秀人物在性格上不同的表现，认为审慎、勇敢、节制和正义是四种主要的美德，完美的公民应具备这些美德。有人以宗教为借口否定世俗生活的价值，帕尔梅利对此甚不以为然。修道士式的独居生活不关心外部的社会责任，它低于世俗的群居生活，即低于理智的公民生活。诚然，一些人在沉迷于宗教问题时会有幸福感和满足感，但帕尔梅利认为孤独的闲逸生活会使人的才能失去刺激从而危及其发展，这是令人遗憾的，而且人的

―――――――――

　　① William Harrison Woodward, *Studies in Education during the Age of the Renaissance*, pp. 67–68.

才能远离社会生活，不承担人类社会生活的责任，沉溺于个人来世的得救，这样的状况也令人惋惜。在帕尔梅利那里，对于公民而言，社会责任感居于首要地位。他认为追求社会正义的行为最受上帝的欢迎，上帝会赐福给那些以追求社会正义为己任的人。帕尔梅利已把宗教世俗化了。

帕尔梅利认为个人与社会是不可分的，个人应为社会的完美做出贡献。年轻人应学会运用理性去控制其低层的欲望，这样他就可将节制这种美德带入家庭生活，他还应走出家庭的小圈子，运用其才智去谋求公共福利，做一个有益于社会的人。帕尔梅利看重家庭在个人美德形成过程中的作用，认为正确的家庭教育是培养青年具有社会责任感的基础。这种看法类似于阿尔伯蒂，颇具修齐治平的意味。

对孩子的最初的影响来自家庭，帕尔梅利要求母亲应尽到其做母亲的社会职责，慎重选择保姆和伙伴，否则孩子就会受到不良影响。在道德教育问题上，帕尔梅利提出的一些具体的主张与其他人文主义者不同，例如，他认为应使小孩子对地狱充满恐惧之心，在适当的时机应把坏孩子不会有好命运的道理讲给小孩子听。这反映出帕尔梅利对人性并不抱十分乐观的态度，为政几十年，他看到了各种各样的人性表现。他似乎认为警惧之心有益于抑制人性中恶的一面，即使对小孩子来说也是如此。

帕尔梅利认为影响教育的主要因素有两个，一是环境，二是天性即天赋能力。教育应当有一个好的环境，而好的环境是由好公民所创造出来的，而好公民又是依照帕尔梅利的教育计划培养出来的。显然在教育与环境的关系问题上，帕尔梅利的思维陷入了先有鸡还是先有蛋的怪圈，且含有浓厚的理想主义成分，环境中诚然有有利于教育的因素，但也有大量的负面因素，对此帕尔梅利想必心知肚明，也许他关于环境问题的看法只是一种改善现实的美好期望。在对环境问题的看法上，他远不如马基雅维利深刻。人天生具有身心两个方面，他认为人的精神(灵魂)包括理性和非理性，理性能控制人的生理冲动，能帮助人探索和获取知识，对人而言至关重要。理性由记忆、理智和审慎三者构成。记忆力虽然是天赋的能力，人人皆有，但可以通过学习和训练得以提高。通过理智我们不仅可以获取知识，还可以对事实、对自己和他人行为的动机做出判断和评价。审慎可以使人从原因预测到结果，使人明智地行动。帕尔梅利要求通过学习古典文化知识、通过道德教育等使人的理性和非理性得到均衡发展，即使人的精神得到全面发展。

人的身体也应得到发展。男孩子天性好动，可通过游戏促进其体能与身体技巧的发展。帕尔梅利还要求人有优雅的仪态举止，使身体的外在表现与精神的内在修养和谐一致。

帕尔梅利提出要对青年进行普遍的军事训练，与其他人文主义教育家不同的是，帕尔梅利提倡军事训练主要不是从个人发展的角度讲的，而是针对当时意大利严酷的社会现实而言的。他认为，开展军事训练有利于培养佛罗伦萨公民的爱国主义责任感，有助于重塑公民精神，有助于消除雇佣兵制度带来的极为严重的不良后果。

当时有一种惯常的做法，就是当遭到外来侵略和武力威胁时，政府往往会把抵御外敌的任务交给雇佣兵。不仅佛罗伦萨如此，其他许多地方亦如此，甚至教皇也使用雇佣兵。雇佣兵在当时的确起到了一定的正面作用，但其负面影响也甚大。雇佣兵有时不讲信用，有时自立山头（有些雇佣兵队长依仗其军事实力而建立了新的专制政权），有时其本身就是导致政治动荡、土地纷争的不安定因素。将一个伟大的城市——佛罗伦萨的命运交给雇佣兵是帕尔梅利不情愿的。他要求佛罗伦萨公民拥有保护自己国家和平和自由的军事技能、具有高昂的爱国主义激情。

总之，有教养、有德行、有优雅的风度、有积极参与社会生活的意识和能力、有保护自己国家的军事技能，这就是帕尔梅利眼中完美的公民形象。

（三）教学内容

帕尔梅利关于教学内容的论述并无很强的专业性，也很难看出教育内容与教学方法的内在联系，他关于教学方法的具体论述几乎没有。毕竟他不是专职教师，对教学过程缺乏亲身体会，在这一点上，他远不能与维多里诺、格里诺等人相比。尽管如此，他关于教学内容的看法仍然有一些新意。

帕尔梅利认为，在教学的初级阶段，儿童应学习说话、阅读、绘画、音乐、唱歌、算术、几何等课程。他要求儿童应养成清晰、流利地说话的习惯。阅读应主要读一些用本民族语言写成的简易读物。说话和阅读教学都应通过娱乐方式进行，说话时应注意语言的正确以及与手势、仪态的配合。绘画只是学习一些基本的绘画知识。帕尔梅利认为唱歌益处颇多，可使说话时语音、语调更加准确，此外其节奏感可陶冶人的性情，同时唱歌也是一种锻炼身体的方式，有利于身体健康。算术和几何在帕尔梅利看来既是实用的学科，也可训练人的理性。

在初级阶段之后，应进行古典文化的教学。学习古典文化必须先学习拉丁语。由于拉丁语是一种学术语言而不是日常口头语言，帕尔梅利要求在学习本民族语言之后再学习拉丁语，学习拉丁语必须以本民族语言为基础，通过本民族语言来学习拉丁语。因此，他将学习拉丁语、拉丁文法的开始时间定在 11 岁。

帕尔梅利将雄辩术视为重要的学习内容，并且将之与古典文化的学习和修辞学的学习联系起来，认为衡量学习古典文化和修辞学成果的标准就在于学习者是否具备良好的演说才能。他认为，对于一个自治国家的公民而言，雄辩术至关重要。16 世纪的意大利人文主义者帕特里齐（Francesco Patrizi，1529—1597）对此曾有精彩的论证，可以作为帕尔梅利思想的注脚。帕特里齐指出，公民是否具有良好的在公共场合发表演说的能力，对一个共和国而言至关重要，尤其当这些演说涉及国计民生时就更是如此。因为国家的所有事务都是通过讨论决定的。在讨论中难免会有意见不一致之处，如果正确合理的意见不能占上风，势必会造成决策上的失误，从而给全体公民带来不幸和损失。帕特里齐将集劝说、建议、论证、反驳于一体的演说能力与国家利益联系起来，真正把雄辩术的价值提高到无以复加的地步，而这也正是帕尔梅利所认同的。与其他一些人文主义者不同的是，帕尔梅利所说的并不只是用拉丁语发表的演说，他十分关注用本民族语言发表演说，他在阿方索的宫廷中就曾用意大利语发表过演说。他认为学习拉丁语和古希腊语有助于增进运用本民族语言进行表达的能力，学习修辞学并不只是为更好地学习拉丁语服务，修辞学还是一个形成民族语言风格的有力工具，通过修辞学的规范，可使本不成熟的民族语言更加规范、更加完美。也正是在此意义上，一些学者曾深刻指出，正是古典语言的复兴带来了民族语言的成熟，民族语言在其成长过程中从规范、严密、成熟的古典语言中借鉴了许多东西。

帕尔梅利所设计的教育内容还包括道德哲学和自然哲学。学习道德哲学的方式是阅读名家著作，古罗马作家中可读西塞罗和塞涅卡的著作，古希腊作家中可读普鲁塔克和色诺芬的著作。帕尔梅利要求在道德教育中充分运用具体事例以说明抽象的道德规范，要求学习者将其所学应用于家庭生活中，还要求道德教育应与学生成年后履行公民义务建立联系。帕尔梅利认为自然哲学没有道德哲学的实用性强，他眼中的自然哲学即近代意义上的自然科学。他持这种看法是因为当时自然科学尚不发达，其价值尚未充分显示出来。帕尔梅利指出，自然哲学是探索大自然的奥秘的，例如，雨、雹、雪、冰的起因，彩虹的颜色为何如此绚丽，电闪雷鸣为何产生等问题，这些都是重要的自然现象，与人类生活是有关系的，值得研究。但在重要程度上，帕尔梅利将之远远放在伦理哲学之后，因为他认为社会是以伦理道德原则为基础建立起来的，对于一个人而言，首要任务是解决怎样生活的问题。帕尔梅利认为这个问题主要是一个道德伦理问题。用现代的话来讲，帕尔梅利是将人文科学置于自然科学之上的，他认为人类社会离不开道德原则对人类行为的调整和规范。尽管当时他尚不能看到科学对社会发展和人类生活的巨大作用，有着时代的局限性，但他的这种观点即使在现在也不是没有现实意义的。

帕尔梅利提出的教学内容远比当时佛罗伦萨为商人子弟开设的学校的教学内容宽泛，后者以数学和天文学为主要学习内容，纯粹是为了实用。帕尔梅利不反对实用，但他更强调通才的培养，他的教学内容富有浓厚的人文主义精神。他认为内容丰富的教学有利于学生精神的健康发展，就如同丰富多样的食物有利于人的身体健康一样。旧式的单调乏味的教学压抑学生的求知欲望，而新式教学则能够激发学生的兴趣，使其精神得以健康发展，不论在发展的质量上还是在多样性上皆较旧式教学高出许多。

略去帕尔梅利与其他人文主义教育家的共同点不讲，在教学内容方面，帕尔梅利有何独到之处呢？其一，他将绘画正式列入初级阶段的教学内容之中，承认了绘画的教育价值；其二，他重视本民族语言的教学，并要求古典语言的学习要以本民族语言为基础；其三，他探讨了自然哲学（科学）与道德哲学的关系，将自然科学放在课程问题中予以讨论。这几点都是其思想中富有新意之处。

在评价意大利人文主义者的教育思想时，往往会涉及一个共同的问题，那就是继承与创新的关系问题，对帕尔梅利教育思想的评价也涉及这一问题。帕尔梅利从昆体良的《雄辩术原理》中吸收了许多观点，他的《论公民生活》第一卷基本上是西塞罗《论义务》的重述，此外还吸收了普鲁塔克的一些观点。这种大量吸收、引用古代教育思想的现象在当时大量存在，这是否只是复古呢？不是，产生这种现象的原因大致有以下几点。其一，古罗马共和国与当时的佛罗伦萨共和国在政治生活、社会生活方面存在许多相似性，如政治体制的相似、都重视雄辩术、都重视公民道德的培养等，这些为人文主义者借鉴、引用古人思想提供了坚实的社会基础。其二，古罗马教育思想家尤其是昆体良对拉丁语教学有着精深的研究，是当时的人文主义者无法企及的，既然过去有更好的，何必自己非得费九牛二虎之力重新探索呢？何况引述的目的不是获得虚名和报酬，而是真诚地改进教育、改革社会、使古代辉煌的文明重现于今世。复古是为变今，着眼点始终是今世而非过去。积极吸收人类文明成果不叫剽窃。谁能说维吉尔抄袭了荷马、弥尔顿抄袭了维吉尔？诚然，帕尔梅利从昆体良那里吸收了许多东西，但他成功地将之内化并使之适应于当时的佛罗伦萨现实社会，他的《论公民生活》所涉及的问题都是当时存在的现实问题，因此，尽管他借用古人之言，但他的意图都是面向现实的，"其精神是现代的，虽然古代世界是其思想的来源，但不是为了模仿而是为了同化吸收"①。

---

① William Harrison Woodward, *Studies in Education during the Age of the Renaissance*, p.72.

第三章

15 世纪尼德兰的人文主义教育

第一节　15 世纪尼德兰人文主义教育发展的背景

尼德兰是指欧洲莱茵河下游的低地国家，大致相当于现在的荷兰、比利时、卢森堡等地。它与德国西北部相连，与德国东北部相接，与英国隔海相望，因而其人文主义的发展对欧洲这几个主要国家尤其是德国和英国产生了重要影响。

欧洲的城市于中世纪就已兴起，但其规模较小，在城市中进行的工商业活动也是比较有限的。从中世纪后期开始，欧洲的商业活动日益频繁，尽管商业活动由于战争、瘟疫等原因也出现过收缩的情况，但总体看来是不断扩展的，到 15、16 世纪时，欧洲的商业活动已达到相当规模。概括地讲，欧洲有两个商业世界，一个是波罗的海和北海的商业世界，另一个是地中海的商业世界，两个世界之间有陆路和海路的联系。在陆地上，意大利商人在 12、13 世纪找到了通过阿尔卑斯山口的道路，并与德国、英国、匈牙利和波兰的一些商业中心建立了联系；在海上，热那亚和威尼斯的长帆船在 13 世纪结束以前就已经到达了北海的各港口，在随后的几个世纪里，这种接触有了相当大的增长。尼德兰的布鲁日和安特卫普是北方海岸上主要的交易场所。

　　尼德兰与北海相邻，是北部欧洲商业发达的区域之一，也是欧洲西北部的主要纺织业中心，英国羊毛主要的输入地就是尼德兰。商业和工业的发展刺激了大小城市的发展。

　　在这种贸易活动和这些工业的哺育之下，北欧和西欧的城镇繁荣起来。在佛兰德和布拉邦特，根据一项估计，城市人口与乡村人口一样多，也许比乡村人口还多一些。在欧洲大陆上，除了意大利北部，就没有一个地区有那么多、那么大和那么兴旺的城镇。[①]

　　由于尼德兰与意大利的社会经济状况比较接近，因此意大利人文主义运动得以在尼德兰广泛传播，正如有的教育史家所指出的：

　　北欧文艺复兴运动首先要在荷兰找到一个合意的家园。由朝气蓬勃的各自治市的自由民(他们通过工商业逐渐致富)所控制的荷兰和佛兰德的自由城市，再现了比欧洲其他地方更加接近意大利城市的一般条件，因此，也就最容易受到意大利城市的影响，最能以独立的发展的方式，推进由意大利城市开始的这些新运动。在这一点上，这些城市在教育方面取得的成就最值得注意。甚至在十三世纪，这些城市就先于它们的邻国，有了城市学校。而且在十五世纪，当文艺复兴在北欧知识分子的生活中开始感觉到冲击时，正是荷兰的学校，欣然对它表示欢迎。[②]

15 世纪末，尼德兰的文化大致可分为三种类型：一是宫廷文化，以布鲁日宫廷为代表，这种文化虚有其表，实际上比较肤浅，称不上是人文主义文

---

① 　[英]G．R．波特编：《新编剑桥世界近代史　第一卷　文艺复兴》，59 页。
② 　[英]博伊德、[英]金：《西方教育史》，169 页。

化。这种文化活动的目的不在于学习古典文化，而显然在于从对古代神话的爱好出发，把古典拉丁语作品译成法语，而不是把古希腊作家的著作译成拉丁语，其典型特征就是华而不实。二是传统的经院主义文化，以鲁汶大学为代表，鲁汶大学是经院哲学的根据地，最后成为反宗教改革运动的堡垒。三是对经院哲学抱批判态度的"现代虔信派"，其分支之一是宗教团体"共同生活兄弟会"，这个兄弟会对北部欧洲地区人文主义的发展尤其是对德国人文主义的发展做出了突出的贡献。

"共同生活兄弟会"是一个奉行神秘主义的宗教团体。这种神秘主义体现了一些人改进基督教的意图。宗教中的神秘主义并不始于文艺复兴时代。经院哲学家中有许多人除了理智主义倾向外，还突出地表现出神秘主义倾向，例如，阿奎那就具有明显的神秘主义倾向。中世纪神秘主义精神的重要代表是爱克哈特(Eckhart，约 1260—1327)，他是德国多明我会修士，曾在巴黎求学，后在德国萨克森地区任该会的分会长，还曾在科隆任教。他以柏拉图主义的方式倡言，万物中真正存在的东西是神性。人的灵魂里有上帝的火花，这才是一切人里面真正的实在。人应同上帝完全交流沟通，受住在人心里的上帝的主宰。由于上帝的主宰，灵魂便充满了爱和正义。遵守教会的礼仪教规也许具有某些价值，但神秘的灵魂体验远较这些重要，通过它同上帝的合一也更直接。暮年时，爱克哈特因异端罪受审，在他死后两年，他的许多观点受到教皇约翰二十二世的谴责。

爱克哈特最得意的门生陶勒尔(John Tauler，1300—1361)是多明我会的布道员，曾长期在斯特拉斯堡、科隆和巴塞尔工作。他强调宗教中内在的、有生命力的东西，谴责依赖于外在的礼仪和死板的工作。他的真实立场完全师承爱克哈特，强调同上帝神秘的合一，强调"上帝降生于内心之中"，但他在阐述其观点时避免使用"过激的词句"(倾向于泛神论的词句)，因为言辞过激会像其师那样遭到教会的谴责和迫害。路德对陶勒尔的思想非常赞赏。路德的"因信称义"思想与陶勒尔的观点是相通的。由于这些思想的影响，在德国西南部和瑞士出现了一大批神秘主义的同情者，他们自称"上帝之友"。这些人中不仅有神职人员，还有相当数量的普通信徒。①

这场神秘主义运动也影响到了尼德兰。鲁斯布鲁克（Jean de Ruysbroeck，1293—1381）深受爱克哈特著作的影响，同陶勒尔及其他"上帝之友"都有私交，他推进了这场神秘主义运动。鲁斯布鲁克的朋友格鲁特（Geert Grote，1340—1384）在德文特（Deventer）创立了"共同生活兄弟会"，将神秘主义运动进一步向前推进，并使这一运动与教育密切联系起来。②

格鲁特是德文特人，是一位才华横溢的学者，约于 1374 年皈依基督教，后成为尼德兰影响最大、最受欢迎的布道员，他还具有非凡的组织才能。在格鲁特及其信徒的促进下，"共同生活兄弟会"发展很快，其分会遍布尼德兰和德国，大大促进了 15 世纪大众对宗教的虔诚信仰。

"共同生活兄弟会"由男子（偶尔也有妇女）联合而成，其成员自愿结合组成分会，遵守共同的会规，基本上过着隐修生活，但不用像修道院中的修道士那样发誓永不反悔。成员们献出其私有财产，在共同的房子里过一种朴素而有规律的生活。成员们依规定的时间祈祷、劳动、读书和布道，大家在一起就餐，就餐时选读《圣经》的片段。"共同生活兄弟会"成员的生活和纪律是禁欲主义的，这与修道院生活是相似的。但它又与修道院不同，加入"共同生活兄弟会"的人不用发誓愿。他们相信没有誓言的约束也能够像修道士一样进行修道，再加上他们非常强调人的行为表现，这就产生了比起严格遵守清规戒律，更加重视品德和虔诚的趋向，"共同生活兄弟会"成员更注重自律而非他律。

这种趋向在一定程度上与 14 世纪的神秘主义者相同，但是不像神秘主义

---

① ［英］威利斯顿·沃尔克：《基督教会史》，321—322 页。

② ［英］威利斯顿·沃尔克：《基督教会史》，322 页。

者那样，他们不再从神秘的狂欢中寻求灵魂的主要营养，而是在有规律的生活中通过阅读《圣经》和其他具有实际教育作用的敬神活动来加强精神的力量。因此，《圣经》和公共图书是"共同生活兄弟会"生活的中心。除从事各种宗教实践活动外，抄写宗教书籍也是"共同生活兄弟会"成员的重要工作。他们在抄写时特别细心，因此他们的手抄本制作精良可靠，很受青睐。出售这些手抄本既能补充公共生活的经费，也有助于传播他们所信奉的宗教信条。"共同生活兄弟会"的每一个分会都有一个藏有丰富书籍的缮写室（scriptorium），成员就在缮写室中抄写宗教书籍。印刷术发展起来之后，"共同生活兄弟会"就不再用原始的手抄方式制作书籍。据估计，到1490年，"共同生活兄弟会"已拥有60部以上的印刷机，《圣经》、宗教性小册子、拉丁语课本、古希腊语课本和本民族语言课本等书籍被大量印行。

在尼德兰，"现代虔信派"有两个分支，"共同生活兄弟会"是其中之一，另一个分支是创立在温德斯海姆（Windesheim）的修道院。由于格鲁特的影响，一些愿意过隐修生活的人也加入了"共同生活兄弟会"，但当时并没有采取完全的隐修形式。格鲁特死后不久，一些"共同生活兄弟会"成员加入温德斯海姆修道院，不久在该修道院周围又附设了几个女修院，使这里成为尼德兰和德国隐修生活中一股有影响的改革势力。可见，现代虔信派的两个分支是有联系的，进入修道院只是"共同生活兄弟会"部分成员的一种隐修方式的选择。这两个分支都深受神秘主义者的影响，反对中世纪经院哲学枯燥无味的形式主义而提倡内心的反省。

"共同生活兄弟会"致力于恢复基督教徒那种简朴、虔诚和献身的生活，其成员以基督为效法的对象，认为基督将神性完全融于人性之中，而神性正是他们追求的目标。《效法基督》（Imitation Christi）一书就是"共同生活兄弟会"所开展的朴实而虔诚的宗教运动的一个产物，该书很可能出自肯培（Thomas Kempis，1380—1471）之手。肯培是"共同生活兄弟会"的成员，一生绝大部分时间在温德斯海姆修道院的一个分院——圣亚克尼斯山（Agnes）修道院度过，在该书中，他要求人们效法基督。该书在当时流传非常之广，在尼德兰大部分家庭中，其地位仅次于《圣经》。

　　"共同生活兄弟会"的一切活动都是以宗教为中心的，"共同生活兄弟会"成员所阅读、抄写、印刻、发售的书籍与人文主义的知识兴趣很少有共同之处。不过"共同生活兄弟会"在以下几个方面与人文主义有相似或相通之处：其一，"共同生活兄弟会"憎恶玄深的神学讨论，这与人文主义者反对经院哲学的深奥莫测相类似；其二，"共同生活兄弟会"崇尚知识，热爱书籍，这种取向架起了一座通向人文主义的桥梁，只不过"共同生活兄弟会"崇尚的是宗教书籍，而人文主义者崇尚的是古希腊罗马典籍；其三，"共同生活兄弟会"在抄写手稿时坚持以诚实可靠为原则，而人文主义者在整理古代典籍时要求语言准确，二者存在相似之处。但是，这并不是说"共同生活兄弟会"成员已发展成为人文主义者，也不是说他们独立地孕育了任何一种新的世俗文化；人文主义学术的成长所需要的独立知识和生活经验，在"共同生活兄弟会"是难以找到的。然而，和人文主义在某些主要方面的相似之处，使"共同生活兄弟会"成员在人文主义教育学中看到了合乎他们自己意图的一些东西，并且使他们自己愿意参加那些曾经在意大利求学或者在别处与人文主义发生接触的人所兴办的学校。在这种场合，"共同生活兄弟会"成员创立和管理与他们的住所相连接的学校学生宿舍；这样他们就能够把他们的宗教热诚和严格纪律贯彻到学生们的生活中去。的确，他们广泛、积极地开展教育工作，以至在尼德兰、布拉邦特和佛兰德以及德意志的大部分地区，到处都出现了人文主义性质的学校。它们的巨大规模和优良教学，大部分获益于"共同生活兄弟会"各分会的合作。①

---

① 参见［英］G. R. 波特编：《新编剑桥世界近代史　第一卷　文艺复兴》，90 页。

第二节 尼德兰人文主义教育实践

尼德兰"共同生活兄弟会"大力兴办教育，目的是要"给上帝的神殿树立精神支柱"，"共同生活兄弟会"办的学校非常成功，"14 世纪和 15 世纪神秘主义者的一大贡献就是他们在本国推行了一整套卓越的学校教育制度"①。与本书有关的问题是："共同生活兄弟会"所从事的种种宗教活动对北部欧洲的人文主义教育思想产生了什么影响？"共同生活兄弟会"所从事的教育活动是人文主义性质的吗？

"共同生活兄弟会"成员并非人文主义者，他们兴办的教育起初也并不具有人文主义性质，但由于"共同生活兄弟会"的思想行为方式与人文主义有颇多相似之处，因此"共同生活兄弟会"易于接受人文主义的影响，逐渐使人文主义教育在北部欧洲蓬勃发展起来。

"共同生活兄弟会"的宗教实践活动和教育活动还在相当程度上影响到北部欧洲人文主义的基本走向和这一地区人文主义教育思想的基本特征。对道德和虔信的强调，是北部欧洲人文主义者和人文主义教育思想最根本的特色，这一地区最著名的人文主义者伊拉斯谟就是"共同生活兄弟会"学校的学生，北部欧洲人文主义者中的许多领袖都曾在"共同生活兄弟会"学校受教，他们都受到了"共同生活兄弟会"尊奉的价值观的影响，都强调宗教和道德的教育价值，这与意大利人文主义是有较大差异的。

"共同生活兄弟会"为人文主义教育思想和实践的传播提供了条件，对北部欧洲人文主义教育思想的基本价值取向产生了影响，"共同生活兄弟会"学校培养了一批人文主义教育思想家，如伊拉斯谟、温斐林（Jacob Wimpheling，1450—1528）等，这些都是"共同生活兄弟会"对人文主义教育思想发展的贡

---

① ［英］托马斯·马丁·林赛：《宗教改革史》（上册），49 页。

献。下文将从"共同生活兄弟会"具体的教育实践和教育主张两个方面阐述其对教育思想发展的贡献。

"共同生活兄弟会"兴办学校的成就显著，其学校分布范围之广、规模之大、标准之高，都是令人赞佩的。一些较大的城市如德文特、兹沃勒(Zwolle，在今荷兰)、列日(Liège，在今比利时)、鲁汶(Louvain，在今比利时)等地的学校，其学生数量均达 2000 人以上。取得如此成就的重要原因是"共同生活兄弟会"注重对学校的管理。注重"学校管理"在当时是一种极为重要的教育观念，教育史家认为这一点甚至比接受人文主义学科进入学校还要重要，

> 他们学校的第二个特征是精心组织学校的工作。这个特征甚至更为重要。兄弟会不仅创立了一种学校制度，而且通过井井有条的章程，给所有的学校打上某种相同的精神和方法的印证。意大利的情况就完全不同了：在那儿，每所新型的人文主义学校都独断独行。这种差异是值得注意的。①

"共同生活兄弟会"办学的效率远高于意大利，这要归功于"共同生活兄弟会"学校有比较严密的管理，有比较完备的章程。"共同生活兄弟会"学校采取寄宿制度，这也进一步强化了学校管理。后来耶稣会在兴办学校时向"共同生活兄弟会"学校吸取了不少管理方面的经验。

"共同生活兄弟会"学校的教师并不全由其成员担任，例如，德文特学校的校长赫吉乌斯(Alexander Hegius，1433—1498)就不是"共同生活兄弟会"成员，他们和作为教师的成员一道，共同为"共同生活兄弟会"的教育事业尽力。正是一些进步的教师和校长的推动，才使得"共同生活兄弟会"的学校声名远播。这些人中影响最大的当数赫吉乌斯。

----

① ［英］博伊德、［英］金：《西方教育史》，170 页。

赫吉乌斯曾是"共同生活兄弟会"兹沃勒学校的学生，毕业后先于埃默依克（Emmerich）任教，后又到德文特学校任教。1465—1498 年他任德文特学校的校长。他不是著名的学者，起初对人文学科没有接触因而也并不擅长。1474 年他遇到了阿格里科拉（Ruddph Agricola，1444—1485），深感自己对真正学问的无知。在阿格里科拉的引导下，赫吉乌斯开始研究人文学科。他把这种人文主义研究与教育结合起来，力图改革德文特学校的课程，使各门学科人文主义化。

受阿格里科拉的影响，他特别重视古希腊语，并把它纳入该校的教学计划。他在《论古希腊语的益处》中说："我们的一切都得感激古希腊人。"他认为古希腊语有助于对神学的研究，而且其他各个领域知识的学习和研究也都离不开古希腊语。关于拉丁语的教学，他认为学习拉丁文法非常重要，但应将其放在一个适当的位置上，语法只是工具，学习它只是有助于阅读和写作，不可使语法教学陷入形式主义。赫吉乌斯的这些观点在当时的北部欧洲地区算是先进的，但用意大利人文主义学校的标准来衡量，则看不出有多少新意。他超出意大利人文主义教育家之处主要表现在学校管理方面。由于学生人数太多（他去世时学生人数已逾 2000），管理工作的重要性就愈加彰显。为了便于教学，他把学生分成八个年级，分别施教。伊拉斯谟就是德文特学校的学生，他对赫吉乌斯所做的工作充满崇敬之情。在赫吉乌斯的努力下，德文特学校声名远扬，德文特也因此成为尼德兰和德国西北部公认的人文主义研究中心。学者、教师纷至沓来，然后将在此学习到的人文主义学术和教育理念传播到更远的地方。

1496 年"共同生活兄弟会"在列日创办的学校，就是以赫吉乌斯的做法为蓝本的。列日学校的学生斯图谟对该校的组织和管理情况做过详尽的描述，后来他担任斯特拉斯堡学校校长期间，曾依德文特学校的模式重新改造了斯特拉斯堡学校。

列日学校的办学方式中，既有人文主义性质的一面，也有注重组织管理（超出意大利人文主义教育）的一面。列日学校同德文特学校一样分八个年级。一年级开始学习拉丁语，主要学习简单的读写和语法（如词尾变化、连接词等内容）；二年级学习语法基础知识，句子的结构是学习重点；三年级开始阅读古罗马作家的简明文选，系统学习拉丁文法，并学习写作散文和诗歌；四年级将拉丁文法的句法部分学完，开始阅读历史学家的著作，练习写诗并开始学习古希腊语；五年级的时间分配有了一些变化，更多的时间用于学习古希腊语，并开始学习逻辑学和修辞学，还要阅读散文原著；六年级开始学习古希腊语写作，同时细心学习古希腊语语法和古希腊作家的著作，并继续学习逻辑学和修辞学；七年级学习柏拉图、亚里士多德和欧几里得的著作，并研习罗马法，此外还要学习雄辩术；八年级开始学习神学，继续学习雄辩术，修辞学的学习在本学段结束。七年级和八年级属于高年级，其教学水准在北部欧洲地区是相当高的，甚至超过当时一些大学的水平，教育史家伍德沃德认为，"可能在 1500 年时德国没有一所大学在文学方面的课程能达到列日学校七八年级课程的高水准"①。校长管理全校工作，在校长之下，有各年级的教师。若学生人数过多，一位教师不能单独管理时，就把学生分成 10 人一组，每组由一个年长的学生负责照管。

从列日学校的办学情况看，到 16 世纪初，北部欧洲地区的人文主义教育已达到了相当的广度和深度，其教育实践中所体现出的教育思想亦达到可与意大利相媲美的地步。但也可以看出有两点与意大利的做法不同：其一是注重管理；其二是更强调宗教。

---

① William Harrison Woodward, *Studies in Education during the Age of the Renaissance*, p.87.

第三节 伊拉斯谟的人文主义教育思想

伊拉斯谟是北部欧洲地区人文主义的主要代表人物，"是 16 世纪早期最著名的学者，也是最杰出的教育理论家"①，被誉为"学者的学者""文艺复兴时期的伏尔泰""教育家的教育家"。他在世时，其人文主义教育思想就对北部欧洲地区诸国产生了深远的影响。

尽管严格讲来，每一个人的生平都是与他人不同的，但文艺复兴时代的人文主义者却大都有类似的人生经历，唯独伊拉斯谟显得卓尔不群，有一种独来独往的洒脱，不从事某种具体的职业，也不长时间定居于某地。

> 从儿童时代起，他就教自己走自己的道路；长大成人以后，他给自己订好了计划和设想；他坚决不违反自己的意愿去从事他不愿干的工作；他竭力避开可能影响他的行动或要他承担责任的任何纠纷。他几乎就是这样自立于人文主义者之中。其他的人，或是官员，或是教授，或是私人教师，或是法官，或是教士，伊拉斯谟却什么也不是，除了是一个不折不扣的文人以外，什么也不是。②

一、生平与教育活动

1466 年 10 月 27 日伊拉斯谟出生于鹿特丹，他是教士格尔特（Gerard of Gouda，生卒年不详）与一位名叫玛格利特的寡妇的私生子，童年时由其母亲照料。他进的第一所学校设在哥达（Gouda），质量低劣。1475 年他 9 岁时，母亲把他带到德文特，进入"共同生活兄弟会"创办的德文特学校学习。这所

---

① ［英］博伊德、［英］金：《西方教育史》，172 页。
② ［英］托马斯·马丁·林赛：《宗教改革史》（上册），155—156 页。

学校的部分教师是"共同生活兄弟会"的成员，赫吉乌斯担任过这所学校的校长，伊拉斯谟后来在其回忆文字中对赫吉乌斯充满崇敬之情。1483 年在该校他还见过阿格里科拉。"共同生活兄弟会"对宗教的态度对伊拉斯谟具有较大的影响，"他的以先进知识为上帝服务的愿望，他的使《圣经》去掉一切粗野内容而恢复其本来面目的热情，都表明他自始至终是'现代虔信派'的一个典型的追随者"①。

在"共同生活兄弟会"学校所受的教育奠定了伊拉斯谟思想的基调。1484 年母亲去世之后他离开了德文特学校，他的监护人把他送到一所教会学校，为将来的教士生涯做准备。伊拉斯谟感到这所教会学校与德文特学校反差太大，前者远没有后者自由和富有学术氛围，而是颇有压抑之感。1487 年他进入哥达附近的斯泰因修道院，1492 年被授予圣职。在修道院的这段时期，他有很多时间用于学习，阅读了大量的古典著作和神学著作。

1494 年在他人的赞助下，伊拉斯谟进巴黎大学蒙太古学校学习神学。当时巴黎大学的逻辑学和经院神学研究占统治地位，巴黎大学迂腐的学风和无聊的说教令伊拉斯谟非常失望，他对经院哲学感到深恶痛绝。在巴黎大学期间，伊拉斯谟阅读了不少古典拉丁语著作，人文主义的思想和方法开始在其头脑中生根。他还试图自学古希腊语，不过收效甚微。受瓦拉的影响，伊拉斯谟认识到应该用历史主义的方法去研究神学，而不是像经院神学那样用哲学思辨的方法去研究神学。历史主义的方法实际上是一种人文主义的方法，即通过订正《圣经》文字的错译、误解之处，追索《圣经》的本意，对基督教的起源与发展做出符合历史的客观的解释。这种研究成为人文主义者和后来的宗教改革者反对天主教教皇制度和教会制度的有力武器。

在巴黎大学伊拉斯谟结识了一些在此求学的英国学生，其中之一是蒙乔伊勋爵布洛特（William Blount，约 1478—1534）。1499 年应布洛特之邀，伊拉

① ［英］G. R. 波特编：《新编剑桥世界近代史　第一卷　文艺复兴》，160—161 页。

斯谟到英国做了一次短暂访问。此行对其一生影响甚大，是他一生的转折点。他结识了科利特、格罗辛（William Grocin，约 1446—1519）、莫尔、林纳克（Thomas Linacre，1460—1524）等英国人文主义运动的主将，他对这些人充满钦佩之情，他后来回忆道：

> 在我聆听我的朋友科利特的谈话时，我仿佛觉得是在听柏拉图本人在讲话。谁会不对格罗辛之精通多门学科表示惊叹？还有什么比林纳克的判断更敏锐、更深远和更透彻的呢？造物主曾创造过比托马斯·莫尔更完美、更可爱和更欢快的性情吗？①

他与英国的这些人文主义者保持了终生的友谊。科利特对圣经学的研究给予伊拉斯谟很大的启发和影响，使伊拉斯谟成为一个坚信基督的人文主义者。1500 年，伊拉斯谟离开英国回到巴黎。其后的 6 年他主要在巴黎度过，也到过奥尔良（Orleans）、鲁汶等地。1504 年他在给科利特的一封信中写道，他决意"竭尽全力探讨与《圣经》有关的文献"，把"全部余生"奉献给《圣经》研究工作。1505 年他的首批研究成果问世了，他出版了瓦拉《新约注释》最早的印刷译本，所依据的手抄本则是他 1504 年在靠近鲁汶的一所修道院图书馆找到的。伊拉斯谟在他的版本里写上了导言，其中不仅解释了瓦拉所做工作的重要性，还把人文学科誉为神学的侍女，并声称"翻译《圣经》的所有工作都是文法学者的任务"②。这表明伊拉斯谟已坚定地走上了基督教人文主义之路。

1500 年前后，伊拉斯谟对教育产生了兴趣。在学习研究古典文化的过程中，他深刻认识到古典文化的教育价值，因此他把人文学科视为教育的基础。1497 年在给格雷（Thomas Grey，1451—1501）的一封信中，伊拉斯谟指出，好

---

① ［英］昆廷·斯金纳：《现代政治思想的基础》，220—221 页。
② ［英］昆廷·斯金纳：《现代政治思想的基础》，220—221 页。

书使人向善，使人增智，而淫邪粗鄙的书使人学坏，因此应读好书，读伟大作家的著作。1500年伊拉斯谟回到巴黎后，开始编写古代作家的箴言汇编，他认为这些箴言集中反映了这些伟大人物的智慧，是其著作中的精华，极具教育价值。1500年3月他在给其朋友巴特(James Batt)的信中说，他正尽力搜集古代箴言，可能要搜集几千条，但他打算只出版其中的两三百条。4月又说道，他想在复活节后不久就将箴言集出版，目前已经搜集了约800条箴言，部分是古希腊箴言，部分是古罗马箴言。在编辑古代箴言过程中，他感到自己古希腊语知识的匮乏，于是开始学习古希腊语。约在1500年6月，《箴言集》正式出版，伊拉斯谟将这本书题献给蒙乔伊勋爵。《箴言集》的第一版用拉丁语写成，共144页，包含818条箴言，该书的出版获得极大成功，后来多次重印，被众多学校广泛作为教材使用，伊拉斯谟也因此享誉欧洲。这本书的成功使伊拉斯谟看到了印刷出版的威力，其后他把出版作为实现其教育理想的重要工具之一。

伊拉斯谟的主要兴趣并不在于为学校编写教材，他更关注当时的社会问题。教会腐败、战乱频仍，令伊拉斯谟忧愤交加，他认为腐败和战争会败坏道德，破坏和平，阻碍文明的进步，他认为社会问题的关键是道德问题。1501年他开始写作《基督教战士手册》(*Enchiridion Militis Christiani*，英文为*Handbook of the Militant Christian*)，两年后该书出版印行。这是他写的第一本关于道德问题的书。书名中的Enchiridion是一个古希腊语词，有"匕首"(dagger)和"手册"(handbook)两层意思，因此该书的书名是双关的，这是伊拉斯谟常用的技法。他意欲让读者注意这样一个问题：一个基督徒的武器是匕首还是书本？伊拉斯谟认为真正的武器是后者而非前者。他想为基督徒提供新型的武器——祈祷和知识，而祈祷和知识的共同目标则是虔敬。祈祷不是盲目的，祈祷应以知识为基础，是知识告诉祈祷者该祈祷什么。

他指出：

如果你全力研究《圣经》，如果你日夜研究上帝的律法，那么任何恐吓都不能压倒你，你就能够抵御敌人的任何进攻。我还要指出，明智地阅读异教诗歌和异教哲学著作，对基督徒生活将是一种很好的准备……一些异教书籍尽管有很好的文学表达形式，但其内容却有不道德的因素，我当然无意于让你去吸收这些不道德的东西。我敢肯定你会在古典著作中发现很多例子，这些例子会指引你正确地生活。很多古代作家毫无疑问是非常好的道德方面的导师。①

伊拉斯谟还以奥古斯丁、哲罗姆等人从古典文化中获益颇多为例来论证古典文化的价值。伊拉斯谟的中心思想是，基督徒应为圣战做准备，而学习《圣经》和古典文化就是最好的准备。这里的圣战不是指刀光剑影的战争，而是指心灵深处的善恶之战。虔敬和知识能使人战胜邪恶，赢得圣战的胜利。伊拉斯谟关注的战场是在人的灵魂深处，正是在此意义上，教育在伊拉斯谟那里成为解决一切社会问题的关键。他反对盲目地信仰，力求将基督教建立在个人认识的基础上，他说："这是通向幸福的唯一道路：首要的是，要了解你自己，不要感情冲动，要运用理性判断一切。"②他认为不应太重视弥撒、祈祷等活动，因为如果没有灵魂的虔诚，这一切活动都毫无意义。

1505 年第二次访问英国后，在莫尔、科利特等人的影响下，伊拉斯谟更加看重教育对于宗教建设的意义。在研究《圣经》的过程中，他深感有必要精通古希腊语，于是他于 1506 年赴意大利进一步学习古希腊语。在意大利，他两耳不闻窗外事，专心致志于古希腊语学习和古典文化的研究。1509 年 6 月伊拉斯谟应蒙乔伊勋爵的邀请从意大利回到英国。此时的伊拉斯谟已成为欧

---

① Erasmus Desiderius, *Handbook of the Militant Christian*, Notrte Dame, Fides Publishers, 1962, p.83.

② Erasmus Desiderius, *Handbook of the Militant Christian*, Notrte Dame, Fides Publishers, 1962, p.83.

洲人文主义者中的领袖了。

　　此次伊拉斯谟在英国一共待了 5 年。1509 年他的讽刺作品《愚人颂》(*Mo-rias Enkomion*，英文为 *Praise of Folly*)问世，他将该书题献给莫尔。该书对当时的社会进行了严厉的批判，以前的人文主义者所写的批判性著作远没有《愚人颂》尖锐和深刻，伊拉斯谟善于观察且笔锋犀利，对社会丑恶现象的揭露栩栩如生，批判入木三分。该书的主要批判对象是天主教会，"这本书是到那个时代为止对中世纪教会发出的最严厉的抨击"①。几年以后，在德国出版的《鄙人书翰》也是一部讽刺作品，但其成就和影响远不能与《愚人颂》相比，"这本《鄙人书翰》若与伊拉斯谟的《愚人颂》相比，就显得德国普通的人文主义者较之低地国家学者大为逊色"②。《愚人颂》影响遍及全欧，在出版后的一个世纪内重印、再版近 600 次。在《愚人颂》中，伊拉斯谟对传统的经院式教育也予以了尖锐的批判。实际上，伊拉斯谟总是把宗教问题和教育问题放在一起讨论，在他看来，二者是同一个问题，不可分离，宗教虔敬是教育要实现的目标，消除社会上的不道德和非虔敬现象要靠教育。教育变革与宗教变革是一致的。

　　1511 年 8 月应剑桥大学校长费希尔(John Fisher)之邀，伊拉斯谟到剑桥大学主持古希腊语讲座，并讲授一些神学课，同时研究古希腊文版本的《新约》。他对剑桥大学的人文主义起了很大的推动作用。1511 年他的《论教学的正确方法》("Deratione Studii"，英文为"On the Right Method of Instruction")于巴黎出版，这是他的第一篇系统论述教育问题的论文。他的第二本学校用教科书《词语的丰富》(*De Copiaverborum*，英文为 *A Plenitude of Expressions*)次年于巴塞尔出版，他将这本书题献给科利特，感谢科利特对他的资助。《词语的丰富》是一本为学生写的语法书，引用了大量的经典作家作品作为例句，主要讨

---

① ［英］托马斯·马丁·林赛：《宗教改革史》(上册)，159 页。
② ［英］托马斯·马丁·林赛：《宗教改革史》(上册)，71 页。

论了在写作和演说中应该如何遣词造句。这本书出版后很受欢迎，第一版后的 50 年内重印、再版达 30 余次。

在英国剑桥期间，他还帮助科利特创办了圣保罗公学。科利特开始担任圣保罗公学的校长，在伊拉斯谟的热情鼓励和支持下，该校开始进行人文主义性质的改造。伊拉斯谟帮科利特挑选教师，为学生编写教材（《词语的丰富》就是为作文教学而写的），为教师提供教法指导（这是其写作《论教学的正确方法》的重要动机）。1512 年他写道："我完全是一个英国人了。"他和英国人文主义者的友谊的确是非常深厚的，他也接受了后者的热情款待，衣食无忧，照理该在英国长待下去。然而像许多人文主义者一样，他是一个不安分的人，不喜欢长期定居于一地。1514 年他离开英国，先到了佛兰德，1515 年又到了巴塞尔，目的是安排他的《新约》译本的出版事宜。1516 年他终于完成了他期望已久的古希腊语《新约》，并附有新的拉丁语译文，从而使旧拉丁语译文的错误首次在印刷版本中得到了纠正。他还写了一篇导言《告读者》，表达了他的愿望：希望新版本的《新约》"犹如一声号角，召唤所有的人献身于这最神圣的、赋予人以生机活力的基督教哲学研究"，他还希望《圣经》能很快被"翻译成所有文字"，并为所有人所阅读。伊拉斯谟的号召得到了迅速而广泛的响应，法国的勒费弗尔、英国的廷代尔、丹麦的佩德森、瑞典的皮特里和德国的路德都将其译成了本国文字。伊拉斯谟《新约》译本的问世，使伊拉斯谟成为北部欧洲地区人文主义者中从事圣经学研究最有成就的学者。

令圣经学研究者始料不及的是，把人文主义方法应用到圣经学研究，对于 16 世纪政治思想的发展产生了深远的影响，并给欧洲基督教社会带来了极大的震荡。随着人们对《新约》研究的深入，一个具有极大政治意义的、对天主教会尤其是对教皇制度具有极大颠覆性的思想逐渐得到广泛接受：罗马教廷的现行体制和它对世俗权力的要求，与《新约》中所讲的原始基督教的理想是截然不同的。正是人文主义圣经学或者说基督教人文主义客观上促成了宗教改革运动。

　　伊拉斯谟并不是不清楚研究《新约》的本意对于天主教会的颠覆作用，他也担心会受到教会的谴责甚至迫害，但他善于保护自己。1516 年他的《新约》译本第一版问世时，他将之题献给教皇利奥十世，教皇愉快地接受了。1519 年他又将第二版送给了教皇并附上了一封信，信中写道：

　　　　我已竭尽一切努力引导人们从他们久已感到厌倦的乏味的争论走向热心于马上就要变得更加纯洁和更加庄重的神学。如今我觉得我的努力并非徒劳无益，同时也意识到有些人对我怀有强烈不满，因为我未能尊重他们无能力教又羞于去学的一切东西。但我相信上帝会是我的见证人（我的著作首先就是捍卫上帝的），相信陛下您的判断，相信我自己的正义感和这么多知名人士的赞许，所以我对那些人的狂吠始终不予理睬。尽管我的才能有限，但已全部贡献给了基督：它将为基督一人的荣耀服务，将为罗马教会的首脑，特别为陛下您服务，因为包含我肩负的全部责任在内的一切都应归功于您。①

他还将《新约》译本的不同部分分别献给红衣主教和国王们，有意识地将自己置于教皇、主教和国王们的保护之下，因为这些人不可能被怀疑有颠覆教会或政府的意图。

　　1516 年到 1522 年伊拉斯谟主要居住在鲁汶。他非常关注鲁汶的一所人文主义新式学校——三语学院(the Collegium Trilingue)的建设，为这所学院的规划出谋划策，但当该校请他出任教授时，他却婉言谢绝了。三语学院是指以教授拉丁语、古希腊语、希伯来语为主要任务的教学研究机构，建立这种学院的目的是促进对圣经学的研究。当时北部欧洲地区许多大学皆建立了这种

　　① ［英］托马斯·马丁·林赛：《宗教改革史》(上册)，162—163 页。

学院。罗伊希林（Johann Reuchlin，1455—1522）对这种学院的产生有积极贡献。1506 年罗伊希林出版了具有开拓意义的著作《希伯来语基础》，这既是希伯来语语法书，又是希伯来语拉丁语辞典。他说，他研究希伯来语的收获之一便是使他对《圣经》的"译本充满了怀疑"，尤其是对拉丁语译本的准确性充满怀疑。他认为，《旧约》的希腊语文本建立在对希伯来语元音系统错误理解的基础上，结果以讹传讹，从古希腊语文本翻译的拉丁语《圣经》到处都是错译。他在《希伯来语基础》一书中指出了 200 多个错译之处。罗伊希林的研究使人们看到古典语言尤其是希伯来语对于《圣经》研究的重要价值，结果是北部欧洲地区的一些重要大学相继建立了三语学院。1514—1517 年新兴的人文主义大学阿尔卡拉大学首次出版了有多种文字的《圣经》，其中《旧约》里正中印的是拉丁语，左为希伯来语，右为古希腊语。这是当时三语研究对圣经学研究做出的重要贡献。伊拉斯谟支持三语学院，主要是因为三语学院的使命与其基督教人文主义（人文主义圣经学）的使命是一致的。

1516 年伊拉斯谟出版了《基督教君主的教育》(*Institutio Principis Christiani*，英文为 *Education of a Christian Prince*)一书，尽管该书从书名看是一本教育著作，但实际上对"如何对君主施以正式教育"问题着墨很少，它主要是一本讨论政治问题的著作。为君主王公献计献策而写作是文艺复兴时代的一种时尚，这类著作被称作"王公之鉴"(mirror for princes)，是一种重要的写作体裁，许多人文主义者都写过这类著作。意大利弗吉里奥的《论君主》、卡斯底格朗的《宫廷人物》、帕特里齐的《王国与国王的教育》、萨奇的《论君主》、马基雅维利的《君主论》，法国若斯·克利什托沃的《国王的职责》、比代的《君主的教育》，德国温斐林的《明君楷模》、约翰·斯图谟的《王公的教育》等，都属于此类著作。伊拉斯谟的《基督教君主的教育》是北部欧洲地区这类著作中影响最大的一本。他将该书献给了查理王子，即后来的神圣罗马帝国皇帝、西班牙国王查理五世，当时查理才 16 岁，这本书主要是为查理的教育问题而写的。

伊拉斯谟在《基督教君主的教育》中阐明了其社会理想尤其是政治理想，讨论了一个理想的基督教君主应具备哪些品质、应怎样治理国家以及应如何对君主进行合适的教育。伊拉斯谟将国家的命运寄希望于一个贤明有德的君主，并进一步将君主的贤明寄希望于人文主义教育。同伊拉斯谟的其他著作一样，这本书也很受欢迎，成为皇帝和君主的必读书目，1516 年问世当年就印刷 4 次，1518 年、1519 年、1523 年和 1525 年又各印行一次。1641 年最后一次印行拉丁语版本，但其他语言译本继续印行。

1517 年伊拉斯谟出版了《和平的诉怨》(*Quere Lapacis*，英文为 *The Complaint of Peace*)，表达了他对现实中纷争的不满和对和平的渴望。当时的欧洲纷争不断，土耳其继攻占君士坦丁堡之后又试图侵入欧洲东南部，法国和西班牙正在争夺意大利的控制权，德意志境内诸侯林立，争战频频，教廷也四处挑起事端以从中渔利，对此伊拉斯谟颇感绝望，《和平的诉怨》是对其绝望心态的记录。不过伊拉斯谟并未绝望到底，他认为现实纷争起源于人的精神的不一致，如果人人都有基督的仁爱精神，如果君主有仁慈和平的品德，将会太平无事。而这个问题的彻底解决，在很大程度上还依赖于教育，只有教育才能使人在精神上团结一致。

1518 年伊拉斯谟的《对话集》(*Familiarium Colloquiorum Formulae*) 问世，该书是为促进拉丁语对话教学而编的，用对话体写就，用的都是简洁规范的拉丁语，伊拉斯谟希望通过实际的对话训练来提高拉丁语教学水平。这本书在教育界大受欢迎，出版后在 18 个月的时间内在巴黎、安特卫普、莱比锡、维也纳等地重印 7 次。1522 年修改后出了修订版，从 1522 年到 1533 年总共印行 100 余次，对欧洲学校的拉丁语教学产生了深远的影响。

1522 年伊拉斯谟移居巴塞尔，除去在弗莱堡待过一段时间外，到 1536 年去世他一直待在巴塞尔，此间又有许多著述问世。

从路德贴出《九十五条论纲》起，欧洲天主教会内部就开始发生分裂。伊拉斯谟对天主教会有过激烈的批判，也主张改革教会，但他所主张的改革与路德截然不同，他是一个温和的改革者，反对以教会分裂为代价的改革。路德的揭竿而起首先引发了一场大争论，伊拉斯谟也被卷入其中，尽管他本人并不愿意。伊拉斯谟与路德也发生了直接的论战。

作为一位文化领袖，宗教改革和反宗教改革势力双方都希望得到他的支持。然而伊拉斯谟未能充分满足教廷的要求，也拒绝了改革者的要求。当时的改革者向伊拉斯谟提出了真诚的希望，希望他勇敢地站出来旗帜鲜明地反对教廷：

> 哦！鹿特丹的伊拉斯谟，您现在在哪里？……请看看世间权力的无道暴政，即那黑暗势力，会做出些什么来。听着，您这位基督的骑士！请您贴近基督的身旁向前驰骋；请您捍卫真理，去摘取殉道者的桂冠！您现在年事已高。我曾听您许下诺言，要再积极服务两三年；我恳求您将这段时间用在做有利于福音和真正基督教信仰的工作，并请相信，地狱的大门，即罗马教廷，正如基督所说，是战胜不了您的。[1]

但是伊拉斯谟没能勇敢地站出来，其犹疑退缩的立场让人失望。

> 这使他成为大争论的双方都瞧不起的人；这使他处于完全孤立的地位，没有朋友，也没有影响。他总是采用最可鄙的办法避开将他拉向左或右的企图；他放弃了他早先的许多原则，或作了很大的更改，以至于它们都变得面目全非。[2]

---

① [英]托马斯·马丁·林赛：《宗教改革史》(上册)，166 页。
② [英]托马斯·马丁·林赛：《宗教改革史》(上册)，152 页。

他的晚年就是在这种不光彩的怯懦与逃避中度过的。

　　我们不应对伊拉斯谟不光彩的晚年过分指责，他持中立态度的原因有二。一是其性格的懦弱，他充满智慧，但身体虚弱，缺少男子气概，无胡腾的顽强，亦无路德的坚韧，这种性格表现在思想上，就使其思想显得缺乏刚性，

　　　　他很少对重大问题明确表示意见，而且也不打算对此多加解释，如有必要，他能否认他曾表示过的意见。没有一个人比他更善于使用"假如"和"但是"推卸一切责任掩护自己。他有像乌贼那样隐藏自己和自己看法的本领，并常用它保护自己免遭伤害。①

另一个使其保持中立态度的原因是他的社会改革观的性质，他一直持有平和的改革观，反对暴力冲突，这一点他一生都坚守不渝。他晚年的怯懦与其理论观点有内在的一致性，他在理论上还是始终如一的。他一直有一个崇高的目的，即通过提高道德水准来拯救社会。

　　晚年的伊拉斯谟依然笔耕不辍，除校订早期基督教作家的著作外，还写了一些教育著作。

　　1528 年他的《西塞罗主义》(*Ciceronianus*)问世，批判了当时泥古不化的形式主义文风和学风。1529 年他的重要教育著述《论男孩的教育》(*Depuerisinstituendis*，英文为 *On the Education of Boys*)发表，系统阐述了伊拉斯谟的教育观。《论男孩的教育》在伊拉斯谟的教育思想中占有重要地位，在教育史上也具有重要地位。1530 年伊拉斯谟《男孩的礼貌教育》(*De Civilitate Morumpuerilium*，英文为 *On Civility in Children*)出版，该书主要讨论礼仪问题，由于正合时宜而广为流传。该书 6 年内再版 30 多次，前后总共再版 130 多次，其中 18 世纪再版 13 次。此外还有大量译本、改编本和模仿之作。1532 年就有了第一个英文

---

　　① ［英］托马斯·马丁·林赛：《宗教改革史》(上册)，172 页。

译本，4 年后被改编成问答手册，并开始在学校里被用作男孩的教科书。紧跟着出现了德文和捷克文的译本。1537 年、1559 年、1569 年和 1613 年不断有新的法文译本问世。这本书客观上促进了欧洲人行为举止的文明化进程。

伊拉斯谟在晚年对教育思想的贡献是很大的，在这方面他的晚年绝不是"不光彩的"，而是光彩照人的。在经过多年的疾病折磨之后，伊拉斯谟于 1536 年逝世，终年 70 岁。

二、对社会现实的批判

伊拉斯谟所面对的社会现实是远远不能令他满意的，宗教、政治、文化、教育等领域存在的问题都成为他揭露、批判的对象，而批判的核心则是天主教会。

（一）对天主教会的批判

伊拉斯谟认为教会和神职人员的天职是净化世人的灵魂，使世人有德，使世人虔信上帝。然而可悲的是，教会本身就是不洁的，遑论拯救世人？从一般僧侣到教皇，都普遍陷入腐败与罪恶之中。

伊拉斯谟认为僧侣是愚昧无知的寄生虫，

> 他们目不识丁，却因此把不读书看成最大的虔诚。他们在教堂里像驴似的高声朗诵圣诗时，只记住它的词句，并不了解是什么意思，却以为自己正在把最滑润的香油涂抹在上帝的耳朵上。他们中间大多数人把自己的脏和穷看成本钱，挨家挨户哀声乞讨食物。他们闯进旅店、舟车和其他公共交通工具，对正规的乞丐大为不利。这些圆滑之徒，仅仅能够说明：他们是用污秽、无知、土气、傲慢无礼来为我们扮演使徒生活的。①

---

① 北京大学哲学系外国哲学史教研室：《西方哲学原著选读》（上卷），313 页，北京，商务印书馆，1981。

他们是"精神错乱的蠢物",简直不带一点宗教气味,不了解真正的教义,然而却"深深地爱恋自己,是个人幸福的痴赏家"。照他们的行为举止看,好像全部信仰都在于琐碎的礼仪:"缚凉鞋准确要打多少个结;各式衣装分别取什么特异颜色,用什么衣料做成;腰带多么宽,多么长……"①他们任意解释《圣经》,武断地得出荒谬的结论。"如果有人敢于反对他们的决定,他们将使他屈服,改变他的主张,承认自己冒昧",甚至给他扣上异教徒的罪名,将之轰出教会,"这是他们陷害敢于反对他们的人的精神武器"。作为神职人员,他们理应成为社会道德的表率,但实际上却恰恰相反。伊拉斯谟以大量的事实和犀利的词句对他们纵情淫荡的生活予以无情的揭露:"喝得痛快,活得长久,尽情寻欢,你们这一些出色的醉心于愚行的人们!"②他又说:

> 他们徒然遮遮掩掩,徒然想在凡夫俗子面前诽谤肉欲享受,最恶毒地咒骂它,纯粹是装腔作势!他们设法使别人远离肉欲享受,为了自己更痛快地享受。但是神明在上,请他们告诉我,如果没有快乐,也就是说没有疯狂来调剂,生活中的哪刻哪时不是悲哀的,烦闷的,不愉快的,无聊的,不可忍受的?在这儿我本来只要引用索福克勒斯的话来作证就行了,这是一位伟大的最值得赞颂的诗人,他对我(指愚人)十分称颂,他说:最愉快的生活就是毫无节制的生活。③

伊拉斯谟严厉指责教会只是唆使人去追求虚无缥缈的来世,而那些放荡不羁的教士却在今世荒淫享受,这是不公允的,应群起而攻之。这也体现出伊拉斯谟反对中世纪的禁欲主义,反对来世观念,主张世俗享乐的人文主义观念。

① [英]罗素:《西方哲学史》(下卷),马元德译,30—31页,北京,商务印书馆,1976。
② 陈小川等:《文艺复兴史纲》,49页,北京,中国人民大学出版社,1986。
③ 陈小川等:《文艺复兴史纲》,50页。

教皇亦在受批判之列。伊拉斯谟认为，教皇应以谦逊和清贫来效法基督，但他们却无此美德，而是滥用手中至高无上的教权，发布怒声咆哮的敕令，打击异端，榨取财物（如出卖赎罪券），这完全是为了排除异己、谋取私利，并无《圣经》所要求的真正的仁爱之心。教皇还挑起战争，使人们相互仇杀。伊拉斯谟指出：

> 基督教教会是在血的基础上建立的，依靠血而壮大的，依靠血而扩大的……战争是可怕的，它适于野兽而不适于人类……战争是瘟疫，它引起性格的全面败坏；战争是罪恶，最坏的人往往战胜。战争是邪恶的，它与基督毫无共同之处。然而我们的教皇们忽视一切，唯独致力于战争。这些疲沓的老头子们却不惜一切人力和资财精力充沛地大干特干，其目的只是在于颠覆法律、宗教、和平、人道。[1]

而信奉基督教的基督徒往往成为教会玩弄欺骗的对象，

> 没有一个傻瓜的行为会比这些被基督教狂热迷住了的人更为愚蠢了；因为他们大量施舍钱财，他们宽恕罪过，任人欺骗，不分敌我，弃绝快乐，饱尝饥饿、失眠、痛哭、辛劳、斥责之苦；他们恶生恋死；总之，他们对于普通的感觉似乎已经变得完全麻木不仁，简直像灵魂已经离开他们的肉体到别处去了似的。确实，这不是疯狂又是什么呢？[2]

教会的说教使人轻视今生、追求虚幻之物而饱受今生之苦。在路德攻击赎罪券之前，伊拉斯谟就开始了他的攻击，他奚落那些购买赎罪券的人，说他们

---

[1] 北京大学哲学系外国哲学史教研室：《西方哲学原著选读》（上卷），314 页。
[2] 北京大学哲学系外国哲学史教研室：《西方哲学原著选读》（上卷），316 页。

用虚假的宽恕给自己吃定心丸。伊拉斯谟认为金钱不能赎罪，赎罪券是一种欺骗，是与真诚的信仰相悖的。一个小偷从他偷来的钱中拿出少许购买赎罪券，他就能立即洗净一生中的全部污垢，一切罪恶如伪造证据、色情淫乱、背信弃义、蓄意杀人等，都可以用钱开脱，还可使他日后毫无顾忌地重犯这一系列罪行，伊拉斯谟问道，难道这就是宗教信仰吗？教会的这种行为是道德的吗？

经院哲学是天主教会的精神支柱，伊拉斯谟对经院神学家大加鞭挞，认为他们自高自大，"尊自己为智慧的唯一宠儿，把其余的人看作宇宙间的污秽和垃圾"。他们愚昧无知，只是"筑起空中楼阁，在真空中建立无限的世界"。尽管无知，却自夸懂得一切事情，"他们从来没有过一次重要的发现，没有在一件最小的事情上有过一致的意见。除了被一些或另一些人反对和反驳以外，没有什么东西是清楚的、明白的"①。他们整日考虑的是这样一些荒诞无稽、玄而又玄的问题：

> 耶稣，作为圣子，是否对圣父上帝和圣母有着双重特别明显的关系？三位一体中第一个人恨第二个人，这个命题是否可能正确？上帝使我们的天性像他，作为一个男人，他是否同样可以变成一个妇女、一个魔鬼、一只野兽、一棵野草或者一块石子？如果神性有可能以任何无生命的物质的形式出现，那么他怎样讲得了道呢？他又怎样被钉在十字架上呢？如果在我们的救世主悬在十字架上的时候，圣保罗赞美着圣餐，那么圣餐面包会不会化为留在树上的身体呢？耶稣的肉体出现在圣饼里，他的人性会不会从他的神性抽出呢？我们是否复活以后会像今生那样大吃大喝呢？

---

① 吴元训编：《中世纪教育文选》，76页，北京，人民教育出版社，1989。

伊拉斯谟认为，这些空想的神学家和经院哲学家，一心一意地继续着他们晦涩难解的研究，不去阅读《圣经》，不去把握《圣经》中该把握的东西，而是终日空口说废话，以此支撑着摇摇欲坠的教会。伊拉斯谟讽刺道：

> 他们的权势和权力也是非常之大的。他们对待《圣经》的原文想怎样就怎样，好像把一块蜡要揉成什么样子就揉成什么样子。不管他们武断地作出什么结论，他们就批准它们，并不准改变，好像其具有梭伦的法律和罗马教皇的法令同样的力量。如果有人敢于反对他们的决定，他们将使他屈服，改变他的主张，承认自己冒昧。他们说这个命题是毁谤，说那个命题不恭敬；他们讲的话，好像是圣谕，不可改变；说这个命题有点异教的气味，那个命题枯燥和不适当。

总之，一副文化专制主义姿态。这些神学家甚至自大到讲拉丁语时不遵守语法规则："他们那样随便地讲拉丁文，他们嘲笑遵从正确的句法或严守性、数、格的一致的谈话，以为像一个教师那样说话，屈从语法的规则，有失神学家的尊严。"①

伊拉斯谟对教会的批判是尖刻的，但他在世时并未受到教会的迫害，这与其注意保护自己有关系，他在写作时非常谨慎，尽力避免正面攻击，也不指名道姓，他总是再三解释他无意于攻击教皇制度，而只是反对不称职的教士而已，他说他对修道院的生活充满敬意，他讽刺挖苦的不是全部僧侣而只是那些恶劣的僧侣。亦即，他反对的不是教皇制度、天主教会制度本身，而只是在此制度内部活动的一些不道德的个人。实际上，他的批判引发的后果恰恰是对天主教制度的颠覆。

---

① 吴元训编：《中世纪教育文选》，81 页。

（二）对文化教育的批判

伊拉斯谟对当时北部欧洲的文化教育状况极为不满，对知识界、教育界人士大加抨击。他对文化教育的批判主要有以下几个方面。

第一，对文法学家和文法教师的批判。伊拉斯谟认为，在那些被公认为学问最渊博的人中，文法学家居于最前列，他们是"最可怜、最有奴性、最可恨的人"[1]，骄傲自大、盲目自信、迂腐透顶，互相吹捧讨好，死守空疏无用的语法规则，背诵着"空虚而夸大的诗句"[2]，

　　靠着那些不过是消遣性的短文和寓言般的赝品，他们是那样可笑地在虚无缥缈的妄想中费力支撑着，以指望获得一个不朽的名声，同时庆贺以他们的胡言乱语在别人心中留下的永不衰息的怀念。[3]

伊拉斯谟认为当时的学校是被精神的尘埃所窒息的"监狱"。文法教师的任务仅仅是给儿童讲一些愚蠢的故事和所谓的有诗意的小说，他们欺世盗名，让儿童的父母认为他们充满智慧、非常重要。他们还对儿童施以残酷的体罚，"蹙额瞪着发抖的孩子、打耳光、严厉地批评、用戒尺责打"，"在训练中运用各种严酷的方法"，并"从中感到莫大的自得和欣喜"。[4]

第二，对修辞学家和作家的批判。伊拉斯谟认为修辞学家们野心勃勃，想要加入哲学家的行列，但他们往往愚蠢无能，"在任何争论中，对他们无法认真驳倒的问题，他们常常能轻轻一笑过去"[5]。而作家呢？有的乱涂一通，糟蹋纸张，不知所云；有的反复修改，劳神费力，沽名钓誉；有的粗制滥造，

---

① 吴元训编：《中世纪教育文选》，70 页。
② 吴元训编：《中世纪教育文选》，71 页。
③ 吴元训编：《中世纪教育文选》，72 页。
④ 吴元训编：《中世纪教育文选》，70 页。
⑤ 吴元训编：《中世纪教育文选》，73 页。

整篇剽窃，卑鄙无耻。

第三，对法学家的批判。伊拉斯谟认为法学家是最自负自夸的人，他们充满信心地援引与当前案件无关的几百种案例，而自己却认为"那是他们费了极大力气的最好的诉讼"①。

第四，对逻辑学家和诡辩家的批判。伊拉斯谟认为这两类人像鹦鹉学舌一样呆板，像老妇人一样唠唠叨叨、滔滔不绝地说废话，为了区区小事而不留情面地争论。他们愚顽至极，总相信自己正确无误，"以致世界上所有的论断都不能说服他们接受相反的论点"②。

伊拉斯谟认为社会问题的核心是道德问题，他所批判的对象正是教会和文化教育界的不道德现象，诸如愚蠢、盲从、虚伪、自大、贪婪、卑鄙、荒淫、残酷等。伊拉斯谟并非只破旧而不立新，并非只进行批判而不从事建设。在对当时社会上的不道德现象进行批判的同时，他还通过对"愚人"的歌颂，展示出他新的宗教观和道德观以及社会改造、教育改造的理想。我们可从下面几个方面探讨他礼赞"愚人"的实质。

首先，伊拉斯谟批判了当时罪恶的社会和腐败的教育对人的戕害。本来"一个人的童年是他一生中最幸福的时光"③，但由于降临在一个不道德的充满肮脏与污秽的尘世，世上的"清规戒律"束缚着我们，繁芜无用的知识困扰着我们，使我们享受不到"一生中最美好、最幸福的时期"，未及青春年华就衰老了，伊拉斯谟因此感慨万千：

> 我们来到世间多么悲惨！我们的教育多么艰难！我们在童年犯下了多少错误！我们的青春又遭受了多少苦难！我们的衰老多么令人难以忍

---

① 吴元训编：《中世纪教育文选》，75 页。
② 吴元训编：《中世纪教育文选》，76 页。
③ 吴元训编：《中世纪教育文选》，51 页。

受！我们那不可避免的死亡又是多么悲惨！而且，又有多少疾病缠扰着我们！有多少不测的灾祸可能降临到我们头上！又有多少麻烦侵扰我们！没有浸泡在苦水里的东西又是多么的少！更不用说人与人之间的相互残害，不用说贫穷、坐牢、恶名、虚伪、痛苦、圈套、背叛、辱骂、诬告和欺诈了……①

伊拉斯谟喝问："人类为了防御什么才保留下来这些邪恶？"他认为，在这样一个世界上，"越无知越受益"，越保持天性之自然就越少受社会的毒害。受到毒害的人"一喝下遗忘水，他们心头的尘埃就会被洗得一干二净，他们就会重新焕发青春"。正是在这个意义上，伊拉斯谟说："愚蠢是唯一能够留住青春和抑制衰老的东西。"②"愚人"较上面所提及的那些知识渊博的法学家、修辞学家、神学家更少受到毒害，更多地保持了虔诚和美德。所以，伊拉斯谟要歌颂愚人。

其次，伊拉斯谟通过智人与愚人的比较，赞颂了愚人的美德。他认为，假如所有的人都很聪明，聪明得脱离了人性，就如同那些虚伪的文法学家和修辞学家一样，那么，世界将变得更加丑恶。愚人是"唯一朴实、诚实和讲真话的人"，"愚人的心思都从表情和谈话中表露出来了；而智人却有两条舌头：一条舌头讲真话，一条舌头编造谎言"。③"愚人心术正直，没有阴谋诡计和恶，而智人却自认为无人与之比拟"④，虚妄至极。伊拉斯谟进而比较了智人和愚人的生活状况：

让我们比较一个智人和愚人的生活状况吧！你给我想出一个智慧的

① 吴元训编：《中世纪教育文选》，85—86 页。
② 吴元训编：《中世纪教育文选》，90 页。
③ 吴元训编：《中世纪教育文选》，90 页。
④ 吴元训编：《中世纪教育文选》，93 页。

典范和愚人相比吧！这个智人把他的童年和青春年华全部消磨在学习科学知识上，在观察、思虑、研习中失去了一生中最甜蜜的一部分，剩下的时间他从来未曾尝到乐趣。对于自己说来是勤俭、贫穷、悲伤，愁眉不展和刻薄；对别人来说，是令人嫌恶，遭人痛恨。他们面色惨白，骨瘦如柴，粗鲁不堪，双眼酸痛，还没死就已遭受衰老和死亡的折磨。（还没享受到生活的乐趣就死去，有什么意思呢？）这就是伟大智人的形象。①

伊拉斯谟对这种智人的生活方式很不欣赏，而希求一种"一生频频举杯，翩翩起舞，盛宴不断，欢闹嬉戏"②的新的生活方式。他认为，

再没有谁比我们通常所叫的愚人、白痴、低能儿和傻瓜更幸福的了！我认为这些都是光彩耀人的美称……这些人不怕死……不因恶的降临而恐惧，也不因即将来临的幸运而高兴。简而言之，他们不受千思万虑的困扰。他们既不谦逊，也不畏惧，既不雄心勃勃，也不妒火中烧……不仅快活嬉戏，又唱又乐，而且他们来到哪儿就在哪逗人发笑。③

愚人与人为善，也受他人珍爱，"万事万物都不愿伤害他们。即使是十足的野兽，看到愚人无邪的天性也不加害于他们"④。

最后，伊拉斯谟通过引证《圣经》赞美愚人。《圣经》认为，只有上帝是真正的智者，所有的人都是愚人，人类没有丝毫智慧，不应为一鳞半爪的知识而傲慢。上帝喜欢纯朴的愚人，而厌恶那些自认为聪明的智人。正因如此，

---

① 吴元训编：《中世纪教育文选》，91页。
② 吴元训编：《中世纪教育文选》，85页。
③ 吴元训编：《中世纪教育文选》，89页。
④ 吴元训编：《中世纪教育文选》，89页。

"才禁止人类吃智慧之果，似乎智慧是幸福的毒药"①。圣保罗也认为，智慧使人自满自足，并产生危害，因而要避而远之。君主也不喜欢聪明过头的人，"君主对聪明过人的人投去怀疑的眼光，自然地嫉恨他们"②。基督"细心地劝告愚人谨防智慧的浸入。他把他们召集起来，以小孩、百合花、芥子、麻雀和那些微乎其微的只靠大自然意志生活而毫无心智和烦扰的东西为榜样，来教育他们"③。

可以看出，愚人是道德的楷模，而智人是不道德的典范。伊拉斯谟希望的是建立一个道德的、充满基督教虔诚精神的新社会。在本质上他认为愚人并不"愚"，真正的愚人是那些虚伪卑鄙的所谓"智人"。所以罗素指出，《愚人颂》"通篇有两类愚痴，一类受到嘲讽的颂扬，另一类受到真心的颂扬；真心颂扬的愚痴即基督徒淳朴性格中显露出来的那类愚痴"。

从严格的意义上讲，《愚人颂》称不上是教育论著，但它对当时教育的影响却超过任何一部教育著作。在教育史上，对教育发生重大影响的往往不是纯粹的教育理论本身。《愚人颂》从更根本的角度揭示了北部欧洲地区文艺复兴教育的基本原则。

其一，《愚人颂》展示出文艺复兴运动的基本精神，为教育的变革奠定了基础。它抨击了当时知识界和教会的腐败，高扬原始基督教道德的旗帜，歌颂了人生的价值和人的尊严，要求人从各种"清规戒律"中解脱出来，宣扬人的不受束缚的自由发展，要求现实生活和尘世的享乐。

其二，《愚人颂》揭示出教育的最高目的在于德行和虔诚，这反映了北部欧洲地区文艺复兴的特殊精神。伊拉斯谟指出："教育的首要任务是在青年的头脑里播下虔诚的种子。"④

---

①　吴元训编：《中世纪教育文选》，85页。
②　吴元训编：《中世纪教育文选》，94页。
③　吴元训编：《中世纪教育文选》，95页。
④　［英］博伊德、［英］金：《西方教育史》，175页。

其三，《愚人颂》要求人的个性得以自由发展。细观《愚人颂》可以发现，似乎伊拉斯谟认为，人的天性是美好的、纯洁的，但一入罪恶的尘世，就受到了毒害和污染，所以他歌颂纯朴的具有"无邪的天性"的愚人，认为应"只靠大自然的意志生活"，而谨防所谓"智慧"的侵扰，含有"绝圣弃智，民复孝慈"的意味。

要想革除社会上的不道德行为，基本的途径就是教育。伊拉斯谟反对宗教改革与其温和的改革观是密切联系的。但这里就产生了一些问题：既然伊拉斯谟认为愚人有德而虔诚，教育的目的在于培养人的虔诚和道德，那么文化知识在伊拉斯谟的教育思想中还有无地位？虔诚、道德与知识是什么关系？伊拉斯谟所推崇的教育还是以古典文化为核心的人文主义教育吗？

实际上伊拉斯谟并不反对文化知识教育，不仅不反对，而且还十分强调。不过他主张的知识教育的内容与传统的拉丁语教育和经院哲学不同，他要求以人文主义教育改造旧教育，他认为旧的知识教育戕害人的天性，使人不虔诚、不道德，而新的知识教育则发展人的天性，使人虔诚和道德。

三、教育与社会的变革

在讨论教育与社会发展的关系问题时，伊拉斯谟具有浓厚的道德理想主义色彩，他视道德问题为社会问题的核心，视教育为社会改革的前提。

（一）教育的社会性目的

伊拉斯谟重视教育对于国家的稳定与发展的作用。他认为"一个国家的主要希望，在于它对青年的适当教育"，因而，

> 应该对公、私立学校和女子教育予以最大的注意，使儿童可以受到最优秀、最可靠的教师的指导，从中学习耶稣的教导以及有利于国家的优秀的文献。若有了这样的制度，就不需要很多法律或惩罚，因为人民

将自愿地遵循正义的道路。①

这很有些"建国君民，教学为先""教化胜于刑政"的色彩。

他教育父母牢记他们对社会的义务："你生儿育女，不是只为你自己，而是为国家；不是只为国家，而是为上帝。"②他坚决主张政治家和教会人士应采取积极措施，提供足够数量的、能胜任教育工作的合格教师，来促进教育事业。他认为当时教师所受教育太差，缺乏进行教学工作的必要训练，而补救措施"是政府的责任。其重要性决不次于整顿一支军队"③，由此得出的明显结论是有必要促使国家像组建一支军队那样组织教育。

伊拉斯谟尤其重视对君主的教育，这也是出于改造社会的考虑，他认为若君主智慧超群、能力卓然、品德高洁，则能成为一名贤达的国君，社会也就能摆脱愚昧和不道德的境地而趋于完善。这也从另一个方面说明伊拉斯谟重视教育的社会作用，尤其是教育的政治功能。

我们在此可联系《愚人颂》进一步明了伊拉斯谟试图通过教育改造社会的思想。《愚人颂》以幽默的笔法讽刺了当时荒唐的社会。在这个社会里，没有是非、善恶，也没有真理、秩序。更可悲的是，生活于这个社会里的人，由于积习已久，将四周的种种视为理所当然，而不觉得自己是生活在一个荒唐的世界里。他们都是庸人，但还自以为聪明。伊拉斯谟是一位改革者，想通过教育改革这个麻木不仁的社会，尤其是改革教会，不过他对宗教改革的观点和应用的方法与其他宗教改革者如路德等迥然不同。因为他是一个人文主义者，想用教育的方法来改进一般人的思想，所以用著书立说、兴办学校来推动改革；至于实际的其他社会革新，伊拉斯谟希望负有领导职责的王公和

---

① 吴元训编:《中世纪教育文选》，179 页。
② ［英］博伊德、［英］金:《西方教育史》，177 页。
③ ［英］博伊德、［英］金:《西方教育史》，177 页。

教士们去做。路德改造社会的方法是推翻旧教会，建立新教会，而伊拉斯谟则主张在维护基督教社会稳定的基础上，通过内部逐步的、温和的改良来达到改造社会的目的，而不希望发生战争和流血事件。教育在伊拉斯谟看来是改良社会的最佳手段。他在宗教改革中拒绝脱离罗马教会，路德讥讽他为"懦弱者"，认为他有发现真理的能力而无为真理而斗争的勇气。伊拉斯谟之所以如此，是与他对教育改造社会的作用观紧密相关的。

(二)理想君主的教育

同许多人文主义者一样，伊拉斯谟把自己看作君主王公的谋士，看作社会弊端的诊治者。《基督教君主的教育》一书就是一部教育政治学著作，其实质是为君主治理国家出谋划策。伊拉斯谟拥护君主制，认为君主实际上都是天意委派的，他们都为基督效力，以确保人民的安宁。

当时的政治生活中，严重存在着"伦理"与"暴力"的冲突，君主应以力服人还是以德服人？什么样的君主才是理想的君主？这些既是意大利人文主义者关注的问题，也是北部欧洲地区人文主义者关注的问题。

伊拉斯谟强调伦理与政治方面的联系和对君主王公进行道德教育的重要性。君主在政治上获得成功的关键在于使美德发扬光大，可见，伊拉斯谟所要求的主要是君主的内心转变，而非体制的变革。政治的基础是伦理道德，

> 对于像伊拉斯谟这样的作家，问题既不是法律性质也不是经济性质的，而是道德性质的；而且，既然良好的表率来自上层，那么重新探讨教育君主的问题就是必不可少的事。①

---

① ［意］萨尔沃·马斯泰罗内：《欧洲政治思想史》，黄华光译，27 页，北京，社会科学文献出版社，1998。

德行对一个君主而言至关重要，"一个国家的一切都归功于一个好君主"①，而一个好君主的主要标志就在于有好的德行。

国王若要治国有方，就必须拥有良好的德行。伊拉斯谟认为：

> 基督教神学把三个主要的特质归之于上帝——最高的权力、最大的智慧、最大的仁慈。你应该尽可能使你自己具备这三个特质。有权力而没有仁慈，就是十足的残暴；没有智慧，就会带来混乱，而不是领土。②

未来的国王应具有哪些德行呢？

> 他是温和的、和平的、宽厚的、有远见的、公正的、人道的、宽宏大量的和坦白的。他不是金钱的攫取者，也不是它的奴隶。他能控制自己的欲望。他是有理性的，能判断的。他有纯洁的和周到的思想。他在忠告、正直、明智和留心宗教事务方面是专心的，总是想着人们的事情。他在谋划大事上是可靠的、坚定的、正确的，并有权威的判断。他工作勤奋，很有成就。他深切地关心人民，是他们的保护者。他行为善良，缓于报复。他诚实、如一、坚定、公正……他是容易接近的，和蔼可亲的，对与他谈话的人都表示欢迎；他公开支持和热爱他的人民和战士。他用武力反对侵略战争，从不寻找机会发动战争；他热爱和平，维护和平。他反对强行改变人民的习惯。他知道怎样做个领袖和国王以及如何建立有益的法规。他生来为了达到荣誉，其表现像个上帝。

这些伊拉斯谟所褒扬的德行实际上是耶稣神性的世俗表现。

---

① 吴元训编：《中世纪教育文选》，129页。
② 吴元训编：《中世纪教育文选》，144页。

一个君主应关注人民的安全胜于顾及自己的生命，君主应对人民尽职尽责，君主最大的快乐在于关心国家，使其在自己的努力下取得进步和繁荣。君主应认识到他是"为国家而生的"，"而不是为个人的利益而生的"，君主应关注社会的整体利益，而不应只关心个人或派别的利益。伊拉斯谟认为，不为任何私利所左右的共同幸福，在任何时候都应该得到捍卫和维护，而君主应做共同幸福的捍卫者和维护者。伊拉斯谟还要求君主具有平等的基督教精神，一个基督教君主与出身贫穷的基督徒都是上帝的奴隶，他们之间应有"互相友好的关系"①。"自然创造人，人人平等，奴隶身份是加在自然上的"，所有的基督徒都是平等的，他们都"只有一个主人——基督"。② 伊拉斯谟认为上帝给人以自由意志，应尽力达民之情、遂民之欲，"保护人民的自由和安定有助于君权的加强"③。

君主最主要的德行应是仁慈、爱民。"谁企望人民好，他就是国王；谁只考虑个人，他就是暴君。"④君主要得到人民的爱，他就要表现出他自己是值得人民爱的。他要做一些好事来赢得人民的心。他对人民好，人民也会对他好，以示报答。"谁要是失掉人民的信爱，他就要失掉一大群捍卫者。"⑤所以，君主具有良好的德行是统治好国家的一个十分重要的条件。

君主还应有智慧的美德。伊拉斯谟认为"虽然每一种伟大的艺术都是非常困难的，但是没有一种艺术比善于统治的艺术更加精巧，更加困难"⑥。要掌握这种艺术，需运用智慧的力量。"对一个问题深思熟虑的唯一方法就是运用智慧。假如君主缺少这种素质，那么，他就不可能观察了解客观事物，正如视力被破坏了，不能看见东西一样"，所以，一个君主必须有非凡的智慧，

① 吴元训编：《中世纪教育文选》，157 页。
② 吴元训编：《中世纪教育文选》，155 页。
③ 吴元训编：《中世纪教育文选》，156 页。
④ 吴元训编：《中世纪教育文选》，163 页。
⑤ 吴元训编：《中世纪教育文选》，176 页。
⑥ 吴元训编：《中世纪教育文选》，131 页。

"这是好政权的基础，也是主人命令仆人服从的基础"。①

作为一个统治者，君主应"既能看到过去发生的事，又能看到未来，并有广泛的知识"②。智慧应服从于虔诚的美德，受后者的指引。君主应运用智慧为民谋福利，而不是搬弄是非，祸殃百姓，荼毒生灵，谋一己私利，"他的智慧只用于为国而不是为自己"③。

除仁慈、公正、智慧等美德外，伊拉斯谟尤为强调虔诚的美德。这鲜明地体现了北部欧洲地区人文主义的特色。

伊拉斯谟认为"应该用基督教的标准估量一切东西"④，但做一个真正的基督教徒并非易事。

> 受过洗礼或涂过油神圣化的人，并不就是真正的基督教徒，上教堂做礼拜的人也不就是真正的基督教徒。在他内心感情上信奉耶稣并且用他虔敬的行为模仿耶稣的，才是真正的基督教徒。⑤

一个真正的基督教徒必须运用上帝赋予的理智去明辨善恶，然后尽最大的努力趋善避恶。

伊拉斯谟理想中的君主教育，不是异教君主的教育，而是基督教君主的教育，所以他尤其强调君主基督教精神的养成，认为"耶稣的教旨最适用于君主……必须把耶稣的故事牢固地扎根在君主的心灵里"⑥，一个君主应"以纯洁的性格和智慧超出一切人……你强迫你的臣民学习和服从你的法律，你应

---

① 吴元训编：《中世纪教育文选》，153页。
② 吴元训编：《中世纪教育文选》，162页。
③ 吴元训编：《中世纪教育文选》，162页。
④ 吴元训编：《中世纪教育文选》，169页。
⑤ 吴元训编：《中世纪教育文选》，139—140页。
⑥ 吴元训编：《中世纪教育文选》，135页。

该以更大的努力强制你自己学习和服从上帝耶稣的法律"①。

对伊拉斯谟而言，对美德的追求不仅具有伦理道德上的意义，更具有至高无上的宗教意义。基督教的本质在他看来就是一种纯洁的道德，基督教的生活方式就是一种纯洁而道德的生活方式。伊拉斯谟的政治理想就是将欧洲建成一个和平友善的基督教世界。伊拉斯谟反复要求君主必须使自己"完全具备这些美德"，如果君主达到了至善之境，就会成为一个完美的基督徒，而如果他是一个完美的基督徒，就有可能建立一个十全十美的国家。

伊拉斯谟认为，君主具有美德不仅有益于统治，而且有益于化民成俗。"君主的美好道德生活是改进公共道德的最快和最有效的方法……君主可以掌握和改变他的人民的品德和特性。"②在赌徒君主的统治下，赌博盛行；在好战者的统治下，每个人都被卷入战争；在享乐者的统治下，人们都在浪费奢侈中玩乐；在残忍的暴君的统治下，每个人都虚伪而苛刻。君主上行，臣民下效，所以君主应具备良好德行。君主考虑人民的幸福不应只看他们如何拥有财富和身体如何健康，而是要看他们是否正直和能够自我克制，他们是否很少贪婪和不和，他们是否闹宗派斗争等。总之，百姓的思想品德如何、精神方面的文明程度如何，才是最关键的东西。然而，要使人民有好的德行，君主首先应以身作则，这样才能上行下效，化民成俗。

伊拉斯谟对君主的素质提出了很高的要求，他希望君主追求什么样的目的呢？同其他人文主义者一样，他认为统治者的最高志向应该是获取名誉、光荣和声望。伊拉斯谟强调君主应听从"荣誉的支配"，应沿着"正义和荣誉之路"前进，应使自己永远不因"受诱惑而离开荣誉之路"。君主应认识到只有自己遵循荣誉的方针才有可能统治他人。荣誉从何而来？伊拉斯谟认为，除了

① 吴元训编：《中世纪教育文选》，140 页。
② 吴元训编：《中世纪教育文选》，143 页。

从善德和优良的品行中产生的荣誉之外，再没有任何真正的荣誉。① 伊拉斯谟认为，"出自美德"的高贵远比那种基于"家世和财富"的高贵更能打动人心，根据"最严格的判断"，只有第一种高贵才算得上是真正的高贵。如果某人具备了使其高贵的美德，那就意味着"把权力授予此人是天经地义的"，因为此人具备了"君主必备的品质"。

君主的美德从何而来？来自良好的教育。良好的政治和良好的教育是密切相关的，伊拉斯谟因此像关心政治事务一样关心教育事务，他强调，根据确定的思想原则对君主进行教育，这种事应放在万事之首。看重对统治者进行教育是当时北部欧洲地区人文主义者共同的政治关注，

> 这种认为教育极端重要的思想，也有助于解释为什么如此众多的人文主义者表面上写的是伦理哲学和政治哲学的论著，实际上都在书中对那些未来王公和官员的家庭教师们作不厌其烦的指导。由于他们同意伊拉斯谟关于"人不是生就的而是造就的"观点，这些人文主义者清楚地提出，哪怕是教育中的一个最微小的差错，都有可能对一个儿童成年后掌权时的行为产生有害的影响。②

伊拉斯谟指出：

> 虽然每一种伟大的艺术都是非常困难的，但是没有一种艺术比善于统治的艺术更加精巧，更加困难。为什么独有对这一件事情我们感到无需训练，认为生来就能胜任呢？若他们在童年时期尽是扮演暴君，在成

---

① 参见吴元训编：《中世纪教育文选》，136页。
② ［英］昆廷·斯金纳：《现代政治思想的基础》，254页。

年时期除了献身暴虐以外，还能有别的什么目的呢？①

伊拉斯谟认为未来君主的教师责任重大，国家未来的命运完全取决于他，"一个国家的一切都归功于一个好君主。一个好君主的一切都归功于运用道德的原则使他成为好君主的那个人"。

强调教育与政治二者之间存在密切的关系，这对北部欧洲地区的政治观念和教育观念都产生了积极的影响。从政治的角度看，这对统治者的素质提出了更高的要求，血缘和财富不是成为统治者的充分条件，统治者首先应具备美德，要受过良好的教育，这种要求在政治上具有激进的含义。从教育的角度看，伊拉斯谟等人的思想纠正了北部欧洲地区贵族教育中崇尚武力、不重知识教育的不良积习，使北部欧洲地区的教育理论和实践均发生了重大转变，知识的力量得到了人们的普遍肯定，其作用已超出军事力量。知识的力量高于军事的力量，这本身就是人类文明进步的标志。

汉弗莱全面总结了人文主义者对当时统治阶级发出的呼吁，"不要再认为是贵族就要敌视学问"，要认识到，"勇气在闪光的人，思想也应该闪光"。②西方学者昆廷·斯金纳指出：

> 具有重大历史意义的是，这个呼吁得到了广泛的响应，这些人文主义者成功地说服了贵族阶级，使他们相信在这个社会中，军事力量远逊于理论力量的时刻已经到来。如果不是这样认识问题的话，前景是十分凄凉的。早在1509年，爱德蒙·达德利就在他的《国家之树》一书中指出，贵族们将眼睁睁地看着自己传统的优势地位被"贫寒卑贱之人的子弟"所侵占，这些人已经掌握了新的学问，正开始得到"晋升和权力，而

---

① 吴元训编：《中世纪教育文选》，131 页。
② 转引自［英］昆廷·斯金纳：《现代政治思想的基础》，256 页。

如果贵族的子女们称职的话，这些位置本来应该是他们的"。这个教训很快被贵族铭记在心。16 世纪下半叶，贵族子弟开始挤满了北欧各大学，他们的文化水平日益提高。[①]

贵族阶级的社会地位也因此得到了巩固。教育不再是可有可无、可多可少的东西，它蕴含着许多利益因素，所包含的政治功能也愈发彰显。

伊拉斯谟对君主的知识素养提出了很高的要求，他继承了柏拉图的思想，认为君主应具有哲学家一样的智慧。他说：

> 如果你不是一个哲学家，你就不能成为一个王子；你将成为一个暴君。再没有比一个好王子更好的了。一个暴君是这样一只凶恶的野兽，与他同样的人是没有的，什么东西也没有像他那样对人们有毒，什么东西也不会比他对人们更为有害。别以为柏拉图轻率地提出了一个为最令人钦佩的人们所赞赏的思想，那就是，一个幸福的国家，将是王子都是哲学家或者哲学家掌握政权的国家。我所谓哲学家，并不是一个精通辩证法或伦理学的人，而是一个抛弃一切虚妄的假象，虚心寻求真理、追随真理的人。事实上，成为一个哲学家和成为一个基督教徒是同义语，唯一的区别是名称的不同。[②]

可以看出，伊拉斯谟的理想君主形象与马基雅维利的理想君主形象是大相径庭的。基督教道德与人文主义文化是基督教君主的两种必备素质，伊拉斯谟充分肯定道德和知识的价值，而马基雅维利恰恰蔑视这些，狐狸的欺诈伪善(不道德)和狮子的暴力强悍(军事力量)是马基雅维利所推崇的。谁的观

---

① ［英］昆廷·斯金纳：《现代政治思想的基础》，256 页。

② 吴元训编：《中世纪教育文选》，137 页。

点更合时宜，谁的观点更具生命力呢？

(三)人文主义教育与大同社会理想的实现

伊拉斯谟是和平主义者兼世界主义者，他反对一切与和平相悖的东西，例如，国家之间的战争、教会势力与世俗势力的冲突、教会内部的分裂、文化界的种种争论等都在他反对之列。他希望建立的是一个团结和谐、充满友爱的基督教大家庭，在这个大家庭生活的人信仰同一种宗教——基督教，说同一种语言——拉丁语，服从于同一个精神领袖——教皇，服从于同一个世俗领袖——神圣罗马帝国皇帝。这种思想对其教育理论有着深刻的影响。

伊拉斯谟反对战争。他在《和平的诉怨》中指出，战争与基督教友爱的理想是完全背道而驰的，战争是邪恶的，不论它在哪里爆发，"都会成为虔敬和宗教的最致命的祸患"①。战争是贤明统治的敌人，因为"在兵器铿锵声中再也听不到法律的声音"，而"穷凶极恶之徒"则往往在和平被唾弃的时候窃取"绝大部分权力"。任何国家的最高目的都是促进基督徒之间的友爱和贤德的统治，因此，"绝对有必要深恶痛绝地制止战争"。战争会将我们最美好的希望毁灭殆尽，使我们"陷入罪恶与苦难的深渊"。② 伊拉斯谟号召，"所有自称是基督徒的人"，要"一心一意地团结起来，制止战争，缔造永久和普遍的和平"。③

伊拉斯谟在《和平的诉怨》中反对教会的"正义战争"理论，视这种理论为当时暴力肆虐的一个更危险的根源和保护伞。奥古斯丁频频呼吁禁止战争，但他同时又提出，由于让恶人骑在正义之人头上称王称霸要比正义之人服从恶人更加糟糕，那么正义之人反对恶人的战争就不仅有可能是"一件必要的坏事"，而且可能被"恰当地称作一件幸事"，正义的战争有时候是必要的。这种

---

① Desiderius Erasmus, *The Complaint of Peace*, Chicago & London, The Open Court Publishing Co., 1917, p.5.

② Desiderius Erasmus, *The Complaint of Peace*, p.69.

③ Desiderius Erasmus, *The Complaint of Peace*, p.71.

理论后来被教会接受，并被阿奎那收入他为正义战争辩护的经典理论之中。伊拉斯谟认为这种理论是在自欺欺人，他说，基督徒们甚至在与另一个与他们持有完全同样的信条、信奉同一种宗教的民族动武时，也常常声称他们在打一场正义的和必要的战争，但是驱使他们走上战场的并不是正义和必要性，而是"愤怒、野心和愚蠢"①。真正的基督徒应该认识到，"一般地说，再不公正的和平，几乎也比最正义的战争更为可取"，因为和平是"最好不过的事情"，如果我们想要"证明自己是基督的忠实信徒"，就必须时时刻刻维护和平。②

在伊拉斯谟的教育思想中，一个重要内容就是对学生进行和平教育。在《基督教君主的教育》中，伊拉斯谟专列一章讨论了"和平的艺术"，他要求君主充分认识到"和平是多么崇高和有益"，而发动战争是"多么不幸和有罪"。

伊拉斯谟眼中的和平是广义的，不仅包括国家与国家之间的和平、国家与教会间的和平、国内的和平，也包括教会内部的和平和其他一切方面的和平，他欲使和平成为一种生活方式，成为每一个基督徒追求和实践的东西。伊拉斯谟反对宗教改革的根本原因就是，改革会导致教会分裂，会带来冲突甚至战争。

> （伊拉斯谟）对于欧洲的统一逐渐消失是伤怀的。他的梦想是用基督徒的人文主义来抑制国家主义。他在把所著四福音注释献给新兴国家的四位元首——英国的亨利，法国的弗朗西斯，西班牙的查理，和奥国的斐迪南——时吐露了这种愿望：因为他们的名字都与这些福音作者联结在一起，所以要他们的心也被福音联结在一起。改革运动中所隐藏的分

---

① Desiderius Erasmus, *The Complaint of Peace*, p.5.
② Desiderius Erasmus, *The Complaint of Peace*, p.49.

裂和战争的威胁，着实令他吃惊。①

伊拉斯谟热衷于和平的艺术，对战争的艺术并不感兴趣，因此，在他的教育思想中，"身体的训练没有真正的地位"②，更谈不上对学生进行军事训练了。

与伊拉斯谟的和平正义理念相关的是他的世界主义，他希望在欧洲建立一个使用同一语言、信仰同一宗教的大同社会，因此他反对教会分裂，反对民族语言，他欲以拉丁语和基督教为这个大同社会奠定统一的文化基础。他也反对当时勃兴的民族主义，认为国家民族的独立发展意味着冲突和战争，应摒弃国家利益、民族利益，也应摒弃地方利益、团体利益和个人利益，而只追求共同利益。教育史家伍德沃德指出：

> 伊拉斯谟不喜欢"国籍"这个词，瞧不起民族语言，对民族性的宗教信条和民族性的教会深恶痛绝。因为国籍、民族语言、民族宗教、民族教会中的每一个都与分裂有关，都与对立有关，而且分裂和对立最后还会导致战争。一种共同的语言——拉丁语、一个共同的教会、一种同质的文化以及永久的和平构成了伊拉斯谟的社会理想。③

教育史家博伊德指出：

> 伊拉斯谟在行动上和信仰上都是一个彻底的世界主义者。他只讲拉

---

① [美]罗伦培登：《这是我的立场——改教先导马丁·路德传记》，陆中石、古乐人译，103—104 页，南京，译林出版社，1993。

② G. H. Bantock, *Studies in the History of Educational Theory*, Volume I, p.57.

③ William Harrison Woodward, *Studies in Education during the Age of the Renaissance*, p.113.

丁语和荷兰语；他在荷兰、法国、英国、德国和意大利的学者中间，都同样感到自由自在。虽然民族精神在各地都占优势，但他并不赞成国家之间存在差别；他对本族语文学作品也不感兴趣。他的理想是在整个欧洲建立一种从希腊、罗马伟大文学作品中汲取大量语言材料的共同文化和知识。①

瑞士的苏黎世城曾两次邀请他做苏黎世公民，这对当时的人文主义者而言是莫大的荣誉，伊拉斯谟却这样答复，他希望"成为世界的一位公民而不是某一个城市的一位公民"②。

这种根深蒂固的世界主义观念表现在他的教育思想上，就是否定本民族语言教学，否定民族主义、爱国主义教育。

和平主义、世界主义的社会理想如何实现呢？靠教育。分裂、对立、仇杀、战争的原因在于人的无德与愚昧，即在于精神问题，通过共同的教育造就友爱有识的人即造就有基督教道德又有人文学识的人，由这样的人所组成的社会必是和平友爱的社会。伊拉斯谟寄厚望于教育，是因为教育中寄托着他的社会理想。

四、教育与个人发展

伊拉斯谟有句名言：人不是生就的，而是造就的。（Men are not born but fashioned.）靠什么造就？靠后天的教育和影响。生就的东西是天性，人的天性如何呢？它与教育又有什么关系呢？

（一）人性论及其教育意蕴

伊拉斯谟对人性即对人的天性的看法是乐观主义的，他充分肯定人性的

---

① ［英］博伊德、［英］金：《西方教育史》，174页。
② G. H. Bantock, *Studies in the History of Educational Theory*, Volume Ⅰ, p.54.

积极作用，肯定人的价值。

他认为人性是善的。善内含于人性之中，正是人性中的善使人有善心、行善事。他说：

> 大自然在我们的灵魂中植入了和平的种子，使我们心向友爱与和谐。如果我们都谨慎地依天性的推力而行，我们就会热望和睦相处，渴求友谊，关爱邻人，关心他人的需要，这样我们生活在社会上就如同生活在温暖的家庭里，充满幸福和欢乐。①

人性之善主要就表现在人有爱心，爱心使人热爱和平，使人厌恶对立与争斗。伊拉斯谟的和平主义与世界主义思想与他的这种人性论是相关的。

这种人性观对伊拉斯谟的影响有以下几点。其一，他认为教育的本质是使人友爱合作而不是使人争吵敌对。他厌恶经院学者之间无休无止的争吵，也厌恶人文主义者对争辩的爱好。他认为，人文主义者在好争吵这一方面是对经院学者恶习的延续。写作和演说都应有一种平和的心态，目的是友好地交换意见而不是恶意地争斗抨击。他对雄辩术的理解与一般的人文主义者不同，他认为教授雄辩术是为了增进人们之间的友好交流，而不是为了置对方于死地。雄辩术作为一种工具应服从于道德的指引，不违背天赋的善性。伊拉斯谟赋予教育以明确的伦理取向，他不把教育看作一种纯技术性的东西。其二，他认为把"竞争"作为教育方法之一是不恰当的。许多人文主义教育家视竞争为重要的教育手段，认为竞争对学生有激励作用，使他们渴望获得荣誉、取得成就，能显示出他们的锐气和斗志。也有一些人文主义者对竞争的作用持另一种看法，例如，意大利人文主义者瓦拉就认为对荣誉的热爱所带来的竞争会导致敌意与不和。伊拉斯谟认为人性中的真正高贵之处是谦逊而

---

① G. H. Bantock, *Studies in the History of Educational Theory*, Volume I, p.57.

不是勇猛，谦逊意味着真诚、坦率、友爱、和善。教育应发展、促进人性中谦逊的一面而非好斗的一面。

伊拉斯谟认为人性倾向于促人向上，人性为人的发展提供了可能性，人与动物不同的是，人有理性，"正是理性使人成为人"①，也正是理性的存在使教育和训练有了用武之地，教育和训练的一项重要任务就是发展人的理性。人不是软弱无力、无能无为的，而是可以大有作为的。这种人性观引申到教育上，就使教育成为一件大有可为之事，人的天性为教育奠定了生理心理条件，人是造就的而不是生就的，这予以教育的存在莫大的价值和意义，它肯定后天教育的力量，肯定人为的力量，对宿命论、命定论的悲观主义教育观予以有力的挑战。人可教也，因人性中含可教之成分，伊拉斯谟从人性的角度论证了教育的可能性。他指出，"人的精神是倾向于接受调教训练的"②。伊拉斯谟还论证了教育的必要性，他说，"如果说树木和野兽是自然长成的，我则认为，人是后天造就的"，人和动物不同，人不是本能自然发展的结果，"单赋予人以理性这一优势，对人的发展而言，增加了训练的负担"，"人要具有真正的智慧，必须要以受到坚实的教育为前提条件"。③

显然，伊拉斯谟看到了人与动物在存在状态和发展方式上的不同，人是社会、文化的存在物，不是纯自然的东西，所以人的存在和发展仅依赖天赋还不够，还需要教育的参与。他说人的天性可能是强有力的，然而教育更加有力。这种人性观在教育上的另一个引申意义是，它否定权威主义教育教学方法存在的合理性，人性中有学习求知的资质（理性）和倾向性，外在的强制如体罚等是没有必要的，求知的欲望使人不用扬鞭自奋蹄。

伊拉斯谟认为人的意志是自由的，应高扬人性中理性的力量和趋善的力

①　G. H. Bantock, *Studies in the History of Educational Theory*, Volume Ⅰ, p.62.

②　G. H. Bantock, *Studies in the History of Educational Theory*, Volume Ⅰ, p.62.

③　G. H. Bantock, *Studies in the History of Educational Theory*, Volume Ⅰ, p.62.

量。在这一点上，他与路德发生了冲突。1524 年伊拉斯谟发表《论自由意志》，批评路德的一些观点，次年路德发表《论受缚的意志》予以反驳。两人争论的核心是对人性的善恶和人的能力的看法问题，路德认为伊拉斯谟对人的道德和理性能力给予了过高的评价，把人的作用过分地拔高了。

伊拉斯谟认为人性是向善的，而且任何人都可以凭借其推理能力（理性）理解上帝的旨意。路德承认人有理性，也不反对理性具有推理的能力。尤其当"劝人为善的理性"在"谦卑地服务于信仰"时，路德也不反对理性对信仰的意义。但路德反复强调，人的全部推理能力都是"世俗的"和"悖谬的"，人类都是"获罪于上帝并遭到上帝抛弃的"，因此，都是"被束缚的，不幸的，受到制约、孱弱且必有一死的"。如果认为能够"依靠人的理性来估量上帝"，并以此洞悉上帝的神秘意志，那么非但滑稽可笑而且罪孽深重。他认为人的意志自始至终、完完全全受缚于罪恶。我们已经变得如此"腐化堕落、背叛上帝"，以至于没有一点希望能"思虑任何上帝所乐或上帝所思之事"。我们的一切行为都源于我们"背叛与邪恶"的本性，这种本性完全为撒旦所奴役，致使我们只肯做"背叛与邪恶的事情"。结果，"由于亚当一人所犯下的原罪，我们都处于有罪并被罚入地狱的境地"，"除了邪恶和永世遭罚之外什么事情也做不了"。这样，路德就推出了一个令人绝望的观念，这就是，由于我们的一切行为都无情地暴露了我们堕落的本性，所以我们不能够期望做什么事情，能使我们在上帝的眼中成为义人，从而使我们得救。

路德与伊拉斯谟所争论的不是一般意义上的意志自由问题，路德也承认人可以自由地"吃、喝、生育"等，人也可以自由地行善积德。路德要否定的是伊拉斯谟对意志自由的解说。伊拉斯谟认为，意志自由是人类意志所具有的一种力量，人类可借此而得救。路德反其道而行之，他说，"因为人是肉身的，人的兴趣只在肉体上，所以自由的选择只会使人倾向于邪恶"，"渎神的欲望把所有的人都引向地狱"。

　　路德的结论是，对于人的得救而言，人的"自由选择无足轻重"，人的努力和善行毫无作用，人根本不可能依靠自己的努力而得救。人只能靠上帝向人施加恩惠而得救。有罪之人的唯一目标必须是获得一种纯属被动的信仰，即虔信上帝仁慈的恩惠会将其从不义中解救出来。可见，路德对人的价值和作用是抱悲观态度的，而伊拉斯谟则高扬人的价值，尤其是高扬理性的力量，这就意味着，在教育上，他高扬学生的价值、教师的价值，也高扬教育这一人为的事业的价值；而且，对意志自由的强调也使他看重教育的自由，如同西方学者特雷西(J. D. Tracy)所指出的，伊拉斯谟的"教学方法允许学生依其天性自由地发展"①。这种自由的教育精神反对泥古不化，倡导独创性。他抨击西塞罗主义，反对僵化刻板地模仿古人而要求创造性地借鉴古人。伊拉斯谟一生的经历以及其思想的丰富多彩，也体现出他本人正是这种自由精神的实践者。还需注意的是，伊拉斯谟与路德都非常重视教育，但他们关于人性问题的争论表明，两人教育思想的理论基础是大不相同的。

　　伊拉斯谟不仅讨论了一般人的天性问题，还讨论了学生的天性表现问题，认为天性使儿童具有善于模仿和喜好活动的本能，认为"青年人的确缺乏公牛般的莽力，但另一方面，自然却使其具有蚂蚁般的坚韧和勤勉"②，伊拉斯谟要求教育教学要考虑到青少年的这些特点。

(二)教育与学生天性的发展

　　既然人性善，为何还会有恶行、恶人？伊拉斯谟认为原因不在于人的本性，而在于后天的不良影响。有人极力抱怨儿童的天性是多么容易堕落，要其上进是多么困难。伊拉斯谟认为这样评价儿童的天性是不公正的。他也承认儿童易受感官诱惑，并认为这是教会教义认为人有原罪的依据。但伊拉斯谟坚定地认为，人的不道德主要是后天的不良教育、不良影响造成的。他认

① G. H. Bantock, *Studies in the History of Educational Theory*, Volume I, p.60.
② G. H. Bantock, *Studies in the History of Educational Theory*, Volume I, p.63.

为教育发挥着这样有力的影响，正如柏拉图所说，一个受过正当训练的人，能够发展成为一种神圣的动物，而一个受过错误训练的人，会堕落成为一种畸形的野兽。① 基于此，伊拉斯谟特别强调早期教育的重要性。他认为儿童年幼时最易接受外界的影响，一旦受到不良影响就很难根除，他要求教育要及早进行，从襁褓时期就开始，当人的性格尚未形成时，

> 就必须使他的心灵充满有益的思想。道德的种子必须播种在他精神的处女地，以便随着年龄和经验日益增长，它们会逐渐生长和成熟，在整个生命的过程中植根。从来没有什么东西像在早年学习的东西那样根深蒂固。②

什么样的教育才能促进学生的发展？教育与天性有什么关系？伊拉斯谟认为天性（nature）、教育（training）和实践（practice）是影响人的发展的三要素。天性"部分是指天生的接受教育的能力，部分是指天生的向上向善的倾向"，教育是指有技巧的"教导和指导"，实践是指"无拘束地运用人的能动性"，这种能动性是天生就有的，教育可促进这种能动性的发展。"若无精心设计的教育，天性必定会是不完美的，而实践者若无教育所提供的方法做指导，必定会导致毫无希望的混乱。"③天性是资材，是倾向性，教育和实践为天性发展提供切实的内容，天性是发展的可能性，教育和实践的参与使可能性变成现实性。人的发展是先赋的天性与后天的教育和实践的合金。

伊拉斯谟认为教育不能违逆学生的天性，而是应充分利用儿童的天性，要顺从天性之自然。把儿童当儿童看，尊重他们的不成熟状态。他认为教育

---

① 吴元训编：《中世纪教育文选》，179 页。
② 吴元训编：《中世纪教育文选》，129 页。
③ G. H. Bantock, *Studies in the History of Educational Theory*, Volume I, p.62.

过程是一个积极的过程，应充满"自由与乐趣"①，要做到这一点，教育者就应充分了解儿童的特点，并顺从儿童的天性实施教育。

伊拉斯谟还要求教育者关注儿童的个别差异，他将这种个别差异称为"个性"，这种差异使这个人喜欢数学，那个人喜欢神学，另一个喜欢修辞学或诗歌，再一个喜欢军事学。教师在教育过程中要注意学生的个别差异，因材施教。

教育要遵循儿童的天性，那么，可否让儿童率性发展，将儿童个人的经验过程等同于教育过程？伊拉斯谟要求教育超越于个人经验之上，他认为应以人类积淀下来的知识去丰富学生的心灵。他说：

> 如果有人坚信，不需要通过知识教学的帮助而只通过处理各种事务，通过接触生活，就可以获得智慧，那就大错特错了。请告诉我，一个人在黑暗中能跑得最快吗？……知识是心智的眼睛，它告诉我们可以做什么，不可以做什么。无疑，经验丰富对人大有助益，但是只有当一个人通过学问中的智慧而获得了理智的判断力之后，丰富的经验才能真正对人大有助益。此外，我们在一年里从知识中所得到的东西比我们30年里从个人直接经验中得到的东西要多，而且从知识中获得教益不冒任何风险，而从经验中学习则伴随着风险。②

举例来说，医生不能通过直接经验去学习如何区分毒药和良药，因为有死亡的风险。伊拉斯谟的这段话在教育思想史上具有极为重要的意义，即使他没有其他有关教育的言论而只有这一段话，也足以使他在教育思想史上占一席之地。这段话深刻揭示出：教育的本质是传播人类文明积淀下来的间接经验，

---

① G. H. Bantock, *Studies in the History of Educational Theory*, Volume I , p.63.

② G. H. Bantock, *Studies in the History of Educational Theory*, Volume I , p.65.

间接经验有着直接经验不可比拟的优越性，教育过程是一种特殊的以传授间接经验为主的认识过程，它有别于人类的认识过程，它更快捷、更有效率、更少风险。离开了以间接经验为主的教育，人就无从认识、理解其经验，其行为也将会失去指引。伊拉斯谟深信人类文化的价值，也深刻认识到，人的发展、社会的发展不能都从个体的直接经验开始，应积极吸收人类社会过去所积淀下来的优秀文化成果，使个人发展和社会发展有一个高的起点，而不是一切从头做起。

在伊拉斯谟看来，天性为人的发展提供了可能性，但它并无切实的内容，人的个体经验能使人受益，但益处并不是很大，人的发展从可能性变成现实性，主要应归功于文化知识的力量。

总之，要使人的天性得以较好的发展，必须及早对儿童施行教育；这种教育要遵循儿童的天性并兼顾其个体差异；这种教育要超越儿童的个人经验、要以间接经验为主。此外，要使天性得到较好的发展，还需为儿童提供好的外部条件，如好的教师和教材。

(三)教师的素质与儿童的发展

教师在学生的发展中起着十分重要的作用。伊拉斯谟认为，正因为教师责任重大，所以应为学生选择好的教师。好教师应当年长，有高尚的品德，有渊博的知识，有丰富的教育经验，懂得教育艺术。他说："年长，使他们受到深深的尊敬；生活纯洁，使他们享有威信；爱交际和态度温柔，使他们得到友谊。"教师应懂得教育技巧，"他能责备人而不使其感到受奚落，会赞扬人而不流于谄媚，由于他纯洁的生活而受人尊重，由于他使人愉快的态度而受人敬爱"①。伊拉斯谟将教育理解为人类文化的接受过程，因此伊拉斯谟眼中的教师必须拥有渊博的知识。

值得注意的是，伊拉斯谟非常强调教师对其教育对象的了解，强调教师

---

① 吴元训编：《中世纪教育文选》，130—131 页。

要懂得如何对儿童实施教育，亦即他强调教师要掌握教育艺术。并不是人人都可以做教师，也并不是每个有渊博知识和良好品德的人都可以做教师，教师应了解教育对象和教育过程，否则就不会成为称职的教师。这实际上是对教师的专业化资格提出了要求。教师应了解学生，既了解其好的一面，也了解其不好的一面，以长善救失。例如，教师应了解学生"比较倾向于急躁还是傲慢，倾向于希望成名还是渴求名声，倾向于放荡还是赌博、贪婪，倾向于抵抗还是战争，倾向于鲁莽还是残暴"，当教师发现学生的弱点后，"他应该用优良的理论和适当的教导教化他，设法把一个尚易于接受引导的人引向更好的道路"，当然，教师还应当使学生的"长处得以发扬"。①

教师不应拘泥于一种教育方法或教学方法，应根据需要有所变化。他指出：

> 教师的任务总是相同的，但是他必须在一种情况下采用一个方法，在另一种情况下采用另一个方法。当他的学生还是一个小孩时，他可以通过有趣的故事、令人愉快的寓言和巧妙的比喻引进他的教导。当他年龄稍长时，他可以直接地教他相同的东西。②

在表扬和批评学生时要看场合，"教师应该在别人面前给他以表扬，但是表扬要合乎事实，并且要得当"，"教师的申斥应该私下进行"，并且态度应和蔼，以"稍微减少训诫的严肃性"，尤其当批评年长的学生时更应如此。

五、教育内容与教育方法

伊拉斯谟赋予教育以重任，认为教育既肩负着改进社会的职能，也肩负

① 吴元训编：《中世纪教育文选》，132 页。
② 吴元训编：《中世纪教育文选》，134 页。

着使个人得到发展的职能，而这两种职能的实现要以具体的教育过程为前提，这就涉及教育内容和教育方法的问题。

(一)教育内容

教育内容是为教育目的服务的。如前所述，伊拉斯谟把教育视为社会改良、教育改造、文化建设的基石，把教育视为使个人天分得到充分发展的基础，他说："教育的首要任务是在青年的头脑里播下虔诚的种子；其次，它使青年人能够热爱并透彻地学习自由学科；再次，它使青年人能为生活的义务作好准备；最后，它使青年人很早就习惯于基本的礼仪。"①

什么样的教育才能达到这些目的呢？只有人文主义教育。由于伊拉斯谟是一位基督教人文主义者，又是世界主义者，那么他与意大利人文主义者、北部欧洲地区其他基督教人文主义者在教育内容方面必定有一些不同的看法。他与他们的不同何在呢？

作为基督教人文主义者，伊拉斯谟非常强调虔敬和道德，这种价值取向在教育内容上表现为以下两点。其一，重视宗教知识的教学。他所理解的古典文化，不仅包括古希腊罗马作家的著作，也包括《圣经》和早期基督教作家的著作。他尤其重视以《圣经》为材料对学生进行教育，《圣经》中的"四福音"和"传道书"是对孩子进行道德教育的好教材。其二，他重视以虔敬和道德为标准评价、选择古希腊罗马时代的古典著作。他说：

> 最重要的是对作者进行选择，因为孩子最初阅读和吸收哪一类书籍是十分重要的。不正经的谈话毁坏心灵，不正经的书籍毁坏心灵的程度并不比它稍差。没有声息的文字会转变成为态度和情绪，特别是当它们碰上一个有某些缺点的天然性格的时候，更是如此。

---

① ［英］博伊德、［英］金：《西方教育史》，175 页。

他认为古希腊罗马的许多著作，如柏拉图、亚里士多德、普鲁塔克、西塞罗、塞涅卡等人的作品对人都很有教益，他指出，找不到比普鲁塔克的《格言》（*Apophthegmata*）和《道德论》"还要纯洁的书"；塞涅卡的著作"很有刺激作用，它激发读者的热情，追求道德的完美，使读者从卑污的心地中抬起头来，特别是他的作品谴责各处的暴虐"；柏拉图的著作、亚里士多德的《政治学》和西塞罗的《论义务》皆有许多值得读的部分。

　　然而问题是，古希腊罗马作家都是非基督教徒，而学生都是基督教徒，古希腊罗马著作中的异教成分与基督教发生冲突时怎么办？伊拉斯谟认为，古典作家的著作中包含着极为丰富的智慧，但同时也含有一些不符合基督教标准的东西，他要求学生在阅读前"预备好解毒药"，"应该用基督教的标准衡量一切东西"。他以历史著作为例："我将不会否认，读历史家的作品可以从中得到极丰富的智慧，但是，除非你预先得到警告，谨慎地阅读，你将从同样这一些来源吸取到毁灭的要素。你应该注意，不要被多少世纪以来大家所推崇的作家的名字所欺骗。"①显然，以伊拉斯谟为代表的北部欧洲地区人文主义教育家比意大利人文主义者更加强调古典文化的宗教和伦理意义，正如有的教育史家所指出的："意大利人没有哪个会把虔诚置于这样突出的地位，或如此强调学习与品行的密切联系。"②

　　伊拉斯谟认为语言是一切学习的基础，要学习了解古典文化，首先就要学习古希腊语和拉丁语。他为这两种语言的教学提出了许多具体的建议，并编写了教材，例如，他的《箴言集》和《对话集》作为教材广为流传，影响深远。作为一个世界主义者，他不把拉丁语视为一种学术性的语言，而想把它变成一种用于交流的活的语言，把它变成整个欧洲通用的世界性语言，并想以这种共同的语言为基础在欧洲形成一种共同的拉丁语文化。他要求学生在

---

① 吴元训编：《中世纪教育文选》，169—171页。
② ［英］博伊德、［英］金：《西方教育史》，175页。

课堂上、家庭中都用拉丁语交谈。他对民族语言存在偏见，认为这种语言会造成国家间、民族间交流的不便，因此，民族语言在他的教育内容中没有地位，他不遗余力的是拉丁语的普及和推广。他要求教学既要培养学生阅读拉丁语著作的能力，也要培养学生用拉丁语说话（演说）和写作的能力。

古典人文教育何以有助于实现伊拉斯谟的教育目标呢？

首先，在他看来，古典人文教育对宗教有强化作用，促使人更加虔敬，更具有基督教道德，有助于改革教育。其具体表现在：其一，对古典语言的熟知和对人文主义方法的运用，有益于深化对《圣经》和早期基督教作家著作的研究，这样可探知基督教的本质精神，把基督教从教会所造成的迷信和腐败中拯救出来，从而使之成为一种活生生的力量；其二，古希腊、古罗马的古典文化中包含很多于基督教有益的成分，这些东西有助于促进基督教信仰。

其次，古典人文教育有助于其社会理想的实现。伊拉斯谟对现实社会不满，意欲通过教育对其进行改革，而其理想的社会图景就是古代的罗马帝国。罗马帝国依法而治，和平统一，知识普及，无助者有所养，在他眼中是一个高度文明的社会。他想通过超越国家民族局限的统一的罗马文化教育，在他的时代重现罗马帝国式的大一统帝国。

再次，古典文化教育有助于人类知识的纯化和进步。中世纪被一些人文主义者称为"黑暗时代"，意指罗马文明的衰落和文化教育的不彰，而文艺复兴结束了这种局面，文艺复兴使湮没已久的各种知识重见天日。伊拉斯谟认为古希腊罗马文化包含着对人类很有用处的各种各样的知识。[①] 学习、研究、传播这些知识，不仅能纠正中世纪文化中的许多错谬，纯化知识风气，还能为知识的进一步发展奠定坚实的基础。

最后，古典人文教育有助于造就有知识、有教养之人。伊拉斯谟讥笑北

---

① William Harrison Woodward, *Studies in Education during the Age of the Renaissance*, p.114.

部欧洲地区人民的愚昧、自负和粗俗，认为人文教育可培养出知识丰富、精神充实、彬彬有礼的文明人，他欲以古代文化的力量提升同时代人的文化水平和人生境界。

具体而言，伊拉斯谟眼中的古典人文教育包含以下内容：拉丁语、古希腊语、宗教典籍研究、修辞学、逻辑学、伦理学、历史学、政治学、地理学、动物学、植物学、数学、音乐、天文学等。这些科目中，他最为重视的是古典语言、宗教典籍研究、伦理学、政治学、历史学等文科门类的教学。教学的具体方法就是读古典著作。宗教典籍方面主要研读《圣经》和早期基督教作家的著作；伦理学方面主要研读普鲁塔克的《格言》和《道德论》以及塞涅卡的著作；政治学方面主要读亚里士多德的《政治学》和西塞罗的《论义务》；历史学方面主要读普鲁塔克、李维等人的历史著作。

伊拉斯谟还真诚地期望学生对自然知识和地理知识有广泛的了解，他所理解的自然知识是关于植物和动物的知识。他认为，学生应了解鸟类、昆虫类、鱼类、野生动物、树木、花草、河流、泉水、海洋、岩石、山川等方面的知识。这些知识主要来源于古人的著作，辅以个人的观察和经验。伊拉斯谟对自然知识与地理知识范围的划定并没有超出古人研究的范围。对于数学、音乐和天文学，伊拉斯谟认为略知一二即可。自然科学方面的知识在伊拉斯谟的课程计划中并不重要，这一方面与他重虔敬与道德的价值取向有关，另一方面也与当时科学尚不发达有关。

由于伊拉斯谟崇尚和平，反对争斗和战争，所以身体训练和军事训练在他的教育思想中也没有地位。但这并不等于说，他希望教育培养出的人都是手无缚鸡之力、不谙世事的学究，实际上他非常重视培养学生待人接物的能力，要求学生熟知各种社交礼仪。《男孩的礼貌教育》论述的就是这一问题。在该书的引言中他写道，对男孩进行礼貌教育是一项重要的教育内容。在该书中伊拉斯谟极其详尽地讨论了人们在交往中要注意的礼貌问题，涉及在教堂里、就餐时、聚会时、游戏时、在卧室里等场合的礼节问题。伊拉斯谟认为人外在的表现如身体的姿势、手势、服饰以及面部表情是一个人内心世界的反映，要做到外在美，首先要求内在美，这就需要教育的参与，他说："我们之所以很少见到正直而有教养的风度，在很多情况下是因为缺少教导。"《男孩的礼貌教育》就是一本用于教导人的交往行为的教科书。

伊拉斯谟提出了很多具体的建议，例如，他要求人"吐痰时应尽量转过身去，以免把痰吐在或溅在别人身上"，就餐时不要还没坐稳就急着把手伸到盘子里去，只有馋鬼和饿狼才会这样急不可待；就餐时手指上沾了油腻不要用嘴去舔，也不要把手上的油擦在衣服上，嘴里塞满了东西时不要说话也不要喝酒，因为这样既不安全也不礼貌，等等。除了这些非常具体的礼节外，他还提出了一些一般性的要求。例如，他讲到人的目光时，指出："人的目光应该柔和、真诚、宁静，而不应该空洞、冷漠或像阴险恶毒的人那样东张西望。"有一些要求则涉及对他人的态度，例如，他说"能够原谅别人的过错，这是礼貌"，"不要因为你的同伴有些不雅的举止就鄙弃他，有的人举止粗俗，却很有才华"，"如果你的一个同伴由于无知而犯了过错……悄悄地、友好地告诉他，这就是礼貌"。总之，要严于律己，宽以待人，尊重他人。

伊拉斯谟关于礼貌教育的思想表面上看平平淡淡，实际上却具有重要的历史价值。对此，西方学者埃利亚斯（Norbert Elias，1897—1990）在《文明的进程：文明的社会起源和心理起源的研究》一书中有深入的分析。

礼貌和礼仪问题并不是始于伊拉斯谟，中世纪上层社会中也讲礼仪（在法语中叫作 courtoisie，在英语中叫作 courtesy，在意大利语中叫作 cortezia），主要是指封建宫廷中贵族们在相互交往的基础上形成的一系列行为方式和准则，这些行为方式和准则与伊拉斯谟所倡导的是一致的吗？

埃利亚斯指出，与以后的时代相比，首先值得一提的是中世纪时那些行为准则的质朴和单纯。与所有那些人们可以突如其来地、直接地表达自己情感的社会一样，那时候人的心理状态还不太细腻，思想也不太复杂。那时候不是朋友，便是敌人；不是欢乐，便是忧愁；不是好人，便是坏人。文艺复兴时期是一个过渡时代，人的行为方式发生了一些变化，这一时期出现的关于行为准则的书籍同样也表现出过渡时代的特征。从这些书中可以看到，这一时期的行为规则尽管与中世纪有着千丝万缕的联系，但是新的东西正在萌发之中，中世纪那种好与坏、善良与凶恶之间的简单对立已经不复存在了。人们对事物的看法更加细腻了，对于自身情感和行为的控制加强了。从某种程度上来说，人文主义者所著的关于礼貌的书，成了中世纪与近代有关礼貌的书籍之间的一座桥梁。

伊拉斯谟的著作在人文主义者一系列关于礼貌的著作中特别突出，这本书具有双重的特性：它在许多方面保持了中世纪的传统和特征，许多传说中的关于礼仪的规定和准则在这本书中重又出现；同时，它又包含了一些新规则的萌芽。随着这些新规则的发展，逐渐地形成了一种观念，这种观念把封建骑士的礼貌概念挤到了次要地位。在16世纪这段时间里，"courtoisie"这一概念在上流社会里逐渐被废除。埃利亚斯认为，差不多在16世纪中叶的时候，"礼貌"这一概念才获得了它的近现代意义，"我们可以准确地确定人们是从什么时候开始使用这个概念的。这一概念的特定意义第一次是在1530年出版的由伊拉斯谟所著的题为《男孩的礼貌教育》这一本小册子里出现的，以后便为社会所接受"，伊拉斯谟赋予"civilitas"（拉丁文，意为礼貌）这个词以"新的，进一步的"含义，埃利亚斯进一步指出："他显然是说出了与当时的社会需要相吻合的东西，从此'civilitas'那种特定意义牢牢地扎根在人们的意识之中，并在各种流行的语言中发展为相应的时髦的语言，比如法语的'civilité'，英语的'civility'，意大利语的'civlità'以及德语的'zivilitat'。"①

① 参见［德］诺贝特·埃利亚斯：《文明的进程：文明的社会起源和心理起源的研究》，王佩莉译，北京，生活·读书·新知三联书店，1998。

伊拉斯谟的《男孩的礼貌教育》提出了高于中世纪的、合乎当时时代需求的一系列新的行为规则，对于推动欧洲人行为方式的进一步文明化助益甚大，对于推动欧洲教育中的礼貌教育更是贡献巨大。

(二)教育方法

我们应从两个层面去理解伊拉斯谟的教育方法：一个层面是指一般意义上的教育方法，如了解学生的天性，尊重学生的年龄特征和个别差异，因材施教，反对体罚和强制，培养学生的合作精神，反对把竞争作为教育手段，反对泥古不化的形式主义等，这些前已述及，此处不再重复；另一个层面是指微观意义上的教育方法，即古典语言和古典文化的具体的教学方法，亦即现代意义上的"学科教学法"。下面所要讨论的就是这个层面的教学方法，主要涉及怎样开展语法教学、怎样阅读古典著作、如何培养演说能力、如何培养写作能力、教学内容在顺序上怎样安排等。尽管伊拉斯谟从来没有给孩子做过教师，但他对教学方法的分析思考却是深刻、细致而实用的。

语法教学是古典语言教学中的重点内容，不少教师在语法教学中投入了大量时间，力求使学生记住每一条规则，伊拉斯谟对这种做法很不以为然，他在《论正确的教学方法》中说：

> 我必须阐明我的信念，即词法、句法规则知识虽然对每个学生都是非常必要的，但还应当尽可能少些、简明些，并精心加以组织。我不能容忍一般语法教师的愚蠢行为，他们浪费了数年宝贵的时间，把规则硬灌给儿童。因为我们的语言能力不是靠学习规则，而是靠同习惯于用准确精练语言表达思想的那些人的日常交往，靠大量阅读优秀作家的作品来获得。关于后者，我们应选择不仅文体正确、典型，而且题材也富有教益的作品。[1]

---

[1] ［英］博伊德、［英］金：《西方教育史》，175 页。

伊拉斯谟反对孤立地学习语法，要求将语法学习与阅读作品结合起来，使语法规则服务于对作品内容的理解，在一定的语言情境中学习语法。他的《箴言集》和《对话集》就是本着通过阅读、对话学习语言，学习语法规则的精神而编写的。伊拉斯谟所提出的语法教学方法，对于克服当时语法教学中的形式主义、机械主义，对于提高语言教学的效率起到了很大的推动作用。

在阅读古典著作前，伊拉斯谟要求教师给学生讲述作者的生平，认为这样可把作者放在一定的时代和社会环境中，有益于学生加深对作品的理解。在阅读过程中，阅读者应留意词的古代用法和现代用法、句子的构成和段落的结构、各种各样的修辞方法等。

伊拉斯谟很重视写作，他认为若要掌握语言并形成一定的表达风格，秘密"在于笔的使用，不论形式是散文还是诗歌，也不论主题是什么，第一是写，第二是写，第三还是写"[1]。他把不断地写作视为提高语言能力的重要条件。他认为，影响人发展的因素有三：天性、教育和实践。他尤其强调实践，认为实践无他，就是不断地练习、不断地应用。在练习写作时，他认为一个题目可同时用拉丁语和古希腊语两种文字去写，写完后相互对照，比较两种语言各自的美妙之处。由于伊拉斯谟将拉丁语视为一种活的语言而不纯粹是学术语言，所以他特别重视学生用拉丁语交谈和演说能力的培养。他要求，在家庭中父母与子女应该用拉丁语交谈，在课堂上教师与学生、学生与学生之间也应讲拉丁语而非民族语言。学生应学会用纯正的拉丁语演讲，"没有比具有丰富思想内容和流利语词的演讲更令人羡慕和美妙的事了。因此，毫无疑义，人们要不惜一切为之奋斗"。演讲中用词应简练，做到言简意赅，"用尽量少的词语概括事物的实质而无遗漏"，"毫无区别地把空洞、过量的语言堆积在一起，只能使演讲主题含混不清，并为可怜的听众增加负担"。学识是简练的基础，"一个有学问的人，一个经常对一些重要事情深思熟虑的人，就

---

① G. H. Bantock, *Studies in the History of Educational Theory*, Volume Ⅰ, p.67.

能用最少的词语简明地表达主题思想，因为二者是关联着的，学问是支柱"。为正确恰切地表达自己的思想，演讲时应注意措辞，使人感到雅致适当。演讲还应避免重复，避免始终用同一种语调，

　　重复同样的词语或表达是演讲中最忌讳的恶习。这种恶习不仅不合礼仪而且令人生厌。需要重复讲的事情是很少的。演讲内容贫乏，我们将会陷入茫然的、不知所措的境地，或者会像杜鹃一样地重复同样的词语，而无法以不同的形式和方法表达自己的思想。这样就违背了雄辩术的要求，演讲者将会处于尴尬的状态中，并使我们可怜的听众疲惫不堪，产生厌烦。比重复更糟糕的是用同一种语调。正如昆体良所讲的，演讲自始至终采用同一语调，没有充满魅力的变化，就会使演讲单调、乏味和沉闷。即使最有耐心的听众也无法忍受自始至终毫无变化的、平板单调的演讲，哪怕这演讲很短也是不行的。不断变化语调的演讲有极大的力量，甚至可以使一般化的演讲也变得似乎不那么粗糙了。①

要解决演讲中易出现的问题，使演讲达到较高的水平，伊拉斯谟认为应注意三点：一是懂得演讲的原理和规则；二是通过实践积累经验；三是阅读名家作品，使自己的思想和词汇丰富起来。

伊拉斯谟是北部欧洲地区人文主义教育思想的代表人物，他的教育思想对欧洲的文化教育有着广泛而深远的影响。他的教育思想在深度和广度上超过了在他之前的所有人文主义者，既涉及宏观的教育问题如教育与社会变革的关系、教育与人的发展的关系等，也涉及微观的教育问题如怎样开展语法教学、怎样教人演讲等，对很多问题的论述深度超越了古人，也超出之前的人文主义教育思想。他极为重视教育的力量，重视人类积淀下来的文化遗产

① 吴元训编：《中世纪教育文选》，98—106 页。

对当前社会的价值，对促进北部欧洲地区文化教育的发展，对促进北部欧洲地区人民的文明化进程起到了他的同时代人不可企及的作用。

但是他的教育思想中也有一些明显的不足，主要表现为对社会、人的本性缺乏深刻的认识和把握，过于抬高道德的社会价值尤其是道德的政治价值，过于抬高教育的社会作用，试图通过教育建立一个和平的、有着同一文化基础的基督教社会，这是不可能实现的。他的和平主义、世界主义理想是美好的、可敬的，但却是逆时代潮流的，他对当时方兴未艾的民族主义（国家主义）的反对，对本民族语言教学的反对，在当时都是不符合时代精神的。尽管他的许多教育思想是合理的，但他教育思想的理论基础却是脆弱的。

伊拉斯谟的思想同很多人文主义者一样具有浓厚的理想主义色彩，他和他们一样"都相信黄金时代正在到来，因为那时世俗诸侯会起来阻止战争，教会诸侯会愿意暂时放弃贪欲，而且双方都愿意领导欧洲人民重整道德和重建纯洁的宗教"①，但宗教改革开始之后的社会局面却远不是这样。

伊拉斯谟的传记作者、荷兰历史学家赫伊津哈（Johan Huizinga，1872—1945）认为，对于伊拉斯谟来说，国家和社会的健康"仅仅是一个道德问题"，伊拉斯谟"根本不是一个有政治才能的人"，他脱离现实实际太远，他对人的可完善性的看法过于天真，他不能理解治理国家的困难。② 在对政治问题的看法上，他与同时代的马基雅维利"存在着极深的伦理道德上的分歧"③。他曾问，如果不损害正义，不草菅人命，不严重地破坏宗教信仰，就不可能保卫自己的王国的时候，君主应该怎么办。马基雅维利的回答肯定是，为了保全国家，君主必须准备去做任何事情，不管其可能是多么地不道德。伊拉斯谟的回答却是：即使出于最良好的动机，也绝不能做任何有损正义事业的事情，

---

① ［英］托马斯·马丁·林赛：《宗教改革史》（上册），163页。
② ［意］萨尔沃·马斯泰罗内：《欧洲政治思想史》，33页。
③ ［英］昆廷·斯金纳：《现代政治思想的基础》，263页。

天塌下来也要坚持正义。马基雅维利是功利主义的，伊拉斯谟则是道德主义的。在当时那样一个动荡混乱的时代，美德对国家利益、君主统治，能起到伊拉斯谟所认为的那样大的作用吗？显然是不能的，伊拉斯谟的思想是可敬的，但不是有用的。

16 世纪古典文献学者利普修斯（Justus Lipsius，1547—1606）在其著作《政治六书》中曾大胆地提出这么一个问题：包括奸诈在内的精明这种品质，应该不应该为君主所具备？许多人文主义者"只赞成走依靠善德来获取荣誉的道路"，他则认为"这些人不了解这个时代"，他们几乎就像在"险风恶浪的世事海洋中"失足落水的儿童一样。他尖锐地断言，某些人对马基雅维利的斥责实际上是太过分了，他们不明白在暴力和敌对的时代，任何希望生存下去的君主显然必须学会"将利益和诚实融合在一起"，而不是将二者分开。利普修斯对伊拉斯谟的批评是非常贴切的。伊拉斯谟赋予教育以重整社会道德的重任，因此其教育思想也带有浓厚的道德色彩，他十分强调教育的伦理功能，同时剥夺了教育在其他方面的功能和价值，如美育和体育等功能，他的教育理想不是身心和谐、全面发展，不是意大利式的，而是典型的北部欧洲地区式的，过于强调伦理的价值和意义，就连宗教在他眼中也不过是伦理的一种表现方式。他希望通过教育来实现其社会变革的理想是不现实的。他生活在梦想的世界而不是现实的世界里。

第四章

15—16 世纪英国的人文主义教育

第一节　15—16 世纪英国人文主义教育发展的背景

英国的文艺复兴运动是受意大利影响而产生的，其人文主义教育也随之逐渐发展起来。14 世纪和 15 世纪，英国学者们纷纷来到人文主义中心意大利学习，他们把对古典学术的热情带到了英国。"但是，一开始就很明显，学术复兴在英国所采取的格调与在意大利所采取的格调是不同的。英国的格调较少文学性，较少人道的精神而具有更多的道德性，更多的宗教性，在社会和政治方面更具有实际意义。"①随着越来越多的英国人到意大利学习或度假，这种人员和思想的交流日渐增多。"他们从意大利带回来流行于当地的对知识的热爱，带回来大量的古典语言知识和原稿，以及在这方面改造英国学术界的决心。"②例如，亨利四世的儿子汉弗莱公爵，深入研究了但丁、彼特拉克等人的著作，收集了大量的经典手稿，并把它们捐献给了牛津大学图书馆。

① ［美］E.P. 克伯雷选编：《外国教育史料》，任宝祥、任钟印主译，218 页，武汉，华中师范大学出版社，1991。

② ［美］S.E. 弗罗斯特：《西方教育的历史和哲学基础》，吴元训等译，204 页，北京，华夏出版社，1987。

他的做法为其他英国贵族所仿效，他们不仅搜集人文主义的书籍，还将学识渊博的人文主义者吸引到周围为其服务。

通往文艺复兴的意大利的文化世界的这个第一座桥梁一旦搭起之后，人文主义在英国很快就变成能够跨出大学门墙蓬勃发展的一个运动。……到了16世纪20年代以后，在亨利八世统治的后半期，文艺复兴在历史和政治、社会问题和人类行为方面的思想源源不断地输入英国。①

一、英国人文主义运动的兴起

英国的人文主义运动兴起于15世纪末。15世纪末以前，英国文化的整体取向是前人文主义的。在宗教方面，尽管大众对天主教会有不满情绪，但他们依然虔信天主教，经院主义依然在大学里占据统治地位，教皇依然是英国的精神领袖；在文化方面，宗教文化和骑士文化依然是主流，出版的书籍中一半以上是宗教著作。

在英国，"对宗教文学的爱好十分明显，读者对宣传宗教信仰的无数通俗小册子的兴趣永无满足之时。在一个不论是文学和艺术方面实际都比大陆更具有中世纪色彩的国家，出现这种情况，并不足为奇"②。尽管因封建经济制度的瓦解，骑士在15世纪已丧失其中世纪的上流社会身份，融入其他社会阶层，但骑士文学依然盛行。英国印刷商威廉·卡克斯顿（William Caxton，1422—1491）在15世纪七八十年代兴办英国印刷业时，所出版的书籍的重点，除了英国作家乔叟的文学作品外，就是大量骑士文学作品。这些骑士文学作品主要讲述经过美化的骑士故事，歌颂骑士的"气概、礼貌和仁义"。在教育

---

① ［英］G. R. 波特编：《新编剑桥世界近代史 第一卷 文艺复兴》，75 页。
② ［英］G. R. 波特编：《新编剑桥世界近代史 第一卷 文艺复兴》，125 页。

方面，15 世纪英国的文法学校发展迅猛，到 15 世纪末，过去由修道院所承担的学术研究和教育职能已基本由文法学校和大学取代了，然而大学依然被经院神学所主宰，文法学校依然体罚盛行且绝大部分学校教育水平低劣①；英国的"学术和教育依然遵循中世纪的模式"②。

　　15 世纪末以前，英国与意大利也有一些文化上的接触，但这些接触并不足以促成一场人文主义运动。到意大利留学尚未成为士绅子弟或商业贵族子弟教育的组成部分。1490 年以前，到意大利去的英国人一般是传教士或奉国王之命执行公务的官员。尽管这些人把人文主义者的手稿和对新著述的热情带回了国内，但他们并不理解这些东西的真正价值，因此，他们回到英国后并没有发起新文化运动，也没有建立反对经院哲学的团体。但在他们的鼓吹下，一些贵族开始延聘意大利人文主义者来英国当秘书或教师，英国的一些图书馆里增添了相当数量的人文主义著作，一些文法学校和大学里增加了古希腊语的课程。然而，总体来看，这些只是点缀，人文主义尚不成气候。意大利人文主义尚未对英国社会产生真正的影响。

　　英国社会君主制和宗教色彩浓厚，意大利以古典文化为特征的人文主义若要对英国社会产生深刻影响，必须具备两个条件：其一，能满足君主制的要求；其二，能满足宗教方面的要求。15 世纪末以前的意大利人文主义是以共和世俗主义为基本取向的，并不符合英国社会的文化要求，因此不可能对英国社会产生深刻影响。到 15 世纪末，意大利的人文主义发生了转向，意大利社会走向了君主时代，一些意大利的人文主义者在新柏拉图主义的框架下，开始用人文主义的方法对宗教问题进行研究，开始将古典文化与基督教文化糅合起来，这种做法实际上为北部欧洲地区的人文主义开了先河。例如，瓦拉批判性地校订《新约》，皮科以基督教初期宗教文献为基础力图建立一种新

---

①　James Bowen, *A History of Western Education*, Volume Two, pp.322-326.

②　James Bowen, *A History of Western Education*, Volume Two, p.149.

的神学，萨沃纳罗拉在佛罗伦萨的传教活动提高了人们对宗教的兴趣，到 15 世纪末，意大利文艺复兴的宗教色彩明显增强。这时，意大利人文主义对英国产生深刻影响的条件就成熟了。

格罗辛、科利特、林纳克和莫尔等人是英国人文主义的代表人物。他们都去过意大利，都亲身领受过意大利人文主义的影响。他们组成了一个强有力的、在欧洲没有谁可与之匹敌的人文主义团体，甚至连伊拉斯谟也受到了这个团体的影响。

格罗辛极端讨厌著书立说，写的东西很少，但对同时代人影响却很深，科利特、林纳克、莫尔都得到过他的很多教导，伊拉斯谟对其在学术上的造诣也肃然起敬。格罗辛在意大利深入钻研古典文化，回国后在牛津大学极力促进古希腊语教学。他还很有批判精神和批判能力，以人文主义的方法开展对宗教问题的研究，并批判经院神学的研究方法。

科利特远远走在了格罗辛的前面，他在意大利学习时吸收了费奇诺（Marsilio Ficino，1433—1499）和皮科的学说，回国后他把人文主义的学问应用于宗教研究，并对伊拉斯谟基督教人文主义思想的形成产生了重要影响。他还通过办学推行其基督教人文主义的教育理想。

林纳克的主要兴趣不在神学研究而在医学和古典文学，1485 年他赴意大利学习医学和古典文学，1494 年回国后先在牛津大学教授古希腊语，后又成为英国王室的教师。林纳克的主要成就是在医学方面，他还把古希腊医学家盖伦的一些著述译成了拉丁语。

在格罗辛、科利特、林纳克、莫尔等人的推动下，到 15 世纪末 16 世纪初，人文主义已在英国蔓延开来，成为一个蓬勃发展的文化运动，人文主义在英国已站稳了脚跟。

人文主义的传播对英国宫廷也产生了影响。国王们都支持人文主义，一些人文主义者也进入宫廷为国王服务，或充任秘书，为国王草拟发往国外的信件；或充任使者，以其能言善辩为国家效力。为博得国王的青睐，许多学者向国王或向国王的近臣献诗或文章，歌功颂德以讨得欢心。这种宫廷式的人文主义讲究修辞，只限于歌颂功德、正式演说以及写辞藻优美的拉丁语书信，在学术上并无多少建树，只是一种实用性、功利性的人文主义。大学里的人文主义则具有较强的学术性质，且不乏争论和冲突。经院主义研究神学的方法与人文主义研究神学的方法针锋相对，经院神学家把古希腊语著作看作异端邪说，于1518年在牛津掀起了猛烈的反对行动。莫尔在这场争论中热情支持古希腊语的教学和研究。另外，罗彻斯特主教费希尔(John Fisher)和温彻斯特主教福克斯(Richard Fox，1448—1528)都积极致力于在大学开设古希腊语课程，从而促进用人文主义的方法研究神学。

费希尔通过走上层路线得到了英王亨利七世的母亲玛格丽特夫人的支持。他以为，若要深入开展神学研究，大学应该教授和研究拉丁语、古希腊语和希伯来语。在玛格丽特夫人的支持下，他通过设立拉丁语、古希腊语和希伯来语选修生奖学金的方式，极力促使剑桥大学的圣约翰学院成为教授三种语言的学院；他还促使玛格丽特夫人在牛津大学和剑桥大学设立了基督教人文主义性质的神学讲座。福克斯在牛津大学仿效费希尔，于1517年建立圣体学院，使牛津有了一个古典文化尤其是古希腊文化占据崇高地位的学院，他希望通过古典文化和古希腊语的学习和研究，给神学研究注入新的生命力。

综上可见，从格罗辛、科利特、莫尔到费希尔、福克斯，他们的思想有一个共同点，就是都主张用人文主义方法开展神学研究，他们都信奉基督教人文主义。基督教人文主义是英国宗教改革前英国人文主义的基本特征，这种特征在科利特和莫尔的教育思想中有充分的表现。

二、英国人文主义教育的发展

英国人文主义教育的发展可以以1534年英国宗教改革为界，划分为两个阶段：第一个阶段的人文主义教育具有较强的基督教人文主义色彩，比较强调虔敬和道德；第二个阶段的人文主义教育则具有更强的民族主义、现实主义和科学主义色彩，更能符合英国社会发展的实际需要，更能体现整个欧洲教育思想发展的趋向。

英国文艺复兴运动的高潮出现在 16 世纪，其中亨利八世和爱德华六世热心支持人文主义者，宫廷内外文化氛围比较宽松，王权和贵族都以不同方式庇护复兴古典文化的人文主义运动。印刷术传入英国后，亨利八世允许在英国发行英文版《圣经》，因此英国人文主义运动是从复兴古希腊文化和推广《圣经》开始的。该时期英国的教育改革也具有人文主义性质，在众多人文主义学者中，对学校教育产生深远影响的有科利特、诺克斯、阿卡姆和弥尔顿等。他们每个人都按照自己的方式把人文主义精神引入学校教育，他们的教育观洋溢着鲜明的时代色彩，形成了英国独具特色的人文主义教育思想。

在文艺复兴时期的北部欧洲地区诸国，王权的加强对于铲除旧的封建秩序、对于国家的统一都是必要的。在中世纪，王权一般受到来自两个方面的威胁，一是封建贵族，二是罗马教廷。1455—1485 年英国的红白玫瑰战争使封建贵族自相残杀，几近灭绝，贵族权力对王权的限制得以消除。然而，以罗马教廷为首的天主教会依然对英王的王权统一构成障碍。教会是超国界的世界性组织，教皇则是这个组织的首脑。教会的权力表现为，对所有天主教国家征收什一税的权力和对涉及教会的人和事的司法权力。国王只是世俗政权的首脑，但不是教会的首脑。

在德国宗教改革的影响下，丹麦和瑞典于 1527 年进行宗教改革，剥夺教会的传统权力。英国也紧随其后，酝酿宗教改革。1529 年英国下议院自发地产生了抗议活动，反对教会贪得无厌的掠夺行为和整个宗教司法制度。1534年英国通过《至尊法案》，宣布亨利八世及其继位者是"英国教会在世间唯一最高首脑"，从而建立起民族教会——英国国教会，国王的权力范围从仅管理世俗事务扩大到亦管理宗教事务，教会权力对王权的限制也得以消除，从而建立起具有历史进步意义的专制王权，国家达到前所未有的集中和统一，国王成为国家利益和民族利益的代言人。

宗教改革对英国的学校教育和教育思想都产生了影响。不过总体来看，对学校教育的影响不是很大。原先天主教会办的教育因宗教改革中天主教会的财产权利受到限制等因素而遭到一定程度的毁坏，不过英国国王又用从天主教会那里得到的财产兴办了新的学校。教育依然由教会控制，不过由效忠于国王的英国国教会替代了原来效忠于教皇的天主教会。新的教会对教育事务所行使的职责与旧教会一样，包括审定教师执教的资格、对学校教学进行检查监督、偶尔对教材做些规定等。比较显著的一个变化是，君主作为教会的首脑直接插手学校事务，加强了对教师思想的控制，力图使教育成为推进国教的工具。1559年王室法令规定，除非经过严格的品格和思想考察并拥有主教颁发的许可证，任何人都不能从事教学工作。1604年的法令规定，任何人若想在学校或他人家庭里从事教学工作，都必须宣誓承认国王为教会的首脑，承认国王的至尊地位。1662年的英国国教统一法令要求教师宣誓忠君尊教，遵奉已确立的国教会的礼拜仪式，要求教师在从教前应取得特许状，不遵守这些规定者要受到监禁或罚款。学校的课程除增加了一些英国国教会的宗教教义外，仍以文法和修辞学为主要教学科目，与宗教改革前人文主义者所确立的科目一样。学校里的人文主义教育并未受到宗教改革的破坏，依然平稳地向前发展。

英国宗教改革对教育思想的影响有两个对立的方面，它既带来了思想的控制，又带来了思想的解放。

英国的宗教改革的直接起因是英王亨利八世与教皇的利益冲突。至于亨利八世个人的宗教观点，除以他自己的权威取代教皇以外，全属于天主教正统信仰，他信仰的只是一种"没有教皇的天主教"①，他所建立的英国国教因此既不同于、不能见容于天主教，也不同于、不能见容于新教。英国宗教改革后，英国的宗教势力逐渐分化为三派，即否认教皇权威的英国国教派、想恢复天主教权力的天主教派和想引进欧洲大陆宗教改革的新教派（新教派因观点差异又分为若干教派），各派之间展开了长期的冲突与斗争。由于英国国教派拥有国家权力的支持，其他教派就处于受迫害的境地。这样，宗教改革对思想发展的一个不利因素，就是加强了对人们思想的控制，这种控制也抑制了英国基督教人文主义教育思想的进一步发展。莫尔和费希尔受迫害就是其典型的表现。

莫尔和费希尔是基督教人文主义者，他们都主张改革教会的腐败，但他们不否认教皇的权威，不否认天主教会存在的合理性。他们认为，教会和世俗政府的使命是不同的，教会是上帝的恩赐，而世俗政府则是大众的创造物，将教会隶属于世俗政府就危害了教会的司法权，否定了教皇的权力而不恰当地扩张了国王的权力。按照他们的宗教观和政治观，教会的独立地位是不可侵犯的，国王对教会无"至尊"地位，他们拒绝承认国王是教会的领袖，"他们是最完全意义上的天主教徒"②。他们的基督教人文主义使他们站在天主教一边而与国王对立，他们也因此而获罪，于1534年被关进伦敦塔，并于次年被处死。这一事件表明基督教人文主义在英国已走到了尽头，宗教改革之前颇为引人注目的基督教人文主义教育思想已告终结。

遭受宗教迫害的远不止莫尔、费希尔两人。这种宗教冲突在英国历史上持续了很长时间，冲突各方逐渐认识到，谁也不可能征服对方，冲突对任何一方皆无益处，且世俗政权支持任何一个教派实施宗教统一政策都会引起更

---

① ［英］肯尼思·O.摩根主编：《牛津英国通史》，王觉非等译，265页，北京，商务印书馆，1993。

② ［英］昆廷·斯金纳：《现代政治思想的基础》，369页。

多的教派反对，都会导致社会的不稳定，世俗政权从切身利益出发唯一的出路就是实行宗教宽容。宗教宽容是一种无可奈何的政治妥协，这种妥协有利于社会稳定，更重要的，它为以后的社会尤其是政治、文化和教育带来了生机。宗教宽容在之后的岁月里演变为思想宽容，它意味着文化专制主义的覆灭。宗教宽容不仅宽容不同的宗教信仰，也宽容各式各样的世俗思想，"有才能的人由于厌恶神学中的争斗，越来越把注意力转到现世学问，特别是转到数学和自然科学上"①。培根（Francis Bacon，1561—1626）就是一个典型，他因此而成为现代科学方法的鼻祖。宗教改革导致的宗教宽容，最终将人们的思想从教条中解放出来，为思想的发展、知识的发展奠定了坚实的文化条件，也为教育实践（课程的拓展、教育方法的变革）和教育思想的发展奠定了基础。英国走向宗教宽容的道路不是一蹴而就的，直到1689年才颁布宗教宽容法，使各教派得以和平相处；直到1829年才解放天主教徒，赋予天主教徒担任公职的权利。

宗教改革后，随着基督教人文主义教育思想的衰落，一种新的人文主义精神开始渗入教育实践和教育思想，具体表现为以下几点。其一，不再重点强调教育的宗教和伦理价值，而是要培养身心都得到发展、具有良好风度的绅士，绅士教育成为教育实践与理论的热点，英国的教育目标发生了变化。其二，教育内容也发生了变化，实用性的学科如法语、意大利语、化学、绘画等开始受到重视，尤其是体育被置于十分重要的位置。其三，民族主义精神大大加强，其典型表现是对英语教学的强调。英国文学迅速发展起来，莎士比亚的文学成就是英国文学的典范，也是英国的文艺复兴对世界文化的一大贡献。其四，现代科学方法开始对教育方法产生影响，培根的归纳法开创了人类认识的新纪元，也对教育教学方法的变革产生了巨大的影响。

---

① ［英］罗素：《西方哲学史》（下卷），43页。

第二节 15—16 世纪英国的人文主义教育实践

一、中等教育

科利特毕业于牛津大学，他是北部欧洲早期最有名的基督教人文主义者。基督教人文主义是指用人文主义的方法研究《圣经》，目的在于除去中世纪教会神学家附于其上的种种不切实际的注解和引申，恢复其本真面目。科利特是北部欧洲人文主义者中较早运用新方法研究《圣经》且较有成就者。1495 年科利特赴意大利，次年回国后到 1505 年一直在牛津大学任教，他任教期间发表过题为《保罗致罗马人书评述》的演讲，表现出他对《圣经》原话和本意的关注。科利特的基督教人文主义对英国迎接宗教改革的来临起了理论先导作用。科利特厌恶经院神学，对教会所推行的以经院主义为特征的基督教教育持否定态度，他希望普及正当的基督教教育，为此他用私人财产创办了圣保罗公学，试图以教育手段促进其基督教人文主义的发展。"无论是在英国，还是在广大的条顿族世界，理性的基督教的觉醒开始于约翰·科利特对于意大利文化的研究，科利特的活力和热情，他的能力最好地证明了这一新的运动对英国宗教影响之大。"①

1505 年科利特离开牛津大学到伦敦的圣保罗大教堂任教长，1509 年他在伊拉斯谟的帮助下，把圣保罗大教堂内的学校重建成人文主义性质的新学校，这就是著名的圣保罗公学。1512 年，该校学生已达 153 名，学生免交学费，皆由科利特资助。为使学校各项工作有章可循，科利特于 1510 年为学校制定了第一个章程，1518 年他去世前一年，在原有章程的基础上又制定了一个新的章程。

圣保罗公学的课程具有较强的宗教性。为加强对学生的宗教教育，学校

① ［美］E.P. 克伯雷选编：《外国教育史料》，218 页。

里专请一位神父负责各种宗教仪式。章程还要求应"挑选十分诚实和德行纯正的人"担任神父，这位神父应专心于工作，不能有其他的职位和职业。在学校里除主持一些宗教仪式外，还要教儿童《教义问答》和向儿童讲解"十诫"。①

科利特要求学生学习古希腊、古罗马时期的著作，但与一些人文主义者不同的是，他特别重视早期基督教作家的著作的研读，他认为这些著作可以使学生学到真正的拉丁语，更重要的是有利于学生宗教虔敬的形成。这种课程安排与他批判经院哲学推崇早期基督教文化的基督教人文主义思想是一致的。

拉丁语是课程的重要内容。他要求学校教给学生的应是纯正的拉丁语而不是中世纪那种粗陋的拉丁语，认为应以真正的拉丁语"取代那些无知的蠢人带来的粗俗、谬误和掺了假的拉丁语"。要学好拉丁语，必须精通拉丁文法。起初英国在人文主义教育中所使用的拉丁文法手册都是意大利人编的，为进一步改进拉丁文法研究和教学，从 15 世纪末起，英国一些学者开始自己编写教学参考用的拉丁文法书，如安道基尔（John Anwykyll）、斯坦布里奇（John Stanbridge）、惠廷顿（Robert Whittinton）等学者都编写过拉丁文法书，"在英国明确地树立了文法教学的新方法"②，但这些文法书并不尽如人意。科利特建立圣保罗公学后，为加强拉丁文法教学，聘请从意大利回国不久的著名文法学家黎里为校长，并与伊拉斯谟和林纳克等人一道为学校的拉丁文法教学编写教材，这就是著名的《黎里文法》(*Lyly's Grammar*)。这本书对 16、17 世纪拉丁文法教学的影响犹如多纳图斯（Donatus）的文法书对中世纪拉丁文法教学的影响一样大。该书出版时，科利特为其写了导言，导言中讲到，这本书对一些语法规则的阐释较过去更加清楚，可以使学生"对于文法的学习更加容易一些"，他要求所有的儿童记住这些规则。科利特认为语法学习的最终目的还

---

① ［美］E.P. 克伯雷选编：《外国教育史料》，235 页。

② ［英］G.R. 波特编：《新编剑桥世界近代史 第一卷 文艺复兴》，150 页。

是增进对上帝的虔敬。《黎里文法》对英国的文法教学影响甚大。1540 年英王亨利八世训令把《黎里文法》定为学校唯一的拉丁文法课本。爱德华六世和伊丽莎白女王也发布过类似的训令。直到 18 世纪，这本书仍是英国官方钦定的教科书。

除拉丁语外，科利特还要求学生学习希腊语，"还要把希腊文教给学生，使他们学得包含智慧和纯洁高雅的作品"①。

与伊拉斯谟不同的是，科利特重视民族语言英语的教学，他要求对学生讲授《教义问答》和"十诫"时都使用英语，而且《教义问答》和"十诫"也都是用英文写成的。他还把能熟练地读写英文作为孩子入圣保罗公学的一个条件："如果你的儿童能熟练地读、写拉丁文和英文，他能读写自己的功课；这个儿童才能允许入学作一个学生。"②科利特重视本民族语言对宗教的意义，"他渴望见到能普遍用本族语传道"，"很可能他还希望全部宗教仪式都用本族语进行"，因为他曾让他教区中的教徒"用英语反复诵读《主祷文》"。③科利特对英语一直十分钟情，他在意大利学习古典文化时也念念不忘英语。同样引人注目的是，与当时惯用拉丁语撰写学校章程不同，圣保罗公学的章程是用英语写的。

科利特对学生纪律也提出了要求。如果儿童入学一段时间后学习存在困难以致难以为继，就要求他离校，"不让他徒劳无益地在学校占一个位置"；如果学生有了 3 次旷课就取消其就学资格；如果"旷课 6 天，在此期间他又提不出正当的理由（只有因病才是正当理由），那就要将他除名，不再允许他入学，并且他要交付 4 便士的罚金"。④ 严格纪律是为了保证教与学的连续性，使学生有所得。有的学者指出："科利特创办圣保罗公学，实际上是使文艺复

---

① ［美］E.P. 克伯雷选编：《外国教育史料》，237 页。
② ［美］E.P. 克伯雷选编：《外国教育史料》，235 页。
③ ［英］托马斯·马丁·林赛：《宗教改革史》（上册），146—147 页。
④ ［英］托马斯·马丁·林赛：《宗教改革史》（上册），144 页。

兴的理想与基督教中世纪的理想做了成功的妥协。"①虽然圣保罗公学不是英国第一所人文主义学校，但科利特的影响力将古典人文主义思想传播到了英国的其他文法学校。人文主义课程列入英国中等学校，在很大程度上应归功于科利特重建的圣保罗公学。这所学校虽然起初遭到强烈反对，但很快就成为以后在英国创办或改组的几乎所有文法学校的典型。科利特的学校章程，可以用来说明他为新学校制定的条例的特点。

当圣保罗公学建立时，英国已有各类文法学校300多所，这些学校是中世纪文法学校的延续，以培养神职人员为教育目的，其教育课程是中世纪修道院式的。他们受圣保罗公学的影响开始进行改革。②

不仅大量原有的文法学校效法圣保罗公学进行改革，还有"许多新的文法学校依照圣保罗公学创办，如商人泰勒（Merchant Taylors）1561年创建的泰勒文法学校（Merchant Taylors' School），完全是遵照圣保罗公学的章程办学，供250名学生学习，并允许其中的100名学生免费入学"③。圣保罗公学逐渐成为英国文艺复兴时期实行基督教人文主义教育的文法学校的典范，被誉为"英国文艺复兴运动的硕果"④，对当时及后世的文法学校发展均产生了重大而深远的影响。

二、高等教育

1454年到1464年，米兰修士斯特凡诺·瑟里戈尼（Stefano Surigone）在牛

---

① ［英］G. R. 波特编：《新编剑桥世界近代史　第一卷　文艺复兴》，148页。

② Frank Pierrepont Graves, *A Student's History of Education*, New York, 1933, p.118.

③ ［英］奥尔德里奇：《简明英国教育史》，诸惠芳等译，105页，北京，人民教育出版社，1987。

④ 戴本博：《外国教育史》（上），260页，北京，人民教育出版社，2001。

津大学讲授人文主义课题。15 世纪 80 年代，人文主义者科尔内利奥·维泰利(Cornelio Vitelli)在牛津新学院(New College)讲授文法，还提供私人希腊语授课。1472 年到 1482 年，被剑桥大学聘作神学教师的方济各会托钵僧洛伦佐·特拉韦尔萨尼(Lorenzo Traversagni)还主持修辞和伦理讲座。

牛津大学和剑桥大学在 15 世纪时出现了微妙的变化，表现为学院作为教学中心的重要性得到提升，包括一些新办的学院。教学内容的很多重大改变是在学院悄然发生的，没有直接体现在必修课程中。但是大学的状况没有反映课程的变化，因此形成了英国大学较为僵化的印象。在中世纪的英国大学，只有攻读更高学历的毕业生才能进入学院学习。1379 年，牛津设立的新学院改变了传统的做法，学院必须为没有毕业的学士生提供课程。新学院由此创立了一套最终成为大学标准方案的做法：让神学院、法学院、医学院的学者或研究生指导付费学习的文学院学士生。15 世纪后半叶，新成立的莫德林学院(Magdalen College)录取三十名得到资助的学士生，学院出资聘请了三位讲授神学、道德哲学和自然哲学的讲师，课程不限于莫德林学院的学士生，所有大学的成员都可以听课。研究生指导一名学士生可以获得报酬。莫德林学院的另一项举措是向自费的二十名学士生额外颁发学位，他们有资助，食宿费用付给从研究生中挑选的导师。莫德林学院还在学院附属的文法学校为尚未达到大学入学门槛的男孩提供拉丁文法基础教育。莫德林学院自创办起就注重以古典阅读为基础的新式文法教学。

16 世纪，牛津大学新设立的各学院人文主义发展迅速，青铜鼻学院(Brasenose College，1512)由神学研究生为学士生提供免费教育，还有一名带薪讲师专门给学士生上课。基督圣体学院(Corpus Christi College，1517)拥有可支持二十名学士生的资助金。为了帮助学士生完成学业，除了导师，学院还提供三名讲授修辞、古希腊语和神学公开课(向大学所有成员开放)的带薪讲师。神学讲座面向更高学历学生，学校规定讲师必须讲解《圣经》以及拉丁语和古希腊语著述，而不能讲授中世纪经院主义教科书《教父名言集》。修辞的讲师必须讲授特定古典作品以及意大利人文主义的两部主要作品：瓦拉的《拉丁文的典雅》和波利齐亚诺的《杂篇》。青铜鼻学院和基督圣体学院是学院的地位在牛津大学不断上升的最好证明，尽管此时英国大学的章程还没有变化，但是人文主义学术已经成功进入英国大学。

剑桥大学的学院出于财政原因从 14 世纪后期开始接受自费生（为食宿和高学历学生的辅导付费的青年）。1436 年剑桥大学改建了基督学院（Christ's College），基督学院虽小但很重要，其主要定位是培养学士，因此聘请一名带薪讲师为学士生授课，这是牛津大学和剑桥大学历史上最早的学院讲师。15世纪中后期剑桥大学还创办了其他学院，包括 1441 年创办的国王学院（King's College）。创办的新学院大多是为了培养更多的语法教师和更有文化的神职人员。最初新学院的培养目标没有明确的人文主义追求。耶稣学院（Jesus College）创立于 15 世纪末，提供学士和更高学历的进修教育，并且明确专注于布道和语法教学，这是 16 世纪剑桥大学创立多个重要学院的开端。创办新学院的重要推动力之一是一些富裕的信徒，他们和宫廷中逐渐壮大的人文主义学者关系密切。

由于学院教学的非正式性和灵活性，人文主义在牛津大学和剑桥大学得以迅速发展。牛津大学和剑桥大学只有三个高等学部在传统上需要带薪教授。而文科学部的授课任务由攻读学位的高年级学生和刚毕业的导师担任。导师毕业后必须留校一年讲授学位必修课程并且没有报酬，但可以向听课学生收费。这种义务授课体系在英格兰称为"必教"（necessary regency），而这产生了两个问题。一是假定所有文科教师能够同样胜任一切课程的授课任务，而且不分专业。但实际上对于人文主义文法、修辞以及古典文学中的新课程，大部分未来的教师都无法讲授。二是由于大部分文科教师无法教授希腊语或希伯来语，因此希腊语或希伯来语"必教"完全不可行。第一个问题会让希望大幅改变课程的人不舒服，第二个问题却会影响到所有人。即使毕业后无偿授课一年是获取学位时宣誓要履行的条件，很多文科教师还是不想授课。文科教师以学士身份毕业后想选择其他的职业。到 15 世纪，牛津大学和剑桥大学的校监会收到越来越多希望免除授课义务的请求书，相应大学给予豁免的次数也不断增加，通常会收取请求免除授课义务的文科教师一笔费用作为补偿。于是义务授课体系濒于崩溃，导致有时无人讲授课程，有时课程讲得粗浅散乱。但牛津大学和剑桥大学并没有废止这套已经流于形式的体系，授课的任务最终落到文科毕业后依然留校的少数人和承担不起免除费用，从而心怀不满的少数人身上。

解决文科义务授课的方案是设立文科的带薪教授职位，但免除授课义务的人所支付的费用也是一种财政来源。牛津大学采纳这种简单、公平且有一定效用的方案的速度较慢，直到 16 世纪后半叶才最终施行。剑桥大学比牛津大学更早、更直接地解决义务授课的问题。1488 年，剑桥大学修改学校规程，设立三个专业的带薪职位为文科提供公开讲座。其中两个专业是逻辑和哲学，第三个是人文主义的语法和修辞，面向大学一、二年级的学生。这一变化意味着对逻辑的重视有所减少，因为逻辑本来是前两年要教的课程。1495 年，剑桥大学修改另一条规程，把"人文主义"课程定为"Terence"，即包含古典文学文本的课程。这三个带薪教授职位的开支由各学院和宿舍的主持人分担。首任"Terence"讲师是从 1483 年起就在剑桥授课的意大利人文主义者盖厄斯·奥伯里。

因此，16 世纪初英国的人文主义在牛津大学和剑桥大学中确立了有限但确实的存在，并且还不断成长。牛津大学和剑桥大学人文主义教育取向的形成还得益于王室与贵族等世俗力量的大力支持。尽管教会中许多高级神职人员也曾经予以支持，但世俗力量的支持日益重要。源于王室和贵族的资助可靠而丰厚，这就使人文主义教育获得了长足的发展。①

---

① 吴式颖主编：《外国教育思想通史》(第 4 卷)，355—356 页，长沙，湖南教育出版社，2000。

　　修道院创办的学院也是讲授人文主义古典文化的重要阵地。"1524年托马斯·沃尔西（Thomas Wolsey，1473—1530）在圣佛莱兹怀德修道院（St. Frideswide's Monastery）建立了红衣主教学院（Cardinal College）。学院建成以后，提供6个公共教授席位。虽然没有希腊语教授，但对人文主义课程、哲学和神学都规定用希腊语讲授。"①英国的大学和修道院创办的红衣主教学院都讲授人文主义课程，这些不同形式的努力共同促进了英国人文主义的传播。

三、实用教育

　　16世纪英国的对外政策是力图保持欧洲各国的均势，对当时法国和西班牙两个欧洲强国中的任何一方的过分强大都存有戒心。法国和西班牙争夺意大利的战争结束后，法国被削弱，西班牙成为欧洲最强大的国家。16世纪下半叶英国工商业的迅速发展，迫切要求扩大海外贸易，寻求新的市场，建立和拓展殖民地。然而西班牙称霸海上，成为英国对外扩张的主要障碍，英国和西班牙的矛盾日益尖锐。当时英国的海军力量尚比较薄弱，无力与西班牙公开较量，于是便采取海盗和走私，以致西班牙人长叹"我们生活在和平时期，但是我们遭受的损失却超过我们公开战争时的损失"。1568年英国女王伊丽莎白下令扣留途经英国的几艘装载金银的西班牙船只，由此引发了一场重大的外交事件。英国对于运输"金银的航线的干涉，对于英国的经济和外交都有生死攸关的影响。结果将引起伊丽莎白时期所特有的投机狂，这种投机狂正是当时社会和教育变化的背景"②。这一时期西班牙是拥有强大军事力量的欧洲强国，在海外贸易市场的争夺中一直压制英国，为此英国与西班牙发

---

　　①　Anthur Tilley，"Greek Studies in England in the Early Sixteenth Century," *English Historical Review*，Vol.53，No.210，（Apr，1938），pp.234-235.

　　②　[英]G. R. 波特编：《新编剑桥世界近代史　第一卷　文艺复兴》，651页。

生数次激烈海战，最后英国在 1588 年打败了西班牙的无敌舰队，之后才得以顺利进行大规模的海外贸易和殖民活动。海外贸易、对外战争的海战和海外殖民地的扩张导致英国迫切需要大量军事、造船、航海等具有实用知识和技能的专门人才。但是既有的人文主义教育和文艺复兴后期出现的绅士教育都不能满足社会的现实需要。在此社会发展背景下，英国一些着眼现实发展的有识之士提出应在人文主义教育基础上体现教育的实用价值。

汉弗莱·吉尔伯特爵士（Sir Humphrey Gilbert，1537—1583）是英国的探险家和殖民者，他在殖民活动中发现实用技能知识的价值，认为英国当时的人文主义教育不能适应英国社会经济的发展的需要，人文主义教育不仅要培养"绅士"，还要使"绅士"可以在海外殖民和贸易中承担责任。吉尔伯特认为应该把大量的物资用于组建与全体国民相适应的教育机构。这就需要学校在教学上有所改变：一是在已有人文课程中强调实际作用；二是增加实用专业技能的教育，尤其是造船、航海、建筑学等专业内容。实用专业技能教育的知识基础是自然科学，要学好实用专业技能需要有扎实的自然科学理论知识，于是一些学校开始重视教授学生自然科学知识，开设了物理学、地理学、几何学、数学等自然科学基础课程，社会上也出现了研究自然科学的学院和社团组织。虽然这一时期的自然科学教育并不系统，但它却是近代自然科学教育的发端。

当时英国宫廷的护卫和年轻的贵族普遍缺乏适当的教育，逐渐失去了对君主和国家有用的美德。为了宫廷护卫以及其他贵族青年和绅士能够接受适合的教育，1575 年吉尔伯特发表《伊丽莎白女王学院》（"Queen Elizabeth's Academy"），

> 为满足王国和平与战争时期的实际需要，在伦敦建立一所学院，教授军事技能、造船术、航海术、数学以及医学等课程。军事技能的学习

包括布阵、防御、架设大炮，使用矛、枪，进行队列操练和行军训练等。①

设想中的"伊丽莎白女王学院"包含五个不同的学科。第一部分是英语语法（逻辑学、修辞学）、希腊语、拉丁语、希伯来语。修辞学的练习包括政治和军事主题的演讲。语言教学导向历史、政治和军事的学习。第二部分包括自然科学学科，主要教授自然哲学和数学，还有其他实用的学科，如布防、防御工事、挖掘地道、布雷、火炮和宿营，还教授使用大炮、火药和射击的技能。另一类科目是地理（绘制地图和海图）、天文学和航海。课堂讲授偏向于真实情景的呈现。第三部分包括法学和神学的讲座，讲授承担一般司法事务的地方官员和行政司法长官的职责，但专业性知识必须在伦敦具有授予律师资格权的四法律师学院（Inns of Court）中学习。第四部分包括在文明世界中生活的必要知识。一是法语、意大利语、西班牙语和德语，二是音乐、舞蹈和击剑。第五部分是"应该遵守的某种规则"。

第三节　莫尔的人文主义教育思想

莫尔是英国人文主义者当中最知名的人物。虽然是世俗人士，但他关心用新方法研究神学，中意新柏拉图主义；他支持皮科的学说，曾把皮科的一些著述译成英文；他支持英国一些大学对古希腊文化的研究；他拥护伊拉斯谟的基督教人文主义学说。莫尔的人文主义思想在本质上也是基督教人文主

① Patrieia-Ann Lee，"Some English Academies: An Experiment in the Education of Renaissance Gentlemen"，*History of Education Quarterly*，Vol.10，No.3，（Autumn，1970），pp.277-278．

义的，他最后还为此而丢掉性命。

一、生平

托马斯·莫尔在欧洲思想史中一直占有重要地位，被奉为"16世纪初期最富魅力的人物"和"英国文艺复兴时期三个最伟大的人物之一"。他是集学者、律师、神学家乃至殉教者于一身的人，其名著《乌托邦》，以对话的形式第一次提出了空想社会主义的基本原理，描绘了他设想的一个理想社会的蓝图，至今仍广为流传；莫尔的教育思想主要就体现在名著《乌托邦》之中。

莫尔于1478年2月7日生于英国伦敦，他所生活的15世纪至16世纪，正是西欧各国由封建主义向资本主义过渡的时期，也是英国大规模开展"圈地运动"，进入所谓资本原始积累的时期。早期资本主义的残酷剥削造成大批民众赤贫，使得英国社会生活的矛盾日趋激化；同时，英国王室与教会之间的矛盾斗争也十分激烈，宗教改革运动贯穿其中；与政治和宗教上的变动相呼应的是，开始于15世纪末期的英国文艺复兴运动方兴未艾，人文主义思想盛行一时。莫尔一生的经历及其著作和思想都深深地打上了这一时代的烙印。

莫尔的儿童时代是在当时伦敦最好的学校圣安东尼学校度过的，他在那里接受初等教育，学习拉丁语。莫尔的父亲约翰·莫尔（John More）是著名律师（一说是首任英国王家高等法院法官），在小莫尔12岁时将其托付给坎特伯雷大主教约翰·莫顿（John Morton），在莫顿的府邸当侍从（给名人当侍从是当时的社会风气）。莫顿是当时英国著名的开明政治家、外交家、学者，并一度当过大法官，他学识渊博，有很高的文学、艺术修养，对少年莫尔有很大影响。1492年，莫顿将14岁的莫尔送进了牛津大学。牛津大学在15世纪末和16世纪初是英国研究人文主义的中心，格罗辛、林纳克、科利特等人文主义干将对莫尔的教导和影响都颇为深厚，莫尔在这里学习拉丁语和古希腊语，并对古典文化产生了浓厚的兴趣。由于莫尔的父亲是一位著名的法学家，他

更希望莫尔能成为一名法官，而反对他对古典语言文学的向往。1494 年（或
1495 年），莫尔被迫从牛津大学退学，回伦敦入法律学校学习，1502 年开始
从事律师职业。莫尔精通英国法律，加上他为人正直，精明能干，对诉讼案
件处理公正，因此在伦敦法律界享有很高声誉，但同时他也一直没有放弃对
古代典籍的研究。

1504 年，莫尔被选为国会下议院议员，同年结婚。在议院中，他声望卓
著，并勇敢地履行了议员的职责，否决了英王亨利七世为公主婚礼向国会索
取巨额补助款项的议案。亨利因此迁怒于莫尔的父亲，将其投入伦敦塔监禁，
莫尔也被迫脱离政治活动，回到律师界。这时，他进一步研究人文科学和自
然科学，阅读柏拉图、亚里士多德等人的著作。

1509 年，亨利七世病故，亨利八世继位，莫尔也重新回到政界，从事社
会活动。1510 年，莫尔被任命为伦敦市行政司法官，任职不久，就得到市民
的拥戴。在此期间他对本国的经济情况有了深刻的了解。1513 年，莫尔写成
《国王理查三世的历史》一书，从此享有盛名。要了解莫尔，就不能抛开伊拉
斯谟这位 16 世纪初期欧洲最有名的文人。自 1499 年前后，他们便成为挚友，
此后 20 年，伊拉斯谟经常造访莫尔家。1506 年，他们曾合作翻译卢契亚卢斯
的著作，其中《冥间对话》一书对莫尔的《乌托邦》无疑是有启迪作用的。1509
年，在与莫尔相处的日子里，伊拉斯谟撰写了《愚人颂》；1518 年，伊拉斯谟
出版了莫尔的拉丁语诗歌，因为他认为"英国唯一的天才"本人没有时间去干
这事。

1515—1516 年，英王先后委派莫尔出使尼德兰和加莱，调解英国同当地
之间的商业纠纷。莫尔在长期工作中认识到亨利八世不是"保护羊群防御豺狼
的牧犬"，而是豺狼，故怀着这种心情，以第二次出使经历为背景，于 1516
年用拉丁语写成名著《乌托邦》（Utopia），表述了他的社会理想。莫尔的博学
和出色的政绩，特别是《乌托邦》一书的出版，使他获得了很高的声望。亨利

八世出于政治斗争的需要，于1518年召莫尔入宫廷任职。1523年，经大法官沃尔西提名，莫尔当选为下议院议长，并在同年写成《托马斯·莫尔答马丁·路德对英国国王亨利八世的诽谤》，反对路德的宗教改革。随后，莫尔又当选为牛津大学的司法干事（1524年）和剑桥大学的司法干事（1525年），被任命为兰开斯特公爵领地大臣（1525年）。1528年，莫尔写成《关于异端和宗教事务的对话录》。1529年，沃尔西倒台，莫尔被指定为大法官。莫尔虽然身居高官要职，但仍旧朴素、谦逊、和蔼可亲，在从事政务活动时完全独立自主，从不肯附和别人。1528年，因为在国会中为国家预算案投票时，他没有站在亨利八世一方，使亨利八世深为不满，因此，莫尔遭到荣誉流放，出使西班牙。从此，莫尔逐渐失宠于亨利八世。

亨利八世是宗教改革的反对者，曾支持教皇，并授权莫尔著书攻击路德，莫尔也赞成教皇制。后来，亨利八世由于与教皇发生矛盾而改变了对宗教改革的态度，并决定与教皇决裂，使英国教会独立。莫尔对亨利八世为了扩大王权、掠夺教会财产而推行英国宗教改革的行为深为不满，于是在1532年毅然辞去大法官的职务，以示对抗。这就进一步引起了亨利八世的不满和怨恨。为此，莫尔后来被控犯叛国罪，但查无实据，被宣告无罪。1533年，亨利八世迫使议院通过法令，宣布他是英国教会的首领，并要求全英国最杰出的人物，包括莫尔在内，都必须宣誓承认英国国王是英国教会的首领。莫尔不从，并因此而获罪，1534年被关进伦敦塔。

莫尔于1535年在伦敦塔中被处以死刑。他不屈不挠，视死如归，临刑前还在说笑话，终年57岁。

二、社会理想与普及教育思想

《乌托邦》最早出版于1516年，为拉丁语文本，是莫尔就任王室宴务长时出使尼德兰期间完成的（先完成第二部分，回国后又完成第一部分）。其英文版直到 1556 年才问世，此时书中的主要论点已广为人知并引起广泛争议。《乌托邦》这个书名原是由两个古希腊语名词"乌"和"托邦斯"组成的，意为"虚无缥缈的地方"。1898 年，我国近代启蒙思想家和杰出翻译家严复将其译成三个汉字"乌托邦"，兼有音译和意译之妙。从此，它也逐渐在我国流传开来，成为"空想社会主义"的代名词。

《乌托邦》分为两部，第一部是对君主专制国家的抨击。莫尔能提出社会主义的理想，在于他对封建主义以及资本主义本身所具有的对抗性的认识。他深刻地认识到君主制国家的实质。他指出，那些大国已为一伙贵族、富人所操纵。他们名义上代表国家，实则为他们自己打算，把国家变成保护其私有财产和奴役劳动者的机构。所谓法律不过是"把他们的阴谋规定成大家必须遵守的东西"，社会上根本就不存在什么正义。他在著作中写道：

> 这岂不是一个缺乏公正和不知恩义的国家吗？所谓上流绅士、金馆老板等这般家伙，不事劳动，徒然寄生，追求无益的享乐，却从国家取得极大的报偿。相反，国家对于农民、矿工、一般劳动者、车夫以及木匠，却丝毫不慷慨，而没有他们就会是国将不国。这些人为国家浪掷了青春劳力之后，挨受老病的折磨，生活穷苦不堪，可是国家忘记他们没有睡眠的长夜，忘记从他们的双手劳动所取得的全部巨大利益，十分无情义地让他们潦倒不堪而死，作为对他们的酬报。①

莫尔目睹当时农民不仅受封建地主压迫，还要遭受资本原始积累摧残的遭遇，提出"羊吃人"的观点，深刻、形象地抨击了资本原始积累"圈地运动"的罪恶。他借一个外国旅游者希斯拉德的口说道："你们的羊……一向是那么驯服，那么容易喂饱，据说现在变得很贪婪、很凶蛮，以至于吃人，并把你

---

① ［英］托马斯·莫尔：《乌托邦》，戴镏龄译，116 页，北京，商务印书馆，1982。

们的田地、家园和城市蹂躏成废墟。"①莫尔把这些破坏地界的贪得无厌的人称作"嘴馋而且贪狠的国蠹",被他们逐出土地的农民无处栖身,到处流浪,如果不去偷窃便只有饿死。莫尔在分析这些事实之后深刻地指出,社会的不公正、社会种种罪恶的根源是私有制度。他认为,只有完全废除私有制度,财富才可以得到平均分配,人类才能有幸福。如果私有制仍然保持下来,那么,大多数人类,并且是最优秀的人类,会永远被压在痛苦的悲惨重负下。这就是莫尔对于私有制社会的历史所得出的结论,他在当时第一个提出废除私有制,根据平等原则来组织社会生产,建立一个公有制的、民主和繁荣的国家。这种思想对当时和后世的影响很大。

在《乌托邦》的第二部分,莫尔为我们描绘了一个理想国的画卷,故事发生在一个虚构的岛上,那里没有战争、贫穷、犯罪、不公或其他社会问题,是一个人人劳动、机会均等的理想国度。

乌托邦彻底废除私有制,甚至连住房也是每隔十年用抽签的办法重新分配一次。乌托邦以家庭为生产单位,每一家庭生产一种手工产品,家庭中如有某一成员喜爱其他种类的技术,便可以被寄养到从事他所喜好的职业的家庭。手工业生产是这里的主要劳动形式。此外,每个公民还必须轮流从事农业生产,所有的人都必须到农村劳动两年,这样既保证了农业生产的需要,也使繁重的农业劳动不至于落在少数人身上。莫尔设想,乌托邦由于人人参加劳动,因而产品丰富,保证了每人之所需,甚至还有多余产品接济其他国家。乌托邦也重视对外贸易,以其多余产品的七分之一接济外部穷人,七分之六出售,换得大量金银财富,主要用在国防建设上。乌托邦既消灭了私产,因而也就取消了商品和货币,因此,莫尔让乌托邦人鄙视金银这种万恶之源,把它们视为粪土,用金银来制造溺器,锻铸成奴隶的锁链和犯人头上、耳上、项上的饰物。

---

① [英]托马斯·莫尔:《乌托邦》,21 页。

乌托邦还保留着奴隶，但这不同于奴隶制社会中的奴隶，而是一种对罪犯的惩罚形式。它亦不把其他国家的奴隶看作奴隶，只把本国的罪犯和其他国家的死囚当作奴隶。把本岛上罪大恶极的人罚作奴隶，其理由是：既然对他们施行过很好的教育，而他们却不免于作恶，这就加重了自己的罪行，就应严厉处罚。乌托邦大部分重体力劳动由奴隶承担。这是莫尔为乌托邦人所开的解脱繁重体力劳动的药方。

政治上，乌托邦实行民主制度，所有的官员都由人民选举产生，任期一年。最高行政长官"王爷"，也是由选举产生，虽是终身制，但可随时撤换。最高权力机关是人民大会和元老院。每30户居民选举一名低级官员担任摄护格朗特，从每10名摄护格朗特中选出1名高一级的官员持朗尼菩。家庭以最年长者为家长，由其指挥生活和生产。父母管教子女，老人受到尊敬。

这里实行一夫一妻制。为了使婚姻美满，择偶时双方裸身相见，这便可以避免由于衣服掩盖了身体的残疾，影响婚后的和睦。乌托邦人认为，精神美固然至为重要，但形体美也不可忽视，形体美可以增加精神美。在莫尔之前，古希腊哲学家德谟克利特曾提出过婚前男女赤身相见的主张，莫尔可能是吸收了这种思想。与此同时，乌托邦对于亵渎夫妻关系的人则处以重罚。

科学和教育在这里受到极大的重视（其教育思想将在下文论述）。生产劳动与从事文化教育和科学研究工作是乌托邦人生活中的两件大事，国家还会专门选择一部分有科学天才的人从事科学研究。乌托邦人学习知识不是为了装饰，而是为了启发心灵，使精神更加丰富。在乌托邦还保留着宗教，宗教在这里是影响人民的重要手段，也是青少年道德教育的组成部分。在宗教信仰方面，乌托邦人坚守民主的、相互尊重的原则，不像天主教会那样狭隘和对异教徒横加迫害。乌托邦人把享乐和幸福作为生活的总目标，重视美育、娱乐、休息和身体锻炼。

总之，由于乌托邦废除了私有制，有着健全的民主与法制，教育与科学受到极大的尊重，故而它成了人间的天堂，莫尔也因此成为空想社会主义的奠基人。值得一提的是，莫尔的"乌托邦"思想不仅是当时处在资本主义原始积累时期的英国社会矛盾的集中体现，反映了人们憎恨剥削和不平等的私有制、向往人人富裕和友爱的公正制度的幻想；同时还深深地受到前人的影响，"就文学角度而言，莫尔创作《乌托邦》并不是毫无基础的，而是他对祖祖辈辈的经验进行总结的结果"①。其中对其影响最大的便是柏拉图的《理想国》和奥古斯丁的《上帝之城》，但由于作者所处社会、历史时代不同，柏拉图所描写的是一种典型的理想的奴隶制国家，奥古斯丁也只是在"天国"中寻求自己的理想，把人在地上的生活看作罪恶的、暂时的，只是为走向永久的"阴间"生活做准备；而莫尔则在《乌托邦》中着意设计了一个没有私有制、没有阶级对立和没有暴政的完美的理想国，他绝不鄙视尘世生活，而是满腔热情地希望所有被压迫的和颠沛流离的人都能够享受尘世生活的乐趣，成为力量、敏捷和美的化身。

从严格的意义上讲，莫尔只是一位政治家和作家，但作为一位人文主义者，他所思考和关注的领域非常广泛，在其名著《乌托邦》以及他与友人的很多通信中都可以窥见其对教育的关注和思考，其中流露出很丰富的教育思想。此外，莫尔又是四个孩子的父亲，他的家庭就是一个"学院"，妻子、孩子和友人都成了他的教育对象，他的很多个人信仰都在这儿付诸实践，他的家庭也成为家庭教育的楷模。

莫尔的《乌托邦》一书通篇都充满教育意义，因为在这里，莫尔是把教育问题与政治、经济、社会、家庭等方面的问题联系起来考虑和研究的。莫尔所讲的教育并不仅仅指狭义的正规学校教育（他在这方面谈得很少），而是包括男女老幼在内都要接受的感化心灵、提升道德、学习知识、和谐发展的一

---

① ［苏］И.Н. 奥西诺夫斯基：《托马斯·莫尔传》，杨家荣、李兴汉译，106 页，北京，商务印书馆，1984。

种开放型的社会教育(含家庭教育),是生活中的教育。在这里,教育与生产劳动、国家的政治制度、人民的生活娱乐乃至宗教都紧密地联系在一起,并相互渗透,社会和生产本身就是教育的场所和大学校。因此,我们探讨《乌托邦》中的教育思想,首先必须明白莫尔所指的教育的广义性,他把教育渗透到了社会的各个领域。

正因为莫尔是一位政治家,所以他所说的这种广义的教育实际上是为其理想的国家制度服务的,是其所构想的理想政治制度、社会制度的一部分。他同情穷苦的劳动人民,认为当时的劳动人民之所以"愚昧无知""智力低下",一是由于剥削者的统治和压迫,二是由于没有受到教育。因此,他强调教育的重要性。在乌托邦,国家通过立法,实行公共教育制度,"乌托邦宪法规定:在公共需要不受损害的范围内,所有公民应该除了从事体力劳动,还有尽可能充裕的时间用于精神上的自由及开拓"①。这些思想无疑受到了柏拉图《理想国》中有关思想的影响,柏拉图和莫尔都认为国家在教育立法上的作用至关重要,但柏拉图只暗示这有利于世界大同,而莫尔则视其为社会的根本;柏拉图在很大程度上关心的是统治阶级的教育,莫尔则高度重视生产者尤其是农业劳动者的教育。

莫尔所描写的乌托邦人,把幸福和享乐作为生活的总目标,而要获得幸福就必须开发智力、接受教育。

在《乌托邦》,一切都在国家控制之下……国家从不强迫人民做无谓的劳动,因为国家经济的主要目的是尽可能使每个人摆脱体力重活而享受闲暇时间,只要社会需求允许的话。如此,每个人都可以开发智力。

---

① [英]托马斯·莫尔:《乌托邦》,60页。

这才是生活的秘诀。①

在这里，莫尔探讨了政治、经济与教育之间的关系，认为经济只是人们生活的物质基础，人的道德和心灵才智的发展才是真正的生活目的，因此教育理所当然是乌托邦岛上最重要的事，经济的发展只是为了提供物质基础，从而让人有时间去学习和接受教育。

在乌托邦，教育是国家的事，是国家政治社会制度的一部分，国家实行普及教育。莫尔几乎与路德同时提出普及义务教育的主张，是较早地论及普及教育的人文主义者之一，他说：

> 我承认只有少数聪明的孩子应该成为学院的学生，但每个孩子应该接受基本教育，大多数成年男女应该在一生的闲暇里进行自我教育。成年人可用自己的语言学习每一种知识，因为每一种知识都含有丰富的词汇。②

因此，他的普及教育不是仅仅针对儿童，而是针对一切人。同时，普及教育的渠道也是多方面的，既包括正规教育的学校，也包括非正规的家庭教育、社会教育，如听"公共讲演"、自学有益的图书、参加各种学术会议以及在生产劳动实践中学习等。这种教育和学习方式，不但能使儿童和青年获得广博的科学知识和生产技术，而且还可培养他们爱学习、爱劳动的品质，普及教育的目的就是培养理想的人，并使所有的人获得幸福。

为了普及教育，他提出应通过本民族语言学习各科知识。他认为民族语

---

① ［摩洛哥］扎古尔·摩西主编：《世界著名教育思想家》(第三卷)，梅祖培等译，159 页，北京，中国对外翻译出版公司，1995。

② ［摩洛哥］扎古尔·摩西主编：《世界著名教育思想家》(第三卷)，158 页。

言词汇丰富，是表达思想的准确工具，且有利于普及教育。

为了普及莫尔所提倡的这种广义的教育，他认为，家长、教师和社会上有经验的学者以及生产技术人员，都有责任教育年青一代，把教育工作渗透到社会的各个领域和方面。他这种广义的教育思想虽然是粗浅的、表面的，但从发挥教育效能上讲是可取的、值得学习的。在这个方面，他还强调了教士的作用和任务。他说："教士负有教育儿童及青年的任务，把关心培养他们的品德和关心他们读书求知看得同等重要。"①乌托邦的普及教育，"使岛上未开化的淳朴居民成为高度有文化和教养的人"②。与普及教育的思想相联系的，是莫尔对妇女教育、儿童教育的重视。在莫尔的时代，妇女是被轻视的，更谈不上受教育，而莫尔作为一个人文主义者，表现出了自己对妇女的尊重，他尤其关心女子教育问题，认为女子可与男子一样发挥自己的聪明才智，男女两性应享有平等的受教育权利。他说：

> 依我之见，这两种人同样都能掌握发挥理性的学术；如果播下培育良好的种子，那就可能有所收获，这就像在耕耘的土地上常见的那样……应该让女子参加崇高的学术活动，以便加倍开发她们的智慧。古代的圣人——他们不仅高瞻远瞩，而且还德高望重——也是这样看的。③

同时他指出："如果一个妇女在人人称羡的美德中有一点学问，那么，我看比克里苏斯之富和海伦之美还更可珍贵。"④此外，莫尔还极力主张让妇女接受高等教育，尤其是让她们涉猎经典著作与哲学领域。莫尔重视妇女教育的思

---

① ［英］托马斯·莫尔：《乌托邦》，110页。

② ［英］托马斯·莫尔：《乌托邦》，50页。

③ ［苏］И.Н.奥西诺夫斯基：《托马斯·莫尔传》，35页。

④ ［德］考茨基：《莫尔及其乌托邦》，关其侗译，110页，北京，生活·读书·新知三联书店，1963。

想在其妻子和女儿身上都得到了体现。

值得注意的是，莫尔所说的乌托邦岛上的教育，不是仅限于儿童和青年时期，而是终生不辍。"大部分公民，不分男女，总是把体力劳动后的剩余时间一辈子花在学习上。"①莫尔的教育对象不分男女，不分长幼，是全民的教育；教育内容广泛、全面，方法多样，是全面发展的教育。莫尔的理想社会就是每个人都受到良好的教育，人人知书识礼，学问与道德在每个人身上竞相生辉。人们把工作与学习、科研结合得如此自然，他们个个勤于工作，敏于思考；他们以正当的享乐为人生的目的，不仅仅享受精神上的快乐，而且享受物质上的快乐；他们既注意知识的修养、心灵的启迪，也注意身体的锻炼和休息；他们人人都是力量、敏捷与美的化身。这就是莫尔理想的社会、理想的教育，以及由这种社会与教育所培养出的理想的人。

三、劳动教育

莫尔所设想的乌托邦人是将教育与生产劳动紧密结合在一起的，乌托邦人生活中的两件大事就是生产劳动和从事文化教育与科学研究工作。莫尔主张人人参加生产劳动，这在当时是很突出的，这种主张是由他的政治、经济思想决定的，他说："凡年龄体力适合干劳动的男女都要参加劳动。"又说："乌托邦宪法规定：在公共需要不受损害的范围内，所有公民应该除了从事体力劳动，还有尽可能充裕的时间用于精神上的自由及开拓，他们认为这才是人生的快乐。"②"每当必要，他们都耐心参加体力劳动……对于从事智力探讨，他们从不知疲倦。"③莫尔不仅重视体力劳动，而且也重视智力劳动，在一定意义上是把体力劳动与脑力劳动结合起来了。这是一个创举，只有在消

---

① ［英］托马斯·莫尔：《乌托邦》，71 页。
② ［英］托马斯·莫尔：《乌托邦》，58、60 页。
③ ［英］托马斯·莫尔：《乌托邦》，82 页。

灭了私有制之后，在政治民主平等的思想基础上，这种理想才能实现。这种思想与马克思后来所说的教育与生产劳动相结合的思想有相通之处。

乌托邦人的体力劳动分为两大类：一类是农业劳动，另一类是手工艺劳动。

在农业劳动方面，儿童"从小学农，部分是在学校接受理论，部分是到城市附近农庄工作实习旅行，有如文娱活动。他们在农庄里不只是旁观者，而且是每当有体力劳动的机会，就从事实际操作"[1]。到年龄、体力适合从事劳动后，每个人要在农村住满两年参加农业劳动。第一年，因缺乏经验，要接受已在那里住过一年并熟悉耕作的人的训练。第二年，再以已获得的耕作经验传授新来者。在劳动实践过程中，一个人会在农业知识和技术方面经历学习和传授的阶段，并从中获得经验。这种轮换是以户为单位进行的，每户每年有 20 人往返于城市和农村。

在手工艺劳动方面，乌托邦人除务农外，还要学习一门手艺。这种专门手艺一般是子承父业，家庭是按专业组成的。假如某一家的子女不喜欢自己家的行业，可以寄养到从事他所喜欢的那种行业的人家。这是一种适应生产发展的学徒制的学习教学方式。

以上所述表明了三点：一是每个人都参加农业和手工业生产劳动，这说明从事生产劳动是每个人的义务和责任，是平等的；二是亦农亦工，在一定程度上把手工业和农业，把城市和乡村结合起来；三是每个人在生产实践中，通过理论联系实际，学到了技术和知识，这些知识和技术又反过来应用于生产实践。莫尔把生产劳动和知识、技术结合起来，为后来教育与生产劳动相结合的理论奠定了基础。

在生产劳动中，男女因体力不同，所从事的工种也相应有所不同。妇女体力较弱，可做轻活儿，如毛织和麻纺；男人体力较强，可操繁重活儿，如

---

[1]　［英］托马斯·莫尔：《乌托邦》，55 页。

冶炼、土木工等。乌托邦人每日只安排 6 小时劳动(每当没有必要干 6 小时的工作时,国家就缩减工作时间),睡眠 8 小时,其余时间除就餐外,大都用于智力活动。所以,乌托邦人既心情愉快地从事体力劳动,又心情愉快地从事脑力劳动。莫尔第一次把体力劳动与脑力劳动结合起来,把教育与生产劳动结合起来。虽然这种结合只是一种初步的设想,但其包含的价值取向则是可贵的。

在乌托邦,参加工农业生产劳动是每个人的责任和义务。虽然主管生产的人可以豁免劳动,但他们都不肯利用这个特权,仍然以身作则,参加劳动,并带动群众劳动。此外,经过教士的推荐以及主管生产劳动的人的秘密投票,还有少数人也可以豁免,以便认真进行各种学术研究。这些人都是在业余钻研学问,成绩显著者。但这些人后来如果不能胜任研究工作,就仍会被调回去做工。莫尔豁免一些有才之士从事生产劳动,集中他们从事各种学术研究,这是由于工作的需要。在脑力劳动与体力劳动相结合的基础上有一定的分工,也是合理的。

四、科学研究与知识教育

莫尔十分重视自然科学的发展和研究。在乌托邦,文化教育和科学研究是同等重要的大事,为了发展科学,国家选择一部分具有科学才能的人,专门从事科学研究。他们是由教士推荐,由摄户格朗特选择产生的。他们可以免除体力劳动,但必须对研究工作认真负责,尽心尽力,否则,如果辜负国家的重托,便要被免去科研职务,重新回到生产岗位。相反,如果一个工人能利用业余时间进修科学,并获得优异成绩,也可以被提拔到科研机关,专门从事科学研究。人人参加劳动,使工作时间大大缩短,余下的时间主要用于学习或从事科研。为了普及科学、探讨学术,他们经常举行讲演会,科研人员必须参加,其他的人不分男女,也成群结队来听。不同的人可以出席不同的讲座，有选择的自由。

由于重视科研，乌托邦的科学达到了当时最先进的水平。"在音乐、论证、算术以及几何各个领域，他们的发现几乎赶得上我们的古典哲学家"，他们"对星辰的运行、天体的运动，极有研究。而且他们巧于发明各式仪器，用于十分精确地观测日月的运行及部位"，"他们从长期的实践中所发现的确切征兆能预测风雨及其他一切气候变化"。关于潮汐何以形成，海水何以含盐，以及宇宙的起源和本质，他们的议论"部分地和我们古代哲学家的论点一致"①。莫尔将乌托邦的科学水平与古希腊相比，是因为在当时的欧洲，自然科学的成就并不比古希腊高出多少。

乌托邦岛上的人民除了独立地进行科研以外，还非常重视学习知识和同外界进行知识交流。乌托邦人一接触到古希腊作品就爱上了它们，有学问的乌托邦人只用三年时间就可学会古希腊语。他们阅读柏拉图和亚里士多德的著作、西俄夫拉斯塔斯的植物书、普鲁塔克以及吕西安的作品、荷马的史诗、欧里庇得斯和索福克勒斯的悲剧、阿里斯多芬的喜剧，还有史学家修昔底德、希罗多德的著作。此外还有古代的医学著作，也有古罗马作家的诗和历史著作。他们特别喜爱有关自然哲学的著作，靠这些著作，他们便去进一步探索大自然的玄妙。乌托邦人热爱知识，心胸开阔，因而不夜郎自大，不故步自封。他们善于学习外国的一切好东西。他们热情好客，尤其欢迎有才能的人与经验丰富、谙熟各国风土人情的人，他们渴望了解各个国家。乌托邦人由此也积累了丰富的知识，为青年一代的教育提供了充裕的学习内容。学校设置了内容广泛的学科，如读、写、算、几何、天文、地理、音乐、自然科学、本民族语言、当代外语等。

莫尔重视知识的学习，但他又认为学习知识不是为了装饰，而是为了启发心灵，使精神世界更加丰富，他认为，"世俗知识使人具备美德"，"学术不

---

① ［英］托马斯·莫尔：《乌托邦》，71 页。

端才导致对道德的无知"①,充分说明了知识与美德之间的关系以及学问对美德的影响和作用。莫尔反对无知,也反对脱离实际的学问。

五、道德教育与宗教教育

在乌托邦的教育中,德育占据最主要的地位。莫尔认为,在一切财富中,美德占首位,而学问居第二位。莫尔主张知识应该与道德有机地结合在一起,如果没有道德,那么知识就会成为罪恶的渊薮;只有与道德联系在一起的知识才更珍贵,甚至比国家的全部宝藏更珍贵。这是因为在崇高的学术研究中,重要的是汲取教养,而不是沽名钓誉,凡是从事学术而又沉醉于傲慢与虚荣中的人,就会利用学问来作恶。

乌托邦十分重视道德教育,并且随时随地进行。例如,在集体进餐时,他们精心安排座次,使青年人和老年人并肩而坐,这样,年长者可以随时观察青年人的举止,"老年人的严肃而可敬的威仪,足以防止青年言行失检而涉于放荡,因为他们的一言一行都逃不了在场老年人的注意"②。中餐和晚餐开始时,有人先读一段书,劝人为善,但需内容简短,不至于令听者厌烦。接着是老人按这段书的提示,引出内容适当、格调高雅的话题;但老人并不总是长篇大论,而是乐于听青年发言,甚至故意引出他们的话,以便在轻松的气氛中考验每一位青年流露出的才华及性格。

乌托邦仍保留着宗教,宗教是影响人民的重要手段和青少年道德教育的重要组成部分。莫尔的很多道德标准与思想都与其宗教观点息息相关。在乌托邦,人们可以信仰任何一种宗教,崇信日月星辰者有之;崇拜先祖中的英雄人物者有之;但大多数人,亦即那些明白事理的人只相信一个神祇,这样的神祇是不可知的,永远存在的,在形体上和威德上无往而不在。乌托邦人

---

① 赵祥麟:《外国教育家评传》(第一卷),303 页,上海,上海教育出版社,1992。
② [英]托马斯·莫尔:《乌托邦》,64 页。

称其为万物之父，把万物的起源、生长、发育、演化、老死，都归之于他，认为至高无上的神所代表的就是自然，自然就是神威庄严而超乎万物之上的"神"。莫尔认为神即自然，其宗教观类似于自然神论，但与自然神论不同的是，他相信灵魂不死，相信"非自然力"的奇迹。莫尔从其宗教观点出发，认为德行、理性应与自然统一起来，他指出：

> 德行引导我们的自然本性趋向正当高尚的快乐，如同趋向至善一般……乌托邦人给至善下的定义是：符合于自然的生活……乌托邦人说，一个人在追求什么和避免什么的问题上如果服从理性的吩咐，那就是遵循自然的指导。①

这充分说明了德行、理性与自然的辩证统一关系，即德行要服从理性、遵循自然，同时德行又引导人们的自然本性趋向至善。因此，莫尔反对一切违反自然理性的强权、剥削、奴役，反对天主教把人生看作罪恶的渊薮，反对禁欲主义，提倡人文主义的德行，认为主要的精神快乐就来自德行的实践和高尚生活的自我意识。

莫尔认为，自然号召人人互相帮助，不要在为自己谋利益的同时损害别人的利益，并认为低级快乐一定会带来痛苦的后果。所以他劝人"为善""行善修德""关心公众的利益"，尖锐地揭露和批判自私、贪婪、野心和派系斗争、说谎、虚荣心强、追求名利、骄狂等不良道德行为。乌托邦人也十分重视仁慈、人道等道德观念的培养。他们规定，屠宰牲畜一类的事情，只应由奴隶去干，而且要先在城外宰好，经过清水冲洗，然后运入城里。乌托邦人不准自己的公民从事屠宰业，认为这会逐渐消灭人性中最可贵的恻隐之心。同样，打猎活动也是被禁止的，因为杀生取乐会养成人的残忍性格。对于战争，乌

---

① ［英］托马斯·莫尔：《乌托邦》，80 页。

托邦人持反对态度，他们热爱和平，喜欢安宁的生活，在国与国之间发生争端时，主要依靠和平的方法解决。但在祖国遭到侵略时，他们却勇敢地投入战斗，从不贪生怕死、苟且偷生。在人与人的关系上，莫尔主张对他人要慈善、谦虚，大家"和谐友好"相处。官长不傲慢，不令人望而生畏，官长热爱老百姓，老百姓也自愿地尊敬官长。对老人、病人、丧失劳动力的人、有残疾的人以及孤儿等，要关心照顾，特别教育年轻人要照顾老年人，服侍父母。莫尔还从其宗教观出发，相信灵魂不死，为善者死后有赏，作恶者死后遭罚。因此，要为死者树碑，讲述死者的优良品质；为国家建立功勋的伟人，要为他在广场上树立雕像，纪念其崇高业绩，鼓励后人景仰前人而奋发上进。乌托邦人认为这样纪念正直的品德，不但是鼓励生者向往善行最有效的办法，而且能给予死者敬意。莫尔说道："我们行善修德，死后有赏；我们为非作恶，死后受罚。这些固然是属于宗教的原则，然而乌托邦人主张，理性使人们承认这些原则。"①

乌托邦人对不良行为采取防患于未然的办法。他们认为，某种不良行为一旦在某人身上生根，那么在他的头脑中便会留下牢固的关于这种行为的快乐的谬见，就不能接受正确的良好行为或真正的快乐。乌托邦人给有善行者以荣誉，同时用刑罚阻止人犯罪。其精神是，处罚的目的是根除罪恶，挽救犯罪的人，使他们改过自新，以后立功赎罪。但是，乌托邦人对犯错误的人也不会无原则地宽恕。犯下严重罪恶的人则要公开处分，将犯错误的人作为反面教材教育别人，并且阻止别人犯罪，以利于促进社会道德的纯净。

六、自然美育观

新的社会生产关系和新的道德观念，形成了乌托邦人新的审美心理。莫尔认为，在美育中，音乐应占有特殊的位置。乌托邦岛上的音乐声调优美，

---

① ［英］托马斯·莫尔：《乌托邦》，107 页。

能准确地表达人们的感情，激发人们的热情。乌托邦的器乐和声乐如天籁一般，音调和意境能融合无间，表达任何一种情感的乐曲也都恰到好处。音乐"触动我们的官能，使它感到一种秘密的非常动人的力量，吸引住它"。音乐可以使人"不时感到一种快乐"①。为了享受生活之美，乌托邦人晚餐时都伴有音乐。进餐时他们焚上香，喷上香水，以使心情更为舒畅愉悦。

乌托邦人的审美观十分独特，从不讲究服装穿戴。样式上，除了区别男女、已婚与未婚者以外，几乎趋于统一。做工时穿的衣服是皮的，而且要穿七年；平时的衣服也要穿上两年。衣服多用粗毛线或麻布料制成。可见，乌托邦的衣着十分简单，莫尔认为这样才是美观的，他对那些绫罗绸缎、金银装饰极为厌恶。当身着五颜六色华丽衣装的外国人来到乌托邦岛上时，会被乌托邦人称为"小丑"。所有这些都反映出，莫尔美学观的主要成分乃在于自然之美与精神之美，这是一种自然美学观，勤俭淳朴是这一美学观的主要因素。

与这种自然美学观相一致的是，莫尔认为健美的身体也是美育的一个重要方面。他对健康格外关注，把健康看作快乐的基础。他说，"美观、矫健、轻捷，这些都是乌托邦人视为来自大自然的特殊的令人愉快的礼品而高兴地加以珍视"②，他抨击禁欲主义者"鄙视美观，损害矫健的体力，变轻捷为迟钝，因节食而伤生，糟蹋自己的健康，以及摒绝大自然的其他一切恩典"的行为，认为"这种态度是极度疯狂，是对自己残忍而对自然忘恩负义的一种心境的标记……"③因此，莫尔十分重视娱乐、休息和锻炼身体。出外旅游和骑马奔驰是乌托邦人最喜爱的活动，军事训练也是体育的重要内容，乌托邦人不分男女在固定的日子里刻苦地参加军事训练，这既可锻炼身体，又可提高御

---

① ［英］托马斯·莫尔：《乌托邦》，78 页。
② ［英］托马斯·莫尔：《乌托邦》，89 页。
③ ［英］托马斯·莫尔：《乌托邦》，78 页。

敌本领。

莫尔把身体的快乐分为两类。"第一类是人能充分感觉到鲜明的愉快……是由于某种东西，它触动我们的官能，使它感到一种秘密的非常动人的力量，吸引住它。这就是从音乐产生的快乐"。所以他设想乌托邦人在一天劳动后，在晚餐时必有音乐，一方面可以解除一天劳动的疲劳，另一方面也可以得到听觉美的享受。莫尔不但注意音乐美的作用，而且还注意环境自然美的作用。他说，乌托邦人酷爱自己的花园，因为从花园中可以得到视觉美的享受，可以使人心情舒畅，忘掉烦恼和不快。于此，我们看到莫尔还注意到了审美情操的培养。"另一类身体的快乐，按照乌托邦人的意见，在于身体的安静以及和谐"①，这里指每个人应拥有健康的身体，免于疾病。因为只有身体健康，生活才能安静舒适，否则，失去健康，就谈不上快乐。因此，他反对一切有害于身体的低级快乐。莫尔的自然美学观，不仅重视精神上的享乐，而且也不忽视身体上的享乐，比起柏拉图完全贬低身体上的享乐、追求严峻单调的抽象美学观无疑前进了一步。

七、家庭教育的楷模

莫尔在《乌托邦》中描绘出了理想的社会，构想了理想的教育和理想的人，在现实生活中，他也是一位模范的丈夫和父亲，成为家庭教育的楷模，并在家庭教育中实践了自己的很多教育思想。

莫尔一生结过两次婚，第一位妻子为他生了三个女儿和一个儿子，但不幸于 1511 年去世。考虑到孩子需要母亲，莫尔很快又同比自己大七岁的艾丽斯·莱德尔顿结了婚。艾丽斯脾气暴躁且说话尖刻，但却是孩子的好母亲、家庭的顶梁柱，莫尔对此十分欣赏。莫尔在切尔西拥有一栋房子，全家上下一共 21 个人住在一起，还有不少其他人同住。莫尔单独为自己建了一所房

---

① [英]托马斯·莫尔：《乌托邦》，78—79 页。

子，带有小教室、图书馆和艺术陈列室。他的整个宅邸是一个教育试验场。他教妻子和其他家人唱歌并演奏各种不同的乐器，教他们用拉丁语和英语(有时用古希腊语)阅读并讨论哲学、神学问题。莫尔在教育他的三个女儿和养女吉格斯(Magart Giggs)时，实践了他的教育原理，使她们都接受了人文主义的教育。尤其是其长女玛格丽特，不但在品德、智慧方面类似其父，而且学问造诣很深，她能说流利的古希腊语和拉丁语，文学成就也曾轰动一时，为当时学者们所重视。莫尔对其继室——脾气暴躁的艾丽斯的教育也被当时的人们传为佳话。通过莫尔的精心教育，艾丽斯最终成为一个温良、知书达礼、懂音乐的女人，莫尔一家也被奉为"所有时代家庭幸福的楷模"①。

莫尔对其子女的教育和关爱，让我们看到了《乌托邦》之外的莫尔—— 一位真正的慈父。

第四节　埃利奥特的人文主义教育思想

如果说莫尔的教育思想含浓厚的空想成分，那么埃利奥特的教育思想相比较而言则现实得多，它是意大利人文主义者卡斯底格朗教育思想在英国的翻版，直接而集中地表达了时代的教育需求。

一、生平与著作

托马斯·埃利奥特，是英国的政治家、外交家和人文主义学者。他的父亲是一名地方官，同时也是英国空想社会主义者莫尔的好友，其思想进步，兴趣广泛，喜爱古典学术。埃利奥特自幼生长在这样一种家庭氛围中，也耳濡目染、潜移默化地接受了人文主义思想。埃利奥特虽然不曾进过牛津、剑

———————————

① ［摩洛哥］扎古尔·摩西主编:《世界著名教育思想家》(第三卷)，156 页。

桥等著名学府，但他对人文主义著作兴趣强烈，理解力强，并直接受到英国人文主义大师林纳克的指导。

1511年，执掌行政立法会的父亲让年轻的埃利奥特担任立法会的秘书一职，由此也决定了埃利奥特的职业生涯。后来他还一度担任英国枢密院的秘书，并于1530年当上了郡选议员。1531年，埃利奥特出版了《统治者之书》一书，这时他的父亲已去世多年，他也和一位富家小姐成了婚。埃利奥特的政府工作使他拥有大量的闲暇时间，可以阅读众多古典的与意大利的文学著作；同时，他的社交圈里也是学者云集，其中也包括很多由欧洲大陆来英国求学的有识之士，这些学者无疑也激发了埃利奥特的学术兴趣。埃利奥特还多次作为外交官出访过欧洲大陆的一些国家，但大约于1537年，他便辞官在家，深居简出，将全部精力投入翻译和著述。1546年3月，埃利奥特于伦敦去世，终年56岁。

作为一名人文主义者，埃利奥特一生著述颇丰。《统治者之书》写于1530年，出版于1531年，这本书无疑是他在阅读大量人文主义著作，以及认真了解当时英国社会公众需要的基础上写成的，他将该书题献给国王。1533年，在出版了一卷名为《使人明智的知识》的对话集之后，埃利奥特将全部精力投入《拉丁-英文字典》的编纂之上，这一字典包含大量的法律、医学以及神学方面的经典词汇和技术术语，不论对于初学者还是专家来说，都是一本十分适用的字典。

《淑女自卫》(*The Defence of Good Women*，1534)反映了埃利奥特人文精神的另一个侧面，这是一本关于妇女知识与道德方面的教育著作。此外，埃利奥特还翻译了大量的古希腊著作，这些工作既反映了埃利奥特在英文和古希腊文方面的造诣，也体现了他广泛的阅读能力。事实表明，埃利奥特不仅掌握了柏拉图、亚里士多德、昆体良等古代先哲的第一手文献资料，而且以这些资料为依托，满怀欣喜地投入方兴未艾的文艺复兴运动之中，其投入方式不是简单的空谈和模仿，而是试图结合实际，推陈出新。

二、《统治者之书》及其教育思想

埃利奥特曾声称要将古代最完善的思想奉献给当时的英国王室。他把《统治者之书》题献给国王，其目的就是要使那些拥有"公共福利"权的人都能形成"最适宜的美德"。《统治者之书》无疑是一篇政治论文，但它既没有提出政府管理的方略，也没有像莫尔那样构想一个完美的国度。埃利奥特认识到，在政治组织和管理处于不断改革中的英国社会，懂得如何培养统治阶层的下一代才是当务之急。这是一个服务于政府的全新理想，它超越了以往那种仅以武力和官位统治国家的思想。其核心是准备从事政治生活的青年的教育问题，因此，它也是一本政治教育著作，其教育的目的就是要培养绅士，即新型的资产阶级贵族。

《统治者之书》无疑受到了《宫廷人物》的影响，它是《宫廷人物》的英国版，两者的基本精神是相通的。不过，《统治者之书》已经把《宫廷人物》的基本精神和英国的具体形势结合起来，它已不是《宫廷人物》的简单翻版，而是一本具备英国特色的人文主义教育著作了。

埃利奥特所说的"统治者"是指 16 世纪英国的统治阶层，他们是资产阶级的新贵族，或称绅士。绅士应该文武双全，应有文化修养，接受拉丁语与古希腊语的教育，能言善道，谈吐风雅，擅长音乐、舞蹈；绅士应具备强壮的体魄，接受体育训练，进行户外运动，学会角力、游泳、赛跑、田猎、骑马、射箭等，必要时能用剑参加战斗。绅士还应该学会上流社会的处世之道，通达人情世故，善于处理公私生活，要有绅士风度，保持身份的尊严和荣誉，气度宽宏，仪表端庄矜持；最重要的是，绅士还应效命于王室，为国家服务。如何培养这种具有"绅士"风度的统治者呢？这就是埃利奥特所关注的核心问题。

和许多人文主义者一样,埃利奥特在论及教育过程时,首先涉及的是婴儿教育问题。他认为,照料婴幼儿的护士们必须对儿童的身体健康和精神发展负责,要为儿童提供未来统治者所必需的营养。和昆体良、伊拉斯谟等人一样,埃利奥特也认识到了模仿作为儿童的一种天性的重要性,认为"当儿童开始能讲话时,就应该通过愉快的引导促使他们形成优雅的行为方式和高尚的道德习惯"①。在当时,有很多人认为儿童在 7 岁以前不应该接受文字教育,但埃利奥特认为这既不是古代先哲的观点,也不符合现实的需要。事实上,7 岁以前的儿童完全可以学习文字,关键是要采取愉快的教学方式,例如,在学习拉丁语时可以让儿童熟悉周围所见到的事物的名称,说出身体各部分的名字,以正确的方式让他们用拉丁语复述等。埃利奥特也强调在儿童教育中应重视三点:第一,培养儿童清晰而准确的表达习惯;第二,在教学的起始阶段通过游戏的方式进行教育;第三,学习一门不熟悉的语言(如拉丁语)时,运用交谈的方式。

埃利奥特认为,"儿童 7 岁以后,我确信,他应该脱离妇女的照料",并应指派给他一个"有古典修养的、受人尊敬的男性私人教师"②,以便让儿童形成既文雅又坚强的性格。儿童的专职教师应该具有优良的道德,并应懂得学生的天赋和能力倾向,他要以自身的美德向儿童表明什么是荣誉,什么是爱,以及如何形成各种美德。教师不应让儿童因无休止的学习而陷入疲劳之中,这样只会使儿童娇弱的智慧遭受压制,变得迟钝;优秀的教学应该交织些许愉快的学习和练习,如演奏乐器等,以使枯燥的学习变得愉快,增强儿童的兴趣。

埃利奥特也十分注重进行音乐和美术教育,但和亚里士多德等人的观点

---

① William Harrison Woodward, *Studies in Education during the Age of the Renaissance*, p.273.

② William Harrison Woodward, *Studies in Education during the Age of the Renaissance*, p.275.

不一样，埃利奥特更愿意把音乐看作一种娱乐而非系统的学习内容。在他看来，音乐的主要作用是使"智慧重新焕发出生机"，同时他还认为，懂得音乐的节奏和旋律也是非常重要的，因为这有助于"未来的统治者们"理解社会阶层的秩序以及社会事务管理中的和谐。埃利奥特同样也很强调美术的功利作用，他认为，在发现儿童有绘画和图形想象的能力倾向时，可以引导他们向绘画和雕刻方面发展。传授和发展绘画方面知识的直接好处在于，军事工程的修建、战略地图的绘制、城市建筑的构图等，都直接依赖于绘画能力。可见，埃利奥特把艺术修养同国家事务的管理及公共服务的能力联系起来，带有很强的目的性。

在谈到青少年的学习课程时，埃利奥特将青少年的发展划分出三个不同的阶段，并给每个阶段都系统地安排了适宜的学习课程。7 岁到 14 岁是学习的第一阶段，这一阶段应以语言的学习为主。埃利奥特认为，7 岁以前的儿童可以学会用母语清晰地表达以及基本的语言常识，但运用拉丁语以及发展更高的语言能力，应是 7 岁以后的教育任务。他同意昆体良的观点，认为儿童学习语言应从古希腊语开始，或者古希腊语和拉丁语同时开始。学习古希腊语可以以《荷马史诗》等为材料，而学习拉丁语时，诗人维吉尔等人的经典诗篇则是最好的教材。埃利奥特不赞成过多地学习枯燥的语法，认为语法只是有助于人们对作者的理解，过度的学习只会压制儿童的智力发展，增加疲劳，削弱儿童的学习勇气。这些观点可谓一针见血，具有实践意义。埃利奥特主张将经典的文学作品作为语言学习的教材，因为他认为诗歌等文学作品具有趣味性，可以让儿童愉快地掌握语言，形成智力品德，这是自然、愉快教育的基本思想。在谈到这一阶段儿童的道德教育时，埃利奥特认为，给儿童提供最好的道德环境比教师的教学技巧和智慧更重要，因为持续不断的教育过程建立在模仿、示例以及个体感悟的基础之上，而不是简单的知识传输。

青少年到了 14 岁，就进入学习的第二阶段。这一阶段已不需要繁杂的古典作品的讲解，而应系统学习修辞(雄辩术)、历史、天文学等方面的知识。他坚信，"未来的统治者们"无论是从事法律工作，还是担任地方官员，都必须学会清晰而准确的表达方式，通过古希腊语和拉丁语进行修辞训练的目的，就是要使每个人的表达风格更为完美，因此，进行逻辑和讲演的训练十分必要。埃利奥特十分重视对青少年进行历史方面的知识教育，但他认为历史的学习不是要简单地知道历史事件发生的顺序，而是要懂得国家和政府发展与衰亡的原因，懂得军事斗争的教训，懂得统治者的政治策略和道德价值等。历史事件中交织着很多错误和似是而非的东西，反映了人类生活的不同侧面和价值观，教师要教会学生明辨是非，从历史中学习作为绅士应该具备的常识和管理社会公共事务的能力。可见埃利奥特对历史教育的认识已经非常全面了。此外，他还谈到了天文学、地理学学习的重要性以及这些科目与历史学习的关系。总之，从14岁到17岁的青少年接受的教育是全面的，要通过学习使青少年掌握必要的经验，懂得为政府服务，引导他们具有高尚的行为，形成"贵族"的雏形。

17岁的青年们，在接受艺术、修辞、地理、历史、军事和政治方面教育的基础上，进一步接受哲学的教育。"当儿童达到17岁时，为了用各种道德约束他们的冲动，就必须让他们阅读一些哲学著作，特别是伦理哲学，这可以使他们的行为举止符合美德的要求。"①因此，亚里士多德的《伦理学》是埃利奥特的首选读物，柏拉图、西塞罗等人的哲学著作也是青年必读的材料。这一阶段直至21岁。

埃利奥特对他的教育计划充满自信："我满怀信心地认为，如果儿童像我所写到的这样被抚养，在21岁以前一直正确地学习哲学，并遵守这个国家的法律……毫无疑问，他们将变成十分优秀的智慧的人，在世界任何国家的公

---

① William Harrison Woodward, *Studies in Education during the Age of the Renaissance*, p.288.

务领域，都难以找到比他们更高贵的谋士。"①为了培养效忠于君主、恪尽职守的统治者，21岁以后的青年还应学习法学等科目。

除上述文化知识之外，埃利奥特主张未来的统治者还应当进行军事体育训练，学习角力、跑步、游泳、骑马、打猎、跳舞、射箭和使用武器。他尤其强调射箭的益处，认为它是一种最好的训练身体的科目，同时还具有国防意义和娱乐性质。在谈到娱乐休闲活动时，埃利奥特还提到了下棋、舞蹈等活动，认为下棋可以使人们的思维变得敏锐、快捷，舞蹈则会使人具有良好的外形和贵族气质。总之，埃利奥特的一切教育内容都是为未来统治者的"绅士"风度和气质而设定的，是一种全身心的教育。

埃利奥特坚信统治者的贵族地位虽然受到遗传和环境因素的影响，但更重要的是其个人品质的结晶。由此他强调了教育和训练在新的贵族统治阶层形成时的重要意义。他注重教学方法，强调激发、引导儿童的兴趣，强调教师的品行素质和教学能力；他编制了一套循序渐进的教学内容和计划，涉及语言、历史、政治、艺术、体育、娱乐等方面；他强调了道德(美德)教育的重要性，并提出了环境在青少年美德形成中的重要意义。埃利奥特提出培养新的统治者——绅士的思想，象征着16世纪英国教育目的的重大转变，适应了时代发展的需要；其关心儿童心理等人文主义教育思想和基本原则也促进了教育理论的发展；同时，这本《统治者之书》是用其民族语言——英文写作而成的，也适应了由于民族国家兴起而产生的对发展本民族语言的要求。

《统治者之书》中的教育思想无论对当时还是对17、18世纪的英国教育理论和实践都产生了深远而广泛的影响，洛克正是在此基础上系统地提出了绅士教育的理论。但该书不足的地方在于，其很多教育思想都是各家观点的综合，甚至可以说是人文主义教育基本原则的汇总，因此缺乏创新之处。

---

① William Harrison Woodward, *Studies in Education during the Age of the Renaissance*, p.289.

第五节 培根的人文主义教育思想

弗兰西斯·培根（Francis Bacon，1561—1626）生于英国封建社会的末期，是西方哲学史和科学史上划时代的人物。培根是英国近代唯物主义哲学的奠基人之一，开创了以经验为手段、研究感性自然的经验哲学和实验哲学的新时代，在英国思想史上以及人类思想史上都具有重要的地位。马克思曾称其为"英国唯物主义和整个现代实验科学的真正始祖"①。培根提出的"知识就是力量"不仅在当时影响深远，而且对当今的社会发展仍具有现实而重要的意义。

一、生平

1561 年 1 月 22 日，培根出生于英国的约克宫，他的父亲是当时伊丽莎白女王的掌玺大臣。培根从小就在颇有才学的母亲的严格指导下读书，表现出了非凡的智力，曾被伊丽莎白女王称为"小掌玺大臣"。培根 12 岁被送入剑桥大学圣三一学院读书，在校三年后，他按照父亲的安排到英国驻巴黎使馆任职。他于 25 岁时当选为国会议员，此后还做过英国的掌玺大臣和大法官。晚年培根因被控受贿离开了政治舞台，于是退居乡间，专门从事科学和哲学的研究工作。

培根一生中虽然没有直接写过关于教育方面的著作，他本人也不是教育家，但是他也一直关注学校教育工作。1588 年，培根曾在格莱法学院担任讲师，以过人的辩才而小有名气。培根还曾想亲自办一所学校，以实施其鼓励科学研究和培养科学人才的人生理想，但由于种种原因没能如愿。培根写了很多关于学习和科学的著作，其中对教育问题提出了许多精辟和新颖的看法。

---

① 《马克思恩格斯全集》（第二卷），163 页，北京，人民出版社，1957。

他的哲学思想和这些对教育的论述，也直接或间接地影响了近代资本主义的教育思想。

> 他提倡自然科学，主张学以致用，提出了"知识就是力量"的伟大口号，宣扬知识的巨大威力，号召人们探求知识。他系统地提出推进科学发明的实验归纳法，以使人们在追求科学知识的道路上通行无阻，真正达到扩大人类权力和征服自然的目的。他号召改革经院教育，使学校教育跟上时代的潮流，传授百科全书式的知识，注重科学和科学人才的培养，促进科学的进步。①

文艺复兴和宗教改革运动以后，随着思想的解放，欧洲的生产力进一步提高，自然科学中出现了一系列重大发明和发现，而自然科学的发展，反过来使欧洲人的思想进一步贴近自然、注重世俗，并引发了对传统观念的进一步挑战和新思想的流行。在这种历史背景下，教育领域也发生了变化：出现了注重社会需求和科学进步的新兴教育思潮，使整个欧洲教育逐渐由注重书本转向注重经验，由注重思辨转向注重科学实践，科学教育思想开始崭露头角。

近代自然科学产生于15世纪下半叶的欧洲。随着资产阶级的兴起，科学开始逐渐冲破神学的羁绊，从而有了较大的发展。近代自然科学的诞生和发展，既是生产力发展的需要，也是资产阶级发展的需要。因为美洲新大陆的发现，16世纪的英国和西班牙、尼德兰等国取代意大利，成为新的商业和经济中心。在宗教和政治方面，这时的英国已完全摆脱了罗马教皇的控制，成为完全独立的民族国家。更重要的是，在亨利八世和罗马教廷决裂之后，教士们被剥夺了大部分的政治、经济特权，这些权力移交给了新兴的资产阶级

---

① 单中惠：《培根与近代科学教育的兴起》，载《华中师范大学学报》，1981(2)。

和新贵族。而培根则是这些新兴资产阶级和新贵族的代表。国王亨利八世是人文主义的支持者，热心于教育事业，重建和创立了洋溢着人文主义精神的学校。伊丽莎白一世在亨利八世之后进一步促进了英国教育的发展，学校的课程增加了英语、外国语、物理、化学、体育等，更加有益于世俗生活，学校的目标也更加注重培养在社会生活中有现实作用的绅士，现实主义精神进一步增强，为培根教育思想的产生奠定了社会基础。

二、培根的知识论

（一）论知识的价值

14、15 世纪，在经历了宗教改革和文艺复兴以后，人们开始逐渐尝试独立思考、自由探索。人文主义歌颂、赞扬人的价值和尊严，否定教皇和教会的绝对权威，宣扬人的思想解放和个性自由；肯定现世生活的价值和尘世的享乐，人不仅具有建立新的精神生活的权利，而且被赋予了建立新的物质生活、改变现实的巨大力量；提倡学术，遵从理性，知识的价值初步得到认识和肯定。但要彻底结束上千年封建神权对知识的贬损，还需要一个非常缓慢而艰难的过程。培根就是在这样的背景下，提出了认识的价值和功能的学说。培根认为知识不是一种纯思辨，而是一种力量。对知识的价值，培根从以下几个方面进行了论证。

1. 知识是认识自然、驾驭自然的伟大力量

培根认为，知识是掌握自然奥秘的手段，是通过认识自然从而驾驭自然的巨大力量。培根一直深信，人类统治宇宙万物的权力深藏在知识之中。在他看来："人类知识和人类权力归于一；因为凡不知原因时即不能产生结果。要支配自然就须服从自然；而凡是思辨的原因者在动作中则为结果。"[1]由于自然事物有其自身的规律性，而人类的知识按其本性是源自一种精神对另外

① [英]弗兰西斯·培根：《新工具》，许宝骙译，8 页，北京，商务印书馆，1984。

一种非精神的东西的加工，因此，人们熟悉了规律，掌握了规律，就能在极不相同的实体中，抓住自然的统一性，去发现之前从未发现过的东西，发现不管是自然的变化、实验上的努力，还是偶然的原因，都不能实现的东西，发现人们从来没有想象过的东西。"由此可见，法式的发现能使人在思辨方面获得真理，在动作方面获得自由。"①"通向人类权力和通向人类知识的两条道路紧相邻接，并且几乎合而为一。"②这就是培根把知识看成人类权力的来源，即"知识就是力量"这句话的理论基础。

2. 知识是人类社会发展的力量

培根认为，科学知识通过发明创造、技术革新，即科学技术发明，对社会的发展起着巨大作用，是促进人类社会发展的重要力量。在《新工具》里，培根指出，野蛮人、文明人的分野是以掌握、运用知识的程度为标志的，培根把知识看作人类文明的基本要素和社会发展的基本标志。培根曾举例说，大家可以比较一下欧洲最文明的区域和新印度最野蛮的地方人们的生活是如何大不相同，"而这个差距无关乎土壤，无关乎气候，也无关乎人种，这个差距只在方术"③。此处的方术就是培根所说的知识，即科学知识。培根在论及知识的力量、效能和后果时，提到了中国的指南针、印刷术、火药这三大发明并指出："这三种发明已经在世界范围内把事物的全部面貌和情况都改变了：第一种是在学术方面，第二种是在战事方面，第三种是在航行方面；并由此又引起难以数计的变化来；竟至任何帝国、任何教派、任何星辰对人类事务的力量和影响都仿佛无过于这些机械性的发现了。"④

培根第一次将知识的力量提到如此高的地位，在那个年代，在科学诞生的早期，这是有开创性意义的。后来的马克思也接受了培根的这个判断，认

① ［英］弗兰西斯·培根：《新工具》，117 页。
② ［英］弗兰西斯·培根：《新工具》，117 页。
③ ［英］弗兰西斯·培根：《新工具》，112 页。
④ ［英］弗兰西斯·培根：《新工具》，112—113 页。

为指南针、印刷术、火药这三大发明预示了资产阶级社会的到来。

3. 知识是社会稳定的力量

培根认为知识对于文治武功、治国安邦，也有重要的功能。第一，从国家统治者的角度，培根认为有渊深学问和广博知识的国家统治者，才能将国家统治好。培根非常赞同柏拉图的思想，即如果国王是哲学家，或者哲学家是国王，那么人民同国家都会幸福，并将其引申为如果国家统治者都是知识渊博的人，那么这个国家就会发达繁荣，会出现安静和安宁。这个思想在其《新大西岛》中得到了表现，在他所描写的本色列国里，科学教育研究机构所罗门宫有极高的权力，而所罗门宫的元老，则有极为崇高的社会地位，这个社会是科学主宰一切的社会。第二，从被统治者即广大人民的角度来说，培根认为拥有知识的人民更有利于社会的安定与进步。当时的封建统治阶级对广大人民实行愚民政策，认为人若多学，就会对法律和社会失去信任，难以治理。而培根认为这是诬蔑之言，培根认为当人们明白自己职责的合理之后，就会比盲从更稳当地忠于职守。培根进一步指出，"学问使人心和雅仁厚，易于治理，而愚昧则只能使人粗野蛮横，易于叛乱"①。其实，反对愚民政策，认为人民应该成为有知识的人，这里面蕴含着教育普及思想。

4. 知识是人自我完善的重要力量

培根认为科学知识能使人正确地看待自己、审视自己，认识到自身的脆弱，使人对自己负责，不断激励自己、完善自身，不断寻求进步。培根关于学习和读书有一句名言："史鉴使人明智；诗歌使人巧慧；数学使人精细；博物使人深沉；伦理学使人庄重；逻辑与修辞使人善辩。"②这就是说培根认为不同的知识可以改变一个人的气质，通过学习不同的知识，来弥补人身上的缺陷，从而完善自我。培根还说："精神上的缺陷没有一种是不能由相当的学

---

① ［英］弗兰西斯·培根：《崇学论》，关琪同译，12页，北京，商务印书馆，1938。

② ［英］弗兰西斯·培根：《培根论说文集》，水天同译，180页，北京，商务印书馆，1983。

问来补救的：如同肉体上各种病患都有适当的运动来治疗似的。"①并举例说一个人如果心志不专，他最好就研究数学，因为数学需要专心论理。如果他的精神稍有不专，就非从头做起不可。这样的训练多了，他就会越来越专心，心志不专的毛病就改掉了。

培根曾写道："除了知识同学问而外，尘世上再没别的权力，可以在人的心灵同灵魂内，在他们的认识内、想象内、信仰内、建立起王位来。"②培根认识到知识在人性中具有无上权威，正是知识指挥着人的理性、信仰和理解。正是科学知识使人认识到自身的脆弱、自身的变幻无常，使人免除了心理的轻佻傲慢，使人可以在衡量是非时更加客观和公正。培根认为高尚情操的形成离不开知识，他强调道德情操对知识的依赖，认为知识是道德行为的基础。对知识的追求，有助于培养人们高尚的道德品质。

总之，在科学发展的早期，培根就能高瞻远瞩，独具慧眼，较其同时代人更清楚、更深刻地看到了知识引发人类物质生产和社会生活变革的巨大可能性。培根是第一个真正揭示了知识的重大意义的人，这是培根的巨大历史功绩之一。培根关于知识的价值的理论，给了教育一个新的目的和功能，有力地抨击了当时脱离实际的经院教育，为近代科学教育提供了最早的理论基础和思想启蒙。

（二）论知识的改造

培根将知识分为两类：一类是当时流行的知识，他称之为"人心的预测"（anticipation of the mind），他认为这类知识只可供争辩、文饰、谈话、日常职业之用，不具有认识自然、征服自然的价值与功能；另一类知识被他称为"自然的解释"（interpretation of nature），是不求在辩论中摧毁对方，只求在行动中征服自然，不求虚幻的或然性的推测，只求确定的可论证的知识。培根认为

---

① ［英］弗兰西斯·培根：《培根论说文集》，180 页。
② ［英］弗兰西斯·培根：《崇学论》，58 页。

这是知识的两个支流、两个组成部分。培根指出这两种知识不是互相对立、互相歧异的，而是互相帮助、不可分离的，前者是为培植知识之用，后者是为发明知识之用。在培根的著述中，他所倡导的知识，主要是第二类知识，也就是"自然的解释"。鉴于当时人类拥有的知识，并非都能适合此用，因此，他提出了要对人类的整个知识体系加以重新改造。

第一，培根认为人们对已有知识的满足已经成为科学技术进步的一大阻力。对自己时代科学技术的估量过高，正是人们满足现状、停滞不前、不能继续深入研究和发现的重要原因。培根在《新工具》的序言中，写的第一句话就是："有些人自认把自然界的法则作为已被搜寻出来和已被了解明白的东西来加以规定……都会给哲学以及各门学科带来很大的损害。"①他认为这种自满自足压抑了人们的继续努力和探讨，所以，他要破除人们对人类已有知识的迷恋、满足，要对人类知识加以重新审查，要弄清前人已有的知识贮藏，正确估量人类知识现状。第二，培根认为以往的知识多为第一类知识，只是空谈，但不能够生产，只是争辩，而不能带来实际的效益。培根在这里，既批判了中世纪脱离实际、不结果实的经院哲学，同时也批评了古希腊的形而上学。培根认为当时学术界的这种不实用、纯思辨的缺陷，在古希腊时代就有了。他认为当时所有的科学是停滞、僵死的，偶像式的，只受人崇拜顶礼，却不能运动、不能前进，它们没有获得有意义的成就。据此，培根提出了对知识进行改造的思想。

(三)知识分类的原则和知识体系的新结构

1. 知识分类的原则

培根在对已有的人类知识进行考察时，不仅提出了知识改造的概念，同时也建立了自己全新的人类知识分类系统，为分门别类地深入研究和近代的科学教育创造了条件。人类知识的宝库中，各种知识浩如烟海，数量大而种

①　[英]弗兰西斯·培根：《新工具》，1页。

类繁杂，各门科学又各有其自身的本质特点和研究对象。要弄清这个宝库的知识宝藏，为人类造福，就必须制订科学分类的原则，建立一个存取资料的分类系统。培根的知识分类的新原则就是在这样的意愿和需要中提出来的。它对后世产生了重大影响，在科学史、哲学史、教育史上都占有一定的地位。

培根关于知识分类的原则有三条：

第一条，知识是一个统一的体系，要"把知识的各个部分，只可当作全体的线索同脉络，不可当作各不相谋的片断同个体"①。培根认为如果把各种学科各自独立起来、割裂开来，就会脱离它们的公共源泉，认为这正是当时各种学科肤浅、谬误的一个重要原因。培根这种把科学作为相互联系的统一整体的思想，是很可贵的。

第二条，科学分类的原则不是绝对的、唯一的。人们因为有着不同的目的、不同的宗旨，以及认识的不同角度，因而也就有着不同的分类原则。培根这个思想是客观的、科学的，符合科学认识对象的多样性，以及人的认识角度的多样性。

第三条，培根实际采用的是根据人类的主观理性能力进行分类的原则。

培根认为，科学知识的发展体现了人类的理性能力，两者是一致的。所以，在培根看来，应该依照人类的理性能力来划分科学知识。他把人类的理性能力分为记忆、想象和理性三种，相对应的，则把科学知识划分为历史、诗歌与哲学。培根认为，历史是受时间、空间限制的，是与个别发生关系的，这些都与记忆相关。所以，历史属于记忆的科学。诗歌也与个别发生关系，但这些个别是不是客观的存在物，完全可以不遵守现实的规律。所以，诗歌与想象有关。与其他两类相比，哲学则是抛开个别，把从感觉印象中得出的抽象概念作为对象，并依照事物的规律，把概念加以联结或分离，而这正是理性的职责和工作。所以，哲学属于理性的科学。

---

① ［英］弗兰西斯·培根：《崇学论》，142 页。

其实，培根曾提到过应该按照事物的本质，或者按照事物的功能进行科学分类，这种按照研究对象进行分类的原则，也是我们现在通用的分类原则，相比于培根自己实际使用的按人类的理性能力进行分类的原则，更加科学和客观。

培根按照主观能力分类的原则尽管有缺陷，但是，他终究是在真正意义上的科学诞生后，提出科学分类的第一人，对近代科学分类起了先导作用，也为近代的分科教育打下了基础，为进一步的教育改革提供了理论基础。

2. 新的知识体系

(1)历史：包括自然史、政治史、教会史和学术史四类

关于自然的历史，培根依据自然自身的力量和条件将其细分为三个部分：自由的自然历史、失误的自然历史、被束缚的自然历史。所谓的"自由的自然"，就是如天体、动物、植物这类自然自身的工作，任它走自己的路，不存在任何阻碍或影响。这种对自然的普通过程的研究，被培根称为"自由自然的历史"，包括天文学、动物学、植物学等。培根所谓的"失误的自然"，是指自然受逆转性、不易控制性、背离性物质和巨大阻力等的影响而离开了自己的进程，发生自然的畸形和变态。对这种"误入歧途"的自然的研究，包括怪异史、畸变史，培根称之为"失误的自然历史"。自然被人的技术和才能限制、铸造、转化并制作成新的东西，如"人造物"，这就是"被束缚的自然"。培根称这种自然的研究为技艺史或机械史。"培根很重视机械史，他认为这不仅在自然历史而且在自然哲学里，都是最根本最重要的历史。"①培根重视机械史，与他重视实验的思想是一脉相承的。

培根所说的政治史，其任务就是记述人生事迹及其给予人们的经验启示，按体裁分为纪事杂录、完全历史、古史零简。纪事杂录，是按照时间顺序记录事迹、公家法规、议会命令、国家公文和要人演说等。完全历史则按陈述

---

① 余丽嫦：《培根及其哲学》，138 页，北京，人民出版社，1987。

对象分为编年正史、个人传记和纪事本末等。古史零简则是通过研究碑文、古迹、传说等只言片语来记录历史。

教会史是西方教会的发展历史，培根将其分为普通教会史和预言史。普通教会史就是记录教会的产生和发展进程。而预言史记述预言本身和预言的应验，还记述上帝的意旨、惩罚、谴责、解救、祝福等。培根认为关于教会史已有大量资料，所以，对教会史没有作更多的说明。

（2）诗歌：分为叙述诗、戏剧诗和寓言诗三类

对于诗歌的功用和意义，培根认为，犹如可知的世界不如运用理智的灵魂尊贵一样，诗歌把历史不肯施予人类的那些东西给了人类。培根认为，历史事迹的记载虽然真实，但有时缺乏使人心得到满足的庄严性，有时真实的历史结果未必符合人们的心理预期，没能做到恶有恶报，善有善报。而在诗歌里，通过艺术化的加工，人们可以从中找到更合乎人类精神的伟大、善良。"因此，培根认为，诗的功用正可以扩展'伟大'、助进'道德'、增长'喜乐'。"①

培根将诗歌分为叙述诗、戏剧诗和寓言诗三种：叙述诗是历史的真实摹本，戏剧诗是供人观赏的历史，寓言诗则是为了表达某种特殊目的和观念的诗歌。

（3）哲学：分为自然神学、自然哲学和人类哲学三类

对于哲学，培根将探入神蕴的哲学称为自然神学，观察自然的思维研究称为自然哲学，而将人类反省自身的研究称为人类哲学。培根认为自然神学是通过观察和思考上帝所创造的自然万物来认可上帝的万能的学问。培根对自然神学没有太多的论述。

培根将自然哲学分为理论部分和实践部分。自然哲学的理论部分是研究原因的，培根称之为"观察的自然科学"，包括物理学和形而上学；自然哲学的实践部分是产生结果的，培根称之为"致用的自然技术"，包括实验的、哲

① 余丽嫦：《培根及其哲学》，141页。

学的和幻想的。培根在他自己的知识体系中，把"致用的自然技术"与自然哲学的理论部分并列，这本身就是一个科学的革命。因为在亚里士多德和古希腊哲学那里，自然只是思索的，而不是致用的。"建立在知识基础上的改变物体、变化物体的致用的自然技术是培根哲学与古希腊哲学分野的最大特征之一。"①

培根把人类哲学分为研究人类个体和研究人类群体两部分。研究人类个体的人类哲学是对人的身体和心理的研究。对人体的研究，培根根据人体的理想状态为健康、美丽、力量、快乐，相对应地将人体研究分为医学、美容术、运动学、行乐艺术四个方面。培根将关于人的心理的研究分为两类：一类是对心灵的实质的研究，培根称之为灵魂学，研究灵魂的起源、不灭等；另一类是关于心灵的作用或机能的研究，包括逻辑学和伦理学。研究人类群体的联合政治的人类哲学，培根称之为政治哲学。

依据人类在社会中的行为主要有社交、处事、政治三个方面，培根将人类群体研究划分为"行为的智术""处事的智术""国政的智术"。

培根以其广博的学识、深刻的洞察，为近代提供了第一个就当时的科学水平而言最为详尽的科学知识体系全图。在阐述过程中，他根据实际生活以及科学发展的需要，提出了好些新的学科，这都是很有价值的。黑格尔也承认，培根在他的科学知识体系全图里，提出了好多当时各类知识和学科中没有，却又富有启发、富有教益的言论，这是很有价值、很有影响的。后来，法国的狄德罗、达朗贝在编写《百科全书》时，不仅采用了培根的科学分类原则，而且基本采纳了培根的整个科学体系结构。

三、培根关于大学的设想

在培根所处的时代，教会对经院哲学、占星学和其他多种伪科学总是采

---

① 余丽嫦：《培根及其哲学》，147 页。

取宽容的态度，却将真科学视为异端，显示出真正的敌视态度。

在当时的学校教育中，僵死的经院哲学仍然占统治地位，崇古和空谈之风盛行，把柏拉图、亚里士多德当作绝对权威，不注意新的发明创造，读书的范围很狭窄，仅限于某些作家的著作，而担任教师的那些经院学者，令人望而生畏地固守在几个作家的阴影里，实际上只是一些伟大葬仪的经纪人。面对这种情况，培根尖锐而又明确地指出，在学校、学院、大学以及目的在于作为学者居留之所和培养学术的类似团体中，一切习惯和制度都是与科学的进步相反的。培根曾写道："在学校中、学园中、大学中，以及类似的为集中学人和培植学术而设的各种团体中，一切习惯、制度都是与科学的进步背道而驰的。"①

在他看来，大学中的那些经院学者不注重现实，不专心研究有价值的东西，而只是注重亚里士多德的空名，把他们的精力花在空洞的烦琐的争论上，把他们的方法应用于荒诞的问题上。尽管各种各样的书籍浩如烟海，但是只要仔细看看，就可以发现内容极其贫乏。虽然在处理方法上有所不同，但到处都在不断重复同样的东西，实质上没有什么新的东西，也没有什么实际价值和功用。这是近代科学教育兴起的主要障碍，也是学校教育改革针对的根本目标。培根认为，应该给从事科学事业的学者以适当的社会地位，要给予学者合理的报酬，要有科学的奖励制度，为学者提供良好的精神、物质环境和条件，以便使其安心，并有最大的动力，以其毕生的精力投入科学工作，促进科学的繁荣发展。培根还主张把这些作为促进科学发展的重要内容和措施用法律的形式固定下来。这对于发挥科学工作者的积极性，对于繁荣学术、推进科学技术的迅速发展都具有重大的意义。

1. 提倡学术自由

培极强调要把政治的问题与学术的问题区别开来。他强调学术自由，允

---

① ［英］弗兰西斯·培根：《新工具》，76—77 页。

许自由判断，允许"脱离常轨"。培根认为"科学则应如矿穴一样，从四面八方听到新事功和新进步的喧声"①。

在学术问路上，要允许人们去自由探索、民主争论，不能用行政的办法来干预，也不能只是由"权威"说了算。当时的社会现状是"一般人的研究只是局限于也可以说禁锢于某些作家的著作，而任何人如对他们稍持异议，就会径直被指控为倡乱者和革新家"②。

培根的这些思想，就是针对教会及经院哲学禁锢人们思想的时弊提出来的，呼吁要为科学教育提供自由的政治环境。

2. 提高学者的待遇

培根非常关注提高学者的地位和待遇，他认为要提高学者的地位，要信任他们，尊重他们。

第一，要对学者有正确的看法。培根驳斥了社会上鄙薄、轻蔑知识分子的种种行为和议论。当时，社会上许多学者由于出身寒微贫穷而遭到轻蔑、歧视，培根则认为，学者之所以寒微贫穷，是因为学者的精力所向不在于名利，他们潜心学问，不营私牟利，这正是知识分子、学者的可贵之处，不应受到歧视。培根认为，是安于贫困的知识分子，延续了人类的文明，否则，人类将退归野蛮。这是对知识分子作用的一个既公正又深刻的评价，是对知识分子的正确了解和信任。

第二，培根强调提高学者待遇的重要性。培根认为，学者是灌溉科学的人，他认为要想促进科学、教育的发展，学者"一定要有安适的生活状况，丰厚的生活费用，才能竭其精力，尽其一生，专心从事学术的探讨和学子的培植"③。而在当时，学者的酬金、报酬过于低微，只要人们在科学园地中的努

---

① ［英］弗兰西斯·培根：《新工具》，77 页。
② ［英］弗兰西斯·培根：《新工具》，77 页。
③ ［英］弗兰西斯·培根：《崇学论》，100 页。

力和劳动得不到报酬，那仍是会阻碍科学的成长的。①

培根认为，对学者应有正当合适的薪金报酬，学者的薪俸，"必须要抵得住普通执业操作的人们所得的平均报酬"②。否则，学者会经济枯竭，精力衰弱，从而导致科学的衰败。对他们的勤劳努力，还应有所奖励，才会促进科学的兴旺发展。

3. 提高学者的社会地位

所罗门宫的元老拥有极高的社会地位。所罗门宫在本色列国里，被认为是"国家的眼睛""国家的指路明灯""世界上一个最崇高的组织"③，具有很高很特殊的地位。他们还巡视全国的主要城市，发布有用的发明，并指示民众对自然灾害实行防御。他们每到一处，都受到当地行政长官的隆重接待。

4. 人才的培养

要使科学研究得以延续，就要注重人才的培养。在所罗门宫中，新的学生(培根称之为"学徒和实习生"④)不断地受到教育训练，以便源源不断地补充和接替科研人员的职务。

5. 交流与协作

培根认为要促进人类科学的发展，必须要进行国际间的信息交流。他认为："许多团体同会社虽然国属不同，领土各异，亦能互订条约，互存友谊，互通声息，甚至还可以有属员、有领袖……我们为什么不能在学问上，智识之光上，本着一脉相传的宗旨互订友好呢？"⑤

后来，培根在他的《新大西岛》中就写到在本色列国里，专门有十二个人以国家的名义到世界各国去，把世界各国的科学技术、学术情报，以及论文

---

① 参见[英]弗兰西斯·培根：《新工具》，77页。
② [英]弗兰西斯·培根：《崇学论》，100页。
③ [英]弗兰西斯·培根：《新大西岛》，何新译，17页，北京，商务印书馆，1959。
④ [英]弗兰西斯·培根：《新大西岛》，36页。
⑤ [英]弗兰西斯·培根：《崇学论》，103页。

书籍、实验模型等带回国内来。这种浪漫的、理想的教育方案，实际上为近代科学教育的兴起提供了借鉴和参考。

四、培根的教学思想

在培根对知识的分类体系中，人类哲学中的逻辑学包括四部分：研究与发明的艺术、检验与判断的艺术、保存与记忆的艺术，以及讲述与传授的艺术。"讲述与传授"的艺术"本质上是授受的，是把自己的知识、表示传达于别人"①，这其实就是教育的本质。这一块内容，是培根著作中少有的直接谈到教育、教学方法与原则的一部分。关于教学方法和原则，培根提出了一些颇为精到的意见。

（一）教学原则

1. 启发性原则

第一点，培根反对专断的教学，主张启发思考。他说："把知识当作一根线，传授给人让人继续纺线。"②为此，传授知识时最好按发明时的方法把它传授出来，就像树木的移植栽培那样，多依靠根而少依靠杆木，否则移去的树木，只可供木工使用，而不是供栽者使用了。也就是说，教师教给学生的知识只是树干、树枝和树叶，学生在获得这些知识后，要能融会贯通，举一反三，对树根也要加以领悟。总的来说，就是教师教学生要知其然，更要知其所以然，使学生了解知识的来龙去脉，对知识的来源和形成也有深层次的掌握，从而成为下一步继续学习的基石。

第二点，培根认为知识的传授者和接受者都要有怀疑探索的精神。培根批评了知识传授时，"好名之心，使教师不肯暴露他的弱点，懒惰之习，使学

---

① [英]弗兰西斯·培根：《崇学论》，173 页。
② [英]弗兰西斯·培根：《崇学论》，178 页。

生不求知道他的根据"①的恶习，认为这些人害怕怀疑考查，却不怕陷入谬误，这岂非荒谬。培根认为，知识的传授不是为了使人易于信从，而是为了使知识获得进一步的发展。

2. 循序渐进原则

第一点，培根认为教学方法要"按照所学者对于所学科目所有的程度和造诣而定"②。培根举例说，与传统意见相反的新奇知识，和人们所熟知的传统知识的教学方法肯定不一样，熟悉的只需要证明或争辩就够了，而不熟悉的则要用很多的比喻和寓言，否则就会或被认为荒谬，或被排斥。

第二点，培根认为书籍的内容应该根据研究进行合适的排列，人们就可以循序渐进，而不至于乱了步伐。

第三点，提出要根据学生的年龄、心理特点等，划分相应的知识传授期，有些知识宜于初学者，有些知识则不宜于初学者。培根批评当时的大学教育的课程设置，一般大学生还不到成熟期，就来学习伦理学和修辞学，而这两种学科只宜于毕业生，不宜于儿童和初学者。过早地学习这两门学科，会使这两门技艺中的技艺，堕落成儿童的诡辩、可笑的做作。

第四点，培根认为在学习中要先找出容易的地方，从容易处着手，然后循序渐进，到达那些比较繁难的地方。但他认为强学繁难的东西，穿"重鞋学跳舞"，把繁难之处变成比较容易的，也未必不是一种好的方法。

3. 因材施教的原则

培根认为"要按照学生心理的特性，教以适当的学问"③。培根认为不同的学问可以治疗不同的智能缺陷。他举例说，对于一个心志不专的孩子，可以让其学习数学，因为数学需要专心方可解答。培根虽然认为不同的学问对

---

① ［英］弗兰西斯·培根：《崇学论》，178 页。
② ［英］弗兰西斯·培根：《崇学论》，180 页。
③ ［英］弗兰西斯·培根：《崇学论》，189 页。

人心有不同的治疗作用，但他更认识到人由于心智才力的不同，对不同的学问有不同的学习接受能力。所以，培根提出要"研究某种心理特别适合某种科学，乃是一种极聪明的办法"①。

(二)教学方法

1. 科学归纳法

为了打破人类认识道路上的一些"假象"，使人们可以自由地进入科学的殿堂，培根系统地提出了科学归纳法。培根认为这是推进科学发明的正确方法，也是人们获取科学知识的真正道路。他认为过去人类知识之所以没有多大进步，主要就在于人们缺乏正确方法的指导。培根批判了三段论的演绎法，认为它不是认识客观事物的方法，而只是一种争辩的方法。在《新工具》第二卷里，培根列举了大量的自然科学的例证，清楚地解释了什么是科学的归纳法。归纳法就是从对个别事实的感觉出发，一步一步地逐渐上升，最后得出普遍真理，发现科学规律。培根提出科学归纳法，可以说是认识方法和思想方法上的一个新的改造，是当时科学发明在某一阶段的总结。它为近代科学教育的兴起提供了方法论的基础。科学归纳法主要有以下四个步骤：

第一步，搜集材料。培根非常重视材料的搜集，他曾写道："我们必须背妥一部自然和实验的历史，要充分还要好。这是一切的基础。"②他认为搜集材料是归纳法的基础工作和先决条件。培根认为人们的一切认识都必须从感官的知觉开始。他在《新工具》第一章第一条，就开宗明义地写道："人作为自然的臣相和解释者，他所能做、所能懂的只是如他在事实中或思想中对自然过程所已观察到的那样多，也仅仅那样多。在此之外，他是既无所知，亦不能有所作为。"③学生不能满足于仅仅去接受书本中的知识，而是要在教师的

---

① ［英］弗兰西斯·培根：《崇学论》，189 页。
② ［英］弗兰西斯·培根：《崇学论》，127 页。
③ ［英］弗兰西斯·培根：《崇学论》，7 页。

指导下，到自然中去观察，利用第一手的观察来进行学习。

对于搜集事实，培根更强调了实验的作用。以往的归纳法，都只使用简单的观察手段，只有培根的科学归纳法才建立在实验方法之上。在他看来，应该通过人工控制自然现象，把不易出现的现象再现出来，或将复杂的自然现象分析、分解，分别加以观察研究。无论是化学，还是物理学或其他科学，离开了实验，都是不成功的。这对于当时在学校教育领域中占统治地位的极端蔑视自然、脱离实际和经验、崇尚书本和迷信权威的经院哲学确实是个沉重的打击，而为科学的实验方法在教育工作中的应用开辟了道路。

第二步，整理材料。培根认为，具体材料纷繁复杂，应该按适当的秩序加以整理排列，否则就会使人的理解力迷乱和分散。培根提出了著名的"三表法"："肯定表"是由那些虽然实质有很大的差异，却具有某种同一性质的例证组成的表；"否定表"把与上表所列物体相近却缺乏这种性质的例证列为一表；"比较表"是将所研究的性质出现的各种不同程度加以列表，即把同一物体或不同物体中该性质的多少加以比较。通过这三个表的比较分析，对搜集的材料进行整理，为下一步的归纳做好基础。

第三步，排斥法。即通过概括和排除，淘汰非本质的规定，最后"在一切轻浮意见都化烟散净之余，到底就将剩下一个坚实的、真确的、界定得当的正面法式"①。

培根认为通过上述三步，既整理了正面的例证，又整理了反面的例证，同时又整理了不同情况下不同程度的例子，把一些与形式不相干的、非本质的性质予以剔除。培根很看重这种先充分考察否定例证，后根据肯定的例证以求得结论的方法。

第四步，解释自然。培根强调排斥、否定，认为这是建立真正归纳法的基础，只有达到肯定的程度，归纳法才算真正完成了，这是最后一步。培根

---

① ［英］弗兰西斯·培根：《新工具》，158 页。

认为，经过事实的搜集和列表的分析整理，到排斥法把非本质的性质剔除，至此，便可以收获形式的肯定结论了。

2. 倡导以格言、警句的形式来传授知识

"还有一种传授的方法则是以格言或论文来传授知识。"①培根推崇以格言进行教学，他认为"格言式的著述有许多好处是论文式的著述所不及的"②。培根认为格言式的著述，没有论证，没有例证的援引，也没有实验的描述，有的只是科学的精髓。而且，培根还认为，格言所表达的，都是零碎的知识，这样有利于启发、刺激人独立地继续思考，而不像文章弄成个完整体系，使人感到好像已经完美得毫无缺憾，而没必要再继续思考了，反而阻碍了人们继续前进的步伐。

3. 问题与解答的教学方法

培根特别提示，在运用这种方法时，问题的提出要有所侧重，知道取舍，否则会弄巧成拙，反而会阻碍学问的进展。在回答时，"反驳之词要尽量减少，只当免去重要的成见与谬断，不当引起无谓的纷争与怀疑"③。

4. 强调练习的重要性

培根认为练习智力就同锻炼身体和锻炼意志力一样，智力的练习应适合于生活，也就是说，以这种形式来锻炼才能，这样，人的智力在行动中才最有效用。培根还特别指出当时大学中的又一弊端，"将机警和记忆太过分隔开的那种辩论竞赛。因为那种做法，或则事先准备无需机警，或则立时登台不事记忆"④，所以，不能有完美的机警与记忆的结合。只有使辩论的步骤接近实际的人生，这样的练习才能发展智慧。

---

① ［英］弗兰西斯·培根：《崇学论》，179 页。
② ［英］弗兰西斯·培根：《崇学论》，179 页。
③ ［英］弗兰西斯·培根：《崇学论》，180 页。
④ ［英］弗兰西斯·培根：《崇学论》，102 页。

(三)课程

1. 关于学校的教材

在这方面，培根也提出了一些颇为新颖的观点。"一切知识，不是得之于教师的传授，就是得之于自己的修养，因此传授知识的主要部分既然在著书立说，所以与之相关的另一部分，亦在乎阅读书籍。"①培根认为读书可以增长才识，便于对事务进行判断和处理。在读书的选择上，培根认为"有些书可供一尝，有些书可以吞下，有不多的几部书则应当咀嚼消化"②。对于有些书，培根认为必须亲自全读、勤读，并且用心地读。次要的议论和次要的书籍，可以请别人代读做出摘要来，以便节省时间和精力。关于教材本身，培根提到以下几点。

第一点，对于书籍的校勘，培根认为"改正愈多的版本，通常是愈不正确的"③。他认为在版本的校勘中，校勘者以自己的理解对书籍进行了改动，而这些改动常常是错误的。

第二点，对书籍的注解和释文，不能遇到浅显的就津津乐道，遇到繁难的就畏缩不前。

第三点，培根认为要弄清作者的时代背景，这对于理解书籍非常重要。培根此处显示了其历史唯物主义思想，认识到时代背景对人的影响。

第四点，培根认为书中还要有对作者的简略批评和评价，这有助于读者对书籍的选择。

2. 关于课程的安排

对于课程如何排列、用功研究一般持续多长时间、休息多长时间等，培根都一一提及。在科学分类中讨论这些，显然是过于琐碎了，培根自己对此

①　［英］弗兰西斯·培根：《崇学论》，188页。
②　［英］弗兰西斯·培根：《培根论说文集》，180页。
③　［英］弗兰西斯·培根：《培根论说文集》，188页。

似乎也有所觉察，所以，只是提及，没有详细阐述。但是，培根认为，对少年的教育而言，"这类研究表面看来虽属琐屑，但是按之实际，却是功效非常不过"①。

五、培根的道德教育思想

(一)善的概念

在《论善与性善》一文中，培根介绍了善(Goodness)的概念。他说："我所采取的关于'善'的意义，就是旨在利人者。这就是古希腊人所谓的'爱人'。"②培根所说的善，就是利人、爱人的意思。但他认为"善"比"人道"(humanity)一词所表达的意义更深一个层次。培根说："这在一切德性及精神的品格中是最伟大的……并且如没有这种德性，人就成为一种忙碌的、为害的，卑贱不堪的东西，与一种虫豹好不了许多。"③

培根认为善的本质就是保存、维持个体或群体的形式。在培根看来，一切事物(包括无生命的物体)都有善的两重本质。第一种是个体善，是对一个事物自身而言的；第二种是群体的善，是对群体中的一部分或一分子而言的，其实就是公共的善、社会的善。培根认为第二种善是更高层次的善，是更为伟大、更有价值的善。因为它可以保存一个较普遍的形式。培根指出，只要人没有堕落，他就会认为保持自身对公共的职责，比保持自己个体的生命和存在更为可贵。在物体的善的两重本质中，培根肯定了把自身作为大群体一分子的善，优于把自身作为整个总体的善。群体的善正是使大群体得以持续的根源，这也就是肯定了社会的善、公共的善高于个人的善。对于个人的善，培根又分为消极的善和积极的善两种。消极的善是保持自身、维持自身，追

---

① ［英］弗兰西斯·培根:《培根论说文集》，189 页。
② ［英］弗兰西斯·培根:《培根论说文集》，43 页。
③ ［英］弗兰西斯·培根:《培根论说文集》，43 页。

求适于人性的感官享受的饮食男女的快乐；积极的善是扩展自身、繁殖自身，发挥个人的聪明才智，求得才能和事业上的发展进步。培根认为，积极的善比消极的善更优越，更有价值。培根认为在积极的善中，在对事业和人生理想的追求中，人会有日新月异的变化，不仅可以享受到种种快乐，还可以获得进步。而消极的善，仅仅是吃饭、睡觉、游戏的重复和循环，缺少变化，使人感到厌倦和单调无趣，也无益于人的进步。总之，消极的善的变化和进步范围是极小的。

培根认为社会的善高于个人的善，在个人的善中，积极的善又高于消极的善，从中我们可以清楚看到培根伦理思想的积极进取性。"这是新兴的资产阶级的蓬勃的进取心和个人奋斗的心态的理论反映。"[①]

培根的伦理观反映了资产阶级上升时期所具有的蓬勃生机，倡导投入社会、积极进取的伦理观。其依据和出发点正是人的自然本性、人的物质利益。培根的伦理观是以他的唯物主义经验论哲学思想为基础的。

（二）善的培养

培根认为对于善的培养，有些是人的能力之内的，有些是人的能力之外的。在培根看来，天性（points of nature）和命运（points of fortune）对善的影响是在人的能力以外的。培根所说的人的天性和命运包括三个方面：首先是人的天生的特质和心理的倾向，培根认为人爱安静、爱活动、爱胜利，或爱尊荣、爱享乐、爱艺术，或爱变化等特点，很多是与生俱来的。其次是大自然赋予人的特质，如性别、年龄、健康或疾病，美丽或残缺等。最后则是培根所谓身外的运数，包括统治权、尊贵、卑贱、富厚、穷乏、发达、困苦、持久的幸运、变化的幸运、暴发的、渐富的等。这些都是人与生俱来，无法选择和改变的，也就是人的能力之外的。关于人的能力之内对善的培养，培根列举了许多方面，如习俗、游艺、习惯、教育、榜样、模仿、竞争、团体、

---

① 余丽嫦：《培根及其哲学》，377页。

朋友、称赞、惩戒、劝导、名誉、法律、书籍等。培根认为，在一定程度上和一定范围内，上述各方面可以支配人的心理、影响人的意志和欲望、改变人的某些特性。但培根并没有对这些方面逐一给予论述，而只是重点论述了习惯、真理、确立善的人生目标这三个方面在善的培养上的作用。

1. 习惯的力量

培根认为人们的思想来源于他们的愿望，人们的言论来源于他们的学问，而他们的行为则是随着他们平日的习惯。"在迷信以外的事情中习惯之凌驾一切是处处可见的；其势力之强，使得人们于自白、抗辩、允诺、夸张之后，依然一仍旧贯地作下去，好像他们是无生命的偶像，和由习惯底轮子来转动的机械似的，这种情形真使人惊讶。"[1]

培根曾举例，比如一副皮手套，用得久了，亦可以活动自如了；经常高声说话，可以使声音变得洪亮些；经常忍受寒热，人也可以变得耐心些；等等。培根认识到习惯对人的巨大的力量，在精神和肉体两方面都是。培根认为，善虽源于人的自然属性，却并非不可改变。

在培根看来，加以适当的指导，习惯就可以成为人的第二天性，好的习惯可以产生良好的有德行为。所以，培根认为"既然习惯是人生底主宰，人们就应当努力求得好的习惯"[2]。培根认为，对习惯加以指导训练，形成好的习惯，使良好德行形成习惯，是培植善的一条很有效的途径。在培根看来，人不应只受机遇的控制，否则就会成为只知仿效自然的猿猴了。因为培根认为在言语上，儿童的舌头更为柔和，能学一切语法及声音，并且四肢关节也比较柔和，适于各种竞技运动，所以培根认为好的习惯最好从幼年就开始培养，那才是最完美的习惯。年长的人心志已经固定，不容易把心志打开以接受不断的改良，也就是说成年后很难改掉不好的习惯以形成新的好习惯。

---

① [英]弗兰西斯·培根：《培根论说文集》，144 页。

② [英]弗兰西斯·培根：《培根论说文集》，145 页。

培根还认识到，个人的习惯力量是很大的，但团体的习惯力量更大。"因为在这种地方他人的例子可为我之教训，他人底陪伴可为我之援助，争胜之心使我受刺激，光荣使我得意，所以在这种地习惯底力量可说是到了最高峰。"①也就是说在团体中彼此激励，习惯的力量便会增强提高，发挥出最大的效用。最后，培根得出一个很深刻的结论："天性中美德底繁殖是要仗着秩序井然、纪律良好的社会的。"②培根从习惯的力量最后引申出社会环境对人的德行的培植作用。

2. 真理的作用

培根十分强调真理对人性完善、对善的培植的价值和功能，强调善的形成离不开知识和真理。在培根看来，一切善德都来自真理，恶行都来自谬误。他曾写道："真理同善行的区别，亦正如印子同印文的区分一样，因为真理是可以印善行的，而错误呢，正如簇簇黑云，可以兴起欲念纷扰的大风浪来。"③培根还引用古诗说，"精究文艺，品端德和"④，意思是精研知识，就会拥有良好的道德品性。

在培根看来，学习真理可以免除人心的一些弊病，可以免除心理的粗野凶蛮，使人免除轻佻骄傲等恶习。不仅如此，真理对人心灵的弊病还有治疗作用，它可以打开心灵的阻碍，帮助心灵的领会，增加心灵的欲望，愈合心灵的伤痕。总而言之，真理使人的心灵不是只停留在原有的缺陷里，而是会使人的心灵不断地改良和完善。而不学习的人则轻挑、犷悍、傲慢，不知道考察自身，不知道反省自己，不知道自己对自己负责，也不会感受到自己每日的进步而带来的快乐。培根举例说，不学习的人犹如"一个不善割禾的人，

---

① ［英］弗兰西斯·培根：《培根论说文集》，145 页。
② ［英］弗兰西斯·培根：《培根论说文集》，145 页。
③ ［英］弗兰西斯·培根：《崇学论》，57 页。
④ ［英］弗兰西斯·培根：《崇学论》，55 页。

只管往前割禾，可是从不磨自己的镰子"①。

总之，培根认为通过不断学习以掌握真理，是达到善行的重要途径之一。

3. 确立善的人生目标

确立善的人生目标并使人献身于善的目标，培根认为，这是培植善的最简单却又最有效的方法。因为当人们寻获这些目标的时候，自己的行为也会不自觉地倾向于去符合这些目标。在所有培植善的方法中，培根认为这才是真正自然的工作，而其余的方法都不过是人为的工作。在培根看来，"这如同爱情最能毫不勉强地、指挥如意地训练他人，给人以处己行事的好法子，使人珍爱自身，克制自身一样"②。

---

① ［英］弗兰西斯·培根：《崇学论》，57 页。
② 余丽嫦：《培根及其哲学》，387 页。

第五章

15—16 世纪德国的人文主义教育

第一节　15—16 世纪德国人文主义教育发展的背景

近水楼台先得月，德国因与意大利毗邻，受意大利影响，故文艺复兴运动开始较早，15 世纪六七十年代人文主义已渗入德国的一些大学。15 世纪末 16 世纪初是德国人文主义发生发展的时期，后来随着宗教改革运动的兴起，人文主义运动就被并入宗教改革运动之中去了，德国文艺复兴的主要成果是宗教改革，而德国人文主义则为宗教改革做了准备。

德国有其特殊的经济、政治、宗教和文化背景，这使得德国的人文主义与意大利、英国、法国等相比有其自身的特点。

一、15—16 世纪德国的社会状况

15 世纪末 16 世纪初，封建生产方式在德国仍占统治地位，但经济已有较大发展，采矿、冶金、造纸、印刷、武器制造、棉麻纺织业等都很发达。15 世纪末，德国总人口为 1200 万至 1500 万，其中矿工人数竟达 10 万，而且大部分是欧洲最熟练的矿工。分散型的手工工场日益增多，少数集中型的手工工场也不断增多。德国的商业特别是中介性贸易相当繁荣，其地处欧洲中部，

是西欧与东北欧、西欧与东方诸国国际贸易的中间地带，有良好的商业地理条件。德国工商业的繁荣也促进了农业的发展。总体来看，德国经济的发展已基本上处于当时各国的平均水平，其中行会手工业和中介商业已达到较高的发展水平，超过了意大利、法国和英国。然而，德国的农业落后于英国和尼德兰，自然经济占统治地位，工业远远落后于意大利和英国。尤为严重的是，德国经济的主要缺陷是发展不平衡和分散，没有形成统一的国内市场，东部和西部、南部和北部几乎没有什么往来，许多大中城市与国外的联系反而比同本国的联系还要密切得多。

经济上的分散性影响到政治的发展，德国境内许多以对外贸易为主的地方性集团并不关心国家的统一和集权，以致分裂割据局面被长期保持下来。16世纪初，在德国除七大选帝侯外，还有十几个大诸侯，200多个小诸侯，上千个帝国骑士。诸侯各有自己的政权、军队、法律、货币，彼此独立，成为德国内部的"国中之国"。诸侯向德皇分权，又在其领地内推行集权。诸侯、骑士和城市往往分别结成联盟，时而互相争战，时而又同皇帝对抗。德皇在境内权力微弱，无力实行集权统治。国内关卡林立，各地关税不一，货币繁杂，达千种以上。这种分裂的政治局面反过来又严重阻碍了经济的进一步发展。

天主教会在德国的地位极为特殊，教会不仅拥有宗教特权，而且一些高级僧侣本身就是大封建主，德国的七大选帝侯有三个是大主教，十分之二以上的高级僧侣本身就是有领地的诸侯。教会占有全德三分之一的土地，不仅征收贡赋，强制农奴履行各种封建义务，还征收什一税，出卖圣职、圣物、赎罪券，巧立各种名目，敲诈诱骗，榨取人民的血汗。罗马教廷穷奢极欲的挥霍，主要依靠来自德国教会的供给，德国在当时有"教皇的乳牛"之称。德国政治分裂、皇权软弱，使教会扩大了权势，也使罗马教皇能够肆意控制和剥削这个国家。罗马教廷对德国的压榨是外来势力对德意志民族的剥削，教廷对德国统一的阻挠、在教廷操纵下德国教会的倒行逆施，引发了社会各阶层对罗马教廷和德国教会的强烈痛恨。德国的教会问题成为社会问题的焦点。① 这就使得德国人文主义具有强烈的反教会色彩，也使得宗教改革首先在德国发生成为可能。

二、15—16世纪德国人文主义的发展

意大利人文主义在德国的传播与两国人员往来有关，意大利人文主义者到德国传播人文学科和德国青年到意大利求学是德国人文主义产生、发展的两条基本途径。15世纪上半叶，由于召开康斯坦茨和巴塞尔两次宗教会议，一大批担任秘书的意大利人文主义者在德国莱茵河上游地区逗留了数年，这些人对人文主义在德国南部的传播起了很大的促进作用，例如，本书前面提到的人文主义者西尔维乌斯(后来成为教皇庇护二世)就曾对德国人文主义的发生、发展产生过积极影响。另外，当时德国南部地区的青年人越过阿尔卑斯山到意大利的博洛尼亚大学和帕多瓦大学求学已成为一种风气，他们学成回德后就把意大利人文主义也带回了德国。这些人虽然名望并没有后来的一些德国人文主义者大，但他们是德国人文主义的开路人物。他们在意大利不仅受到了人文主义的熏陶，也染上了不尊重教会和轻视各种神学的心理，还学到了后期意大利人文主义者的那种即使不反对宗教也轻视宗教的坦率性格。这些人回德后"由于生活散漫，不信宗教，一心探求和传授古典作品知识，不注意如何生活，即使能研究和教授拉丁语和希腊语，他们至多也就是些名声不佳的'新学问'的传播者，他们漫不经心地把它传播到北方各地"②。卢德尔(Peter Luder，1415—1474)就是这些人中的一个典型。他起初为教士，后到意大利潜心研究古典著作，形成了轻视宗教的思想倾向，但他也鄙视大多数意

---

① 参见刘明翰：《世界史·中世纪史》，481—484页，北京，人民出版社，1986。

② ［英］托马斯·马丁·林赛：《宗教改革史》(上册)，57页。

大利后期人文主义者，认为他们道德堕落，厚颜无耻。后来德国一个选帝侯把他招聘到海德堡大学教拉丁语，一些教授很嫉妒他，在工作和生活上常常给他找麻烦，他努力坚持到 1460 年，然后用数年游历各地，继续传授人文之学。卢德尔在生活上并不安分，常常狂饮不止，放荡不羁，他完全轻视宗教，蔑视一切神学。清醒时他似乎还能克制自己的异端思想，但一旦酒醉就不能自制。这种生活方式和思想观念，自然不能见容于社会。因此以卢德尔等为代表的这些早期人文主义者未能根本改变德国的传统文化精神，他们是一些散兵游勇，难成什么气候。但他们毕竟是开路人，在他们之后，德国的人文主义就大步向前发展了。

"共同生活兄弟会"学校所培养的学生中有一些成为德国早期的人文主义者，如库萨的尼古拉（Nicolaus Cusanus，1401—1464）、维塞尔（Johann Wessel，1420—1489）、阿格里科拉、温斐林、罗伊希林、伊拉斯谟等人。

库萨的尼古拉曾到意大利学习过，精通人文之学，同时还是一位卓越的数学家和天文学家，在伽利略之前做出过许多科学发现。维塞尔曾在兹沃勒学校任教，他热爱教学工作，认为"学者之所以为学者，全在于其善于任教"，阿格里科拉和罗伊希林都是他的高足。他是一个神学家，却不恪守当时的一些教义，他否认"炼狱之火"是有形之火，反对教廷兜售赎罪券，认为其没有依据，这种看法很像是路德的先驱。路德说：

> 假如读过他的书，我的敌人就很可能认为路德的一切都是从维塞尔那里借用来的，因为我们两人的主张有很多相同之处。当我发现有人在不同的时间，不同的地点，从不同的目的出发从事写作，竟与我的观点完全吻合，而且几乎用同样的言辞表达出来，我感到愉快和觉得力量在增长，也就不再怀疑我讲的东西是否都正确了。[①]

① [英]托马斯·马丁·林赛：《宗教改革史》（上册），56 页。

从此可见，在赎罪券问题上路德视塞尔为知音。

温斐林和罗伊希林的人文主义思想将在后面专叙。阿格里科拉和伊拉斯谟都是尼德兰人，但由于他们一生主要生活、工作于德国且他们的人文主义思想(包括人文主义教育思想)对德国有深刻的影响，故很多著作都将这两人列入德国人文主义者之列。

人文主义在德意志的发展起初并没有遭到多少反对，一些人对人文主义者有异议，主要不是因为他们懂古典文化，而是因为他们放荡不羁，蔑视宗教。大学里的神学家不反对人文主义，

> 人文主义在德意志大学里的抬头，起初没有遭到什么反对，这部分地是由于人们不认为它有什么危险，但是也因为唯实论者与唯名论者之间的斗争过于引起学术界的注意……起初，神学家们并不反对人文主义者，确实是欢迎他们，因为他们的研究对神学会有帮助。①

统治者和一些诸侯不仅不反对人文主义，而且还对人文主义者予以保护和赞助，马克西米利安一世还因此被誉为"人文主义皇帝"。由于权力、财力有限，他不可能给予德国人文主义者更多的财力支持，他为胡腾授予桂冠诗人称号时，除了给他戴上一顶编织别致的桂冠之外，其他奖赏则微不足道。

德国人文主义的温床有两个：一个是某些城市中的人文主义团体，另一个是大学。在城市人文主义团体中，纽伦堡的人文主义团体是最有名的，它与后来的宗教改革关系也较为密切。纽伦堡最有名望的人文主义者是皮克尔海默(Willibald Pirkheimer，1470—1528)。皮克尔海默的父亲是纽伦堡富商，知识渊博，长于外交，是马克西米利安一世的挚友。他亲自负责儿子的教育，在经商和处理外交事务时总是带着皮克尔海默，以增其见闻。1490—1497年，

---

① ［英］G.R.波特编：《新编剑桥世界近代史　第一卷　文艺复兴》，164页。

皮克尔海默被送往意大利学习法律、外交和人文之学。27 岁返回家乡后即被委任为该城的参事,掌管部分重要市政。他经常因公参加帝国议会、拜访帝国宫廷,由于他博学多才,受到马克西米利安一世的青睐,很快成为后者的亲信。对政治事务的深层参与使他对德国社会状况有了深入的了解和把握。他深切渴望改革教会和德国政治现状。在莱比锡辩论之后,他敏锐地看到路德与教皇的争论不单纯是教会内部的争议,而是关系到德国社会的焦点问题,出于对民族利益的关心,他支持宗教改革运动。皮克尔海默精通古希腊语,他将柏拉图、色诺芬和普鲁塔克等人的著作译成了拉丁语和德语。他的图书馆里收藏着许多手抄本和书籍,图书馆的大门总是对外人开放,他的家里常常是高朋满座,谈笑有鸿儒,往来无白丁。他的家就是一个人文主义的中心。

城市人文主义团体的成员中有些是艺术家。他们的绘画作品也逐渐呈现出一些新的气象,城市和乡村的日常生活成为描述和歌颂的对象。即便是宗教题材的作品,也被赋予了丰富的人文和世俗因素,玛利亚不再只是圣母,而是人间慈祥母亲的典型,她身边的天使是几个欢乐的儿童,有的在采摘花朵,有的在抚弄走兽,有的在玩耍鲜果,这活脱脱是一幅农村生活的场景。丢勒(Albrecht Dürer, 1471—1528)和小汉斯·霍尔拜因(Hans Holbein, 1497—1543)是当时最著名的艺术家。小汉斯·霍尔拜因 1515 年移居巴塞尔城后,与住在该城的伊拉斯谟交往甚密,他为伊拉斯谟的《愚人颂》绘制了插图。他擅长人物画,以出色的技巧、流畅的线条,重点刻画人物的个性和神态,如他在《伊拉斯谟》这幅作品中,对伊拉斯谟写作时聚精会神姿态的刻画,栩栩如生,十分完美。这幅作品誉满全欧,是当时写实主义绘画的高峰。

在 15 世纪,所有德国大学都处于教会的影响之下,经院哲学支配着探求学问的方法,各种知识都是用经院哲学中久已沿用的逻辑和语言进行讨论的,

中世纪教会的传统影响到各个学科;而主宰教会传统的则是亚里士

多德的哲学和逻辑学，或被算作是亚里士多德的哲学和逻辑学。对亚里士多德名字的尊敬几乎采取宗教狂热的形式。在中世纪的一本名为《亚里士多德生平》的离奇的书中，这位古代异教思想家竟被写成是一位基督的先驱。凡是不接受他的思想的人统统都是异教徒，他的思想模式被用来为中世纪辩证法的巧妙诡辩进行辩护。他的思想体系是为保存旧学问和防止"新学问"渗入而构筑的防御工事。因此，几乎所有德国人文主义者都仿佛对亚里士多德的名字怀有憎恨。①

憎恨亚里士多德的实质是反对经院哲学。在15世纪，人文主义对德国大学的影响很小，只有极少数大学如海德堡大学讲授过人文之学。15世纪末16世纪初，形势逐渐发生了变化，人文主义学者被聘为大学教师，大学中的人文主义课程越开越多，古希腊语、希伯来语也相继进入一些大学的课程。弗莱堡大学于1471年，巴塞尔大学于1474年相继开设诗体学课，图宾根大学于1481年正式批准给开设雄辩术课的教师发薪水，并于1492年聘请策尔蒂斯任诗体学和雄辩术两门课的教授。伊拉斯谟也曾到巴塞尔大学任教。一些意大利学者、拜占庭学者也进入德国大学任教，教授古典人文学科。在人文主义运动的推动下，德国大学里的人文主义色彩日益浓厚。

　　大学人文主义者的代表人物是穆蒂阿努斯（Rufus Mutianus），他曾在德文特就学于赫吉乌斯，后进过埃尔福特大学。从意大利博洛尼亚大学获法学博士学位后回国定居于哥达。他最大的乐趣是将埃尔福特大学里一些有为的青年学生聚集在自己周围，指导他们阅读古典著作和从事写作。他在意大利深受意大利后期人文主义的影响，与皮科结为好友，接受了由柏拉图学说和基督教义融合而成的一种折中的神秘主义。他说：

---

① ［英］托马斯·马丁·林赛：《宗教改革史》（上册），54页。

真正的基督并不是一个人，而是上帝的智慧；他是上帝的儿子，为犹太人、希腊人和德国人所共有……真正的基督并不是一个人，而是精神和心灵，既不显露于外形，也不是用手可以触摸或抓住的……上帝的律法能开导心灵，它有两个要点：要爱上帝和要像爱自己一样爱自己的邻居。这一律法使我们人人都能分享天国之乐。这是自然律法；不是像摩西的律法那样刻在石头上；不是像罗马人的律法那样浇铸在青铜上；不是书写在羊皮纸或白纸上，而是由至高的师哲播进我们心中。

他重视内在的信仰而非外在的宗教仪式，他以蔑视的态度看待他那个时代的教会，并以嘲弄的口吻对它加以讽刺，他说："我并不尊重基督的外套或胡须。我尊敬的是真正的和有生命的上帝，即使他既无胡须也不穿外套。"他私下痛斥教会的斋戒、忏悔和为死者做的弥撒，称托钵僧为"穿僧衣的怪物"。①从穆蒂阿努斯的思想中可以看到德国人文主义思想与意大利相比具有比较浓厚的宗教色彩，宗教问题是德国人文主义者讨论的一个主题。

也许与经济的分散和政治的分裂相一致，德国的人文主义者也具有地方性，没有连成一个具有共同目标的整体。然而发生于 1509 年的一场大论战使德国的人文主义联合了起来。这场论战的主角之一就是罗伊希林。

第二节　15—16 世纪德国的人文主义教育实践

一、威丁堡公国建立的学校制度

在德国第一个建立完整的学校制度的是德国西南部的威丁堡公国，这标志着德国学校制度的真正开端，稍后德国其他邦模仿了威丁堡公国。1559 年

---

① ［英］托马斯·马丁·林赛：《宗教改革史》（上册），61—63 页。

威丁堡公国首次发布学校章程，1565 年被国会承认，该章程提出了旨在"通过相互衔接的各级教育，把青年从获得基础知识开始，一直培养到具有教会和政府的职位所要求的文化程度"的学校制度。这一学校章程大体规定了下列学校。

德语学校，属于启蒙的学校，分为男校和女校，教授德语的阅读和写作、宗教和音乐。这样的学校建立在每个山村，学校的教师可以免服杂役和教堂的群众性劳役。这些学校是免费开办的。

完备的拉丁语学校，一般有六个年级，一年级是最低的年级，9 岁到 11 岁的学生在这里学习拉丁语的发音和阅读，并开始积累词汇。读物一般是从加图的著作中选取的。二年级的学生 10 岁到 12 岁，继续学习加图的作品，学习词尾变化和动词变化，学习语法，扩大词汇，翻译拉丁语教义问答，学习音乐。三年级的学生 11 岁到 13 岁，多做短语练习，阅读寓言和对话。开始学习西塞罗的《书信集》，学习泰伦斯作品选，以学习典雅而纯正的文体。开始学习构词法，继续学习音乐，在这年的年终就可以转到修道院的学校去。四年级的学生 12 岁到 14 岁，学习西塞罗的《致友人书信集》，他的《论友谊》和《论老年》。结束造句法的学习，开始学习诗韵学。继续学习音乐，开始学习古希腊文法。五年级的学生 13 岁到 15 岁，完成以前所有的功课，在这个年级要读西塞罗的《家信集》和他的《论礼仪》，还有奥维德的"三行诗"以及古希腊语和拉丁语的"福音书"，非常注意诗韵学及文体练习。继续学习音乐。六年级的学生 14 岁到 16 岁，阅读西塞罗的《演讲集》，非常注重拉丁语口语的典雅，以及纯正的诗的用词，继续模仿西塞罗的措辞。学完古希腊文法。练习音乐，特别是唱圣诗。一年级还要学习逻辑学和修辞学。

初级修道学校或文法学校，是为了挑选出未来能够被培养成为神职人员的孩子。只有上完三年级，年龄在 12 岁到 14 岁的儿童方可入学。学习的课程与拉丁语学校三个高年级的课程相同，只是更重视神学教义。

高级修道院学校，是大学的预科。学生 15 岁到 16 岁入学，进入大学的年龄一般在 16~17 岁。高级修道院学校教育学生阅读西塞罗和维吉尔的作品，继续重视文章的风格以及发言的纯正和优美；继续学习古希腊文法并阅读狄莫尼斯的作品；继续学习音乐及音乐理论；继续学习逻辑和修辞学；开始学习算术和天文学；每两周进行一次有关语法、逻辑、修辞和天体的讨论。高级修道院学校纪律严格，重视神学。

图宾根大学，学科包括古希腊语、希伯来语、拉丁语、逻辑学、修辞、数学和神学。这个学校的章程奠定了一直沿用到 19 世纪的学制的基础。

二、拉丁语学校

1. 梅兰希顿的学校计划

梅兰希顿（Philip Melanchthon，1497—1560）是宗教改革时期著名的希腊语专家、人文主义学者、基督教新教神学家和新教人文主义教育家。他是路德派新教学校改革的天才组织者，被尊称为"日耳曼导师"。他于 1527 年撰写的萨克森学校计划，对德国中等教育的发展影响深远。

梅兰希顿于 1497 年出生于布里顿（Bretten）的一个贵族家庭，是当时的大人文主义学者罗伊希林的侄孙，从小天资聪慧，又在家里受到"博闻多识，一以贯之"的教育。罗伊希林在梅兰希顿 7 岁时已年过七旬，便悉心教育梅兰希顿自己生平所学的东西。梅兰希顿从小把希腊语、拉丁语和希伯来语的《圣经》及其注释读得精熟透彻，对于数学、历史、法律和医学也无不寻根问底地探究学习。梅兰希顿先后在海德堡大学和图宾根大学读书，虽然还是个学生，却已经是一位有学问的学者了。梅兰希顿以一位优秀的希腊语专家的身份任教于萨克森大学。1518 年萨克森一个学术机构要求罗伊希林推荐一位少年学者到威丁堡大学教授古希腊语。他竭力推荐梅兰希顿，在推荐信上把少年梅兰希顿描述成与伊拉斯谟齐名的人文主义学者，写道："梅兰希顿甚当其选，如他会来就任，就会为大学增加无上荣光。以我所知，日耳曼中没有比他更好的。"①当梅兰希顿到萨克森大学时，他当场就用古希腊语发表了轰动全校的就职演讲，听者无不为之感动，使得所有神学班的学生都大呼要学古希腊语。②

届时，路德已经在威丁堡大学主讲神学，梅兰希顿受路德影响开始研究神学，路德也受梅兰希顿的影响开始研究古希腊语、希伯来语原著的《圣经》，两人交往甚密，路德和他在威丁堡大学主讲的神学和古典文学，使威丁堡大学成为新教研究中心。梅兰希顿是少数几个了解路德在形成他的"因信称义"思想过程中所经历的痛苦思想挣扎的人之一，是较早深刻领悟出"因信称义"思想的重大意义的人之一，也是较深刻地理解到路德的新教教育理念的进步之处的人之一。而且，他先于路德批驳变体论，为《圣经》权威做辩护，和路德一起确立了"因信称义"的神学原则。

梅兰希顿在大学曾深入研究神学、修辞学、唯名论和古希腊语、拉丁语、希伯来语的古典作品，著拉丁、希腊语著作，讲授《圣经》、神学著作史及其古典名著，还涉及修辞学、辩证法、伦理学、历史、物理学等各种科目，又组织刊刻各种经典，在大学中深受学生和教师尊重，又时常有社会上的名人与高层人士来向他请教，这些都是其他大多数教授所望尘莫及的。梅兰希顿渊博的学识、四方称颂的教学和天才的组织，深得学生的爱戴，和学生感情深厚，关系融洽，而且他的学生后来在全国各地大多成为得力的教授或教士，在实行和传播梅兰希顿的教育主张的过程中非常得力，所有这些都促使梅兰希顿在路德派新教学校改革中起了极其重要的作用。

1521—1522 年，梅兰希顿协助路德把希腊语《圣经》翻译成德语，他出色的希腊语造诣给了路德很大的帮助，后来在路德对全部《圣经》的长达 13 年的

---

① 参见［美］F.P. 格莱夫斯：《中世教育史》，吴康译，上海，华东师范大学出版社，2005。

② 参见［美］F.P. 格莱夫斯：《中世教育史》。

翻译工作中，梅兰希顿都一如既往地给予支持和帮助。梅兰希顿自己也亲自为各级学生编写了文笔优美的文法教科书，有些教科书直到 18 世纪还在使用。

梅兰希顿是较早较杰出的新教改革家，他在 1525 年就为艾斯勒本和纽伦堡的第一批新教高等学校起草章程和安排课程，后来陆续改组了海德堡等几所大学，并在马尔堡、柯尼斯堡、耶拿创建了新教大学，并且曾经应各地教友们的来信要求，就 56 个城市有关开设和管理学校的问题回信作答。1527年，梅兰希顿被任命为萨克森学校视学，他应萨克森选侯的邀请，领导一个三人小组巡视萨克森的教育，就教育的需要提出报告。这份报告被称为"历史上第一份学校调查报告的视察书"。1528 年，梅兰希顿在艾斯勒本和纽伦堡学校章程的基础上写了著名的《萨克森学校计划》，此后，他在不同时期为日耳曼中部和南部的许多城市拟订的学校条例，通过他的学生的传播推广，成为许多学校条例的蓝本。到 1560 年他逝世时，他创立的学校体制在德国各城市已经很普遍了。①

梅兰希顿认为教育的目的是造就文化上的虔诚。② 这说明他是一个虔诚的新教徒。然而，他又深信古典文学对培养文化上的虔诚的非凡价值，并且按照他所认定的能够培养文化上虔诚的标准对古典文学加以选择，试图把一切能够直接或间接地启迪思想的东西纳入学校课程，想方设法使学生所学习的内容能够培养文化上的虔诚。这种把人文主义的智慧与新教精神相结合的教育理想，体现在他所倡导的侧重于培养高层次的人才和教育领袖的教育活动中。著名的《萨克森学校计划》，主要适合于培养大学预科性质的中等教育和高等教育，后来该计划促进了风行欧洲的文科中学的大发展。

《萨克森学校计划》的办学宗旨，可以用梅兰希顿在 1526 年纽伦堡中学的

---

① 参见[英]博伊德、[英]金：《西方教育史》，190 页。
② 参见[英]博伊德、[英]金：《西方教育史》，192 页。

开学典礼上的一段话来概括：

> 只有经过教育的正确训练的心智健全的人，才能够正确地理解宗教信仰和道德义务之真理。故此，教育你们城市青年的共同任务责无旁贷地落在了父母身上，因而也落到了社会的身上。首先，务必让孩子们受到宗教教育，但这意味着良好的文化教养是必备的先决条件……拉丁学校是为教授基础拉丁语而建立的，并将进行调整，以为预定进入高级学校的学生做好准备训练。①

这些办学宗旨，更具体地体现在《萨克森学校计划》中规定的教育阶段和每一个阶段的课程内容中。按照《萨克森学校计划》，每一所学校应包含三个等级的教育，每一个阶段的课程内容又包含如下内容。

在第一等级中，应讲授本民族语言及拉丁语的初步读写、拉丁文法。学习的主要目标是熟练背诵基本的拉丁语，掌握拉丁语的基础。课本是梅兰希顿编写的拉丁语小学读本，内容有字母、路德信经、圣主祈祷文与教会仪式的祈祷文及赞美诗等，还兼学音乐。

在第二等级中，应以拉丁语为讲授语言，拉丁文法是这个阶段的主要目标，主要学文字源流、章句法、声韵学。还应阅读拉丁作家的著作，选读的名著有《伊索寓言》以及伊拉斯谟的《对话集》，以便给语法规则提供实例和扩大词汇量，并继续宗教教育，重视阅读新旧约圣经、路德信经、圣主祈祷文、十诫、诵圣诗等。

在第三等级中，应阅读更为高深的拉丁语著作，包括李维和塞路斯特（Sallust）写的历史、维吉尔和奥维德的诗、"荷马史诗"、西塞罗的雄辩术和伦理学著作，文法学习注重声韵学部分并研读名学、修辞学与辩证术，要求

---

① 博伊德、金：《西方教育史》，193 页。引用时有改动。

学生用拉丁语作文，会话全用拉丁语。①

显然，《萨克森学校计划》不注重本民族语言、数学、科学和历史，就连路德在早期强调的希腊语和希伯来语也被放弃了。梅兰希顿在 1525 年的《艾斯勒本计划》中，允许拉丁语掌握很好的、有能力的学生，学习希腊语和希伯来语，也可以学习数学和人文学科，但是因为《萨克森学校计划》面向的是中小学生，所以更受限制。梅兰希顿说："教师只须注意教授儿童拉丁语，而不要教授德语、希腊语和希伯来语。以前有人这样做，徒然加重了学生的负担，分散了注意，有害无益。"②

从减轻学生语言学习负担的角度来说，梅兰希顿的主张无可非议，因为文艺复兴以后，学校既丢不下中世纪唯一通用的拉丁语，又要学文艺复兴以后崇尚的古希腊语和希伯来语，再加上母语学习的迫切需要，学生确实不堪语言学习的重负。然而，从选择哪一种语言进行学习的角度说，与梅兰希顿杰出的学术造诣形成鲜明对照的，是梅兰希顿对民众教育需要的漠不关心，对现实生活迫切需要的母语学习的忽视，脱离了新教改革所坚持的基本原则——人的全部生活必须以经验为基础。坚持民众教育和学习掌握本民族语言，是以个人信仰为基础的宗教信仰必不可少的条件。从《萨克森学校计划》中可见，一方面，梅兰希顿非常注重宗教教育，甚至在对古典文学的价值取向上都存在重伦理轻美学的倾向；另一方面，梅兰希顿和人文主义教育家一样，比较注重拉丁文法的教学，几乎每个阶段都要求学习文法，与伊拉斯谟相比，梅兰希顿更加重视学习韵律学和文法。但是，梅兰希顿却不像有些人文主义学者那样只重视形式而忽视内容，他的计划并不是为学习文法而学习文法，文法与文学的学习是有区分的。他说，只有牢固掌握拉丁文法，才能

---

① William Harrison Woodward, *Studies in Education During the age of the Renaissance*, pp.216-220.

② [英]博伊德、[英]金：《西方教育史》，191 页。

使学生学会会话分析语句和以拉丁语写作。当然，拉丁语学校不能忽视学习公认的著名作家的作品。可见，梅兰希顿力图集中新教的理想和人文主义的精神于教育领域，但偏向人文主义教育。后来受他影响而致力于文科中学事业发展的新教教育家中，则有明显的向更狭隘的形式主义发展的倾向。

梅兰希顿奠定的德国文科中学的雏形，后来逐渐成为日耳曼学校体制中最主要的典范。在文科中学的创建和发展过程中，最著名、影响最大、传播到全欧洲的是斯图谟于1538年在斯特拉斯堡创办的文科中学。

2. 斯特拉斯堡文科中学

约翰内斯·斯图谟出生于莱茵省，幼年到贵族家庭受教育，曾经在列日学校学习。1524年大学毕业后，在大学担任古典文学和辩证法教授，主张学校要在帮助学生巩固信仰、丰富知识、长于辩论方面发挥作用。他在30岁时开始担任斯特拉斯堡文科中学的校长，按照列日学校的模式对其进行管理，他担任该校校长的时间长达45年。

斯图谟的办学宗旨和理想是："那聪明而且动人的忠敬，应为我们研究学习的唯一的目的，但仅仅忠敬还不够，还应学习科学文明和辩证艺术，知识和文辞的典雅雄辩也应该为我们学习的。所以，学校和教师都要为达到此目的而精勤努力。"[1]他又明确指出：教育要完成其最终的目的，要具备三重的要素，即忠敬、知识和雄辩。他还概括了当时许多人正在实践的经验，先后发表《创办学校的最佳方法》（斯特拉斯堡文科中学创立时发布的课程教学计划）、《写给各级教师的经典信》（1565）、《本校普通实验的报告册》[2]三份重要文件，提出他的学制安排、课程编制和教学方法，并且在斯特拉斯堡文科中学沿用30年不变，直接影响到萨克森、符腾堡乃至更大范围内的学校的学制和课程。

---

① 参见[美]F.P.格莱夫斯：《中世教育史》。
② 参见[美]F.P.格莱夫斯：《中世教育史》。

在学制方面，斯图谟要求学生 6~7 岁入学，15~16 岁结束小学、中学的学习。学校组织根据学生的能力共分十级，每年进行隆重的升学仪式，每班分成若干个十人小组，选年长的学生任班长进行管理，并且常奖励成绩优秀、学习勤奋的学生。学生十级毕业后，优秀者可以进一步读五年的大学课程。

在课程方面，斯图谟是围绕教育的目的来制定的，他认为，忠敬一事，多由师生问答和信经训练而成；知识多由精通掌握拉丁语和希腊语而获得；雄辩多由拉丁语的训练而获得，教师应培养学生自如运用拉丁语的说话能力、演讲能力，要求学生写作生动，文笔清丽，使说话和写作成为有效的交际媒介。前四年学生主要读拉丁语经典，培养读、说、听、写的能力。儿童开始读路德的《教义问答摘要》，读三年德语，读三年以上拉丁语；第四年至第五年读《主日训语》，第五年读耶乐姆书、保罗书信。历史、数学和自然科学都推延到五年级后的高级课程才开始，甚至没有时间安排教算术的基础，数学要到课程的最后一年才开始讲授。学生在学校一律禁止使用本民族语言，西塞罗主义又占了统治地位。①

可见，斯图谟的课程远不如梅兰希顿的课程范围宽广，明显地向北方人文主义固有的形式主义倾向退化。然而，斯图谟总体上是沿着梅兰希顿开创的中等教育和高等教育发展的方向，确定了斯特拉斯堡文科中学的发展模式，并且使其成为一种广泛效法的榜样，决定了斯图谟时代以及此后三个多世纪的人文主义学校的共同类型。②

3. 布肯哈根的初等教育学校

布肯哈根在日耳曼北部的初等教育活动与梅兰希顿在南部的高等教育活动是齐名的。布肯哈根对新教理想的实施和大众化初等教育学校的普及做出了巨大贡献，被尊称为"日耳曼国民学校之父"，并且开启了此后欧洲各国漫

---

① ［英］博伊德、［英］金：《西方教育史》，194—195 页。
② ［英］博伊德、［英］金：《西方教育史》，194 页。

长的普及初等教育的运动。

　　布肯哈根是路德的好友和忠实信徒，出生于瓦林(Wollin)，年轻时曾热衷于人文主义，在1520年出于对宗教改革的热情，听路德的劝告来到威丁堡大学。1523年即成为那里的神学教授。在新教教育改革实践中，他不但第一个提出，而且实行了路德早期所坚持的新教改革基本原则——人的全部生活必须以经验为基础，坚持民众教育和学习掌握本民族语言，是以个人信仰为基础的宗教信仰的必不可少的条件——他在实际上引进了城乡小学，对重建农村新教教会小学做出了重要贡献。

　　布肯哈根创办乡村学校的目的是推广宗教教育和本民族语言的基本读写教育。1520年，他在汉堡下令每个教区建一所纯粹的拉丁语学校，两所德语学校(其中一所男校，一所女校)。拉丁语学校一般设校长一人，教师七人，课程几乎完全脱胎于路德的构想，包括希腊语、希伯来语、雄辩术、修辞学、教义问答摘要、唱歌等。1523年布肯哈根利用一般的"教会命令"为学校提供许多丰富的资源，使这些学校具备了一些必要的办学条件。①

　　1528年，为了布伦瑞克(Brunswick)市的教会学校的重建，布肯哈根颁布了教会命令，要求为男生设立两所古典语言学校、两所民族语言学校，为女生设四所民族语言学校，这样，所有的学生入学都很方便。② 后来他又为别的城市草拟了类似的学校计划，这些计划后来成为日耳曼其他市镇纷纷仿效的样本。1537—1539年他接受丹麦国王的请求，将哥本哈根大学、丹麦教会学校改组为路德教派的教育机构，深受丹麦国王的敬重。

　　然而，仅仅从以个人信仰为基础的宗教虔诚立场出发推动大众教育和本民族语言教育的步伐是缓慢的。一直到1559年，这种大众初等学校才在各地得到正式承认。1559年符腾堡法令正式规定在乡村建立"德国学校"，后来萨

---

① 参见[美]F.P.格莱夫斯:《中世教育史》。
② 参见[美]F.P.格莱夫斯:《中世教育史》。

克森也仿效了这一做法。

三、高等教育

文艺复兴时期德国最早创办的第一批大学有布拉格大学（1349 年）、海德堡大学（1385 年）、科隆大学（1388 年）、埃尔福特大学（1392 年）、莱比锡大学（1409 年）。15—16 世纪德国创办的第二批大学有弗莱堡大学（1457 年）、图宾根大学（1477 年）、维滕贝格大学（1504 年）、法兰克福大学（1506 年）、马尔堡大学（1524 年）、哥尼斯堡大学（1541 年）、耶拿大学（1558 年）。

德国文艺复兴运动的中心在海德堡大学和埃尔福特大学之中。德国大学有很多年轻教师曾到意大利学习、参观，并通晓欧洲各国语言，这些年轻教师成为德国的第一批人文主义者。因此，大学成为德国文艺复兴运动的主阵地。德国"所有早期建立的大学，包括维也纳大学和布拉格大学，以及 15 世纪反映出世俗和教会捐助人文化和政治愿望的新建大学，都是由人文主义教育的迅猛发展而激励的"。

德国大学深受人文主义的影响，大学成为德国人文主义的发源地，培养了大批人文主义学者和思想进步的人才，为德国现代大学的建立奠定了基础。1456 年人文主义学者彼得·路德在海德堡大学和莱比锡大学讲授新学。1484 年人文主义学者阿格里科拉在海德堡大学讲授古典文学。著名诗人凯尔梯斯曾在巴伐利亚大学任教，之后担任维也纳诗歌学院院长。1500 年后，一些优秀的德国人文主义者在路德派的宗教改革中发挥了重要作用。16 世纪德国大学的人文主义教学富有吸引力，由许多讲授新学科的学者担任大学教授。人文主义学科的课程不断增加，这些课程有古希腊语、希伯来语、诗歌、演讲术、历史学和拉丁文学。古典拉丁语取代了经院拉丁语，亚里士多德的人文主义译本取代拉丁语译本；希腊语言、文学的讲座在大学设立；教学内容包括古希腊、古罗马的作家、诗人和雄辩家的作品，学术团体能够接受雄辩家和诗人，必修科目和考试项目包括阅读和模仿古典作家的诗歌和修辞。① 人文主义的学科进入很多著名的大学，包括埃尔福特大学、维滕贝格大学、海德堡大学、维也纳大学和巴塞尔大学等。但经院哲学家在科隆大学和弗莱堡大学仍有较大的影响力。

16 世纪 20 年代，由于人文主义的影响，统治德国大学近三百年的旧文法课已经让位，古典作品成为学生的必读教材，德国大学中渴望自然、真理以及美好人生的学风日渐浓厚，人文主义的精神逐渐取代了教会精神。

德国大学是由教会和国王授予特权的独立师生团体。大学师生享有各种特权，最主要的有三项：一是罗马教廷赋予的教学权以及学士、硕士、博士等学位的考试权和授予权，二是大学自行确定章程和规则的自治权，三是地区或市政当局赋予的独立审判权，普通法庭不得传唤大学师生，并免除他们的租赋和税收。为保证行使特权，德国大学有两种组织。一是大学实行学院制，一般由神学院、法学院、医学院和文学院组成。各学院选举出来的院长负责学院教学工作。大学校长通常由教会中有地位的人士担任，于是大学与教会可以在一些原则问题上互相协调。二是大学常常根据师生出生地组成"同乡会"，主要为了行使自治权和审判权。同乡会选举主席和财务人员。但同乡会不是自发组成的，而是在王室或教会命令下建立的，存在时间较短。

1520 年，文艺复兴运动中涌现的以人文主义为核心的新文化已经在德国几乎所有规模较大的大学里占据了一席之地。这些大学在设置新的课程体系时(尽管起初还是新旧课程并行)已可以允许在教学和考试中加入新的学科分支。大部分的德国大学都在文艺复兴运动的影响下采取了革新措施。

由于德法两国相邻，德国大学的课程结构和学习内容受到巴黎大学的影响较多。德国大学逐渐开设了人文主义的新学科，如希腊文学、修辞学、诗

---

① F. Paulsen, *Die deutschen Universitdten und das Universitatsstudium*, Berlin: A. Asher & co., 1902, S.34-36.

歌、历史和柏拉图哲学，尽管这些课程仍然是附带的选修课程，但在大学的课程体系里已经有了明确的地位。德国大学的哲学院开设的课程与同时期的巴黎大学和牛津大学基本相同，都是以古典文献作为课程主要内容。与巴黎大学和牛津大学不同，德国大学哲学院有关亚里士多德的学说相对更少，而"七艺"中的"四艺"的内容较多。德国大学的神学院、法学院和医学院没有完全仿效巴黎大学的模式，法学院受意大利的博洛尼亚大学的影响更多。

第三节　罗伊希林、阿格里科拉的人文主义教育思想

一、罗伊希林的人文主义教育思想

　　罗伊希林的古典语言造诣很深，不仅精通拉丁语，也精通古希腊语和希伯来语，这在德国人文主义者中是比较少见的。在赴意大利之前，他曾在巴塞尔大学师从拜占庭流亡学者安德罗尼库斯·坎托布拉卡斯学习古希腊语。1483年一些人文主义者在罗马的约翰·阿吉罗普洛斯家聚会，其中有一位就是刚到意大利的罗伊希林，他是带着几封信来见主人的。他解释说他是来学习古希腊语的。阿吉罗普洛斯给了他一本古希腊学者修昔底德的原文书，请他选一两页译成拉丁语，罗伊希林译得十分轻松自如，令在场的人赞叹不已，惊呼古希腊已飞越阿尔卑斯山迁到德国了。罗伊希林在意大利居住了数年，回德后致力于普及古希腊语。

　　相比较而言，罗伊希林更热衷于研究希伯来语，"几乎可以说是他将那种古老语言介绍给欧洲人民的"[1]。他是在1493年左右开始学习希伯来语的，他深信希伯来语古老而神圣，上帝曾用这种语言讲话。上帝不仅曾在希伯来语的《旧约》中显圣，而且还通过天使和其他神圣使者，将一种深奥的智慧保存

---

[1]　[英]托马斯·马丁·林赛：《宗教改革史》（上册），65页。

在《圣经》之外的古希伯来著作中。他学习希伯来语的目的有二：一是想通过原文研究《旧约》，二是想像皮科那样通过希伯来语去探求犹太人著作中所包含的智慧。1517年他出版的《论犹太神秘主义艺术》就是其研究成果之一。1506年为推广希伯来语，他出版了一本名为《基础希伯来语》(*De rudimentis Hebraicis*)的书，把语法和词典结合在一起，这本书对促进希伯来语的教学起到了很大的作用。罗伊希林的人文主义思想也具有浓厚的宗教色彩，他用人文主义的精神去理解宗教。他说："上帝是爱；人则是希望；这两者之间的纽带就是信仰……上帝与人结合得如此之紧密已达到无法言传的程度，以致有人性的上帝和敬上帝的人可看成是同一物。"①

　　一场论战在罗伊希林54岁时开始了，这场论战的焦点是如何看待古希伯来文化。论战是由普菲费尔科恩(John Pfefferkorn，1469—1522)挑起的。

　　普菲费尔科恩拥有犹太血统，1505年改信基督教。改教后，他满腔热忱地想使犹太人都信奉基督教，认为如果从犹太人手中没收除《旧约》以外的所有希伯来语书籍，就可使犹太人免受非基督教思想的影响，改信基督教。1507—1509年他接连写了4本批评犹太人的书，在书中他建议禁止犹太人放高利贷，强迫他们去听讲道并没收他们的希伯来语书籍。或许是通过几个贪污受贿的秘书，他从马克西米利安一世那儿弄到了一道授权他查抄所有这类书籍的命令。罗伊希林反对查抄，而且认为普菲费尔科恩所持的命令是非法的，美因茨大主教乌里尔也认为命令存在是否合法的问题。皇帝于是发布命令，责成乌里尔处理此事。乌里尔遂就此问题征求一些大学和包括罗伊希林在内的一些学者的意见，要求他们回答这样一个问题：销毁除《旧约》以外的所有希伯来语书籍对基督教是否值得，是否有利？

　　罗伊希林认为，对待犹太人最好的方法，不是烧掉他们的书，而是与他们说理和进行耐心、善意的讨论。

---

　　① ［英］托马斯·马丁·林赛：《宗教改革史》(上册)，65页。

罗伊希林的意见是孤立的，所有其他被征求意见者全都建议焚书，罗伊希林受到众人指责。于是一场论战就开始了，罗伊希林的对立面是神学家，论战进行得十分艰苦，其中不乏攻击和谩骂，言辞往往也非常粗野。这次论战整整持续了 6 年。

犹太人在欧洲受迫害并不是始于 20 世纪的希特勒，15 世纪初期在德国的犹太人就已经常遭到迫害，后来这种迫害愈发普遍。总体而言，在 15 世纪的法国，犹太人的日子还算好过，他们受到帝国的保护，可以在许多城市行医。但他们中的放高利贷者仍受到普遍的憎恨。莎士比亚的剧作《威尼斯商人》中对放高利贷的犹太人夏洛克的讽刺，就是这种憎恨情绪的典型反映。偏见很容易激起人们心中这种潜在的憎恶感，并将这种憎恶扩大化，进而殃及所有的犹太人。从一定的意义上讲，销毁犹太人的希伯来语书籍是一种偏激的宗教迫害行为。

罗伊希林反对毁书的主要目的，并不是维护生活在德国的犹太人的利益，而是捍卫其人文主义信念，反对蒙昧主义。1514 年在论战正酣之际，罗伊希林以《名人书翰》(意即有名人物的来信)为书名公开发表了他的观点。在论战中，德国的人文主义者走到了一起，他们认为关于希伯来语书籍的禁令是对人文主义价值本身的一种威胁，于是联合起来一起发动攻势，攻击、批判以蒙昧主义为特征的天主教神学。一些人文主义艺术家也对罗伊希林表示支持。当时的一幅版画描绘了罗伊希林坐在一辆用月桂装饰起来的车上，驶入他的出生城市。科隆的神学家们戴着锁链走在车前；普菲费尔科恩躺在地上，旁边站着一个刽子手，正准备将其斩首，城市的乐队吹奏凯旋乐曲欢迎罗伊希林荣归，市民们盛装向其表示敬意。

这场论战对德国人文主义的发展有两个重大影响：一是使人文主义者联合起来，二是使德国人文主义和经院神学永久决裂。

受《名人书翰》的启发，德国一些年轻的人文主义者用《鄙人书翰》(又译

为《无名人物的书信》)这个滑稽的书名出版了一册书信集，进一步揭露和批判经院神学家的蒙昧和偏执。其战斗性更为强劲，

> 《无名人物的书信》是人文主义者的感情的最明显的表现，它无情地嘲讽了经院哲学家们的方法。这些虚构的书信把矛头指向他们的方法，最终目的则在于打击经院哲学的真正核心。对希伯来语书籍的查禁好像一个火花，它加速了一场无论如何也要发生的危机的来临。到十六世纪二十年代，德国的世俗文化已经发展到这样一个阶段，它再也不能够与传统的经院哲学家的学术妥协了。这时的倾向不再是把人文科学纳入神学的轨道，而是恰恰相反。①

这意味着在神学研究中人文主义的方法要取代传统的经院主义的方法，以人文主义的方法研究神学是德国乃至北部欧洲地区人文主义运动的典型特征，因而北部欧洲地区的人文主义也被称为基督教人文主义。伊拉斯谟、维夫斯（Juan Luis Vives，1492—1540）、莫尔等人文主义大家都是典型的基督教人文主义者。

《鄙人书翰》的作者之一就是十分具有战斗精神的人文主义者胡腾。他因思想激进而被称作德国宗教改革时期暴风雨中的海燕。他出生于德国一个古老的贵族家庭，其父想让他做教士，于是把他送到了一座修道院，但他讨厌教士生活，憎恶经院神学，遂向其父请求离开修道院而去做一个学者，其父固执己见不予应允，而胡腾性格同样倔强，于是就逃出了修道院，先到科隆大学后又到埃尔福特大学学习。父子勉强和解后，在他人的劝说下，胡腾的父亲同意胡腾去意大利，但条件是他要专心攻读法律。到意大利后，他对法学同对神学一样不感兴趣，于是倾心于人文之学。旅居意大利使他成为一个

---

① [英]G.R.波特编：《新编剑桥世界近代史 第一卷 文艺复兴》，170页。

优秀的人文主义者，他对意大利的人文主义敬仰有加，但对意大利人尤其是罗马人的不良风气憎恶感很强。

德国有很多人文主义者，胡腾与他们不同，他是个坚定的爱国者，他认为德国本应有的权力现已被教皇制度所剥夺。从其个性来看，他藐视安逸奢华，憎恨贪图舒适和追逐财富之徒，他喜欢战斗，对战斗从来不感到厌倦，在他那个时代，他准确地找到了战斗的对象——教皇制度。他在代表作《罗马的三位一体》（1520 年）中写道："罗马靠三种东西使一切人都服从：强力、狡猾和伪善。有三件事不能说出真相：关于教皇、赎罪券和无神论。有三种事物成为罗马的特点：教皇、古老的建筑和贪婪。有三种不同的东西供养着罗马富翁：穷人的血汗、暴利和对基督徒的掠夺。"他对罗马教廷在德国的豪取巧夺深恶痛绝，正是其强烈的爱国精神和战斗精神将他与其他德国人文主义者区别开来，

他是个人文主义者和诗人，但又明显有别于他同时代的人，在他们的姓名已被人遗忘了的时候，他却必然会永远活在德国人民的记忆之中。他们可能都是优秀的学者，能够写出一部较好的拉丁语语法，文笔也比较优美；但他是一个有追求的人。他的漂泊不定而又决非无瑕的生活，由于他那真挚的爱国精神而变得特别崇高，即使他的爱国主义有一定的限度和有些不切实际。为能在改革派皇帝领导下建立一个统一的德国，他努力工作、规划设计、进行斗争、对上奉迎和大声疾呼。他用他掌握的讥讽、谩骂、嘲笑等所有武器回击妨碍实现这一目的的一切阻力；唯一的敌人就是 15 世纪末的教皇制度，阻力全都隐含着它的旨意。正是教皇制度耗尽了德国的黄金，使帝国遭受奴役，它指使国家的一部分反对另一部分，向诸侯保证他们的独立图谋能够得逞。教皇制度就是他要摧

毁的那个迦太基。①

从此可以看出，胡腾的人文主义思想具有很强的现实针对性，与路德宗教改革的理念十分相似。在莱比锡辩论中，路德曾向罗马教皇的至高权力发难，胡腾对此举十分赞赏，但他不太赞成宗教改革运动向纵深发展。他对路德反对赎罪券的斗争评价不高，认为这只不过是教士之间的无聊争吵和相互倾轧，他希望教士自相残杀直至毁灭。直到后来他发现路德主张信仰自由、拥护德国统一并反对罗马时，才热情地站在路德一边。

德国的人文主义为德国的宗教改革做了舆论准备，胡腾则是沟通德国人文主义和德国宗教改革的一座桥梁。

二、阿格里科拉的人文主义教育思想

（一）生平

阿格里科拉（Rudolph Agricola，1444—1485）的历史地位比较特殊，他的实践活动与胡腾、路德等人相比毫无惊世骇俗之处，他的文学作品的重要性很难与伊拉斯谟等人相比，他不像维多里诺和赫吉乌斯那样是伟大的人文主义教师，不像梅兰希顿那样是优秀的学校管理者，也不像罗伊希林那样是文化论战的英雄，总体看来，他并无显赫的业绩，然而他却备受赞誉，赫吉乌斯、温斐林、梅兰希顿、伊拉斯谟等当时的文化教育名人一致认为，阿格里科拉是将意大利人文主义新学引入北部欧洲地区的主将。梅兰希顿认为阿格里科拉是"德国人文主义新教育的创建者"，认为他恢复了亚里士多德的本来面目，摒弃了陈腐的经院主义方法，为探索新知开辟了一条新路。梅兰希顿指出，除伊拉斯谟外，对其人文主义思想影响最大的就是阿格里科拉。伊拉斯谟对阿格里科拉更是褒扬有加，认为他博览古典著作，学识渊博，拉丁语

---

① ［英］托马斯·马丁·林赛：《宗教改革史》（上册），72—73页。

写作风格简洁有力，可与昆体良媲美。阿格里科拉的一个好友在给梅兰希顿的一封信中有这样一句话："伊拉斯谟曾当面对我说过，不论在演说方面还是在学问的每一个领域，他都不如阿格里科拉。"显然，伊拉斯谟之言是谦辞，但足以说明阿格里科拉在当时的地位之高。

阿格里科拉 1444 年 2 月 17 日出生于巴佛罗（Bafflo），儿童时代就显示出艺术才能，擅长音乐、绘画、木刻。12 岁以前他在巴佛罗附近格罗宁根（Groningen）的一所学校上学，因天资聪颖，将其同学远远甩在后面。尚不能确定他曾就学于"共同生活兄弟会"的学校，也不能确定他受过其影响。1456 年他进德国埃尔福特大学学习，两年后到鲁汶大学学习。在这两所大学他分别取得了学士和硕士学位。鲁汶大学在北部欧洲地区的大学中是开风气之先的，其人文主义色彩较其他大学要浓厚。他在鲁汶大学受到人文主义的初步影响，主修的科目是数学和哲学，同时还向来自法国的学生学习了法语。1462 年 5 月他来到学术气氛非常保守的科隆大学任神学课教师，他对经院神学不感兴趣，认为用经院主义方法研究神学是浪费时间，遂萌生了用人文主义方法研究神学的兴趣，这种兴趣伴随了他的一生，其本质是基督教人文主义。在科隆期间，他还短期去过巴黎，在那里与罗伊希林结为终生好友。

约在 1468 年或 1469 年，他来到意大利，这是他人生的一大转折，在意大利的岁月使他受益良多。他先到帕维亚学习罗马法，后生厌恶之心而倾全力于古典文化，因感到在帕维亚无法使其古希腊语大有长进，他又来到费拉拉。在费拉拉他成为巴蒂斯塔和伽查的学生，巴蒂斯塔是格里诺的儿子，而伽查则是维多里诺在曼图亚教书的同事，两人皆为当时教授古希腊语和古希腊文化的名师。费拉拉的名气在当时如日中天，吸引了许多外国学者来此，阿格里科拉在此深感如鱼得水，遂潜心学习和研究古希腊语和古希腊文化，对亚里士多德的《逻辑学》和《形而上学》、普林尼的《自然史》有深入的钻研，颇有心得。同时他还研究古罗马作家的著作。与伊拉斯谟等当时一些人文主义者不同，他并不轻视民族语言，除了古典语言和他的母语外，他还认真学习法语、德语和意大利语，他认为只有掌握了这些活生生的语言才能了解时代的新精神。

阿格里科拉的精神世界与行为举止是和谐统一的，他不仅学识渊博，而且风度优雅，在费拉拉上流社会中是一个十分出众的人物。他体魄强健，神采奕奕，一举一动给人以尊严之感。他精通军事技能和各种运动技巧，另外还是一个音乐家，唱歌很有技巧，能演奏风琴、长笛、小提琴等乐器，在音乐理论方面也颇有贡献，在文艺复兴时期的音乐史上也占有一席之地。他的美术才能在意大利也得到长足发展，在美术方面倾注了大量精力。他有惊人的形象记忆力，可以凭记忆将一个人的肖像准确无误地画出来。

他的个性的充分发展本身就是一个值得注意的教育现象。他的充分发展，既有天赋的作用，也与他在意大利所受的教育影响有关，他被称为"意大利文艺复兴的精神产儿"①，是意大利人文主义使其精神世界繁盛充实起来。不能仅仅把他看作一个把古希腊和古罗马文化传播至德国的语法学家。他不是一个一般意义上的人文学者，而是北部欧洲地区教育成果和意大利人文主义教育成果在北部欧洲地区人民身上的具体体现，他的存在，使一向把北部欧洲地区人民视为"野蛮人"的意大利人不得不改变成见。在北部欧洲地区人文主义发展的初期，他的成就和形象是当地人民的骄傲，也是当地人民的楷模，同时代的北部欧洲地区人民中没有一个人像他那样发展得如此全面而充分。

阿格里科拉并不是一个只顾个人发展的人，他有着强烈的责任感，认为意大利人视北部欧洲地区人民为野蛮人并不是没有道理的，他感到他有责任将所学到的新知识传播到北部欧洲地区去。

他在意大利待了十年左右，于 1479 年回到北部欧洲地区，此时的他已和十年前大不一样了，十年前是去学习人文之学，现在则是回来传播人文之学。

---

① William Harrison Woodward, *Studies in Education during the Age of the Renaissance*.

他拒绝了两个职位：一个是在安特卫普，他被邀请去负责一所拉丁语学校的改造；另一个是在宫廷做官。他认为纯粹做一个教书先生太过于乏味单调，而做一个官员又太受官场束缚，更重要的是，他想传播人文主义新文化，而这两个职位对他实现这个目的并不十分有助益。1479 年他从意大利回到尼德兰，这一年他从事什么职业尚不能确定。1480—1484 年他在尼德兰格罗宁根市政委员会任职，这个职位不会占用他很多时间，所以他乐于接受。其间马克西米利安一世还派他四处巡视政务，他有机会参观学校，会见学者和教师，激发他们对新学的热情。在格罗宁根居留期间，他于 1482 年去海德堡访问过一次，海德堡大学邀他次年到该校任教，他也接受了邀请。但直到 1484 年 3 月他才得以成行。途中经过德文特时，他与赫吉乌斯和伊拉斯谟相见。1484 年 5 月 2 日到达海德堡。

到达不久后，阿格里科拉便开始了教学生涯，梅兰希顿是他的学生，后来成为著名的新教教育家。在海德堡期间，在海德堡主教的陪同下阿格里科拉去过沃尔姆斯，在此做过多次关于古典文化的讲座。

北部欧洲地区文艺复兴的一个重要特点是学者们都比较重视神学和希伯来文化的研究，阿格里科拉亦不例外。1484 年他一到海德堡就跟从一个有学识的犹太人学习希伯来语，目的是想借助这种语言深入研究《圣经》和希伯来文化。他认为人文主义和宗教并不矛盾，同后来的罗伊希林和伊拉斯谟一样，他认为人文主义的方法有助于对基督教的起源进行深入全面的探讨。

阿格里科拉在海德堡任教后不久就说他并不适宜于做教学工作，主要原因是他在精神上不安分，有那么多的新学问新知识需要去学习和探索，而教学工作比较单调，涉及的知识范围也比较狭窄，他想自由自在地探索新知而不是按部就班地传播已知。不久他又有了一个新机会。1484 年 8 月教皇西克图斯六世去世，德国七大选帝侯之一的海德堡主教被选为新教皇，阿格里科拉是新教皇的密友，于是就做了教皇的秘书。由于身体原因，1485 年 10 月

27日阿格里科拉辞世，年仅41岁。

(二)教育思想

阿格里科拉英年早逝，留下的文字并不多，就像维多里诺一样，他并不喜欢多写而是喜欢多学多做，他的个人发展本身就是一部留给世人的活教材。阿格里科拉并无专门的教育著作，1484年他在海德堡给一位朋友写了封信，其中部分内容涉及他对教育的看法。

他批判中世纪经院主义的教育内容和教育方法，认为经院方法有时会把人带入荒谬可笑的两难之境，不能使人获得切实的知识，他以轻蔑的态度看待经院教育。他要求更新教育的内容和方法，提出教育的内容可分为三个大的方面，即道德哲学、自由学科和雄辩术。

道德哲学涉及道德问题，为人的行为提供准则。他将道德置于知识之上，但同时又认为道德与知识是不可分割的，先贤在为人处世方面为后人树立了榜样，他们的著作中包含着许多道德信条，其懿行嘉言对今人德行之长进大有助益。不仅亚里士多德、西塞罗、塞涅卡的著作可对人的行为予以指导，而且许多历史学家、演说家和诗人的作品也有益于人的品德进步，它们会告诉你在生活中哪些行为值得做，哪些行为不值得做。

阿格里科拉认为自由学科包括自然、历史、文学、政治学等学科。自然包括地理学和自然哲学，但他讲的"自然"不是现代意义上的自然科学，受格里诺的影响，他所说的地理是指古希腊斯特拉波的地理学，自然哲学是指亚里士多德等人的自然哲学，尚未超过古人的研究广度和深度。自由学科的教学以古典著作为主要内容。阿格里科拉对古典文化和古代作家推崇备至，而对经院主义深恶痛绝，这都是当时人文主义的典型特征。同许多人文主义者一样，他还将自由学科与职业性学科对立起来，认为法律、神学和医学都属于职业性学科，这些学科地位低于自由学科，不在自由学科的范围之内。

他认为雄辩术是一种表达的艺术，说话和演讲是一种重要的能力，而并非一件"博学"的饰物。描述一件事物、说明一个道理、在法庭上辩论、劝说他人等皆离不开雄辩术。演说或说话有三个重要因素不可忽视：一是谈话者，二是所谈内容，三是听讲者。成功的演说或讲话有三点要求：演说者说得通俗易懂；所谈内容有条理；听众爱听。要做到第一点，演说者应学好语法；要做到第二点，演说者应学好逻辑学，这样才能将事实清楚地表达出来；要做到第三点，演说者应学好修辞学，这样才能使演说有感染力，从而感染听众，使他们爱听。

此外，阿格里科拉认为一个有教养的人还应该学习建筑和绘画，这显然也是受意大利人文主义的影响。

从以上论述可以看出，阿格里科拉的教育思想有浓厚的意大利色彩，有明显的移植的痕迹。还应指出的是，阿格里科拉并没有将他关于教育的全部看法付诸文字，因而不能仅凭他的一封信就认为其教育思想仅止于此，好在他的生平有助于增进人们对其教育思想的体认。

第六章

15—16世纪法国的人文主义教育

第一节　15—16世纪法国人文主义教育发展的背景

　　法国文艺复兴初期的人文主义教育思想也是基督教人文主义性质的,与尼德兰、德国、英国文艺复兴初期的人文主义教育思想是一致的,其代表人物是比代(Guillaume Budé,1468—1540);但随着文艺复兴运动的推进,法国的人文主义教育思想呈现出与其他国家不同的风貌,拉伯雷和蒙田的教育思想显然不同于伊拉斯谟、维夫斯、埃利奥特、莫尔等人。

　　在法国,由于传统的文化势力一直较强,人文主义遇到的阻力比在其他北部欧洲地区国家要大一些,因此,尽管人文主义的萌芽在法国出现很早,但人文主义的真正发展却较迟。

一、法国人文主义的产生

　　在中世纪,较之其他欧洲国家(包括彼特拉克来法国阿维尼翁教廷供职以前的意大利),法国对过去残存下来的拉丁文化更感兴趣,而且法国和意大利人文主义的接触也很早,意大利"人文主义之父"彼特拉克在法国生活、工作了很长时间。14世纪教皇驻地从意大利的罗马迁至法国的阿维尼翁,使得意大利和法国这两个国家发生了密切的文化接触，这种接触对法国的一些文人产生了影响，表现在 1360—1420 年，法国掌玺大臣公署的一些秘书过着"人文主义者的典型社会生活：他们热心传抄古典著作的手稿；互相交换模仿古代样板的书信和诗歌"，然而这种影响没有对法国的整个文化产生实质性的影响，"到 15 世纪 30 年代以后，这些活动的势头衰退了，显然没有留下长久的效果"。① 原因是这些秘书重视的是古典文化中的修辞，这种技巧性、技术性的东西不能对当时的文化价值标准产生影响，而意大利人文主义者更为重视的是古典文化中的价值内涵。法国人从古典文化中所得的只是皮毛而已，故难成正果。虽然成熟的人文主义运动在如此薄弱的文化基础上不可能发展起来，但由于古典文化研究在法国一直未中断，加上意大利又是法国的近邻，法国宫廷文化较早就表现出对古典作家的兴趣。从 14 世纪中叶起，国王的图书馆里除了宗教文献和骑士文学作品外，还增加了许多译成法文的古希腊和古罗马著作的手稿，包括亚里士多德的《伦理学》《政治学》、李维的《罗马史》、西塞罗的《论老年》《论友谊》等。除此以外，国王图书馆里还藏有意大利早期人文主义者尤其是彼特拉克和薄伽丘的一些作品。

然而，翻译古典作品并不能说明宫廷文化是人文主义性质的，因为按照人文主义的要求，翻译古典作品应忠实于原文的思想内容，应有优雅的表现形式，而法国国王图书馆里的这些古典译著则是粗劣的意译和改编，并无人文主义所要求的那种求真(内容)求美(形式)之精神。骑士文化在当时法国的世俗文化中占据统治地位。法国宫廷将中世纪骑士文化复杂化、制度化，

> 骑士的爱情和诗歌，在法国的宫廷里也变成了一种有计划和有组织的制度。从 14 世纪末起，廷臣们设立了恋爱课程(cours d'amour)，他们在正式集会上讨论骑士仪态和恋爱的微妙问题，朗诵他们依照骑士恋爱

---

① [英]G. R. 波特编：《新编剑桥世界近代史 第一卷 文艺复兴》，80 页。

诗的传统风格写作的诗篇。这些制度的目的在按照同一的模具铸造宫廷所有成员——上至王公下至他的中产阶级出身的秘书们的心灵。①

在这种宫廷文化的影响下，"由于当时的社会结构是如此大力支持墨守骑士时代的观点和习俗"，法国 15 世纪文学的主流依然是骑士文学，例如，当时的作家拉·萨尔虽然已经到过人文主义的意大利，但他在书中论述主人公的教育时，却仍然主张通过马上比武和宫廷恋爱对一个青年骑士进行训练。不仅文学，历史也深受骑士文化的影响，法国国王路易十一的秘书们在编写《法国大编年史》时收入了中世纪许多骑士的传奇故事。进入 16 世纪后，法国历史的编纂才开始运用人文主义历史学的原则。

与世俗文化的骑士传统相呼应的是大学里占统治地位的经院主义传统。"传统的、烦琐主义的求知方法已经足以适应该国文化界的口味"，"在 1470 至 1520 年的整个时期，学校教育一直固守旧日的传统"，"旧教科书仍然与过去一样流行"。② 巴黎大学则是经院主义的顽固堡垒。巴黎是当时欧洲最大的城市，巴黎大学是一个巨大的国际学术中心，是欧洲主要的神学派别的所在地，这里的绝大多数学者对于人文主义新文化没有任何兴趣。15 世纪末巴黎大学内部也有激烈的争论，但不是由于是否应该接受人文主义新文化而引发的争论，而是经院哲学内部唯名论者与唯实论者之间的斗争。1474 年唯实论者占了上风，结果唯名论的学说遭到官方的谴责和查禁。唯名论者并未因此而停止争斗，在他们的努力下，1481 年官方终于撤销了禁令。此后，唯名论开始在巴黎大学称王称霸。不论是唯实论占上风还是唯名论占上风，学术空气都不自由，而且这两派都反对柏拉图主义。正是意大利文艺复兴后期兴起的柏拉图主义启动了尼德兰、德国和英国的人文主义运动，北部欧洲地区的

---

① ［英］G. R. 波特编：《新编剑桥世界近代史 第一卷 文艺复兴》，83 页。

② ［英］G. R. 波特编：《新编剑桥世界近代史 第一卷 文艺复兴》，144 页。

基督教人文主义与意大利的柏拉图主义有内在的联系。

尽管经院主义在大学中仍居统治地位，人文主义仍然逐渐向大学渗入，尤其在艺术院系中，人文主义的成分更浓厚一些。艺术院系在 15 世纪下半叶就开始聘请意大利学者来讲授古希腊语，蒂费纳特（Gregorio Tifernate）从 1456 年到 1458 年、贝罗阿尔多从 1476 年到 1478 年、巴尔博从 1484 年到 1491 年、维泰利从 1488 年到 1489 年都在巴黎大学讲授过人文主义学科。1476 年希腊流亡学者赫尔蒙尼莫斯（George Hermonymos）来到巴黎大学讲授古希腊语，培养了一批才华出众的学生，罗伊希林、伊拉斯谟、比代等人都是由他引导去学习古希腊语的。但是，巴黎大学直到 1508 年才正式开设古希腊语课程。法国学者罗贝尔·加圭安（1433—1501）在巴黎的学术界比较有影响，许多逗留巴黎的外国学者，包括年轻的伊拉斯谟和许多意大利学者，都极愿博得他的青睐。他曾是蒂费纳特的学生，热衷于古典文化，热烈崇拜西塞罗，认为把人文知识和雄辩术结合起来，可以推动神学的进展。他在写作中极力模仿意大利人文主义者的风格，在语法和修辞方面造诣颇高。然而他的这种人文主义不反对经院哲学，不但不反对，而且在经院哲学的范围内利用人文知识为经院哲学服务。因此，这种人文主义对经院哲学的方法和体系并无颠覆作用，是一种肤浅的人文主义。

15 世纪末，巴黎的出版社除出版传统的经院主义著作和骑士文学作品外，还出版了相当多的古典和人文主义的原文作品。这些都表明，人文主义在法国的影响正在逐渐增强。但是，不应对其做过高的估计，

> 尽管法国与意大利相隔咫尺，在十五世纪的最后一二十年之前，巴黎的学者们一直轻视意大利的严重影响，不屑在他们的课程表中作任何重大的改变。不错，在 1450 年以后，艺术系已经聘请少数意大利人文主义者去充当希腊语教师；有些人文主义的教科书已经代替了中世纪的拉

丁文法；巴黎的出版社从 1470 年开办起就刊印了一些人文主义方面的书籍。但是，这些只是次要的改革，并未影响任何院系的学习方向；大学生活的中心依旧是阿奎那派、司各脱派和奥康姆派之间的激烈论战，以及很少变化的关于传统的逻辑问题和形而上学问题的讨论……在巴黎，正如在牛津一样，在意大利人文主义开始运用古典学者对《圣经》的解释方法，以及把注意力转向古代遗产的神秘和宗教因素、为神学探索人文主义的途径之前，对待意大利人文主义的冷漠态度是没有改变的。在巴黎，坚冰也是在 1495 年左右被打破的。①

坚冰是由勒费弗尔(Jacques Lefèvre)打破的，打破坚冰的武器是基督教人文主义。勒费弗尔在意大利旅行时，结识了人文主义者波利蒂安和皮科等人，熟知了意大利晚期人文主义的精华，对佛罗伦萨的新柏拉图主义甚感兴趣，这种兴趣使其神学研究有了一个与经院哲学不同的起点和方法，他对早期基督教作家著作的推崇、对《圣经》评论的热衷、对中世纪经院哲学各学派传统的反对、对亚里士多德学说的新解释(其目的是要使人们了解真正的亚里士多德，而不是被中世纪评注家歪曲的亚里士多德)、对彻底改革神学研究的热情，都表明他是 16 世纪早期法国最有才华的思想家。至此，法国的人文主义才真正产生并步入正轨了。

一般认为，法国的人文主义是意大利国王查理三世在 1494 年入侵的结果，实际上从彼特拉克时法国就对意大利文化发生了兴趣，但民族自尊心阻碍了法国接受意大利文化。文艺复兴视中世纪为愚昧时代，但法国民族的根源属于中世纪，并且法国曾是中世纪文明的中心，因而法国完全摒弃中世纪传承是非常困难的。自 15 世纪后期，法国知识分子越来越多借鉴意大利人文主义，但是选择性地借鉴，有利于传统领域的元素，比如道德哲学和神学。

① ［英］G. R. 波特编：《新编剑桥世界近代史 第一卷 文艺复兴》，87—88 页。

15 世纪以来，在英法百年战争期间巴黎大学陷入混乱，传统的一些特权被国王取消，巴黎大学已经失去原有的国际地位。巴黎的很多高校资金紧缺、学生流失严重。法国王室不仅减少对高校的财政支持，还对知识界肆意干涉，如"崇古"和"现实"之争，"现代"和"唯名论"的对立。巴黎只有少数高校进行了改革，如让·罗兰（Jean Raulin）掌校的纳瓦拉学院（Collège de Navarre）和让·史丹东克（Jean Standonck）掌校的蒙太古学院（Collègede Montaigu），他们严格风纪，恢复了严肃的学术工作，但办学还是依照传统。

尽管罗兰和史丹东克的改革是保守主义的，但还是受到人文主义的影响。纪尧姆·菲谢（Guillaume Fichet）早年在阿维尼翁接受教育，此地自彼特拉克时起就深受意大利人文主义的影响。菲谢在巴黎教授经院哲学的逻辑和神学以及古典课程。1469—1470 年菲谢走访意大利对新学产生浓厚兴趣。菲谢在索邦神学院担任图书馆员，协助德国工人进入法国，1470 年这些工人成立了法国的第一家印刷社。印刷社出版了体现人文主义的书籍。

法国人文主义的中心人物是罗贝尔·加甘（Robert Gaguin，1423—1501）。1457 年加甘到巴黎学习教会法。1473 年加甘当选修会总长后，受法国国王派遣担任外交使节。加甘在意大利期间被当地的人文主义学术所吸引，其身边聚集了一批热衷古典文学非正式学术团体，成员包括大学文科院和神学院教授和巴黎最高法庭的官员和法律顾问。加甘的著述非常有影响力，他将恺撒和李维的作品译成法语，还创作了《法兰克起源史》（1498）。加甘鼓励年轻的伊拉斯谟投身文学，还在他的两部著作的序言中提到伊拉斯谟最早发表的两部作品。加甘在 15 世纪末向巴黎文学界引荐了伊拉斯谟。

加甘在巴黎并不是孤立的，在大学文学院有很多同道中人，尽管当时大学仍然以经院主义为主，但人们对人文主义知识的兴趣越来越大，巴黎很多出版社出版了反映意大利人文主义的书籍。15 世纪 70 年代出版了意大利人文主义者的重要作品，如洛伦佐·瓦拉的《论拉丁语的典雅》、巴齐札的书信例文集、阿格斯蒂诺·达蒂的《论雅》和尼科洛·佩罗蒂的《基础语法》。

雅克·勒费弗尔·戴塔普勒(Jacques Lefèvre d'Etaples,约 1460—1536)是法国第一位真正的人文主义杰出学者。1490 年他在著述中直接简明地解释亚里士多德《形而上学》前六篇的思想,巴黎大学只用这六篇授课。戴塔普勒专注于亚里士多德的主旨,摒弃经院哲学评注。从 1492 年开始,戴塔普勒发表了一系列亚里士多德的评注、释义和翻译,重新确立了巴黎大学在哲学领域的权威性。

二、法国人文主义的发展

进入 16 世纪,法国的人文主义就大步向前发展了。其原因有四:第一,15 世纪末已奠定了良好的基础,尤其是勒费弗尔的人文主义新神学(基督教人文主义)与经院神学的决裂,为法国人文主义的发展奠定了坚实的基础,提供了良好的生长点。第二,对意大利的战争促进了法意文化交流。意大利由于经济上的富庶和政治上的四分五裂,而成为欧洲列强角逐的场所。1494—1559 年,法国和西班牙在意大利领土上进行了旷日持久的角逐。连年的战争虽然耗费了法国大量的人力物力,却促进了意大利人文主义在法国的传播。①第三,法国国王弗朗西斯一世对人文主义文化的支持。他同英国的亨利八世一样被人们誉为"人文主义国王",他对法国人文主义的推动作用超过当时的巴黎大学,法国的人文主义能成为一种文化运动,弗朗西斯一世功不可没。第四,一些杰出的人文主义者的推动。法国人文主义运动在艺术、科学方面建树不大,其成就主要表现在神学、文学、哲学、历史学和政治学等方面,人文主义神学的代表人物是比代,文学的代表人物是拉伯雷,哲学的代表人物是蒙田,而历史学和政治学的代表人物是博丹(Jean Bodin,1530—1596)。

---

① William Harrison Woodward, *Studies in Education during the Age of the Renaissance*, pp.126-127.

这些杰出人物既是人文主义运动的产物，又是推动人文主义运动向前发展的动力。在他们的推动下，法国的人文主义发展日盛一日，异彩纷呈。

法国教会是天主教性质的，而经院主义则是天主教教会的理论基石，因此，经院主义势力在法国十分强大，以致它可与人文主义强力抗衡。路德和加尔文分别发起的宗教改革影响到法国以后，人文主义的发展又多了一层阻碍，传统势力认为人文主义是新教教义的盟友，而新教在法国天主教教会和法国国王看来无异于洪水猛兽，这样，阻碍人文主义运动就又多了一个难得的、对人文主义极具破坏力的理由。如此看来，不论宗教改革前还是宗教改革后，人文主义在法国的发展都是颇为艰难的。由于国王是法国天主教教会的领袖，国王对人文主义的支持也是有限度的。

16世纪法国的主要历史事件是持续不断的宗教战争，这场战争在一定程度上削弱了国王的权力，也对法国人文主义者尤其是蒙田和博丹的思想产生了重要影响。

16世纪初，宗教改革思潮开始在法国传播，路德教派和加尔文教派相继出现，相比较而言，加尔文教派传播更广，城市市民和农民都迫切要求宗教改革，许多城市纷纷出现加尔文教派团体。法国国王弗朗西斯一世看到新教的传播对王权十分不利，便开始迫害新教徒，1540年颁布"惩治异端条例"，1549年还成立了专门惩治加尔文教派教徒的法庭。然而新教徒却有增无减，16世纪40年代特别是50年代以后，许多大贵族也接受了加尔文教派。1559年，法国在与西班牙争夺意大利领土的战争中失败。法国新教贵族企图乘法国国王在意大利战争中战败、王权衰落之机，仿效德国新教诸侯，在法国没收天主教教会财产，割地称雄与王权相抗衡。这些改奉加尔文教派的法国大贵族被称为"胡格诺贵族"。1562年胡格诺贵族一方和天主教贵族一方爆发内战，史称"胡格诺战争"，这场战争一直持续至1594年。战争给法国造成极大破坏，致使财政空虚，民生凋敝，政局不稳，农民起义规模不断扩大，城市贫民的骚动也日益加剧。天主教贵族、胡格诺贵族和富有的新兴资产阶级都感到只有建立强大的专制政权，才能使社会稳定，才能使他们的自身利益切实得到保护，因而在 16 世纪 90 年代初，他们先后转向拥护王权，从而结束了混战。1598 年 4 月，法国国王亨利四世颁布"南特敕令"，宣布天主教为法国的国教，已没收的天主教教会土地和财产一律归还；胡格诺派教徒得到信仰和传教的自由，有权召开自己的宗教会议，在担任国家官职上享有与旧教徒同等的权力。"南特敕令"是交战双方妥协的产物，它使一度动摇的法国王权重新得到恢复和巩固。王权的加强在当时是有历史进步意义的，博丹于1576 年 8 月发表《国家论》一书，热情地为君主制辩护，他倡导宗教宽容，要求结束宗教战争。

博丹认为有三种国家形式，即君主制、贵族制和民主制。

> 主权掌握在一人手中、整个人民被排除在主权之外的国家是君主制；主权掌握在全体人民或多数人手中的国家是民主制；主权掌握在联合成集团的少数人手中、并由这个少数向人民中的其余部分（无论是作为整体还是作为个人）发号施令的国家是贵族制。①

博丹认为君主制是最合宜的政治形式。他把君主制又分为三种：古代的或东方的"暴君"君主制、中世纪以封建制为基础的"领主"君主制和"王权"君主制。博丹所推崇的是王权君主制，他认为王权君主制是一种权力得到良好实施、行政管理有条不紊的政治体制。在王权君主制中，君主不是占有财产和农奴的领主，也不是专制地把自己的意志强加于人的君王，而是按照公正准则进行统治的人主。君主不等于国家，由于国家是一个复杂的组织，即使在王权君主制下，君主也不直接去实施什么，而是一切由司法、行政机构承担。

---

① ［意］萨尔沃·马斯泰罗内：《欧洲政治思想史》，56 页。

如果国王想以合法方式进行统治，就应该通过司法、行政机构行使权力。在这种政治前景中，博丹关于行政政府的论述便成为一种为天主教徒和胡格诺派教徒都能接受的制度化解决方案，国家不再是哪一个教派的，国家维护的是公共利益、共同利益，为此，应强化国家权力对社会事务(包括税收、教育等)的管理。博丹在此构建的是现代世俗国家的初始框架，对于解决当时的宗教战争问题极富建设性。

第二节　15—16世纪法国人文主义教育实践

一、中等教育

1534年，法国南部的波尔多市的管理机构决定按人文主义理念改组一所男校，在一批能干的校长的领导下，该校提升为第一流的学校。这所学校是由10个年级组成的文法学校，另外增加了大学文理科系的两年课程。

该校的巅峰时期是在维内当校长的时期(1556—1570)，他为他所理解的课程和教学安排留下了一个纲要，这份纲要足以与同一时期的斯图谟、梅兰希顿和伊顿的课程计划相媲美。

在这所学校中，十年级是最低年级，6岁到7岁入学，一年级是最高年级，学生大部分是15岁至16岁。这所学校实行的班级教学的通用方法保留了中世纪的辩论，在年级教师的主持下，以合理的互相提问的形式进行。讲解通常持续一小时，随后开始辩论，学生相互提出问题，提出疑点，讨论教材和教师的讲解，这种练习进行半小时。每逢星期六，用班与班之间的竞赛性辩论代替规定的课程，从每个班级选出6名学生，带着他们事先已写好的散文和诗歌，这些作业钉在墙上，在稿子的每行下面留一个空当，作为改正或批评书写之用，这样对方就能对每一份作业进行仔细的检查，发现错误并提出修改意见，这种辩论进行一小时。

虽然法语通常用来作为拉丁语的语法分析和写作的工具，但是除了低年级的学生以外，它是不能在学校或游戏场上使用的。年级较高的孩子用拉丁语对年级低的孩子讲话，只有在幼小的孩子听不懂时才允许用法文重复一遍。1599 年巴黎大学修订的章程表明，一直到 16 世纪末，这个规定还在法国的权威学校中执行。星期天除了高年级要做课业练习外，全天放假。

二、高等教育

13 世纪末期法国国王代表的世俗势力日益强大，并逐渐掌握了大学的管理权。此前巴黎大学基本受教会控制。世俗势力接管巴黎大学后，巴黎大学的管理由教师决定，如学位要求、课程设置、教师任用。大学校长从高级教师中遴选出来，任期不长，权力有限。在当时的欧洲，巴黎大学的管理模式被公认为一种占主导地位的模式。欧洲各国从巴黎大学留学回国的学生把巴黎大学的管理模式带回了本国，因此，欧洲大学普遍采用了由教授管理的巴黎大学模式，而没有采用由学生管理的波隆那大学模式。

从 14 世纪初起，法国各大学的文学院普遍开设了有关亚里士多德的逻辑、哲学、伦理学，欧几里得的《几何学》，托勒密的天文学以及包括阿拉伯科学在内的课程。原先以文法为核心的文学院课程逐渐转变为侧重于逻辑学的传授，逻辑和辩证法成为文学院的主要学习内容。神学院也不再像以往那样仅仅学习《圣经》和《箴言集》等，而是将亚里士多德的形而上学和道德哲学等纳入学习范围。

在 1450 年以后，巴黎大学文学院已经聘请了少数意大利人文主义者担任希腊语教师，一些人文主义的教科书代替了中世纪的拉丁文法。

但是这些只是次要的改革，并未影响任何院系的学习方向；大学生活的中心依旧是阿奎那派、司各脱派和奥康姆派之间的激烈论战，以及很少变化的关于传统的逻辑问题和形而上学问题的讨论。①

1494 年法国军队远征意大利时引进了一些意大利的生活方式和文化知识，随后人文主义开始在法国得到较快的发展。在法国国王的推动下，法国大学中纷纷开设了人文主义课程。1495 年左右，巴黎大学开始对古典文化的学习，16 世纪更加重视对古典文化的学习。1530 年在国王弗朗西斯一世的支持下，法国著名人文主义者、语言学家纪尧姆·比代创办了主要进行人文主义研究的新的教育机构——法兰西学院。法兰西学院不教授经院学说，而是欢迎新的古典主义教育和所有以人为中心的研究。法兰西学院与教会大学分庭抗礼，设立了一系列教授讲座，如古希腊语、拉丁语、法语和哲学等，还开设算术、医药和东方研究等课程。法兰西学院不仅成为法国高等学术研究的中心，唤起了人们对古典文化的兴趣，还成为抗衡守旧势力的重要阵地。不仅在巴黎，法国许多地方自治政府如波尔多、里昂、奥尔良、兰斯和蒙彼利埃等都建立了高等教育机构，这些机构都欢迎人文主义教学。在这一进程中，法国的奥尔良大学、布尔日大学、图尔兹大学、蒙彼利埃大学和巴黎大学的法学院和医学院采用人文主义的目标和方法，反映了大学的进步和鼓励创新。

1534 年，古维亚（Andre Gouvéa，1497—1548）于波尔多设立了人文主义性质的奎恩学院。法兰西学院和奎恩学院成为法国人文主义学校的典范，对法国人文主义教育实践推力甚大，蒙田就曾在奎恩学院学习过。

法国人文主义教育思想的代表人物主要有比代、科迪埃（Mathurin Cordier，1479—1564）、拉伯雷、拉谟斯（Peter Ramus，1515—1572）和蒙田等人。他们的教育思想各具特色，比代是法国人文主义教育思想的早期代表人物，其教育思想具有浓厚的基督教人文主义色彩，关注教育与政治的关系，与伊

---

① ［英］G.R.波特编：《新编剑桥世界近代史 第一卷 文艺复兴》，84 页。

拉斯谟类似。科迪埃是奎恩学院的教师，其教育思想主要集中于教学法方面，关注的教育问题比较微观。拉伯雷、拉谟斯、蒙田的教育思想则洋溢着浓郁的自由精神，这种强劲的自由精神是对法国教育中保守与强大的传统势力的反动。尽管国王积极扶持人文主义教育，并建立了人文主义性质的法兰西学院和奎恩学院，但传统势力依然十分强大，

　　大部分比较古老的学校继续固守其阵地，疯狂地反对一切新鲜事物的到来。然而，这种反对的结果再一次与其愿望相反。为了弥补这种改革愿望所受到的挫折，主要在学校之外，产生了一种教育的理想主义。在这种教育理想主义里面，个人自由的激情，注定在欧洲教育思想中出现了。①

过分的压制带来了过分的激进，拉伯雷、拉谟斯、蒙田的教育思想尽管各不相同，但都反映了这种理想主义的追求。其中，拉谟斯的教育思想对法国大学教育的改革具有直接的针对性。

　　拉谟斯出身贫寒，12 岁时到巴黎大学给一位有钱的学生做私人仆从，21 岁时成为大学的教师。他提出了一个令人吃惊的论点："亚里士多德所说的一切都是错误的。"他真正反对的不是亚里士多德的学说本身，而是经院主义把亚里士多德树为权威这种做法。他对经院主义视亚里士多德为权威不满，对人文主义者视西塞罗、昆体良等人为权威也不满，他认为人应有自由思考的权利，不应不加选择地求教于权威。他激进的思想遭到了巴黎大学当局的反对，他的课有三次被勒令停讲。后来他到了学术空气比较自由的法兰西学院主持雄辩术和哲学讲座，1551 年成为法兰西学院的院长，可以比较自由地进行一些教育革新。拉谟斯反对空疏无用的知识，他的教育革新的指导原则是

---

　　① ［英］博伊德、［英］金：《西方教育史》，215 页。

讲求实用，其目的在于使各种知识付诸实践，教师所教、学生所学的东西都应该与生活现实相联系，不能事事求教于、依赖于古人，例如，他认为应当参照语言的实际运用来研究文法，必须通过对事实的直接调查研究来探讨物理学。他指出经验是一切知识的源泉，学生应了解他周围的世界而不是只学习书本上的教条。他要求扩大大学的学科范围，认为不应只重视三艺即文法、修辞、辩证法的教学，还应重视四艺即算术、几何、天文学和音乐的学习。他重视数学方法的意义，认为纯数学和应用数学都很有价值，这对笛卡尔影响很大。拉谟斯信奉加尔文教派，在 1572 年法国天主教与新教的激烈冲突中，拉谟斯被迫害而死。

在法国，人文主义教育的发展会遇到如此强大的阻力，是与法国将天主教定为国教分不开的，而法国将天主教定为国教，又是与君主专制制度的加强相关联的。同英国国王一样，在中世纪法国国王的权力也受到两个方面的制约：一是封建贵族，二是以教皇为首的天主教会。英法百年战争（1337—1453）削弱了封建贵族的势力，加强了国王的权力，但国王的权力尚不十分稳固。1464 年法国一些大封建领主结成军事同盟反对国王，经过十余年的斗争，到 1480 年时国王彻底挫败了这些封建地方势力，封建贵族对国王已不能构成威胁。与英国相比，法国国王很早就企图控制教会，1438 年查理七世发布《国事诏书》，赋予国王在法国境内高于教会的明确权力。诏书规定，教士大会和修道院有权选举主教和修道院院长，但明确允许国王和贵族提出和推荐候选人，因而这很容易造成一种变相的强迫，即不得不选举国王和贵族所推选的候选人。这种规定实际上使法国的教会成为国王的御用教会而不是教皇的教会，国王控制了教会的人事权。《国事诏书》还规定，任何宗教案件不经下级法庭初审不得上诉至罗马，从而限制了罗马教廷在法国的司法权；同时还规定，取消给罗马教廷的年贡。《国事诏书》引发了教皇与法国国王的斗争，结果国王取得胜利，1516 年法国国王弗朗西斯一世与教皇利奥十世签订《波伦亚条约》，规定法国大主教、主教等职务都由国王任命，法国教会收入的大部分要交付国王，少部分交给教皇，这样，国王实际上成为教会的首脑，教会成为王权的驯服工具。但法国国王的教会是天主教会而非新教教会，宗教改革兴起后，法国国王站在罗马教廷一边而不是新教一边。

第三节 拉伯雷的人文主义教育思想

法国作家拉伯雷是闻名世界的人文主义者。拉伯雷一生当过修士，行过医，研究过许多学问，是一位多才多艺、学识渊博的人文主义者。他对封建统治阶级的腐朽统治和教会腐败的无情讽刺和贬斥、对人性解放和人文主义理想的讴歌以及大量的教育思想都充分体现在其代表作《巨人传》之中。

一、生平

关于拉伯雷的出生日期曾有过争议，有 1483 年和 1495 年等几种说法。现根据权威的考据，大致确定为 1494 年 2 月 4 日。其出生地是法国中部都兰省坎农县一个叫作拉都涯尼的农庄，他的童年就是在这个充满乡土气息的农庄中度过的。拉伯雷的父亲是位律师，在拉伯雷十几岁时，他被送到附近的教会学校，刚开始是瑟利修道院，后来转入昂热附近的包美德修道院。1511年，拉伯雷进入方济各会的修道院当修士，后升任神父。修道院的生活简单枯燥，除读经、礼拜和吃饭外，别无他事。一向活泼开朗、酷爱古希腊和罗马著作的拉伯雷便开始阅读拉丁语的著作和学习古希腊语。然而，在当时，学习古希腊语和研读古代作品被视作异端行为，拉伯雷也因而遭到了歧视，并与修道院发生了严重的冲突。所幸的是，他的昔日好友戴蒂萨当时已升任主教，在戴蒂萨的帮助下，拉伯雷才幸免于难，并转入了本笃会的德马伊修道院。

本笃会是一个比较重视学术的教派，德马伊修道院的主持正是拉伯雷的好友戴蒂萨主教。戴蒂萨是一位人文主义者，对古典文学学识渊博的拉伯雷关爱有加，拉伯雷正是在此度过了 3 年的自由时光。他的人文主义思想开始不断成长，还学习了哲学、数学、法律、音乐、图画、天文、地理、考古等多门学科，并结识了诗人布谢（Jean Bouchet）、宗教学家阿狄龙（Ardillon）等优秀学者。同时，他广泛接触社会，了解各阶层人民的生活情况。所有这些都为他后来的创作活动准备了充分的条件。

1527 年，拉伯雷离开了修道院，进行了一次深入法国各个地区的旅行，对于法国的社会状况尤其是文化状况有了广泛而深入的了解。在去巴黎的路上，他还寻访了众多的人文学者。这一路的学术旅行使他获益匪浅，名作《巨人传》的构思便由此埋下了种子。

由于对医学的兴趣，1530 年 9 月，拉伯雷开始进入蒙伯利大学医学院学习，这时他已 30 多岁了。或许是医学和人文主义同样都是以"人本"思想为基础的缘故，拉伯雷对医学同样热爱，再加上他入学前就有了丰富的医学知识，因而仅用了两个月便获得了学士学位。1532 年拉伯雷开始在里昂行医，在罗纳河圣母堂医院当医生。里昂在那时位于直通瑞士、意大利及德国的要道上，是政治上的重要城市，商业上也很发达，地位甚至超过巴黎。那里人民生活富裕，故文化也十分发达，出版商和作家多集中于此。医生这个职业使拉伯雷能有更多的机会接触社会，他一面行医，一面尽量吸收先进的思想。他对病人怀着深厚的感情，为了减轻病人的痛苦，他不仅仅从医疗上下功夫，而且还用讲故事的方法使病人开心，这也是他写小说的重要起因。他的那些故事和笑话来自他的广阔想象力和无穷无尽的诙谐，是对巫术、迷信和偏见的讽刺和鞭笞。

随着拉伯雷对社会和各阶层人民了解的加深，他终于不再满足于做一名医治人体疾病的医生，而想同时做一名医治"社会疾病"的医生。当时的新文化思想开始从意大利越过阿尔卑斯山传播到里昂，在新文化的氛围中，他不断地汲取一切新知识，并结识了里昂当地一些有影响力的人文主义者。在里昂，拉伯雷陆续发表了一些医学论文，但逐渐地，对社会的深刻了解和对现实社会的愤懑开始和他奇妙的才思、无尽的诙谐结合起来，1532 年 8 月，他便用那西埃（Alcofribas Nasier）的笔名创作了一部奇特小说——《庞大固埃传奇》（《巨人传》的第二部）。该书的出版既让广大读者赞不绝口，也引起了教会的强烈不满，但拉伯雷的创作却从此一发不可收。1534 年，他又用笔名那西埃出版了第二部小说《庞大固埃的父亲——高康大传奇》，该书即《巨人传》的第一部分。这两部小说深受广大读者喜爱，在两个月内的销售数超过了《圣经》9 年的销售量，震撼了整个法国社会，其中唯一不满的声音便来自腐朽的教会和上层统治者。不久，巴黎法院宣布这两部小说为禁书。

1535 年，拉伯雷随红衣主教杜伯莱出使罗马。拉伯雷在此觐见了教皇，并遍访名人，凭吊古迹，足迹遍布罗马各地，同时他还得到了教皇的允许，以在俗教士的身份继续行医。罗马的千姿百态给拉伯雷丰富的想象力又添上了翅膀，他在那儿住了一年后，于 1536 年回国。

1537 年拉伯雷再次进入蒙伯利大学医学院学习，先后获得硕士、博士学位。他是法国最早研究人体解剖学的医生之一，还在里昂解剖了一具被绞死的犯人的尸体。

1545 年，《巨人传》的第三部《善良的庞大固埃英勇言行录》出版。在这部小说中，他第一次署上了真实姓名。小说的字里行间洋溢着浓烈的批判精神，为此，神学家纷纷请求国王撤销之前颁发的特许状，严厉处分拉伯雷，但当时的弗朗西斯一世并没有这样做。弗朗西斯一世死后，法国政府以镇压异端为借口，又开始迫害进步人士，一些进步人士被罚充军甚至被处死。面对这种困境，拉伯雷只得再次以医生的身份随红衣主教杜伯莱远走罗马，等候机会重返法国。终于，1550 年，法王亨利二世（Henry Ⅱ）得子，红衣主教让拉伯雷编撰祝文，在这篇祝文的帮助下，他平安地回到国内，并于同年 1 月 8 日受巴黎主教指派在墨东做本堂神父。

1551 年，《巨人传》的第四部发表。同年 4 月 9 日，拉伯雷于巴黎病逝。《巨人传》的第五部也在 1564 年出版。

二、名作《巨人传》

同所有文艺复兴时代的巨匠一样，拉伯雷是一位学识渊博、多才多艺的学者，在文学上建树颇丰，而使他名垂青史的便是其长篇小说《巨人传》。《巨人传》历时近 20 年才完成，共分五部分。第一部主要描写高康大这一"巨人"的成长以及受教育和与敌人英勇作战的故事；第二部塑造的是高康大的儿子——庞大固埃（同样也是一位巨人）以及他的好友巴奴日的形象；第三部至第五部描写庞大固埃及其好友的一些琐事。例如，第三部从"巴奴日是否应该结婚"这一话题出发来表达当时各阶层人士的婚姻观。第四部、第五部描写的是庞大固埃游历各地的情形。

拉伯雷有关教育的思想和主张主要体现在《巨人传》的第一部、第二部中。其故事梗概如下。

巨人高朗古杰是法兰西某一王国的国王。他的儿子也生来就身躯庞大、肥头大耳，且一生下来就高喊着："喝呀！喝呀！喝呀！"高朗古杰便将其取名为"高康大"，意思即"好大的喉咙"。高康大 3 岁至 5 岁时，完全按照父亲的指示接受教育，和当地的小孩一样尽情地玩乐和吃喝。到了 5 岁，国王为了使高康大接受正式的教育，便请来一位经院派的博士土巴·赫鲁董大师。这位大师用 5 年 3 个月教高康大认字母，用 13 年教他读《拉丁语法》《伦理学课本》《宗教考证》和寓言，又用了 18 年 11 个月教他读《词义大全》以及那些烦琐的注解，最后又用 16 年 2 个月读《历书》。正在这时，这位大师因生大疮而亡故。接着又请来一位害痨病的大师，他教高康大读《希腊词解》《文选》《修辞八法》和拉丁文的《问答集》《教理注解》《饮食礼仪》等。高康大先后在这两位经院派教师的指导下，学习方法呆板机械，变成了一个老实得不能再老实，"以后再也焙制不出来的老实人"，特别是和受过良好教育的孩子相比，他更显得呆头呆脑、糊里糊涂。高朗古杰由此也认识到经院派的教育只能毁坏人的天资，浪费青年的大好时光，与其跟这样的教师读书，还不如什么都不学。为了让高康大接受更好的教育，他请来了一位人文主义的教师色诺克拉特。这位教师熟谙教学艺术和教学方法，他让高康大逐渐抛去旧有的学习习惯，激发他的学习热情，接受新鲜的教育内容。高康大在这样的教育下，一天比一天进步，终于成为一个头脑发达、身体健壮、英勇善战、德行高尚的人。

高康大的儿子庞大固埃也是一位巨人。在高康大的教导下，庞大固埃成了一个博学的人，他在巴黎读到了很多有用的书籍，善于辩论，并结识了一位机敏灵活的好友巴奴日。小说的后几部通过他们两人的言行来表达拉伯雷对各类问题的看法。

由于《巨人传》采取了诙谐的笔调和生动活泼的写作风格，引起了各阶层读者的喜爱；同时也由于其中蕴含的反叛意识和对"人性解放"的强烈追求，它也引起了法国社会朝野的震惊，它犹如地震海啸，震撼了法国沉睡的大地。它深刻揭露了当时社会中的一切黑暗、腐朽、落后、愚昧的东西；同时它又热情地歌颂光明、智慧和人的力量。它凝聚了这个伟大时代的批判精神，对社会上的一切黑暗腐朽的东西给予无情的鞭挞，又对人民的苦难表现出了无限的同情。拉伯雷热爱和平和正义，有力地讽刺了战争的挑拨者，指出其必然失败的可耻下场。他深刻地批判了当时的法律制度，把法官称作"穿皮袍的猫"，并深刻地指出了他们"巧取豪夺，弱肉强食，无恶不作"的本质。拉伯雷认为他们的权力是和金钱联系在一起的。有了金钱支撑的权力可以不分善恶、颠倒是非。然而，对于下层人来说，"诉讼"只能意味着更加贫穷，"打官司的人终必变成穷人，因为等不到重申权利，他们的生命就已经结束了"①。这种深刻的揭露入木三分。

拉伯雷作为一个修道士，对于教会、神学家、各级神职人员的腐朽生活和思想了如指掌，《巨人传》的另一个主要批判矛头就是指向天主教会的。他笔下教会中的人物，不是在侵略者行凶作恶时噤若寒蝉、只会念经祈祷的胆小鬼，便是为非作歹、欺压人民的"可怕的猛禽"，拉伯雷把包括教皇在内的整个天主教会着实地嘲弄了一番。

《巨人传》充分地体现了拉伯雷渊博的学识、大无畏的冲决一切腐朽势力的勇气，以及奇绝无比的想象力。《巨人传》用人民大众的语言，特别是城市商人、手工业者和自由职业者常用的俗语、习语、俚语等写成，一扫教会文学和贵族骑士文学矫揉造作的文风，犹如大江奔流，具有一股不可阻抗的气势。《巨人传》将法兰西民族的幽默感同对现实生活的深刻调查紧密结合起来，各种奇谈趣闻、嬉笑谩骂，让人读后忍俊不禁，捧腹大笑；但在大笑的后面又隐含着对恶的极端憎恨和对善的无限崇敬。《巨人传》同样也深受乌托邦思想的影响，拉伯雷尽情地歌颂伟大的人物形象，追求人性的解放，向人们展示了对未来美好生活和美好人生的向往。个性解放也无疑成为拉伯雷塑造的乌托邦社会的法则和基础，成为激励人们奋发向上、追求美好生活的精神动力。

三、教育目的

拉伯雷赋予教育的目的就是培养"巨人"，培养适应时代需要的、个性自由解放的新人。

为了体现时代巨人的形象，拉伯雷首先在体魄上塑造他们的伟大和不凡。《巨人传》中所描写的高康大就是在母亲的肚子里待了 11 个月后从耳朵里生出

---

① ［法］拉伯雷：《巨人传》，成钰亭译，84 页，上海，上海译文出版社，1990。

来的，因为人们相信："如果肚里的孩子确是一个精品，一个将以丰功伟绩扬名于世的人物，那么怀孕期是要这样长的，甚至还可以更长一些。"①高康大一出世声音就很洪亮，每天要有一万七千多头奶牛供其喝奶。同样，高康大的儿子庞大固埃也是"惊人的肥大"，"像一只熊似的全身带毛"，这也暗合了民歌中"他生时带毛，将做大事，成人之后，一定长寿"的说法。② 庞大固埃出生后，身材和气力都长得很快，甚至可以将活牛和熊撕碎吃掉。

拉伯雷对教育所要培养的"巨人"这一理想目标进行了热情的讴歌和完善的塑造。其中，拥有广博的知识便是巨人的品质和教育的目标之一。无论高康大一出生便高喊"喝呀！喝呀"，还是"庞大固埃"这一名称的希腊文意"全世界都在干渴"，以及小说结尾庞大固埃、巴奴日找到的神瓶上的谕示"喝"等都表明了当时的人渴望获取知识的迫切心情。这些写法无疑是有象征意义的。因为在中世纪教会几百年的统治下，一切知识都被禁锢了，神的"意旨"代替了一切。古希腊和罗马文化的"复兴"犹如掘开了知识和科学的大堤，而教育的一个重要作用和目的就是要传递广博的知识。在《巨人传》中，高朗古杰摒弃了空疏无用的知识，让儿子高康大学习算术、天文、音乐这些有用的知识；而高康大也将他的儿子庞大固埃送到巴黎，使他接触到了圣·维克多藏书楼上各种各样的有用书籍，两位"巨人"也都因而成为他们那个时代"最博学的人"。拉伯雷所推崇的知识不是呆读死记的、于实际生活无丝毫用处的知识，而是新鲜活泼、符合时代要求的知识。其中，学会各种语言，如古希腊语、拉丁语、希伯来语、迦勒底语、阿拉伯语等，是十分重要的，他认为一个人如果不会这几种语言而认为自己博学，便是不知羞耻。此外，算术、几何、天文、音乐等知识也是巨人应该掌握的。拉伯雷所塑造的巨人，还应该掌握自然科学方面的各类知识，了解铸造枪炮、织布、印刷等各种生产技艺，懂

---

① ［法］拉伯雷：《巨人传》，20 页。
② ［法］拉伯雷：《巨人传》，236 页。

得观看天象、参与政治，将知识应用于实际生产和生活，甚至还应英勇善战，认为"如果在紧急关头，学业和学到的东西不能配合武力发挥作用，那么学业和学问也是无用的，低效能的"①。可见拉伯雷的教育目的就是培养适应当时社会生产、斗争需要的新贵族。这与卡斯底格朗的《宫廷人物》以及埃利奥特的《统治者之书》中的思想异曲同工。

拉伯雷所塑造的巨人不仅是知识的化身，也是美德的化身，巨人应具有仁爱、勤劳、勇敢和正义等美德。

仁爱就是爱他人。高康大给其子庞大固埃的一封信中说："要对人殷勤，要爱人如己。尊敬你的师长。"②《巨人传》中的几位巨人在实际的生活中也都表现出了仁爱的一面。《巨人传》中还描写了一位有道德的修士修翱，他有着仁爱的心肠，是修士的楷模。他能做到"保护被压迫的人，安慰受苦痛的人，援助有急需的人"③。除仁爱之外，巨人们同样也勤劳勇敢，修士修翱就是一个"爱工作肯劳动"的人，会多种手艺，会做弓弦、磨枪尖、编网袋等，巨人高康大在接受人文主义教育的过程中，参观了使用各种技艺的生产过程。在受到外族侵略的时候巨人们会勇敢地投入战斗。他们视敌人如草芥，为保卫自己的国土和人民而英勇奋战。因此，骑术、箭术、枪术以及使用炮等也是他们必须练习的项目，这也反映了拉伯雷将军事与体育结合起来的思想。

四、人文主义的教育内容和教育方法

拉伯雷是位不折不扣的人文主义者，他对经院主义教育深恶痛绝，对人文主义教育的内容和方法推崇备至。

为了表示对传统的、害人的经院主义教育的反感，拉伯雷在《巨人传》中

---

① ［法］拉伯雷：《巨人传》，116 页。
② ［法］拉伯雷：《巨人传》，155 页。
③ ［法］拉伯雷：《巨人传》，155 页。

对其进行了有力的讽刺。高康大幼时的教育，就深受两位经院派学者所害。

经院派的教育不仅内容空洞无物，而且方法呆板生硬。高康大对各种知识只会死记硬背。他每天上午八九点起床，然后大便，吃早饭，上教堂做弥撒。从教堂出来继续念经，然后读半小时书，便到了吃午饭的时间。吃饭时也要念八句经文。早饭、午饭都吃大量的肉，喝大量的酒。午饭后玩纸牌、掷骰子，玩够了便睡上三小时，醒来又喝酒，然后读一点书，同时又要赶着念"天主经"，一边念经文，一边又去看人用网捉兔子。回来后直奔厨房看看火上烤的是什么肉。晚饭照样吃肉喝酒，晚饭后又玩牌，或找女孩们玩，吃罢夜宵就睡觉。可以想象，这样的教育怎么能培养出人才。正像文中所说的那样，高康大"虽然把所有的时间都用在书本上，可是没有得到什么好处，相反的，却变得疯疯傻傻、呆头呆脑、昏昏沉沉、糊里糊涂"①。文中借一位大人的口指出："与其跟这样的教师读这样的书，还不如什么也不学的好，因为他们的知识就是愚蠢，他们的学问就是笨拙，只能毁坏卓越高贵的天资，浪费青年的大好时光。"②

拉伯雷热心倡导弘扬人的精神价值、体现个性自由解放思想的人文主义教育内容和方法。高康大后来就是在一位人文主义教师色诺克拉特的指导下接受教育的。这位人文主义学者熟谙教学艺术，深知如何才能改造一个人的不良习性，认为改变习惯如果是采取骤然的方法，反倒会引起反抗。所以他一开始宁可采取放任的态度，使高康大逐渐习惯于新的生活方式。为了使新思想、新习惯易于生根，他还让高康大吃一种治疗神经系统疾病的黑藜芦草，把高康大脑筋中的"全部疾病和恶习"统统泻掉，从而使高康大全部忘掉过去所学的那些无用而有害的东西，为新教育扫清道路。

人文主义的教育内容充满生机，在色诺克拉特的指导下，高康大每天清

---

① ［法］拉伯雷：《巨人传》，66页。

② ［法］拉伯雷：《巨人传》，66页。

晨四点起床，然后是观察天象，复习头一天的功课，学习三小时的新课，然后师徒一起玩各种球类，锻炼身体。等到身上出汗或是疲劳了，便回来吃午饭。在饭桌上"谈论饭桌上的菜肴的品种、类别、性能和功用，像面包、酒、水、盐、肉、鱼、水果、蔬菜、萝卜等，以及它们的烹调方法"①。这样，就很容易学会某些饮食、卫生、蔬菜以及药物方面的知识。午饭后，再复习一下上午学过的东西，并拿出纸牌，学习从数学里变化出来的各式各样的小技巧及新的计算方法。② 他们还利用图画、图形学习几何，学习天文、音乐、唱歌、弹琴。等到肚里的东西消化好了，再用三小时来"学习主要功课"，内容是复习上午的课本和学习新课，还要练习写字。写完字，师生一起出门去学习骑马、游泳、剑术、板斧、标枪、长矛、拉弓、打靶。有时还练习爬绳、单杠、双杠、哑铃。经过以上的锻炼，便去沐浴。在回家的路上观赏花草树木，并参照讨论植物学的名著。晚饭后继续学习文学和其他有用的知识，余下时间就是唱歌、奏乐器或玩牌。在就寝前，还要观看一下天象，最后向老师复述一天学过的功课。在这里可以看到，拉伯雷提倡的人文主义教育是一种活生生的生活教育，注重将知识与日常生活中的事物联系起来，通过日常生活来激发受教育者的学习兴趣和学习热情，寓教于乐。

拉伯雷所推崇的人文主义教育还注重生产实践，注重理论和实际相结合。如遇阴雨天，色诺克拉特就带领高康大在家里劳动，如捆草、劈柴、锯木、打谷，或学习绘画、雕塑；有时还去参观各种手工作坊，乘机学习各种技术；参观药铺，仔细观察各种植物，包括其果实、根、叶、籽等；有时还去看卖艺的、变戏法的表演、郊游等。这种教育高度弘扬了人的自主性，处处充满着追求个性、自由解放的精神。

拉伯雷还系统地提出了人文主义的课程内容，这就是《巨人传》中高康大

---

① ［法］拉伯雷：《巨人传》，92 页。
② ［法］拉伯雷：《巨人传》，93 页。

为他的儿子庞大固埃拟定的一份教育大纲，它包括以下几方面。

语言方面：首先学好希腊文，像昆体良所要求的那样；其次拉丁文；再次学习希伯来文，这是为了读圣经的缘故；最后学习迦勒底(波斯湾沿岸的古国)文和阿拉伯文。

文字方面：学习希腊文，要模仿柏拉图文体；学习拉丁语，要模仿西塞罗。希望没有一种历史不在你的记忆里——为了实现这个计划，像《宇宙志》一类的书籍是很有益处的，会对你有很大帮助。

文艺方面："七艺"中的几何、算术和音乐，五六岁的时候要发生兴趣，你要继续学习下去。

天文学：要学习所有的规则。但是不必学习卜卦、占星学和勒列厄斯的炼丹术，因为它们只是一些曲解和没有价值的东西。

法律方面：熟读全部的法律条文，然后再理智地加以比较。

自然科学：我要你仔细学习，要做到去认识河海、湖川里所有的鱼类，天空中的飞禽，森林里或是果园里的一切灌木和乔木，生长在地面的各种草和花卉、隐藏在地下的各种矿产以及世界东方和南方的各种各样的宝石，所有这一切你都应该认识。

此外，必须仔细地阅读希腊、阿拉伯和罗马各地医学家的著作，也不要轻视犹太法典的学者和谶纬学家的学说；你应该学习解剖学，获得关于世界即人的充分的认识。每天应该有几小时的时间学习圣经，先学习希腊文的《新约》和信徒们的书信，然后再学习希伯来文的《旧约》。①

人文主义教育是非常注重人的品德修养的。借这份教育大纲，拉伯雷写

① ［法］拉伯雷：《巨人传》，272 页。

道："恶人灵魂里是没有智慧的，没有经过理解的学问等于灵魂的废物。"①他相信人性是向善的。像一切人文主义思想家一样，他反对教会和神职人员的腐败；但他只主张改良教会而不反对教会制度本身，更不反对宗教。所以，大纲中仍规定了学习《新约》《旧约》以及教徒的书信，可见他的道德教育思想还是以宗教信仰为基础的。在这份教育大纲中，高康大还教导儿子说："长大成人之后，就要离开求学和安静生活，去学习骑马和武术，保卫我们的家乡，当友邦抵抗坏人进攻的时候，尽一切力量援助他们。"②在这里，一种热爱家乡、热爱和平、勇于抵抗武力入侵的新贵族形象已清晰地显现于世人面前。

拉伯雷所提倡的人文主义教育内容继承了传统的"七艺"，同时又有所更新。同样，拉伯雷的思想中也有很多美育和体育方面的内容，如学习音乐以及骑马、射箭等，究其根本，这是一种自然主义的教育思想。与之相对的，实施这种教育的方法也是自然主义的，它注重教学的直观性和生动性，注意把所学知识与日常生活实际相结合，注重辩论、问答、动手实践等方法，更注重培养学习兴趣、启发才思、促进个性自由发展。

五、社会教育的思想

文艺复兴不仅是文化和教育的"复兴"，更是一场思想的"复兴"和变革。这一时期的"巨人"们所要做的，就是用自己的理想构建未来社会生活的美好图景，而这样的美好图景往往是一种没有压迫和欺诈、充满自由平等和个性解放思想的"乌托邦"。英国人文主义者莫尔的《乌托邦》便是这一思想的典型反映，而拉伯雷同样也用《巨人传》的艺术形式向读者展示了乌托邦社会，其缩影就是作者在小说中设计的特来美修道院。

与莫尔、康帕内拉不同，拉伯雷没有把他的理想国建立在共产制的基础

---

① ［法］拉伯雷：《巨人传》，273 页。
② ［法］拉伯雷：《巨人传》，272—273 页。

上，而是建立在私有制的基础上。特来美修道院的主要成员是修道士，修道院的建筑费用是由国王高康大及贵族们赠予的。修道士的日常花费也是由国王和贵族们赠予的。修道士并不从事生产劳动，他们都是知识分子，特来美修道院也只是知识阶层的理想王国。拉伯雷没有仔细探讨过这里的经济制度、国家组织机构等，他所着重阐明的是"什么才是幸福生活"。

拉伯雷笔下的特来美修道院，其建筑金碧辉煌，宏伟壮丽。这所六角形的庞大建筑物的每一角都有一座高大圆塔。大厦共有九千多个房间，又分内室、工作室、更衣室、祈祷室和大客厅、浴室、理发室、美容室等，卫生设施也极其考究精美。运动娱乐方面的建筑有运动场、网球场、足球场、骑马场、游泳池、打靶场、舞台、游乐场等，此外还有果园以及饲养着珍禽异兽的动物园。特来美修道院在物质方面应有尽有。所有的厅堂、房间、卧室均按不同季节铺设不同的地毯，卧室中有高大的镜子，房间中有香瓶，男女修道士的衣着讲究，衣帽鞋袜全是绫罗绸缎或毛呢丝绒做成，佩戴的珠宝也是稀世珍贵。在精神方面，他们的生活同样丰富。这里有各种藏书，高大精致的书架摆满了各种语言的书籍，有古希腊语、拉丁语、希伯来语、法语、西班牙语等。这里还有华丽高大的画廊，绘有古代英雄故事、历史故事和地图。这种文明状况无疑为人们自由自在的生活提供了坚实的基础，也反映了拉伯雷的社会教育理想中对环境的高度重视。

修道院的男女修士都是经过认真选择的。其大门口的题词将一切"伪君子""贪得无厌的讼棍""重利盘剥的守财奴"及"无聊客"拒之门外，而对一切"正直的骑士"、友好的"贵宾""正确传布福音"的修士张开了热情欢迎的臂膀。修道院的修士都是面貌端正、身体健全、知识渊博、能文能武、全面发展的人。他们的身上体现了智慧、力量和美。他们既有先天的优良素质，又受过良好的教育，无论男女没有一个不能读、写、唱，熟练地弹奏乐器，说五六种语言，并运用这些语言写诗写文章。从来没有见过比特来美人更英勇、更知礼、马上步下更矫健、更精神、更活泼、更善于使用武器的骑士，也从来没有见过比特来美修女更纯洁、更可爱、更不使人气恼、对一切手工针线、全部正式女手工更能干的妇女了。①

个性解放是完美人格的基础，也是拉伯雷所追求的目标之一。在特来美修道院，个性解放和自由得到了充分表露。这里男女一律平等，打破了禁止修士、修女在一起的陈规旧习。修道士们来去自由，任何人都可以当修道士，也可以随时不当修道士而还俗。这里抛弃了修道院历来奉行的三条誓言：贞节、贫穷、顺从，而代之以"可以光明正大地结婚，可以自由地发财，可以有自己的生活方式"②。这里最尊重个人的自由、个人的意志，最反对束缚和压抑，这里没有任何约束个人自由的法规条文，吃、喝、睡、工作、游戏、运动，一切听其自便，不会受到干涉和惊扰，其方针就是"随心所欲，各行其是"③。这种个性自由解放的思想，无疑反映了16世纪整个时代的要求，具有一定的进步意义，但其中的空想主义成分也在所难免，这种缺乏必要的社会物质基础和积极的精神内核的自由，最终只能停留在梦幻之中。尽管如此，拉伯雷和他那部伟大的著作《巨人传》，以及其中体现的反抗封建神学、提倡人文主义教育、塑造时代"巨人"和完美人格、追求自由解放的思想，无论在法国的文化史，还是整个文艺复兴之中，都是一朵艳丽的奇葩。拉伯雷塑造了世人皆知的巨人形象，而他本人也不愧为他那个时代的"巨人"。

---

① ［法］拉伯雷：《巨人传》，208 页。
② ［法］拉伯雷：《巨人传》，193 页。
③ ［法］拉伯雷：《巨人传》，207 页。

第四节　蒙田的人文主义教育思想

> 教育是什么？一个好教师如何教学？教学内容应该是什么？这些教育哲学的方法论和课程论方面的诸多问题，在中世纪没有能得到重视。甚至在 13 世纪后期，教育上的权威仍然是亚里士多德……13 世纪末，人们开始以一种新颖的主动的态度来探讨教育问题。①

在此后的 300 年间，许多人文主义者从不同的角度和立场，对中世纪的教育进行了毫不留情的鞭挞，用优美的语言和充沛的感情描绘了新教育的轮廓，阐述了新教育的精神，为 17—20 世纪现代教育观的形成提供了源头活水。因此，我们可以把这 300 年看成现代教育思想史上的妊娠时代或自觉时代。这个时代涌现出了许多著名的人文主义教育家，法国的人文主义者、哲学家、散文家蒙田就是其中的一位。

一、生平及著作

蒙田，1533 年 2 月 18 日生于法国的一个新贵族家庭。蒙田的曾祖父是经营酒类和渔业的富商；父亲也是富商，参加过法国征服意大利的战争，非常热爱意大利的文化，退伍后担任过法官、副市长、市长等公职；母亲是西班牙人的后裔。

蒙田的家族笃信天主教。蒙田从小就受到了严格的家庭教育。他的父亲非常重视古典语文的学习，为他专门聘请了拉丁语教师。因此，幼年时代的蒙田就打下了比较深厚的拉丁语基础。在 13 岁前，他在波尔多的奎恩学院接受早期的学校教育。波尔多是一个较早地受到人文主义思想影响的城市，奎

---

① ［美］S.E. 弗罗斯特：《西方教育的历史和哲学基础》，190 页。

恩学院也是一所深受人文主义精神影响的学校,其校长是著名的人文主义者古维亚,大部分教师也都是人文主义者。该校重视拉丁语的学习,开设了古希腊语、数学、修辞学、演说术、哲学等一些课程。学校教学方法新颖活泼,禁止体罚。学校生活并没有给童年的蒙田留下多少美好的印象,但是他在业余时间阅读了奥维德的《变形记》、维吉尔的作品、意大利的喜剧以及一些文学家和哲学家的著作等。大量的阅读培养了他独立思考的能力。毕业后,蒙田又到当地的文科中学继续学习哲学,并对其产生了浓厚的兴趣。

中学毕业后,他遵父命到法国南部的图卢兹大学学习法律。蒙田21岁即被任命为佩里格城法院的顾问,主要处理间接税案件。他24岁时又到波尔多市的最高法院任职,做了13年法官。因身处官场,蒙田亲眼看见了官场的种种腐败。他强烈反对判处无辜新教徒死刑,谴责殖民主义在新大陆的罪行。种种社会丑恶现象使得他38岁时"厌倦了宫廷和法院的束缚",出让了法院的官职,过起一种隐者的生活,"享受自然、静谧与安闲"。这一时期,他潜心阅读古典作品,写下了大量的思想随笔,并于1580年结集出版。

之后一年,他游历欧洲许多国家,考察各国风土人情,增广见闻,又写作了大量的日记手稿。其间,他在巴黎把自己的《随笔集》两卷献给国王,聆听了国王亨利三世的指示;在罗马,他受到教皇的接见,《随笔集》得到教廷承认,他本人也被授予"罗马市民"的称号。1581年,他结束隐者生活,当选波尔多市市长,并连任两届(1581—1585)。在职期间,他勤政为公,多次为第三等级的不合理税收上书国王,并致力于调节由于宗教改革引起的政权冲突。1585年,波尔多市瘟疫流行,蒙田借机离任。离任后的蒙田尽管不时地打听一下政治方面的消息,但主要是准备自己的《随笔集》第三卷。1587年,《随笔集》第三卷在巴黎出版。但不幸的是,1588年5月12日,当他为了出版事宜到达巴黎时,正赶上巴黎民众因反对亨利三世与新教徒的谈判而发动起义,亨利三世被迫逃离,蒙田成为囚犯。后来,在朋友的帮助下,他才得以释放，陪同国王四处流浪。

此后，蒙田对政治已经心灰意冷，便重新回到自己的城堡，过隐者的生活，致力于《随笔集》的修改和增补。1589 年，亨利四世登上法国王位，蒙田从内心里感到高兴，但此时他已年老体衰，又不愿受官场束缚，因此，没有加入新政府，仍然过自己的隐居生活，继续为《随笔集》新版做准备。1592 年9 月 13 日，蒙田逝世于他和他父亲任职的波尔多市，是年 59 岁。1595 年，蒙田的狂热崇拜者德·古内小姐将蒙田留下的《随笔集》重新整理出版。

作为文艺复兴后期的代表作，《随笔集》差不多是整个 16 世纪乃至整个文艺复兴时期各种思潮和学说的汇集，是回溯文艺复兴的一个瞭望塔，也是文艺复兴时期最有思想深度的一部人文主义作品。在这里，蒙田用自己的博学深思和流畅生动的文笔将广泛的题材、丰富的主题凝结在一起，与精辟的箴言和诗句一起，构成了一幅幅波澜壮阔、意味隽永的生活和思想画卷。《随笔集》论述的主题非常丰富，从政治到经济、从哲学到教育、从国家到个人、从衣着到荣誉等无不涉及。蒙田在论述这些主题的时候非常用心，在论述中把自己"完整地、赤裸裸地"呈现出来，使自己的人生经验成为整个文集的材料。也正由于此，蒙田非常看重《随笔集》，把它比喻成自己的孩子。他说："我们的思想、勇气和智慧所孕育的孩子，要比身体孕育的孩子更高尚，而且更是我们的孩子。"①蒙田在世时，他的《随笔集》就很受欢迎，国王和教皇都给予了积极肯定的评价。他去世以后，《随笔集》受到了两种截然不同的对待：有的人把它看作"正直人的枕边书""宫廷和世界的日常教科书"，赞誉它"朴实无华""无拘无束""超凡脱俗"；有的人认为它"缺乏条理""乡里乡气""令人窒息"。卢梭指责书中充满了"可憎的虚荣心""表面的真诚"，但是伏尔泰和狄德罗却赞扬他的作品"名哲善辩""精于心理分析""文风简朴流畅"。② 无论

---

① ［法］蒙田：《蒙田随笔全集》(上卷)，潘丽珍等译，12 页，南京，译林出版社，1996。
② ［法］蒙田：《蒙田随笔全集》(上卷)，"编者的话"，2 页。

如何，蒙田的《随笔集》是一个时代的缩影和一位真诚学者的自画像，是值得阅读和研究的。

《随笔集》对教育的论述集中在第 25 章《论学究气》、第 26 章《论对孩子的教育——致迪安娜·居松伯爵夫人》。

二、时代背景和哲学立场

蒙田生活的时代是一个转折时代。这样的时代往往也是各种矛盾冲突最激烈的时代，社会处于持续的动荡不安之中，人们的思想态度和生活方式也处于不断的变换之中，对变化敏感的人或身处变革中心的人难免饱受心灵的折磨。

1517 年，宗教改革首先在德国爆发，不久就迅速蔓延到其他国家。基督教世界迅速分裂为天主教世界和新教世界，两者之间发生了多次战争和流血冲突。如德国 1524—1525 年的农民战争，1531 年爆发的瑞士新教徒和天主教徒之间的战争，1546—1555 年爆发的波及整个欧洲的新教国家和天主教诸侯国之间的战争，法国 1562—1694 年爆发的胡格诺战争。作为一个天主教徒，蒙田对这些战争非常熟悉，在 1572—1574 年还亲自参加过胡格诺战争。一场场惨烈的战争和对新教徒的迫害深深地刺激了蒙田，培养了他的宗教宽容精神。在战争背后政治上的相互倾轧也最终使蒙田形成了超然于政治和公职的心态，宁愿过一种宁静的隐退生活。"出海的商人有理由看一看，上同一条船的人可别是些放荡不羁、亵渎神明、作恶多端的人。他们觉得与这样的人为伍是不幸的。"①

隐退一是为了自身不受恶劣习俗的污染，二是为了生活得更加悠闲、自在。"我们要保留一个完全属于我们自己的自由空间，犹如店铺的后间，建立起我们真正的自由，和最最重要的隐逸和清静。"②蒙田把这个"后间"安排在

① ［法］蒙田：《蒙田随笔全集》(上卷)，268 页。
② ［法］蒙田：《蒙田随笔全集》(上卷)，271 页。

城堡拐角处的一栋塔楼里，包括小教堂、卧室和书房。他把这个"后间"变成纯粹的私人领地，不受各种生活琐事的干扰，包括"夫妇、父女和家庭生活"。他的书房里珍藏有一千多册书籍，这在当时是很丰富的。他整天待在书房里，勤奋读书，苦心思索，反躬自省。也正是由于这种心态的存在，蒙田在《随笔集》中叙述了许多事件，有些涉及他自己，他也能以一种客观的态度加以分析，不受自己的宗教或政治立场的影响，由此形成了《随笔集》客观冷静、超凡脱俗的论述风格。

在哲学上，蒙田是一个怀疑论者，与20世纪波普尔的批判理性主义非常接近，可以将其看成是批判理性主义在16世纪的天才表达。据说，他把他的座右铭"我知道什么？"刻在一枚自制的勋章上。勋章的另一面刻的是一个天平，用以喻指人们认识的不可靠性，但蒙田的哲学不同于怀疑派哲学。怀疑派哲学是希腊化时期流行的一个哲学派别，奉行不可知论的观点，其代表人物就是意大利爱利亚城的皮浪（约前365—前275年）。他认为人们由感觉得来的知识是不可靠的，人们要认识客观世界是不可能的，甚至认为人们根本无法知道世界是否存在。因此，他教导人们放弃认识，放弃判断，接受宿命论，听天由命。

蒙田的怀疑首先是对一些权威的怀疑，通过怀疑权威开启认识的道路。其次是对人类能力的怀疑。对权威的怀疑是文艺复兴时期所有人文主义者的共同特点，但对人类能力的怀疑则是蒙田哲学上的独到之处。他说：

> 不论人家对我们说什么，不论我们听到什么，必须永远记住这一点：给的是人，接受的也是人。是人的手交给我们的，也是人的手接受下来的。只有受自天上的东西，才是唯一正直和具有说服力的东西，唯一带有真理性标志的东西。这就不是我们肉眼能够看见，也不是我们的能力能够接受的了：这个神圣伟大的形象决不会降生在这样一个虚弱的人体

上，除非上帝特别开恩，使用超自然的力量使它得到改造和坚强，承担起这个任务。……人是会犯错误的，这一点至少让我们在改变看法时行为更加谨慎克制。我们应该记住，不管我们理解了什么，我们常会理解到一些错误的东西；同样是通过这些时常自相矛盾和迷误的心灵。①

他甚至说："理智自己也不理解理智。"②"理智……跟谎言与真理都是可以走在一起的。"③正是由于这种对人自身的怀疑，蒙田在自己的著作里放弃了启蒙的立场，倒更像一个与人谈心并不断反思自身的朋友。

和其他的人文主义者一样，蒙田崇尚自然，强调个人经验，重视现世生活。他说：

哲人们要我们重新注意大自然的规律是极有道理的；然而自然规律并不需要十分高深的学问。哲人们篡改自然规律，把自然的面貌描绘得色彩过分浓艳过分矫揉造作，从而产生了单一主题多种面貌的现象。正如自然赋予我们双脚以走路，自然在生活中引导我们也充满智慧……单纯依靠自然，便是最明智地依靠自然。④

这里的自然既指外在的自然，也喻指人内在的自然。对自然的崇尚直接导致了对个体经验的强调，这是他教育思想的一个重要认识论基础。"我宁愿通过自己而不愿通过西塞罗了解自己。我认为只要我善于学习，我自身的体验便足以使我变得聪明。"⑤为此，他反对在认识问题上厚古薄今，盲目引证。"正

---

① ［法］蒙田：《蒙田随笔全集》(中卷)，潘丽珍等译，250 页，上海，译林出版社，1996。
② ［法］蒙田：《蒙田随笔全集》(中卷)，243 页。
③ ［法］蒙田：《蒙田随笔全集》(中卷)，251 页。
④ ［法］蒙田：《蒙田随笔全集》(下卷)，潘丽珍等译，350 页，上海，译林出版社，1996。
⑤ ［法］蒙田：《蒙田随笔全集》(下卷)，351 页。

如别人评价德操时认为德操并非越久远越伟大，我认为真理并非越古老越富于智慧。我常说，让我们追随外国和经院式的范例，那纯属愚行。"①

从个人经验的角度出发，他也反对占卜预言一类的活动。他认为，建立在祭祀动物的骨骼、鸡的足、鸟的翅以及雷电、河流的旋转分析上的占卜和预言是不可信的。"这实在是人类本性喜欢瞎操心的杰出例子。人类总以忧虑未来为乐，似乎现实的事不够他们操心。"②从这些论述来看，蒙田并不是一个消极避世的人，也不是一个空想主义者，而是一个清醒的现实主义者。这也是他对待教育问题的总态度。

16世纪的科学事业已经出现了革命性的发展。1543年，哥白尼发表《天体运行论》，提出了著名的"日心说"理论，推翻了托勒密的"地心说"，动摇了宗教学说的理论基础，引起了教会人士的极大震动。开普勒和伽利略进一步把哥白尼的发现推向深入。在医学方面，比利时的医生维萨里(Andreas Vesalius，1514—1564)在尸体解剖的基础上，详细地研究了人体结构。在物理学、生物学和数学方面也都有一些重要的进展，为17世纪科学的迅速发展打下了基础。但此时，科学发展的外部环境并不好，科学家被指责为"异端"遭受迫害的事经常发生，科学带给人们的是恐惧而不是希望。在这种情形下，蒙田高度评价了科学事业的价值，但同时又从自己的怀疑论立场出发，反对盲目迷信科学。他说："科学确实是一项非常有益的大事业。轻视科学的人只是说明自己的愚蠢，但是我也不会把科学的价值夸大到某些人所说的程度……认为科学包含着至高无上的善……我也不相信有人所说的，科学是一切美德之母，任何罪恶都是无知的产物。"③他的这个观点在一定意义上说，已经超越了19世纪的唯科学主义。

---

① ［法］蒙田：《蒙田随笔全集》(下卷)，361页。
② ［法］蒙田：《蒙田随笔全集》(下卷)，42页。
③ ［法］蒙田：《蒙田随笔全集》(中卷)，110页。

作为一名天主教徒，为了消除科学对宗教的威胁、理性对信仰的质疑，他像当时的一些科学家一样，为科学与宗教、理性与信仰进行了划界。一方面他认为，"真理无论运用于多么崇高的目的，它的用途都有界限"①；另一方面他也认为，"信仰要靠心诚、靠天恩"，而不是靠科学、靠理性。

> 如果信仰不是出于特殊的天赋，而是通过理念和人力来接受的，这种信仰达不到至善完美的境界。……如果我们通过了一种虔诚的信仰皈依了上帝，如果我们的立足点与基础都是以神为主的，人的困扰就会失去原有动摇我们的力量。我们这座堡垒不会因为微弱的炮火一击就拱手让人：新奇的追求，权贵的淫威，派别的建立，我们的意见急剧随意的改变，决不会动摇和改变我们的信仰，我们不会因听到了新颖的论据和在巧言善辩的人劝说下信仰发生混乱。②

这个思想其实很接近路德派的"因信称义"，反映了蒙田宗教立场的微妙变化。这也可能是他要求宗教宽容的原因，宗教宽容对于他来说不仅意味着宽容异教徒，而且也是宽容自己内心的异教主张。

总之，生在这样一个社会动荡的时代，蒙田的态度既非保守的亦非激进的，而是一种清醒的理智态度。他的两次退隐也是为了保持和恪守这种罕见的理智态度，以免为政治或宗教的利益所破坏。他追求的是一种真正的哲人生活，是对自己的认识和把握。在他的意识中，只有做到了对自己的透彻认识和准确把握，才能够克服种种的弊端，并为克服社会生活中的种种冲突提供条件。人类的病因在于不自知，在于由此产生的自高、自大、自狂、自私、自卑等。他坚信："人人提醒自己认识自己，这会产生重大作用，因为那位知

---

① ［法］蒙田：《蒙田随笔全集》(下卷)，356 页。
② ［法］蒙田：《蒙田随笔全集》(中卷)，113 页。

识和启蒙之神已经让人将此话钉在他庙宇的门楣上，他很明白他需要规劝我们的一切。"①他的《随笔集》在以后的几个世纪中也因而被人誉为"生活的哲学"。他建立于其上的教育思想同样保持了这个风格，流过历史的河床，存之久远。

三、教育目的

由于蒙田家境优裕，身处社会上层，根本不为生存发愁，所以他的一生没有为贵族担任家庭教师的记录，也没有在学校任职的记录，这与一些人文主义者有所不同，使得他的教育论述缺乏亲身实践的基础。但是，也正是由于蒙田能够身处当时的教育体系之外，不受体系中利害关系的左右，所以他在教育问题上能够像在政治或宗教问题上一样冷眼旁观，对当时学校教育制度和方法的弊端揭露得入木三分，并提出了不少新的有见地的教育主张。

作为一个人文主义者，蒙田与其他人一样，非常重视教育的作用，认为，

> 教育和抚养孩子是最重要也是最困难的学问……正如种田，播种前的耕作可靠而简单，播种也不难，可是播下的种子一旦有了生命，就有多种抚育的方式，会遇到种种困难；人也一样，播种无甚技巧，可是人一旦出世，就要培养和教育他们，给予无微不至的关怀，为他们鞍前马后，忙忙碌碌，担惊受怕。②

在教育目的问题上，蒙田明确指出，教育的目的是培养"绅士"，而不是生产"学究"。"我们要培养的恰恰不是语法学家或逻辑学家而是一位绅士。让

---

① ［法］蒙田：《蒙田随笔全集》(下卷)，352 页。
② ［法］蒙田：《蒙田随笔全集》(上卷)，164—165 页。

那些学究去浪费他们的时光吧，我们有别的事要做。"①在蒙田看来，一个真正的绅士和一个地道的学究之间的区别主要表现在以下几点。

第一，绅士重"行动"，学究重"知识"。作为绅士，"知识应该与我们合二而一，而不仅仅是我们的房客"②。在绅士教育过程中，"孩子学到知识后，重要的不是口头上说，而是行动上做。应在行动中复习学过的东西。我们将观察他行动是否小心谨慎，行为是否善良公正，言语是否优雅和有见地，生病时是否刚强，游戏时是否谦虚，享乐时是否节制，鱼肉酒水的口味上是否讲究，理财上是否井井有序"③。总之，通过教育、通过知识的获得，孩子们应成为完美、聪明、精干的绅士。他讽刺当时的一些学究说："他们熟悉盖伦，却一点不了解病人；他们已将你的脑袋填满了法律，却仍找不出案件的症结。他们对一切事物的理论如数家珍，可没有一人将它们付诸实践。"④总之，那些学究的知识是一些装饰性的死知识，丝毫不能解决实际问题。这样的知识和对待知识的态度显然不符合新兴的市民阶级的需要。

出于这样的教育目的，蒙田非常赞赏波斯人和斯巴达人的教育。

我们发现，波斯人注重培养孩子们的勇敢精神，正如其他民族重视文化知识教育一样。柏拉图说，波斯人的太子为能继承王位，就是按照这个方式接受教育的。太子呱呱落地，就交给国王身边最德高望重的太监而不是女人们看管。太监们负责把太子的身体训练得漂亮苗壮；到了7岁，就教他骑马和狩猎；到了14岁，就被交到4个人手中，即国内最贤达的人、最公正的人、最节欲的人和最勇敢的人。第一个教他宗教信仰，

---

① ［法］蒙田：《蒙田随笔全集》(上卷)，189页。
② ［法］蒙田：《蒙田随笔全集》(上卷)，199页。
③ ［法］蒙田：《蒙田随笔全集》(上卷)，188页。
④ ［法］蒙田：《蒙田随笔全集》(上卷)，154页。

第二个教他永远真诚，第三个教他控制欲望，第四个教他无所畏惧。①

有人说，要找修辞学家、画家和音乐家，得去希腊的其他城市，如果要找立法者、法官和将领，那就去斯巴达。在雅典，人们学习如何说得好，在斯巴达，人们学习如何做得好；雅典人学习如何战胜某个诡辩的论证，不受藤蔓缠绕、似是而非的词语蒙骗，斯巴达人则学习摆脱欲望的诱惑，不怕命运和死亡的威胁；前者致力于说话，不断地操练语言，后者醉心于行动，不懈地锤炼心灵。②

像蒙田这样称赞波斯和斯巴达的教育而贬低雅典教育的人，在文艺复兴时期是不多见的，在整个西方教育史上也是不多见的，这反映了蒙田在评价一种教育思想和体系时的独立见解。"为生活而不是为学校而受教育"是蒙田整个教育思想的核心。

第二，绅士重判断力培养，学究重知识的记忆。蒙田非常强调一个人的判断力及其培养。他认为，一个人只有形成了自己的独立的判断力，才能正确地认识自己，对待社会，而不至于沦为各种权威、迷信和诱惑的奴隶，避免灾难。为此，他对当时的教育精神深恶痛绝："我们只注重让记忆装得满满的，却让理解力和意识一片空白。我们的学究，就像鸟儿有时出去寻觅谷粒，不尝一尝味道就衔回来喂小鸟一样，从书本里采集知识，仅把它们挂在嘴边，仅仅为了吐出来喂学生。"③他明确地指出："他受的教育，他的工作和学习，都是为了形成自己的看法。"④而形成自己的看法，也就是形成自己的思想。"知识不应该依附于思想，而应同它合二而一，不应用来浇洒思想，而应用来

---

① ［法］蒙田：《蒙田随笔全集》(上卷)，157—158页。
② ［法］蒙田：《蒙田随笔全集》(上卷)，159页。
③ ［法］蒙田：《蒙田随笔全集》(上卷)，150—151页。
④ ［法］蒙田：《蒙田随笔全集》(上卷)，156页。

给它染色；知识如果不能改变思想，使之变得完善，那就最好把它抛弃。"①

第三，绅士重个人经验，学究重引证权威。反对权威，重视个人经验，是文艺复兴的一个基本文化主题。蒙田也是这样。在《随笔集》中，尽管他引述和阐释了大量的古代格言警句，但是在对待这些语句及其作者的态度上，他基本上持为我所用的立场，是以古释今，以他释我，而不是像有些人那样用别人的话来充当自己的话，重出处，重名气。他讽刺那些人把别人的甲胄穿在自己的身上，连手指头都不让露出来，将古人的思想修修补补，以此来安排自己的意图。他认为那些人想把古人的思想伪装成自己的思想，自己产生不了有价值的东西，而是用别人有价值的思想来自我标榜，这首先是不公正、不道德的做法；而且极为愚蠢的是，他们只满足于用欺世盗名的方式来赢得平庸无知之辈的赞同，却往往会在识别力强的人面前斯文扫地。

蒙田对于一些文艺复兴时期许多人文主义者推崇的古代文化名人，如柏拉图、亚里士多德、西塞罗都持一种批判的态度。

第四，绅士重身心和谐，学究重身心分离。在中世纪，由于基督教和宗教神学的影响，人们把身体看成灵魂的"监狱"，把摧残和折磨肉体当成解放灵魂的条件。文艺复兴时期，人文主义者们重新唤醒了人们对肉体的关注和爱护，肯定了来自肉体的合理欲望。蒙田比这种思想更前进一步，朦胧地认识到人的精神和肉体两方面的相互制约性，并把绅士教育的目的表述为塑造完整的人。"我们造就的不是一个心灵，一个躯体，而是一个人，不应把心灵和躯体分离开来。正如柏拉图所说的，不应只训练其中一个而忽视另一个，应将它们同等对待，犹如两匹马套在同一个辕杆上。"②

第五，绅士重理性和经验，学究重书本和习俗。学究们的知识要么来自书本，要么来自习俗，因而学究们在各种场合，包括在教育过程中重视书本

---

① ［法］蒙田：《蒙田随笔全集》(上卷)，157 页。
② ［法］蒙田：《蒙田随笔全集》(上卷)，184 页。

和习俗是自然的，不这样做就不能维持自己的知识霸权。但绅士们却倚重理性和经验。因此，在教育过程中，教师"要让孩子的言谈闪烁着良知和道德，唯有理性作指导。教他懂得，当他发现自己的论说有误时，即使旁人尚未发现，也要公开承认，这是诚实和判断力强的表现，而诚实和判断力正是他觅求的重要品质"①。

以上是绅士和学究的主要区别。除此而外，蒙田还要求一个受过良好教育的贵族子弟，要有优秀的礼仪和品行，要有得体的言谈衣着，要效忠国王，秉公办事，等等。总之，在蒙田看来，"作为贵族子弟，学习知识不是为了图利(这个目的卑贱浅陋，不值得缪斯女神垂青和恩宠，再说，有没有利益，这取决于别人，与自己无关)，也不是为了适应外界，而是为了丰富自己，装饰自己的内心；不是为了培养有学问的人，而是为了造就能干的人"②。这一思想后来对洛克的绅士教育论产生了很大影响。

四、教育内容与方法

出于培养学生生活力、行动力和判断力的考虑，蒙田在教学内容的选择上大胆突破了传统学科的限制，提出了三条主要的原则。

第一，实用性原则。教育要选择那些最有用的内容。蒙田说：

> 假如我们把生命的从属物限制在正确而自然的范围内，那么我们就会发现，在那些通用的科学中，最优秀的部分是最不通用的，即便是通用的部分，也有些广而深的东西是无用的，最好撇之一旁，遵循苏格拉底的教导，把我们的学习界定在实用性内。③

① ［法］蒙田：《蒙田随笔全集》(上卷)，172 页。
② ［法］蒙田：《蒙田随笔全集》(上卷)，166 页。
③ ［法］蒙田：《蒙田随笔全集》(上卷)，176 页。

第二，必要性原则。教育要选择那些最必不可少的内容。蒙田说："我们的孩子没有那么多时间，他们只在十五六岁之前受教育，以后就投身行动了。这么短的时间，应让他们学习必需的东西。教给学生繁难的诡辩论是错误的，应该把它从辩证法的教育中删掉，诡辩论不可能改变我们的生存。"①他明确反对三段论的空洞训练，反对引入诡辩的雄辩术。他认为，"雄辩术吸引我们，却有损于事物"②。教育内容选择的必要性原则，涉及了学生学习时间的有限性和适于传播的文化遗产的无限性之间的矛盾。这也是现代学校教育内容选择方面的一个基本矛盾。

第三，生活性原则。教育的内容与生活的内容是彼此联系的，教育的内容不应受学科界限的限制。"任何时候都是他学习的机会，任何地方都是他学习的场所。"③"我们的课程仿佛是遇到什么讲什么，不分时间和地点，融于我们所有的行动中，将在不知不觉中进行。就连游戏和活动，如跑步、格斗、音乐、跳舞、打猎、驭马、操练武器等，也将是学习的重要内容。"④

根据这三条原则，蒙田把哲学作为学生的主要基础课程。在他看来，哲学的目的就是寻找真理、学问和信念，是教人聪明和自由的学问，因而是有用的、必要的和接近生活的。

> 心灵装进了哲学，就会焕发健康，应该用精神的健康来促进身体的健康。心灵应让安详和快乐显露在外部，用自己的模子来塑造身体的举止，使之雍容尔雅，轻捷活泼，自信纯朴。精神健康最显著的标志，就是永远快快乐乐，就像月球上的物体，总是心神恬然。⑤

---

① ［法］蒙田：《蒙田随笔全集》（上卷），181页。
② ［法］蒙田：《蒙田随笔全集》（上卷），193页。
③ ［法］蒙田：《蒙田随笔全集》（上卷），183页。
④ ［法］蒙田：《蒙田随笔全集》（上卷），184页。
⑤ ［法］蒙田：《蒙田随笔全集》（上卷），179页。

因此，不论老少，都应学习哲学。他引用贺拉斯的话说："哲学对于富人和穷人都有用，无论是孩童还是老叟，谁忘了哲学谁就要吃苦头。"①他认为，只有在接受了哲学的教育之后，学生才可以学习逻辑学、物理学、几何学和修辞学。因为这时，学生的判断力已经培养起来，对于他们所选择的学科，很快便能融会贯通。把哲学而不是把语言作为基础性的学科，这在文艺复兴时期的思想家中间是独一无二的，充分反映了蒙田作为一个思想家的独到见解。

比起在教育内容上的论述，蒙田在教育方法上的论述更为丰富和精辟。首先，蒙田对当时重记忆、重灌输的教育方法进行了猛烈的批判，主张采用启发性和探索性的教育方法。他说："人们不停地往我们的耳朵里灌东西，就像灌入漏斗里，我们的任务只是鹦鹉学舌，重复别人说的话。"他建议老师"改变一下做法，走马上任时，就要根据孩子的智力，对他进行考验，教会他独立欣赏、识别和选择事物，有时领着他前进，有时让他自己披荆斩棘。老师不应该一个人想，一个人讲，也应该听一听他的学生讲一讲"②。他提出，学生刚学到新的知识后，教师应遵照柏拉图的教学法，让他举一反三，反复实践，看他是否真正掌握，真正将其变为自己的东西。事实上，也只有采用启发性和探索性的教育方法，才能真正地培养学生的判断力，使他们热爱真理、追求真理。

其次，蒙田对当时重文字、重课本的教育方法进行了强烈的批判，主张要重视向大自然学习，向社会生活学习。他说：

> 人们通过接触世界来提高判断力，使自己对事物洞若观火。……这个大千世界，是一面镜子，我们应该对镜自照，以便正确地认识自己；有人还把它们分门别类，使之更加五彩缤纷。总之，我希望世界是我们

① ［法］蒙田：《蒙田随笔全集》（上卷），183—184页。
② ［法］蒙田：《蒙田随笔全集》（上卷），166页。

学生的教科书。它包容形形色色的特性、宗派、见解、看法、法律和习俗，可以教会我们正确地判断自己，发现自己的判断力有哪些不足和先天缺陷：这可不是轻易能学到的。①

蒙田不仅重视向自然学习，也同样重视在交往、旅行和阅读中向他人、前人学习。"我希望，在孩子年幼时，就带他们周游列国"，其目的在于"把这些国家的特点和生活方式带回来，用别人的智慧来完善我们的大脑"。② 他反复强调要虚心向人学习，指出："我们总是竭力显示自己，兜售自己的货色，而不是去了解别人，汲取新的知识。"③他告诫人们，沉默和谦逊有利于同人交往。而这正是当时的法国贵族老爷们最缺乏的品质。因此，"要教育孩子有礼貌，不要好为人师，不要小小年纪就野心勃勃。为让人另眼相看就显示自己比别人聪明，用指责别人和标新立异来捞取功名"④。蒙田所说的交往也包括与历史人物的交往，特别是通过阅读与历史上伟大、杰出的人物交往。他强调指出，与历史人物的交往不能局限于对历史知识的了解，而应努力进行历史的判断。可以认为，这一点是他个人一生读书的心得体会。

再次，蒙田激烈地反对体罚，对体罚造成的种种负面教育现象深恶痛绝，提倡寓教学于游戏和练习之中。

最令我不悦的，是我们大部分学校的管理方式。假如能多一点宽容，孩子受的危害也许可以少一点。学校是一座不折不扣的囚禁孩子的监狱。人们惩罚孩子，直到他们精神失常。您可以去学校看一看：您只会听到孩子的求饶和先生的怒吼。孩子们是那样娇弱胆怯，为激发他们的求知

---

① ［法］蒙田：《蒙田随笔全集》(上卷)，174—175 页。
② ［法］蒙田：《蒙田随笔全集》(上卷)，169 页。
③ ［法］蒙田：《蒙田随笔全集》(上卷)，170 页。
④ ［法］蒙田：《蒙田随笔全集》(上卷)，171 页。

欲望，先生却手握柳条鞭，板着可怕的面孔，强迫他们埋头读书，这是怎样的做法呀？这难道不是极不公正极其危险的吗？①

在这方面，蒙田非常赞同古罗马教育思想家昆体良的观点，认为教室本该铺满鲜花和绿叶，而不是鲜血淋漓的柳条鞭；教室应该充满欢乐，洋溢着花神和美惠女神的欢笑。为此，他认为应该"寓教学于游戏和练习之中"②。

> 宁愿一上来就让孩子们直接去实践，不是通过听课来教育他们，而是让他们试着行动，不仅用箴言警句，而且主要通过实例和劳作生动活泼地教育和造就他们，使得知识不是他们思想的附属品，而成为思想的本质和习惯，不是一种习得物，而是一种自然的拥有……如果说这样的教育方式成果卓然，那是不会令人奇怪的。③

最后，蒙田非常重视孩子的早期教育。蒙田认为，早期良好行为习惯的养成对于孩子的一生是非常重要的。

> 我发现，我们身上最大的恶习是从小养成的，我们的教育主要掌握在乳母的手中。母亲看到孩子拧鸡的脖子，打伤狗或猫，似乎是种消遣。还有的父亲愚蠢之极，看到儿子殴打一个不自卫的农民或奴仆，会以为是尚武的好预兆，看到他以狡诈手段欺骗和愚弄同伴，会以为是光辉的业绩。然而，这却撒下了残酷、专横和背信弃义的种子，这些缺点在那时候就已萌芽，以后在习惯的魔掌中茁壮成长。因孩子年幼或事情不大

---

① ［法］蒙田：《蒙田随笔全集》(上卷)，185 页。
② ［法］蒙田：《蒙田随笔全集》(上卷)，195 页。
③ ［法］蒙田：《蒙田随笔全集》(上卷)，158—159 页。

就原谅他们的不良倾向，这是后患无穷的教育方法。①

五、对教师的要求

新的教育思想呼唤新的教师。因此，当蒙田从自己的社会立场和哲学基础出发提出自己关于教育的一系列新见解时，也必然会对教师素质有一个新的构想，这主要体现在以下几个方面。

第一，教师要了解儿童，尊重儿童身心发展的自然秩序。

> 教师应让学生在他面前小跑，以便判断其速度，决定怎样放慢速度以适应学生的速度。如果师生的速度不相适应，事情就会弄糟。善于选择适当的速度，取得一致的步调，这是我所知道最难的事。一个高尚而有眼力的人，就要善于屈尊俯就于孩子的步伐，并加以引导。②

在引导过程中，教师要"依顺自然"，而不能违背自然，更不能破坏自然。

第二，教师不仅要有学问，而且要有判断力和道德。他在给一位邻居的信中说，希望能多多注意，给孩子物色一位头脑多于知识的教师，二者如能兼得更好，如不能，那宁求道德高尚、判断力强，也不要选一个光有学问的人。也就是说，孩子的教师应是一位绅士，而不是学究。

第三，教师要有高于父母的权威。对于贵族子弟的教育来说，教师如果没有这样的权威，就很难管理学生。教师要对孩子严格要求，不能姑息。

第四，教师要学会因材施教。蒙田认为，以往千篇一律的课程和教法，是教育工作失败的主要原因。按照这种方法培养出来的孩子，只能是笨头笨脑的。

---

① ［法］蒙田：《蒙田随笔全集》(上卷)，123 页。
② ［法］蒙田：《蒙田随笔全集》(上卷)，166 页。

第五，教师要有好的性情。

> 我不愿人们把你的孩子当成囚犯，不愿把他交给一个性情忧郁、喜怒无常的老师看管……假如他性情孤僻或阴郁，过分埋头于书本，而人们明知他这样做太不审慎却还姑息迁就，我认为这很不合适，这会使孩子对社交生活和更好的消遣不感兴趣。①

我国著名学者季羡林先生在《蒙田随笔全集》序中说：

> 蒙田以一个智者的目光，观察和思考大千世界的众生相，芸芸众生，林林总总；从古希腊一直观察到十六世纪，从法国一直观察到古代的埃及和波斯，发为文章，波澜壮阔。他博学多能，引古证今，鉴古知今，对许多人类共有的思想感情，提出了自己独到的，有时似乎是奇特的见解，给人以深思、反省的机会，能提高人们对人生的理解。②

这个评论是极精当的。他终身思索的任务似乎就是在实践苏格拉底那句著名的格言：我知道我一无所知。他自己说，知道自己无知，判断自己无知，谴责自己无知，这不是完全的无知；完全的无知，是不知道自己无知。这后一种无知，才是一切罪恶、暴力、战争的根源。教育工作的根本目的，就是依赖于哲学教育而完成人性的深层启蒙。这是一种身处乱世的个人心灵救治之道，也是一种动荡时代的社会救治之道。

蒙田以其深刻的哲学思考，区别于文艺复兴后期的其他人文主义者，对后世的影响也较为远大。他的怀疑论哲学对理性主义哲学起到了一定程度的

---

① ［法］蒙田：《蒙田随笔全集》(上卷)，182页。
② ［法］蒙田：《蒙田随笔全集》(上卷)，4—5页。

影响；他对于科学和真理的批判态度可以与后现代的思想相媲美。他的绅士教育目的论，对洛克绅士教育理论的形成产生了积极的影响；他的教育要遵循自然的原则，对夸美纽斯和卢梭的自然教育理论有直接的影响。他关于教育要培养生活力、判断力、思考力的主张以及把哲学作为基础课程的思想，在今天仍然有巨大的现实意义。至于他个人的生活态度，则更是给后人以永远的启迪。最后需要指出的是，蒙田的教育论述主要是针对贵族子弟，而不是针对广大劳动阶级的教育而言的，这也是他的地位和时代难以避免的阶级倾向。

第五节　比代和科迪埃的人文主义教育思想

一、比代的人文主义教育思想

比代，1468 年 1 月出生于巴黎，青年时代在奥尔良学习法律时就沉醉于人文之学，他大量阅读古罗马的拉丁语著作，同时开始自学古希腊语。1494 年他在赫尔蒙尼莫斯门下学习古希腊语，后又跟从约翰内斯·拉斯卡里斯和杰罗拉莫·阿莱安德罗继续学习。1502 年到 1505 年，比代把普鲁塔克的一些著述译成了拉丁语。

1501 年和 1505 年，比代两度来到意大利，受到意大利人文主义法学的影响，他在佛罗伦萨时跟随人文主义法学学者彼得罗·克里尼托（1475—1507）学习，还对另一名人文主义法学学者、佛罗伦萨大学古希腊语教授安杰洛·波利齐亚诺（Angelo Ambrogini，1454—1494）死后留下的关于《法学汇编》的珍贵笔记做过考察。1508 年他出版《〈法学汇编〉评注》，猛烈抨击经院主义法学，显示出他较高的学术修养，也使其成为北部欧洲地区人文主义法学的代表。1514 年他出版《货币论》，翔实地阐述了罗马货币制度，表现出他在对史料的剔择和鉴别、对古典著作的理解和领会方面都达到了很高的学术水平。这部书使他声名鹊起，成为北部欧洲地区诸国几个主要的人文主义学者之一。1516 年他用法文写了一本小册子《君主的教育》（*De l'institution du prince*），并将之题献给 1515 年上台的年轻的法国国王弗朗西斯一世。1529 年他出版的《希腊语评注》（*Commentarii Linguae Graecae*），集古希腊文法和词汇于一体，这本书为他赢得了欧洲"古希腊语学者之冠"的声誉。

比代的学术成就使其深受弗朗西斯一世的青睐。弗朗西斯一世深爱人文主义文化，他仿效意大利王公的做法，积极赞助扶持人文之学，人文主义学者在他的宫廷里颇受欢迎，并被委以使节和秘书等美差。比代先后担任过不少要职，做过国王秘书、税务主管、法国驻罗马教廷大使等。他极力借助于国王的力量推进法国的人文主义运动。1522 年在其推动下，法国成立国王图书馆，他被国王任命为馆长，将自己丰富的私人藏书全部捐出，这些书构成了国王图书馆最初的支柱。1526 年在他的影响下，法国建立了国立出版社，出版社的宗旨是传授古典文化，提高整个国家的文化水准，并将法国学者的成果推向世界。在其推动下，1530 年法国成立了第一所人文主义性质的学校——法兰西学院，教授拉丁语、古希腊语、希伯来语、数学等，传授古典文化。建立图书馆、出版社和新型学校，都是促进人文主义发展的重要举措。法国人文主义在 16 世纪初的迅速发展，与比代的贡献是分不开的。

伊拉斯谟通过将人文主义方法运用于神学研究来批判经院主义，比代则是通过将人文主义方法运用于法学研究来批判经院主义。在这一点上，比代深受意大利人文主义法学的影响。

意大利的人文主义法学始于瓦拉。瓦拉经过研究，认为教会所谓"君士坦丁的赠礼"是捏造的。赠礼是指教会所说的罗马皇帝君士坦丁颁布给罗马主教的一份法律文件，根据这个文件，罗马主教即为教皇，他被赋予凌驾于四大主教之上的权力，因为在这一文件中，君士坦丁允许"朕之所有属地统治者"

服从于罗马教会。尽管过去偶尔也有人对这一文件的来源产生过怀疑，但教皇不仅在若干世纪里成功地维护了其权威性，还以此为根据宣称自己拥有极广泛的世俗权力。15 世纪 40 年代，瓦拉对这一文件从历史和语言的角度进行了细心的研究，结果发现，这份文件是不存在的，教皇所宣称的世俗统治权力是教皇出于自身利益的考虑捏造出来的，并非建立在任何历史事实之上。瓦拉在另一本书《论拉丁语的典雅》中对教会法学家曲解罗马法的行为予以抨击，认为他们所使用的法律词汇既有悖于常理，用法又不正确。瓦拉之后，人文主义法学在波利齐亚诺和克里尼托等人那里得到了进一步发展。他们摒弃了传统的经院式治学方法，没有给已有的注释加上新的注释，而是把注意力尽可能地集中在法律原文上，运用拉丁语和古希腊语语言知识，校订存在的语言讹误，以寻求原文的准确含义。比代卓越地发展了这种新的法学研究方法，他的《〈法学汇编〉评注》成功地使过去关于法典的注释信誉扫地。他指出，这些荒谬的注释往往是依据有错讹的原文，或者是在搞错了关键性年代的情况下做出的，因而是不可信的。这就对经院主义法学、教会司法权的合理性给予了直接的抨击。

比代以人文主义反对经院文化，但他绝没有因此而否定基督教。当时法国大学里一些经院学者反对人文之学，比代视他们为自己的主要敌人，予以坚决的批判，他指出，古典人文学科和宗教二者之间不存在任何对立，要理解《圣经》的真正含义，必须以古典人文学科为基础。① 这反映出他与伊拉斯谟一样，是一个基督教人文主义者。比代的社会理想也具有典型的基督教人文主义色彩，认为在具有基督教道德和人文主义知识的君主统治下，社会就会平安繁荣。这种思想在其教育著作《君主的教育》中有充分的反映。

比代赞颂君主制，认为只有君主制才是有效能的政治结构，"一个井然有

---

① William Harrison Woodward, *Studies in Education during the Age of the Renaissance*, p.137.

序的君主政权"永远优于"任何其他政体"。君主直接从上帝那里获得权威，他的权力是合法的，也是绝对的。君主应有智慧，应尊重国家的法律，保障每个人应有的权利，铲除国内的"一切不公正和混乱现象"。作为一个法学家，比代重视法律的作用，他建议国王用法律加强统治。法律的创制权归于国王，"一切法律都是由国王颁布的，臣属必须无条件地服从国王"①。比代请求弗朗西斯一世以查士丁尼皇帝为榜样，把司法经验编纂成法典，确立统一的法律，以加强国内的秩序和团结。比代对国王权力的强调，意味着他要求加强中央集权，限制地方封建贵族、领主的势力，这种对国王专制的拥护在当时是进步的。13世纪时，法国的一些法学家在讨论教皇权力与国王权力的关系问题时，也曾对君主制予以赞颂，比代等人的观点从表面上看是从这些人那儿借用来的，实际上却不然，正如政治史学者马斯泰罗内所指出的，"到16世纪，君主制问题的含义已经不同，事实上，中央政权权威的确立已主要具有了反封建的意义"②。这诚然是进步的，然而君主专制也蕴含了另一种危险，"为反对封建权力而在理论上提出的国王专制主义也可能成为压在臣民头上的暴政"，专制的君主很容易沦为暴君。如何解决这一问题？比代提出，应该用道德来约束君主的行为。当时的法国法学家断言，"信奉基督教的国王"不可能干出"暴君的勾当"。这种思路也正是比代的思路，他认为君主只拥有权力、智慧、法律手段还不够，君主还应具有美德，这样才不致产生暴政。美德从何而来？经由教育。

比代的《君主的教育》与伊拉斯谟的《基督教君主的教育》一样，其用心主要不在教育方面，而在政治方面，教育只是实现他们政治理想的手段。比代有强烈的社会责任感，把自己视为国王的谋士和诊治国家弊病的医生，他将《君主的教育》题献给弗朗西斯一世，实则是为向国王进谏，对国王如何统治

---

① ［意］萨尔沃·马斯泰罗内：《欧洲政治思想史》，16页。
② ［意］萨尔沃·马斯泰罗内：《欧洲政治思想史》，16页。

国家提出建议。《君主的教育》属"王公之鉴"类著作，许多人文主义者都写过此类著作。比代用连续几章的篇幅来说明，所有伟大的君主都有必要认识到，如果他们不善于"在公务方面采纳谏言"，或者"身边也没有出色的大臣和忠诚的仆人"，那么肯定会出现严重的危险。这实际上是在肯定他自己这个"谏臣"和他自己这本"谏言"的价值。

比代认为，好君主应德才兼备，德指基督教美德，才指人文知识。要有德有才必须接受教育。比代主要通过分析历史上的君王来说明"与国王陛下相配的王者美德"，用著名帝王的生平事迹来强调美德对君主的重要性。奥古斯都皇帝(前63—14)被奉为真诚和正直的楷模，这两种"伟大的美德"给他带来了巨大的荣誉和声望。古代马其顿王国国王亚历山大(前356—前323)的事迹被用来说明慷慨大度的重要性，他始终以无限宽广的胸襟表现出这种品质，同时又留心保证"只有那些值得他体恤的人"才能得到恩惠。《君主的教育》在结尾时选择古罗马统帅庞培(前106—前48)作为所有美德的代表，他"用礼义之缰勒住了强烈的贪欲"，"用出自内心的诚意抑制了狂暴的野心"，并因此而成为"一个具有所有伟人必不可少的各种美德和品格的真正典范"。[1] 慷慨、仁慈、正直、诚信是比代希望君主所具有的美德。此外，他还要求君主必须具备虔敬的美德。这些要求，与伊拉斯谟是一致的。

君主为什么要拥有这些美德？因为这些美德的发扬光大是君主在政治上获得成功的关键，而政治上获得成功，则能给君主带来名誉、光荣和声望。君主的最高志向应该是获取名誉、光荣和声望从而万古流芳。比代宣称，所有的君主都应当认识到，他们的根本职责是"为所有可敬的事物增光"，这意味着他们的宫廷应当成为"荣誉和尊贵的殿堂"，而他们的主要抱负则应当是"生荣死哀"。若君主生时遭人痛恨，死后遗臭万年，那他就绝非一个好君主。

良好的政治源于君主拥有的一系列美德，美德的获得又系于教育。比代

---

① [英]昆廷·斯金纳:《现代政治思想的基础》，241 页。

像热心于政治一样热心于教育，因为教育中寄托着其政治理想的实现。从《君主的教育》一书的框架结构就可看出他对教育所寄予的厚望。该书共 34 章，前 4 章主要讨论君主应具备哪些素质才能治理好国家，他紧接着指出，如果要问怎样才能使君主具备这些素质，"实际上也就是在问我们的统治者应受到何种教育。因此，他用了下面 30 章的篇幅去探讨何种教育形式可望造就最贤明的统治者，认为最优秀的德政自然会随之而产生"①。

　　在美德与政治的关系上，伊拉斯谟与马基雅维利是对立的，伊拉斯谟主张即使天塌下来，君主也应恪守美德、坚持正义；马基雅维利则认为，为了国家利益君主可以做出不德之举。比代基本上站在伊拉斯谟一边，但没有他那样绝对。16 世纪欧洲社会的政治状况并不像人文主义者所希望的那样以美德为基础，善行在政治上未必就有善报，在这种情况下，一些人文主义者也不再坚定不移地把正义作为政治生活唯一可能的基础。他们逐渐承认，在正义与维护国家利益互不相容的情况下，考虑实用而不拘泥于严格意义上的正义也许是有道理的。对政治方面的道德观的要求不那么严格了，这在比代《君主的教育》中已初露端倪。尽管他指出正义的美德应该是君主最敬重的一种美德，但君主的治术也涉及对正义的理解问题。显然比代不像伊拉斯谟那样只拘泥于对正义的一种固定的理解。比代认为，政治中的某些原则应该用"政治"的语言而不是用"道德哲学"的语言来解释。比代在此实际上是要求不要将政治问题完全等同于或归结为伦理道德问题，政治有其自身的运作特点。在这一点上，他显然比伊拉斯谟要深刻和现实一些。

　　除美德外，君主还应富于智慧。比代赞赏柏拉图的"哲学王"理想，要求国王应具有哲学家一样的智慧。智慧的获得主要靠接受人文学科的教育。他认为若无这些人文学科，世界将成为一个动物的世界而非人的世界。要学习这些人文学科，首先必须学会古希腊语和拉丁语。比代极为重视古希腊语，

---

① ［英］昆廷·斯金纳：《现代政治思想的基础》，254 页。

认为它比拉丁语和拉丁文化还重要得多，因为古希腊语在表达哲学原理方面具有拉丁语不可比拟的优越性，而且罗马文化是从古希腊文化传承而来的，古希腊文化是罗马文化的重要源头，要理解拉丁文化也需要首先学好古希腊语。

在人文学科中，比代尤为重视历史，认为学习历史对于君主而言十分必要，历史具有丰富的政治价值和道德价值。他说，读史"不仅使我们了解过去，也会使我们认识现在，并且常常可以使我们预知未来"，读史有助于使君主变得"精干"和"明智"，"对国王们来说，具备这两种能力比获得任何其他东西都更有必要"。他宣称，历史是"伟大的主宰"，"甚至是我们最杰出的导师"，是"诚实和高尚的人生之路"的最可靠的向导。在北部欧洲地区的人文主义者中并不是只有比代重视历史，很多人文主义者都强调研习历史的实用价值，认为保持政治贤明的关键在于正确地理解过去。例如，维夫斯把"历史知识"视为"贤明之师"；埃利奥特认为"没有任何其他学科的研究能与历史研究带来的用途和乐趣相媲美"。[1]

但也有一些人文主义者对历史的政治价值和道德价值持有异议，例如，人文主义者海因里希·科内利乌斯·阿格里帕（Heinrich Cornelius Agrippa，1486—1536）认为，有充分的理由证明，把历史当作道德的示范和"人生的指南"，这样的看法是愚蠢的。人们并不清楚到底有没有可能从历史中得到教益，因为仔细考察一下就会发现，所有的史书都谬误百出，其原因不是作者们孤陋寡闻，就是他们有意"以假乱真"。退一步说，即使历史能够给人以教益，这种教益也不一定会有助于道德的培养。世人总是推断"读史可能会使人获得超群的智慧"，但是却没有注意到读史也同样容易把人变成邪恶勾当的行家里手。[2]

---

[1] ［英］昆廷·斯金纳：《现代政治思想的基础》，230—231 页。

[2] ［英］昆廷·斯金纳：《现代政治思想的基础》，231 页。

　　阿格里帕的看法有其合理性，但不能以此来批评比代。因为比代虽然推崇历史学科的价值，但他同时也指出并非所有的历史著作都对人有益，要求人们应选择一些好的历史著作来读。他还强调，只有在学生具有丰富的社会经验的条件下，系统地直接读史书才能对人有益。否则，就需要教师加以指导，以免产生副作用。

　　总体来看，比代的《君主的教育》和伊拉斯谟的《基督教君主的教育》讨论的是同一主题，除个别观点稍有差异外，两人的根本观点也没有什么差异，而且这两本书都完成于 1516 年。不同的是，伊拉斯谟的著作是用拉丁文写的，比代的著作是用法文写的；伊拉斯谟 1516 年就把《基督教君主的教育》付梓了，而比代的《君主的教育》则迟至 1646 年才出版，原因是当时《基督教君主的教育》风行一时，比代担心在这种情况下出版用法语这种民族语言撰写的同类书，肯定不会像伊拉斯谟的书那样有影响，他怕该书出版后引起别人对他的批评，有损其著名学者的声誉。由此看来，比代显然有些小家子气，尚不能与伊拉斯谟相提并论。

二、科迪埃的人文主义教育思想

　　科迪埃出生于诺曼底，曾在巴黎大学学习神学。此后在巴黎一所学校讲授修辞学，1527 年起改教语法，在语法教学中显示出非凡的才能。加尔文曾在这所学校求学，科迪埃教过加尔文拉丁语。1530 年至 1534 年科迪埃任一所学校（the School of Nevers）的校长。后来应古维亚的邀请，来到位于波尔多的奎恩学院任教。当时加尔文教派已传入法国，科迪埃和他的大部分同事一样，支持加尔文教派。在 1540 年法国颁布《惩治异端条例》前，旧教与新教之间的冲突就已存在，科迪埃感受到天主教势力给他造成的压力，他害怕与教会当局发生冲突，加上加尔文此时邀请他去日内瓦，于是他于 1536 年年底离开了奎恩学院。他在奎恩学院任教时间不长，但对学院的人文学科教学起到了很大的促进作用。高年级学生使用他编写的教材，他的教学也深受欢迎，他也因此成为奎恩学院最著名的三名教师之一。奎恩学院的管理在当时的欧洲是第一流的，把学生按照学业水平的不同划分为十个年级，每个年级都有不同的教学任务，年级之间从低到高依次衔接。这种严格细密的管理制度给科迪埃留下了深刻印象。从离开奎恩学院到1564年逝世，科迪埃一直居留于瑞士，忙于教书、管理学校和改革学校教育。他晚年在加尔文领导的一所日内瓦公立学校瑞弗学院(the Collége de la Rive)任教。瑞弗学院共分七个年级，组织严密，科迪埃将奎恩学院的一些经验带到了该学院，对学院教学管理制度的健全助益不小。

科迪埃推崇古典文化，其目的是通过古典文化使人们过真正的基督徒生活，教育的意义和目的在于培养人的虔诚心，学问的最高目的在于虔诚，他说："没有虔诚之心，在学问上就不会有真正的进步。"①

科迪埃对教育思想的贡献主要表现在教学法方面。

在语法教学方面，他既反对中世纪的教学方法，也反对伊拉斯谟的教学方法。他认为中世纪的语法教学太抽象，而且很多内容与辩证法放在一起讲，教师教得费力，学生也学得辛苦；而伊拉斯谟的教学方法会使学生学得既肤浅又不系统，导致学生在阅读和写作时存在许多困难。科迪埃认为，这两种方法尽管不同，但其结果却是一样的，即学生不能透彻掌握必要的语法知识。学生语法知识不牢靠，就很难进入更高级的学习阶段。科迪埃在教学中发现了这一问题，其后不久梅兰希顿也发现了类似的问题。科迪埃认为教学应使学生牢固地掌握语法知识，只有这样才能为学生进一步的学习打下坚实的基础。

在怎样学习拉丁语的问题上，他的观点前后是有变化的。1560年以前，

---

① William Harrison Woodward, *Studies in Education during the Age of the Renaissance*, p.155.

他主张通过本民族语言来学习拉丁语。在法国奎恩学院任教时，他把法语视为学习拉丁语的重要工具。科迪埃参与了瑞士日内瓦瑞弗学院 1559 年章程的制订，章程对学院课程、教学方法等做了规定，也把法语视为拉丁语教学的一个有效工具。通过本民族语言来学习拉丁语，而不是单纯学习拉丁语，这在当时的低地国家和英国是非常普遍的做法，维夫斯也主张这样做，但伊拉斯谟却不主张学习本民族语言，哪怕只是将其视为一个学习古典语言的工具。

从 1560 年始，科迪埃对本民族语言的态度发生了变化，他要求学生在课内课外都要讲拉丁语，1564 年他的《对话集》(Colloquia) 更是强调了这一点。《对话集》是为学生写的拉丁语学习材料，采用对话的形式，内容取材于学生的日常生活，因而易于学生理解，便于学生掌握。《对话集》中没有一个法文单词，全用拉丁语写就。为什么科迪埃变得不重视本民族语言了呢？"科迪埃解释说，民族语言的种类多如牛毛，不利于进行国际交流，而拉丁语是进行国际交流的最佳语言。"[1]由于教师工作繁忙，不可能对每个孩子是否说拉丁语进行监督，科迪埃要求每个班设一名班长，由他向教师报告学生们的情况。

科迪埃尊重学生，他努力培养学生的自信心和自我约束的能力。他对人类充满同情心，尽管他信奉加尔文教派，但他并没有宗教派性的偏执与狂热。因此，他的《对话集》被各教派包括天主教会的学校所广泛采用达两个世纪之久。

《对话集》作为教材，其使用方法是这样的：教师向全班学生讲解要学习的对话内容，由于对话以学生的日常经验为基础，学生能较容易地理解对话的含义；然后教师引导学生做对话练习，根据对话的内容和要求让学生担任不同的角色，不停地做口头练习。除教师讲解和学生做对话练习外，教师还结合对话中的词、句讲解语法知识。《对话集》的教学目的是让学生通过做与

---

[1]　William Harrison Woodward, *Studies in Education during the Age of the Renaissance*, p.163.

日常生活有关的对话练习而熟练掌握拉丁语。科迪埃认为《对话集》不是供学生死记硬背的，而是要让学生在有趣的练习和阅读中更快更好地掌握拉丁语。

《对话集》为科迪埃赢得了很高的声誉。1564 年问世后到 16 世纪末的几十年中，《对话集》的发行量超过了任何其他拉丁语的课本。在英国，《对话集》的影响尤大，1614 年布林斯利把它作为拉丁语写作课的教材，1657 年霍尔（Hoole）出版了这本教材的英语、拉丁语对照本。直到 19 世纪中叶，英国的学校还将《对话集》作为教材使用。①

---

① William Harrison Woodward, *Studies in Education during the Age of the Renaissance*, p.166.

第七章

16 世纪意大利的人文主义教育

第一节　16 世纪意大利人文主义教育发展的背景

进入 16 世纪，意大利人文主义教育思想发生了明显的转向，这种转向是由意大利社会政治、文化、宗教等领域的变化所导致的。

一、君主时代的来临与城市人文主义的衰落

在意大利，君主和君主国并不是到 16 世纪才产生的，正如历史学家丹尼斯·哈伊所指出的，"十四世纪时，意大利北部出现一种明显的从自由城市过渡到个人和家族的君主制趋势"，但是，"十四世纪总的来说，佛罗伦萨、卢卡、锡耶纳在整个时期是真正的共和国。它们的政府是人民的，贵族被排斥在权力之外"。① 从 14 世纪到 15 世纪，意大利呈现出君主国与共和国共存的局面，米兰和那不勒斯就是典型的君主国，而佛罗伦萨和威尼斯则是典型的共和国。14 世纪米兰变成君主国，"'市民'这个词已被'臣民'这个新的词所代替"，"人民"这个词被禁止使用，因为它具有颠覆性的意义。"公爵"成为

_____

① ［英］丹尼斯·哈伊：《意大利文艺复兴的历史背景》，74—76 页。

一个万能的统治者形象，成为君主的代名词，"会见公爵，必须经过一定的宫廷仪式。这样，由于宫廷仪式的需要，便产生了宫廷侍臣这一在历史上持续很久的现象"①。这里的宫廷侍臣即16世纪时卡斯底格朗论及的"宫廷人物"。如同公民是共和国里重要的社会角色一样，宫廷侍臣则是君主国里重要的社会角色。君主和宫廷侍臣的培养对于君主国的重要性，就如同公民的培养对于共和国的重要性。但由于14、15世纪意大利文艺复兴的领头羊是佛罗伦萨，佛罗伦萨的政治背景又是共和主义的，这就使得"公民"的培养成为人文主义教育思想中论述的主题，而君主和宫廷侍臣的培养问题并未受到人文主义者的充分重视。到了16世纪，随着意大利君主时代的到来，这种局面改变了。

在16世纪，除威尼斯仍是共和国制外，君主制在意大利占据了统治地位。政治形势的这种变化对意大利社会状况、对人文主义教育思想的发展产生了深刻影响。

第一，以市民人文主义为特征的共和主义价值观被君主主义价值观所取代。君主制受到推崇，并被认为优于共和制，公民、公民的权利和自由、共和主义等受到贬抑。君主们并不否定古典文化，并且常常保护文人，但同时也把这些文人变成自己的附庸和歌功颂德的工具，文艺复兴的成就被用来为君主服务，"城市生活和市民道德的发源地佛罗伦萨也出现了窒息自由的形势"，美第奇家族"不能容忍在文学中出现的共和主义思想"②，自由的天空乌云密布。

第二，积极参与社会公共生活的"有为"原则被抛弃，退隐生活受到青睐。对于市民人文主义者如布鲁尼等人而言，"有为"或参与市政事务的观念反映了人类生活最理想的境界。然而，在君主制下，15世纪早期人文主义者表现

---

① ［英］丹尼斯·哈伊：《意大利文艺复兴的历史背景》，110—111页。
② ［英］丹尼斯·哈伊：《意大利文艺复兴的历史背景》，169—170页。

出来的那种对政治的兴趣日益被人们认为是低级的，甚至是粗俗的思想愿望。对于皮科、费奇诺和15世纪后期以后的其他主要哲学家来说，休闲自适或退隐沉思的生活是最值得向往的，学术远离了政治，不再为政治的纯粹和升华做实质性的贡献，剩下的只是闭门静思或为君主服务，公民个人参与公共事务的权利和热情被压抑了。人文主义者皮科在《论人的尊严》中明显地表达了这种态度，他在书中不断嘲讽那些为了"利益和野心"不顾一切的人，并夸耀自己已"摒弃了对私人与公共事务的一切兴趣"，使自己"完全处于沉思的闲暇中"。抛弃"有为"原则所引起的一个更根本的后果是，以有意义的方式参与政府事务这种观念似乎完全消失。积极进取的市民人文主义精神已风采不再，市民人文主义衰落了。学者们对社会生活的参与大大减少了。

第三，君主形象受到关注，涌现出一批专门为了给君主出谋划策而写作的学者。早期的市民人文主义者在写作时尤其是在写作教育著述时，一般以共和制为背景，向全体公民提出忠告和劝诫，而意大利文艺复兴后期的人文主义者在写作时总是预先设定一个君主统治的背景，如马基雅维利和帕特里齐，他们本人明显地倾向于共和制，但在写作时却总是以君主制为背景。结果便是，过去受重视的作为公民的个人形象开始遭到忽视，而更注重威严且更有影响的君主形象。

第四，与君主时代的来临相一致，一些为廷臣而写的文章开始出现，这些文章旨在指导廷臣获得适当的教育，克制自己的言行和妥善处理与君主的关系，如迪奥梅德·卡拉法（Diomede Carafa，1407—1487）写过有关"完美的廷臣"的短文。这类著作中最有名、最具影响力的是卡斯底格朗于16世纪初写的《宫廷人物》。

为君主出谋划策而写作并不是始于16世纪，早在1394—1405年弗吉里奥就写了未完成稿《论君主》，此后不久，米兰的人文主义者为米兰君主写了一系列歌颂君主统治功绩的颂词。但这些在当时并不十分突出。只是到了15世纪后期和 16 世纪，这类颂词和献策著作的出现才达到高潮。例如，萨奇（1421—1481）在 1471 年为曼图亚侯爵写了短文《论君主》；庞达诺（Giovanni Pontano，1426—1503）1468 年把一篇论君主的文章呈献给那不勒斯国王；迪奥梅德·卡拉法在 15 世纪 80 年代为那不勒斯国王写了关于"优秀君主的职责"的文章；帕特里齐在 16 世纪 20 年代将其精心之作《王国与国王的教育》献给教皇西克图斯四世。在献策著作中最著名的是马基雅维利于 1513 年年底写成的《君主论》。文人学者为何要写这类著作呢？一个重要原因是想获得君主的赏识，进而获取一个职位。如庞达诺就是因为写了论君主的文章才引起了那不勒斯国王的注意，并进而受重用达 20 年之久。马基雅维利在《君主论》写就约两年后将之题献给佛罗伦萨的统治者美第奇家族，这实为一种自荐的方式，意欲获得一个政府职位。

这些关于君主的著述的共同主题就是：君主应具有哪些素质？如何培养、教育君主？而这正是关于教育的问题。

随着君主时代的到来，君主和朝臣的培养问题便成为学者们关注的一个重要问题，这种关注直接导致了人文主义教育思想的转向，培养公民的教育理想开始被培养君主和朝臣的教育理想所取代。

二、文艺复兴运动的进一步深化

15 世纪末到 16 世纪，意大利文艺复兴运动的进一步深化主要表现在两个方面：一是古希腊文化尤其是古希腊哲学的进一步复兴，二是艺术的复兴与艺术创作的繁荣。这二者对 16 世纪的教育思想皆产生了深刻影响。

因为语言的障碍，古希腊文化的复兴较古罗马文化的复兴难度要大得多，因而发展较为滞后。到 15 世纪末时，对古希腊文化的研究才达到了较深入的地步，"到1470 年，对于希腊的探索在意人利已经达到相当的发展程度，虽然在那时候，关于希腊的知识还没有像人们所想的那样普遍流传"①，古希腊语教师匮乏，学习的工具如语法书、辞书也奇缺，一些古希腊的著作也未被译成拉丁文，已有的一些译本多是中世纪传下来的，译文和注释多有讹误。在意大利复兴古希腊文化的过程中，拜占庭曾起过积极作用，如克里索罗拉斯在意大利教授古希腊语就是一例。15世纪时，土耳其人征服了希腊世界，难民成群结队涌入意大利，其中许多是有才华的学者，他们渴求在当时兴盛的以研究古希腊哲学为中心的学园里谋个职位。这些人对意大利的古希腊文化研究做出了突出的贡献，也在一定程度上解决了教师匮乏的问题。

15世纪末，古希腊语已成为大学里认可的课程，难民中的有用人才被聘到大学和其他学校去教课，其中一些人与意大利的希腊学者一道并肩从事教学工作。15世纪末以前，人们普遍感到缺乏学习古希腊语的有效工具，就连波利蒂安和皮科在学习古希腊语时都不得不使用两种语言对照的教科书，因为没有合适的语法书和辞典。不过这种缺憾在15世纪末已得到解决，1478年左右乔瓦尼·克雷斯托内编写的希腊-拉丁辞典出版，1497年乌尔巴诺·博尔扎尼奥用拉丁文所写的古希腊语语法出版，这都是古希腊文化复兴过程中划时代的大事。另外，由于印刷术的使用，古希腊语著作变得比较容易获得，不再像过去那样依赖数量很少的手抄本，米兰、佛罗伦萨、威尼斯等地的出版社能够刊印古希腊的主要古典作品。一些重要著作也被译成拉丁文，如《柏拉图全集》由费奇诺译出后，1484年在佛罗伦萨出版，这极大地促进了对柏拉图哲学思想的研究，使柏拉图研究成为当时学术界的显学。

对古希腊文化研究的深化，一个重要表现就是在古希腊哲学的促进下意大利的哲学研究有了可喜的进展。对柏拉图和亚里士多德的研究达到相当深度，并涌现出一批哲学家。柏拉图主义的代表人物是费奇诺和皮科。费奇诺建立的柏拉图学园是柏拉图哲学发展史上的一个重要阶段。费奇诺将人文主

---

① ［英］G. R. 波特编：《新编剑桥世界近代史　第一卷　文艺复兴》，140页。

义成就与柏拉图的世界观相结合，提出了一个与柏拉图不同的宇宙观。他把宇宙视为一个博大的等级体系，每一种存在物都各居其位，各有不同程度的完善性，但费奇诺修改了柏拉图的图式，将图式的中心这一特权地位给予了人的灵魂，从而为他的关于人的尊严的学说提供了一种形而上学的依据。高扬人的尊严是他从人文主义前辈那里继承下来的思想，他认为人的灵魂把它的思想和爱扩展到从最高到最低的万事万物中，于是灵魂就成为宇宙的中心，灵魂是自然中最伟大的奇迹，它把万事万物结合在一起，是万事万物的中心。对灵魂的重视导致他重视以内在经验为基础的精神生活和沉思生活。他认为感官的世界是变动不居的，是令灵魂骚动不安的，灵魂为了从外在事物中把自己纯化出来，就得进入沉思生活，进入非现象的世界，沉思的生活使人的灵魂不断向真理和存在的更高等级攀升，直至最后直接认识和洞见上帝。

皮科比费奇诺年轻，他的主要目标是要把柏拉图主义和亚里士多德主义以及其他的哲学现实调和起来，认为柏拉图和亚里士多德的理论虽然在措辞和外表上有所不同，但在根本上却是一致的。他比费奇诺更加高扬人的尊严，与费奇诺不同的是，

　　他不是在宇宙等级体系中给人指定一个固定的、特权的地位，而是使人完全脱离这个等级体系。他断言，人按照自己的选择，能够占据从最低到最高的任何生活的等级。正像他说的那样，上帝对亚当说：你既没有固定的处所，也没有自己独有的形式，我们也没有给你唯你独有的功能，亚当，你最终按照自己的判断便能具有和占有你自己希望要的处所、形式和功能。按照你自己的自由意志，不受任何强迫，我已把你放在自由意志的手里，你注定要受自己本性的限制。你有力量堕落到生命的更低形式，像野兽一般。由于灵魂的判别，你也有力量获得再生，进

入更高的形式，即神的形式。①

皮科鲜明地阐明了人所具有的力量，"皮科在赞扬人及其尊严时，总结了几代学问渊博的人文主义者的期望，并补充了他们尚不能提出的一种形而上学的关系域和一种哲学的意义"②。哲学的复兴与发展为人文主义提供了新的论证手段。

亚里士多德主义的代表人物是彭波那齐（Pietro Pomponazzi，1462—1525）。亚里士多德哲学在中世纪就很兴盛，但彭波那齐的亚里士多德主义与中世纪不同，他试图恢复亚里士多德哲学的本来面目，使哲学与神学分开，清除中世纪教会笼罩在亚里士多德身上的宗教迷雾。这种研究方法是人文主义的。

除柏拉图主义和亚里士多德主义外，16 世纪的意大利还产生了以特勒肖（Bernardino Telesio，1509—1588）、帕特里齐和布鲁诺（Giordano Bruno，1548—1600）为代表的自然哲学，自然哲学与科学的进步同时发展起来，

> 他们企图用独创的、独立的方法而不是在已经建立起来的传统和权威的框架之内去探求自然界原理。他们试图构成一些新颖的理论，以不受古代哲学权威，特别是亚里士多德——他曾经统治了哲学的思辨，尤其是统治了自然科学，长达许多世纪——的影响而自豪。③

他们的创新精神是充沛的，但创新度却是有限的，

① ［美］保罗·奥斯卡·克利斯特勒：《意大利文艺复兴时期八个哲学家》，80—81 页。
② ［美］保罗·奥斯卡·克利斯特勒：《意大利文艺复兴时期八个哲学家》，85 页。
③ ［美］保罗·奥斯卡·克利斯特勒：《意大利文艺复兴时期八个哲学家》，116 页。

把他们与早期现代科学家、与把新科学作为前提的十七世纪哲学家区分开来的是，他们没能找到一种坚实而有效的探索自然的方法，尤其是没有认识到数学在这种方法上的根本重要性。正是为了这个理由，而不是因为那些过时传统的重负，才使得他们的卓越并给人深刻印象的理论陷于或多或少的孤立之中，而不能赢得一大批追随者，也不能对那些仍然受到亚里士多德信徒控制的大学的自然哲学教学产生影响。人文主义者或柏拉图主义者的外部攻击、自然哲学家富有启迪性的理论都未能推翻亚里士多德自然哲学的传统。只是到十七世纪及以后，伽利略的新科学以及他的后继者才得以在牢固地建立起来的、优越的方法的基础上来处理这个问题，此时，亚里士多德的自然哲学传统才退出历史舞台。①

自然科学和自然哲学的这种发展状况也从一个角度说明了自然科学不是同人文主义同步发展的，意大利人文主义课程中没有或少有自然科学的内容一点也不令人感到奇怪。

该时期的哲学研究有一个明显的趋向，即想使哲学脱离神学，想使科学脱离哲学。这意味着知识的进步和分化，为以后教育内容的分化和丰富奠定了基础。

哲学研究对该时期教育思想发展的影响主要表现在教育目的和教育内容两个方面。追求沉思的生活，追求灵魂的升华，成为教育的重要目的之一，将个人发展与共和政治合一的教育追求已经过时了。在教育内容方面，古希腊哲学成为重要的教育内容，西塞罗著作的地位下降了，而柏拉图、亚里士多德的著作地位大大上升了。

在哲学的发展之外，该时期文艺复兴的另一项成就是艺术的繁盛，意大利文艺复兴时期的艺术真正进入了大师辈出的黄金时代。达·芬奇、米开朗

---

① [美]保罗·奥斯卡·克利斯特勒:《意大利文艺复兴时期八个哲学家》，117 页。

琪罗、拉斐尔、乔尔乔涅（Giorgione，1477—1510）和提香（Tiziano Vecellio，约1489—1576）等都是当时具有非凡艺术成就的大师，他们的艺术成就至今仍令世人景仰。当时的艺术成就表现在建筑、雕刻、绘画和艺术理论等方面，每个方面都成就斐然。这些艺术形式所表现的题材主要是宗教性的，认为文艺复兴产生了一种以世俗性为主的艺术，这是一种错误的看法。文艺复兴艺术首先是而且主要是一种宗教艺术。但这种宗教艺术却具有不同于中世纪的新内涵，"艺术家们给宗教的题材赋予一种富有人性味的、理想化的特质，一种把神变成人的崇高的想象，在这一点上，他们是独一无二的"①。在艺术中就像在整个文艺复兴运动中一样也有布克哈特所说的"人的发现"。拉斐尔、达·芬奇和提香的绘画都表现了关于人的新概念——温和、高尚、有尊严，人物的举止优雅、衣饰修整、性情沉稳。拉斐尔的《卡斯底格朗像》、达·芬奇的《蒙娜丽莎》都具有浓厚的人文精神。

艺术在其发展中也深受当时哲学发展的影响。艺术作品既反映当时的哲学发展现状，例如，拉斐尔的《雅典学派》以柏拉图和亚里士多德为主题来表现当时意大利思想领域里存在的柏拉图主义和亚里士多德主义的争论；同时艺术作品也体现了哲学思想本身，这说明艺术作品已具有深刻的思想内涵。如建筑学家们认为，一个建筑物的各部分必须像人体的各器官一样，既相互依赖，又联合成为整体。这种看法反映了柏拉图主义的影响，柏拉图主义认为：人体的完美的比例反映出某种宇宙的和谐。因此，当时的建筑学家们把人体的比例作为建筑物的标准，一个建筑物的所有细部以及一个建筑群的所有建筑物都应结合成在度量上互相关联的有机体。然而，提香的《神圣的爱和世俗的爱》（约作于1515年）则体现了柏拉图式的爱的观念：

　　裸体的维纳斯代表较高的原则；因为天堂的美，即永恒不变的美，

① ［英］G. R. 波特编：《新编剑桥世界近代史　第一卷　文艺复兴》，196 页。

是像真理一样赤裸裸的。而与她相对的另一个维纳斯，则具有人间的一切魅力，代表着可见、可触而且转瞬易逝的地上的美的原则。但是，这两种柏拉图式的美的形象概括地代表基督教的爱的两条意旨——爱上帝和爱你的邻人，二者加在一起，就成为基督教的最高品德："仁爱"。①

当时的许多作品表达了文艺复兴女性美的理想："一种崇高、尊贵和无限优雅的美，而如果没有新柏拉图主义者几乎像信仰般的对美的灵魂寓于美的身体的渴求，就不可能发展起来这样的美。"②这些艺术作品同哲学一样都表达出"人的高贵与尊严"这一主题。

经过艺术家们的努力，艺术的地位提高了，艺术不再像过去那样只是一种手工艺，而成为一种高雅的东西了；艺术家的社会地位也提高了，他们的才能受到了高度的尊重，这与15世纪形成了鲜明的对比。艺术家社会地位的提高使艺术在课程中的地位也得到了相应的提高，一些学者在其教育思想中明确将绘画、雕刻等列为正式的学习内容，而这在以前是不可想象的。

三、人文主义者社会地位的下降

自14世纪以来，人文主义者人才辈出，他们既是知识的占有者，又在政治事务中处于较高地位，可谓风头出尽。然而到了16世纪，人文主义者这一阶层的社会地位远不如往昔了，究其原因，大概有以下数端。

其一，印刷术的出现。人文主义者是古典文化的拥有者和传播者，人们要获得古典文化知识，就必须依赖这些学者。然而，古代经典著作的印刷本和编纂得很好的参考书和字典的流传，大大减少了人们和人文主义者交往的必要性。

---

① ［英］G．R．波特编：《新编剑桥世界近代史　第一卷　文艺复兴》，209页。
② ［英］G．R．波特编：《新编剑桥世界近代史　第一卷　文艺复兴》，209页。

其二，泥古不化使人文主义者自身受到了一定的损害。一些人文主义者教条地理解古典的东西，把它视作一切思想、行动的典范，置现实与时代需要于不顾，遂使人文主义学术失去了生命力。

其三，一些人文主义者品行上的缺陷也使得他们不受欢迎。自高自大、放荡不羁使人文主义者的整体形象大受影响。

> 在十五世纪里，巴蒂斯塔·曼托万诺在谈到七种怪物时，把人文主义者和许多其他的人一起，列在"傲慢鬼"项下。他描写他们怎样自认为了不起，是阿波罗的子孙，以一种矫揉造作的严肃姿态和绷着一副阴郁难看的脸子走路，有时顾影自怜，有时在盘算着他们所追求的哗众取宠，像仙鹤在觅食一样。但是，到了十六世纪，这种攻击就全面展开了……指责他们的内容包括愤怒、虚荣、固执、自我欣赏、放荡的私生活、各种各样的不道德行为以及异端和无神论；此外还有：信口开河的习惯、对国家的不良影响、卖弄学问的演说、对于师长的忘恩负义，以及对于初则使之受宠若惊继则使之忍饥挨饿的大人物的卑鄙的谄媚。①

人文主义者作为知识分子阶层，其固有的依附性加上当时动荡不定的社会状况也易使他们滋生这些让人看不起的品行。

其四，反宗教改革运动的影响。宗教改革运动兴起后，天主教势力随之兴起了反宗教改革运动，在加强天主教会内部自身革新的同时，也加强了对思想的控制。人文主义者以复兴、传播古典文化为己任，而古典文化中又多带有异端色彩，于是反宗教改革势力就给人文主义者加上了轻视宗教的罪名。教皇保罗二世还发动了对人文主义者的迫害，以打击人文主义思想中的异端成分。反宗教改革运动抑制了意大利人文主义的进一步发展，也使得人文主

---

① ［瑞士］雅各布·布克哈特：《意大利文艺复兴时期的文化》，272—273页。

义者的社会地位进一步下降了。

四、社会的持续动荡

1494 年是意大利文艺复兴时期社会状况的一个重要时间分界。1494 年以前是和平与繁荣的时期，尤其 1454—1494 年这四十年可视为意大利文艺复兴的鼎盛时期。1454 年佛罗伦萨和米兰之间经年不息的冲突结束了，签订了《洛迪和约》，从此时到 1494 年法国入侵意大利，

> 四十年来意大利统治者致力建设国内和平与秩序，并与邻国发展友好关系。与把各个国家团结在一起的共同利益比，它们之间的争执仅居次要地位。小规模的战事不足以对他们追求富裕和扶植艺术造成严重的障碍。虽然当时对意大利的商业优势的挑战已十分激烈，商人们仍有钱财用于绘画、图书和建筑，而王公贵族更以他们充任雇佣兵首领的收入，把他们的都城装扮成文艺复兴的艺术和学术中心。各个国家(指意大利内部各小国——引者)在它们还享有独立与和平的时候对人类文明作出的贡献，在十六世纪初结出了光辉灿烂的硕果。[①]

前面提到的意大利在 16 世纪初取得的那些哲学和艺术成就就属于"光辉灿烂的硕果"。

遗憾的是，战争和由战争引起的社会动荡却使意大利文艺复兴的发展失去了和平稳定的社会条件。意大利繁荣富庶，又是一个艺术宝库，然而它四分五裂，军事力量薄弱，易受国外列强的觊觎。然而，意大利统治者又有一个恶习，那就是当其内部各小国发生争端时，总是寻求法国的支持，希望由法国来出面解决其问题。这说明意大利已不能把握自己的命运，结果只能是

---

① [英]G.R.波特编：《新编剑桥世界近代史 第一卷 文艺复兴》，485 页。

引狼入室。1494 年法国国王查理八世(1483—1498 年在位)带军队入侵意大利,迫使佛罗伦萨和罗马降服,并于 1495 年占领那不勒斯。查理八世的继承者路易十二(1498—1515 年在位)又发动了三次侵略,一再攻伐米兰,在整个意大利境内到处挑起混战。到了 16 世纪初,当时欧洲的另一个强国西班牙也开始介入意大利国内事务。16 世纪 20 年代初,法国和西班牙争夺对米兰的控制权,将意大利北部地区拖入持续 30 年的战火之中,意大利成为欧洲两大列强逐鹿的战场,使意大利的独立遭到严重破坏。意大利不能抵御入侵的原因,不是其军事力量的弱小,而是造成意大利内部诸国四分五裂的极端地方主义,各小国之间各自为政,只关心自己的区域性利益而置他国、置整个意大利的利益于不顾。强敌的入侵使这种地方主义倾向更趋严重,意大利内部诸国设法在两强之间挑拨离间,坐收渔利,从而为自己谋取一定的生存空间。意大利内部诸国之间的畏惧和怀疑倾向也较过去的和平时期大为增强。

在这样一个君主专制的时代、一个四分五裂的战争时代,政治、战争、外交成为突出的首要的问题,教育问题及人们对教育问题的思考不能不打上时代的烙印。在一个战乱频仍的年代,君主应具有哪些素质才能使其国家免受战乱之苦?侍臣应具有哪些素质才能更好地辅佐君主?在一个尔虞我诈的年代,人文主义者崇尚的美德到底有多大的现实力量?美德能战胜厄运吗?能消弭战乱吗?人文主义者的教育理想能经得住乱世的考验吗?教育在乱世应有何作为?

卡斯底格朗、马基雅维利和萨多莱托等人的教育思想所应对和回答的就是上述问题。

第二节 16世纪意大利的人文主义教育实践

一、基础教育

16世纪，意大利城市富裕家庭的子弟都进入世俗学校学习。公立学校可以招收贫穷家庭的孩子。16世纪中期特兰特圣公会议（the Council of Trent）之后，世俗学校大量增加，教会学校逐渐式微。① 在1587—1588年的威尼斯，私立学校的学生占89%，教会学校的学生占7%，公立学校的学生只占4%。② 这种情况在当时意大利一些大城市的学校较为普遍。城市富裕阶层的子弟主要在私立学校学习。公立学校的教师在完成学校教学任务之外可以招收村、镇里的孩子。由于罗马是国际教堂的中心，其教育情况与其他城市有所不同。罗马有私立学校、公立学校和教会学校，但公立学校比威尼斯和佛罗伦萨更多，教会学校也比意大利其他城市多。

由教师和学生组成的私立学校以各种方式填补教育空白，一些私立教师在城市的学术生活中占有显要地位。普拉若（Stefano Plazon）从曼图亚附近的山村来到威尼斯，1520年开办了私立学校，并且在教学上取得了极大的成功，1528—1529年，他的学生中高年级学生有14~18名，低年级学生有150名，还有8名寄宿学生。低年级学生每年包括小费付4、5或6杜卡特不等，一共不低于600杜卡特，8名寄宿学生每年付40杜卡特甚至更多。除支付给其他教师工资和为他们提供食宿之外，他每年将会获得对教师而言一笔相当可观的收入。他撰写了一本《拉丁语法入门》，至少印刷了5次，还有一本《修辞学》，至少印刷过两次。他招收了许多有钱有势人家的孩子。1524年4月的一

① Thomas B. Duetshcer, "From Ciceor to Tasso: Humanism and the Education of the Novarese Parsih Cleergy (1565-1663)", *Renaissnace Quarterly*, 2002(3), p.1005.

② [英]保罗·F.格瑞德尔:《意大利文艺复兴时期的学校教育》，198页。

次公开学术活动中，他有 13 名贵族学生参加，第一个演讲了西塞罗的作品并加以解说，另外的学生讨论、辩论，背诵诗歌，将本民族语言散文译为拉丁语，这些年轻的学生给到会的父母、亲戚和朋友展示了自己的学问，使普拉若在当地的影响迅速扩大。

一部分私立学校教师也试着到乡村教书。1513 年，有一位教师到皮斯托亚北部的乡村建立了学校，教本民族语言的读写、基础拉丁文和商业数学，学字母的每月交 5 里拉，学阅读的每月交 7 里拉，学拉丁语和商业数学的每月加小费一共交 10 里拉。在很短的时间里，他收了 144 名学生，从 1513 年 6 月到 1514 年 8 月这短短 14 个月里他赚得 32 杜卡特和一箱子衣服。他还悲叹："假如我的每个学生都交清全部的学费，我估计应该有 50 杜卡特。"尽管如此，他还是已经赚取了足够的钱，买了农场，不再教书。

16 世纪商业数学学校已经遍布整个北意大利。开设应用学科的学校也逐渐将课程范围扩大了，在 1587 年的威尼斯，课本除了中世纪和文艺复兴时期的宗教和世俗文学、道德与逃避现实主义文学，还包括骑士文学，如阿里斯托奥（Ludovico Ariosto）的《疯狂的罗兰》（*Orlando Frioso*），但是没有 14 世纪文艺复兴的文学三杰——但丁、彼特拉克和薄伽丘的作品，他们认为但丁的《神曲》太深奥，他们更喜欢直率简单的方言作品；彼特拉克的《歌集》是富于想象力的爱情诗，但不是基于实践经验的道德智慧；薄伽丘的《十日谈》充满了许多不道德的故事，也不能作这一时期尤其是宗教改革时期的课本。①

16 世纪末，威尼斯有 89% 的学生就读于私立学校。② 当时米兰和佛罗伦萨的情况也是如此。城市里富裕阶层的孩子主要上私立学校。公立学校在完成教学任务之外可以招收来自村镇的孩子。罗马作为国际教堂的行政中心，公立学校比威尼斯、佛罗伦萨、米兰多，教会学校也比意大利其他城市多。

---

① ［英］保罗·F. 格瑞德尔：《意大利文艺复兴时期的学校教育》，53 页。
② ［英］保罗·F. 格瑞德尔：《意大利文艺复兴时期的学校教育》，198 页。

16 世纪意大利宗教改革后，教会重新重视教育，开始建立教会学校，一些个人或团体还举办了慈善性质的基督教义学校，在周日和假日教育出身贫寒的孩子。1548 年耶稣会在墨西那和西西里分别建立了当地的第一所中等学校。在此之后，教会在意大利建立了上千所学校，在一定程度上解决了许多贫穷孩子的上学问题。16 世纪教会学校和公立学校一样只开设基础学科，聘请人文主义者在教会学校任教。①

二、高等教育

文艺复兴时期的意大利大学开设了多种人文学科，以及逻辑学、医学、法学、自然哲学、神学和数学等科目。引入人文学科是文艺复兴时期意大利大学最重要的革新。绝大部分大学都开设人文学科。当时意大利大学开设的课程大致可分为人文学科、职业学科和自然学科。

文艺复兴时期意大利大学的人文学科包括语法、修辞、历史和道德哲学等，还要阅读、翻译重要的拉丁语著作和少量的希腊语著作。② 意大利人文主义者认为语法是正确读写的知识，是所有知识的起源和基础。修辞学是人文主义者学习的目标，人文主义者将其置于人文学科的首要地位。历史学是文艺复兴时期意大利大学最具开创性的课程，人文主义教育家非常重视历史学，于是历史学开始在人文学科中占有了一席之地。③ 文艺复兴时期道德哲学在意大利大学中并无地位，只是在 15 世纪的佛罗伦萨大学和 16 世纪末的帕多瓦大学有所发展。

文艺复兴时期，意大利大学中教授的职业学科有法学、神学和医学。文艺复兴时期城市国家的发展需要大批具有法律知识的管理者、法官，对于法

---

① Thomas B. Duetshcer, "From Ciceor to Tasso: Humanism and the Education of the Nova-rese Parsih Cleergy (1565—1663)", *Renaissnace Quarterly*, 2002(3), p.1005.

② [英]丹尼斯·哈伊：《意大利文艺复兴的历史背景》，135 页。

③ [英]保罗·F.格瑞德尔：《意大利文艺复兴时期的学校教育》，255—256 页。

律学位的需求越来越大，法学在高等教育占有重要的地位。文艺复兴时期意大利大学的法律教学有了很大变化，教会法逐渐衰落，民法日趋重要，还增加了刑法和法律诉讼的教职。帕多瓦大学和博洛尼亚大学的法学教育在意大利具有领先地位。帕多瓦大学在 15 世纪初有 12 位法学教授，民法教授比教会法学教授略多。15 世纪末，威尼斯政府扩大了帕多瓦大学法学院的规模，有更多法学教授来到帕多瓦大学任教。16 世纪的前十年，帕多瓦大学有 25 名法学教授，民法学教授有 15 位，教会法学教授有 10 位。1540 年，帕多瓦大学的法学教育做了一些变革。一是更为注重实用性法律，以设立刑法教职为代表。1540 年 12 月威尼斯政府在帕多瓦大学设立刑法假期教职，这个教职的薪资较为丰厚。刑法成为大学设立的独立学科是 16 世纪意大利大学最重要的革新之一。二是帕多瓦大学削减了很多教会法教职。1543—1544 年，帕多瓦大学有 11 位教会法学教授、15 位民法学教授，到 1545—1546 年，帕多瓦大学教会法学教授只有 5 位，民法学教授却有 21 位了。[1] 博洛尼亚大学在意大利和欧洲最早设立刑法教职，但数量很少。1509—1510 学年首次设立刑法教职，1536—1537 学年到 1593—1594 学年只有 1 名刑法教授，1594—1595 学年开始有两名刑法教授。1500—1525 学年，博洛尼亚大学民法学教授有 24 位，教会法教授有 20 位，到 1576—1577 学年，民法学教授有 20 位，教会法教授有 11 位。[2] 16 世纪意大利的博洛尼亚大学、帕多瓦大学、比萨大学、费拉拉大学、佩鲁贾大学、都灵大学、罗马大学、帕维亚大学都设立了刑法教职。[3]

　　15 世纪末到 16 世纪初，意大利大学的医学研究和教育也有所革新。一些"医学人文主义者"在古代医学文本上批判地运用人文主义的哲学和意识形态，开始重视解剖学。中世纪晚期，意大利大学开始出现"人体解剖学"，13 世纪

---

① 　[英]保罗·F. 格瑞德尔：《文艺复兴时期意大利的大学》，398—401 页。
② 　[英]保罗·F. 格瑞德尔：《文艺复兴时期意大利的大学》，447—455 页。
③ 　[英]J. 戴维斯：《文艺复兴早期的佛罗伦萨及其大学》，117—118 页，1998。

末 14 世纪初，意大利大学全面展开解剖学教学，14 世纪末和 15 世纪初的佛罗伦萨大学、博洛尼亚大学、帕多瓦大学等大学规定解剖应该在学生出席的情况下进行。近代解剖学奠基人比利时医学家安得烈·维萨留斯（Andreas Vesalius，1515—1564）于 1537—1542 年担任帕多瓦大学外科学和解剖学的教授。1543 年，维萨留斯出版《人体构造论》，这部著作否定了神学关于人体构造的神秘观点，推翻了人体血液从右心室通过室壁流入左心室的错误结论。维萨留斯证明了心脏的中隔是由很厚的肌肉组成的，血液无法透过中隔。[1]

维萨留斯作为医学人文主义者，是西方医学界挑战神学的先驱，他的人体解剖理论否定了统治西方医学界长达一千四百年之久（自 2 世纪到 16 世纪）的"盖伦学说"，让教会恐慌不已。[2]虽然这一时期意大利的医学教育有所改变，但医学课程新增的教职没有取代原来的教职，古代和中世纪的文本仍然是医学课程的核心教材。但是医学讲座会采取批判的态度，医学教授会从解剖、临床观察、医学植物学中获取资料，根据医学文本是否忠于希腊原文和信息的精确来评判其优劣，如有必要还会批判"盖伦学说"。

文艺复兴时期意大利大学在自然学科方面的代表是数学。数学传承于中世纪大学结合在一起的数学、天文学和星象学。15 世纪数学主要服务于天文学和星象学，学科名称为"天文学、星象学及数学"。15 世纪末之后其中数学的内容有很大的变化，代数和几何的内容大幅增长，并且有了新的实际应用，天文学有了突破性进展，星象学的重要性降低很多。于是学科的名称在 16 世纪末改称为"数学"，天文学成为独立的学科，星象学从学科名称中消失了。15 世纪中晚期古希腊数学教材开始复兴，15 世纪末重新发现了几乎所有的古希腊数学教材。16 世纪后半叶，人文主义数学家将古希腊数学教材翻译成拉

---

① 陈小川、郭振铎等：《文艺复兴史纲》，451 页，北京，中国人民大学出版社，1986。

② 陈小川、郭振铎等：《文艺复兴史纲》，452 页。

丁语，并在译著中撰写评注或将古希腊数学教材内容融入自己的著作中。① 文艺复兴时期的自然学科比人文学科地位还低一些，但也为后来欧洲自然学科的发展奠定了基础。

16世纪意大利最大的并且著名的不完整大学是耶稣会在1551年建立的罗马学院（Collegio Romano），这所学院是天主教非常重要的高级学术机构。学院教授语法、修辞、希腊语、逻辑学、自然哲学、数学、天文学和神学等课程。1556年，教皇保罗四世授予耶稣会会员颁发文科及神学博士学位的权力，但这也不能使罗马学院成为完整的大学，原因在于罗马学院缺乏意大利大学所必需的完整课程，学院不教授法学和医学，也不授予法学和医学的博士学位。②

第三节　卡斯底格朗的人文主义教育思想

卡斯底格朗的教育思想是以16世纪初意大利君主时代为社会背景的，其教育思想的社会基础、文化背景和价值取向已与城市（市民）人文主义者大相径庭了。

卡斯底格朗1478年12月6日出生于意大利曼图亚附近的一个富贵之家，其母是贡查加家族的成员。卡斯底格朗因此与曼图亚宫廷有亲缘关系，故常常造访曼图亚宫廷，并因此对文艺复兴时期的宫廷生活有了切身的感受。卡斯底格朗青少年时代受过良好的人文主义教育，文学、艺术、军事无所不通，这为他以后的宫廷生涯奠定了基础。

1499年10月卡斯底格朗进入曼图亚宫廷，为曼图亚侯爵服务。1504年9

---

① ［英］保罗·F.格瑞德尔：《文艺复兴时期意大利的大学》，406—410页。

② ［英］保罗·F.格瑞德尔：《文艺复兴时期意大利的大学》，137—140页。

月进入乌尔比诺宫廷为乌尔比诺公爵服务。1506 年因外交事务而出访伦敦。在 16 世纪初复杂的政治军事纷争中，乌尔比诺于 1516 年被教皇列奥十世所吞并，乌尔比诺遂被纳入教廷的势力范围。1519 年卡斯底格朗作为曼图亚的外交使节常驻罗马。1524 年教皇克莱门七世任命卡斯底格朗为教廷在西班牙的使节，处理教廷与当时欧洲列强之一——西班牙之间的外交事务。1527 年罗马遭受大劫掠，卡斯底格朗的精神受到很大打击，郁郁寡欢，1529 年于西班牙托莱多抑郁而死，时年 51 岁。西班牙国王知悉他的死讯后，不胜惋惜，哀叹："我们这个时代最完美的绅士离我们而去了。"

卡斯底格朗很熟悉意大利君主时代的宫廷生活和外交事务，他的重要著作《宫廷人物》就是以此为背景写就的。君主的宫廷是当时社会生活的中心，政治、外交、军事、艺术、文学等都围绕宫廷而进行。宫廷是当时社会文明的缩影，是时代文化的典型表现。所谓的"宫廷人物"有两种不同的含义，一种是广义的，指出入宫廷、常在宫廷出现的人物，包括君主、朝臣、外交使节、主教、学者、艺术家、军人在内的各色人等。卡斯底格朗曾在米兰宫廷待过一段时日，米兰宫廷的情况颇能说明当时意大利宫廷的一般状况。历史学家这样描绘米兰宫廷及其宫廷人物：

> 在米兰宫廷，文艺复兴时代生活的每个方面都得到了表现。宫廷人物之中，有画家、建筑家、雕塑家、音乐家、学者和军人，他们都是自己专业领域中的能手，又各以自己的工作使宫廷生活大放光彩。在盛世佳节的假面舞会、竞技比武和宴会聚会上，在宫廷闲暇时刻的各种简易文娱节目中，他们全都各显其能。关于文学和艺术问题的讨论，即席引吭高歌并以七弦琴伴奏，各类游戏和恶作剧，各种消遣不一而足。[1]

---

[1] ［英］G．R．波特编：《新编剑桥世界近代史 第一卷 文艺复兴》，501 页。

可见，正是宫廷人物使宫廷成为时代文明的中心。卡斯底格朗在《宫廷人物》中所讲的"宫廷人物"（courtier）是狭义的，指辅佐君主处理政治、军事和外交事务的高级官吏，其地位类似中国封建时代的朝廷重臣，故也有人将 courtier 译为"朝臣"或"侍臣"。朝臣重任在肩，其角色较画家、音乐家、学者等多了许多肃穆的色彩。

朝臣是君主时代一种重要的社会角色，卡斯底格朗本人便是一位出色的朝臣，他对教育思想的贡献主要就表现在他描绘出了理想的侍臣形象，集中表现了这一时代的"主要伦理和社会思想"，

> 由于学习变得日益迂腐，并陷入脱离实际生活的危险之中，教育思想的重点，也逐渐从学术的成就转到绅士风度的培养上来。当时明智的人所需要的教育，与其说是造就一些可能在其专业上侥幸能自立的学者，毋宁说是培养一群以学问装饰起来的、精明能干的绅士。

朝臣形象实际上就是理想的绅士形象。卡斯底格朗所描绘的朝臣形象并不只局限于朝臣，而具有普遍的价值，这一形象对整个西方教育都产生了深刻的影响，正如一位教育史家所说：

> 卡斯底格朗决非一位富于创造性的艺术家，他真正的功绩——这确实是一个伟大的功绩——在于，他发现了存在乌尔比诺的宫廷中的有才干的人的典型，并对其精神实质进行了非常深入的研究。因此，他可以用他那纯朴自然的艺术技巧，把这一典型完美地描绘出来……通过"用文字来塑造这种朝臣"，他提出了一种不受时间和空间限制的新理想，这一新理想后来成为欧洲教育共同遗产中的一部分。①

---

① ［英］博伊德、［英］金：《西方教育史》，209—211 页。

培养公民与培养朝臣，两种教育理想显然是不同的，从政治的角度看，这似乎是由共和制向君主制的倒退，但从文化和教育的角度看，就不能认为这是倒退。历史学家指出：

> 与早期人文主义教育的公民性质大大不同，"侍臣"的新概念显然是向贵族阶级的标准的倒退。然而，依照卡斯蒂廖内（即卡斯底格朗）的设想，"侍臣"都是文艺复兴的"一般人"；在实质上，侍臣的这种概念并不是从中世纪骑士制度的土壤中生长起来的，而是脱胎于以锻炼身心并鼓励雄心和一切适合人类天性的高贵感情为基础的培养完人的人文主义者教育纲领。①

《宫廷人物》的框架于 1508 年就已拟定，之后的写作状态是断断续续的，直到 1516 年才写就，但并未马上出版，直到 1528 年《宫廷人物》才于意大利正式出版。《宫廷人物》是用意大利文写的，出版后大受欢迎，1538 年被译成法文发行，1540 年被译成西班牙文发行，1561 年被译为英文发行，同时也出现了拉丁语的译本。《宫廷人物》成为"16 世纪最流行的书籍之一"②。

《宫廷人物》的内容与书名并不完全相符，全书共包括 5 个部分，只有第一、第二部分是专门论述朝臣即宫廷人物的；第三部分讨论淑女（gentle woman）即宫廷贵妇应具备哪些素养；第四、第五部分是关于君主的，主要讨论君主如何治国、治国需要怎样的智慧和技巧等问题。但从内容上看，第三、第四、第五部分都与朝臣或宫廷人物有关联。

---

① ［英］G. R. 波特编：《新编剑桥世界近代史 第一卷 文艺复兴》，103 页。
② ［英］昆廷·斯金纳：《现代政治思想的基础》，122 页。

二、论朝臣的地位与作用

朝臣与君主、宫廷相伴而生，是君主制的产物。文艺复兴时期的意大利诸国，其政治体制是复杂多样的，既有君主政治，也有寡头政治，还有共和政治，卡斯底格朗赞同君主制。这也是当时许多人的想法，认为只有贤明的君主才是强有力的，才能挽救意大利四分五裂的颓势。马基雅维利甚至视君主为意大利的救星，尽管他骨子里崇尚共和制。可见加强君权是当时的时代需要，是进步的，也是与欧洲其他主要国家如英国、法国、西班牙等国的做法相一致的。

卡斯底格朗认为，君权的正当性源于上帝，上帝使大众有其统治者。但同时君主有不可推卸的责任，君主应采用合适的手段治理国家，使国家安定和繁荣。暴乱源于恶政。宫廷侍臣的作用就是辅佐君主，为其出谋划策，助其完成大业。卡斯底格朗明确地说："指导和劝告君主向善，使其远离邪恶。使君主知晓何者为善，何者为劣，使其热爱行善而痛恨作恶，这是朝臣所要达到的真正目的。"①朝臣通过努力和智慧，逐渐使君主具备主要的美德，并使君主在处理各种事务时更具有信心。朝臣应了解君主的性情和气质，应具有渊博的知识，应谨慎地对君主施加影响。卡斯底格朗认为宫廷侍臣是君主的教师，宫廷侍臣与君主的关系应如亚里士多德与亚历山大的关系一样，"我们可以说朝臣的最终目的是成为君主的教师"②。

朝臣不是不分是非只求荣禄的仆从，朝臣自有朝臣的尊严。卡斯底格朗说，如果朝臣所服务的君主不分是非，朝臣就应离他而去，不为其服务。朝臣的真正目的是千方百计使君主获得更高的声誉、更多的利益，这也涉及宫廷侍臣的声誉，助贤明之君行善事是宫廷侍臣的光荣，而助邪恶之君行恶事，

---

① William Harrison Woodward, *Studies in Education during the Age of the Renaissance*, p.253.

② James Bowen. *A History of Western Education*, Volume Two, p.250 .

则有损朝臣的尊严和声誉。因此，朝臣应事贤君而非恶主。

《宫廷人物》是对话体的，在表现形式上类似柏拉图的《理想国》，在价值追求方面也追随柏拉图，"如同存在完美的国家(理想国)理念、完美的国王理念和完美的演说家理念一样，也存在着完美的朝臣理念"①。现实中的朝臣应体现出完美的朝臣理念所包含的内容。朝臣越完美，越有利于完成其辅佐君主的使命。马基雅维利认为，完美的朝臣无所不能，除了运气之外(不能靠血缘成为君主)，一切方面皆比君主优秀，朝臣是君主的教师，他首先自己必须是完美的君主。布克哈特说得好，君主和宫廷的出现，其意义似乎只在于为朝臣提供一个展现其德才的舞台。② 好像君主和宫廷只是朝臣的背景，朝臣才是历史的主角。

一个显而易见的问题是：朝臣的完美会不会使君主相形见绌？有了完美的朝臣是否会把君主架空？此时还要君主何用？有人就提出了类似的批评。这样就使得朝臣与君主的关系比较微妙，使这种关系不致被颠覆的条件便是朝臣对君主的忠诚。忠诚是朝臣所应具备的重要美德，就如中世纪骑士忠诚于领主那样。

马基雅维利在《君主论》第 22 章中专论朝臣问题，他认为君主应明智地择取良臣，良臣的标准有二：一是有能力，二是对君主忠诚。马基雅维利十分强调"忠诚"这一品质，认为它是维系良好君臣关系的关键。马基雅维利还提出了处理君臣关系的具体建议，他说：

> 一位君主怎样能够识别一位大臣，这里有一条屡试不爽的方法：如果你察觉该大臣想着自己甚于想及你，并且在他的一切行动中追求他自

---

① G. H. Bantock, *Studies in the History of Educational Theory*, Volume I, George Allen & Unwin Ltd., p.75.

② William Harrison Woodward, *Studies in Education during the Age of the Renaissance*, p.254.

己的利益，那么这样一个人就绝不是一个好的大臣，你绝不能信赖他；因为国家操在他的手中，他就不应该想着他自己，而应该只想着君主，并且绝不想及同君主无关的事情。另一方面，为了使大臣保持忠贞不渝，君主必须常常想着大臣，尊敬他，使他富贵，使他感恩戴德，让他分享荣誉，分担职责；使得他知道如果没有自己，他就站不住，而且他已有许多荣誉使他更无所求，他已有许多财富使他不想更有所得，而且他已负重任使他害怕更迭。因此，当大臣们以及君主和大臣们的关系是处于这样一种情况的时候，他们彼此之间就能够诚信相孚；如果不如此，其结果对此对彼都总是有损的。①

这段话可为卡斯底格朗的思想做进一步的说明。

三、论朝臣的素养

完美的朝臣所展示的，实际上就是文艺复兴时代的完美绅士(complete gentleman)形象，这种完美的绅士应具备哪些条件呢？

朝臣首先要有一个好的出身。卡斯底格朗的这种看法并不是看重血缘对一个人前途的影响，他是从教育的角度看出身问题的，家庭经济文化条件好，相对而言会比贫困、愚昧的家庭给孩子提供更好的发展条件和外部影响。

朝臣应擅长战争艺术和各种体育活动。朝臣不是职业军人，整日拼拼杀杀的军人生涯对人的发展有诸多限制，朝臣则不受这种职业的限制。尽管朝臣擅长战争艺术，但他们几乎不谈论战争，也不炫耀自己的军事技能，尤其在女士面前更是如此，因为夸夸其谈、四处炫耀对朝臣而言有失体面。朝臣从外表看文静儒雅，但内心勇敢坚强，随时准备承担战争风险，为国奔赴沙

---

① ［意］尼科洛·马基雅维利：《君主论》，潘汉典译，111 页，北京，商务印书馆，1985。引用时有改动。

场。朝臣也精通各种体育活动。卡斯底格朗认为，朝臣所从事的各种身体运动也应与其身份相符，朝臣不是职业运动员，一些搏击类的运动项目和需要奇怪技巧的运动项目都不适合朝臣，因为它们不够优雅。狩猎、骑马、游泳、网球、马上比武、跳跃、使用长矛和短棒等都是适于朝臣的运动。跳舞也对身体有益。朝臣应对这些项目精湛纯熟，风度轻松优雅，无人堪比。至于棋类是否为一种休闲活动，卡斯底格朗持怀疑态度，因为棋类活动会占去太多的时间和精力。

朝臣应具有学者的智慧。卡斯底格朗批评法国宫廷中的朝臣重武轻文，如同中世纪的骑士。他要求朝臣文武并重。朝臣应懂拉丁语和古希腊语，熟知古代诗人、演说家和历史学家的著作。朝臣应知晓写作技巧，能赋诗作文，尤其应具备使用本民族语言写作的能力。朝臣虽非学者，但卡斯底格朗要求朝臣在学识上应不亚于一个中等水平的学者。可见，朝臣并非一介武夫，而是文武兼备之才。意大利人文主义者彼埃特罗·本波认为，学问和武艺相比，前者高于后者，因为人的精神贵于肉体。卡斯底格朗则认为对一个完美的朝臣而言二者是同等重要的。

朝臣应具有良好的艺术修养。音乐可调剂人的身心，使人从劳累和困扰中解脱出来。卡斯底格朗举例说明音乐的重要性：苏格拉底年事已高还学习音乐，柏拉图和亚里士多德把音乐纳入教育内容，亚历山大大帝酷爱音乐等。卡斯底格朗认为："可以确定的是，不能从音乐中获得乐趣的人，其心灵世界是不和谐的。"①卡斯底格朗认为，绘画、雕刻也非常重要，不能把二者视为职业性的东西而认为它们不适宜于绅士。绘画、雕刻应成为教育的重要内容，它们对人的精神陶冶大有助益，使人领略、欣赏自然之美和艺术之美。不仅如此，它们还具有较高的实用价值。美术方面的训练能使朝臣学会绘制地图，从而应用于战争或旅行，也可使朝臣对一个国家的地势地形有正确的认识。

---

① G. H. Bantock, *Studies in the History of Educational Theory*, Volume Ⅰ, p.87.

　　朝臣的谈吐应高雅机智，超凡脱俗，使他人能从其言辞举止中感到朝臣的尊严。说话时语音应清晰流畅，顿挫抑扬有致，语调不要又快又尖。说话时人的举止也应与所谈的内容相协调。朝臣还应知道怎样去倾听他人讲话，怎样反驳他人的意见。

　　朝臣应能言善辩，但仅仅能言善辩还不够，卡斯底格朗对此还提出了道德方面的要求。朝臣不应喋喋不休，不应将自己的观点强加于人，在交谈时不适宜模仿他人，不应在背后说人坏话，不应养成谄媚之陋习。即便对君主也不应讲谄言媚语，对君主的忠诚应体现在为君主的切身利益考虑，而非博其一时一刻之欢心。卡斯底格朗对朝臣的讲话方式还提出了一些技术方面的要求，如应较好地控制笑声，应根据对象选择适宜的谈话主题和内容，在讲话时应注意机智和技巧等。卡斯底格朗认为在一定的限度内运用幽默、反语、戏谑等技巧可增强讲话的感染力。讲话中的"机智"在当时是一个颇受关注的问题，例如，庞达诺对之既做了理论上的分析，又对其在上流社会尤其是宫廷中的实际应用做了一些明确的规定，如他劝告人们对不幸的人或强有力的人都不要使用笑谑，因为这样做会使不幸者受辱从而使讲话人受其嫉恨，会使有权有势者认为对其不敬从而使谈话者结怨于权贵。卡斯底格朗在《宫廷人物》中教导人们应该怎样在有地位的人中间运用机智，机智的主要作用自然是用一些可笑的或优美的故事和谚语使在场的人快活起来；相反地，拿个人来开玩笑是不应该给予鼓励的，理由是它使不幸的人们受到伤害，使加害于人的人扬扬自得，而且会结怨于他人；即使在复述的时候，也建议那位复述的绅士要尽量少用表演式的动作。他接着收集了大量的俏皮话和嘲讽的语言，并按照种类把它们系统地排列起来，这不仅仅是为了供人们引用，而且是为未来的滑稽作家提供典范，其中有一些表达方式是很优美的。①

　　讲话中的机智若无严肃的道德作指导必定会走上歧路，机智就会成为诽

---

　　① ［瑞士］雅各布·布克哈特：《意大利文艺复兴时期的文化》，156页。

谤、中伤他人的利器。卡斯底格朗对朝臣的讲话予以道德的规范是有其用意的，"事实上，意大利已经成了一所诽谤中伤的学校，和它同样的学校在世界上是找不到的"，不仅朝臣之间互相嫉恨，互相中伤，而且社会还"培养出一伙恶毒而又无能的机智嘲讽者，生来就是批评家和奚落人的人"，这些人无名人之才却有妒忌名人之心，于是恶语中伤诋毁名人就成了家常便饭。不仅是一般的人，就连教皇也成为人们嘲讽的对象。① 这些遍布于全意大利的讽刺并不都是错的，但也肯定并不都是对的。卡斯底格朗的目的无非是要求朝臣将讽刺才能用于正途而非邪道。

朝臣在衣饰方面也应留心。虽说依意大利当时的风尚，衣饰无定规，由各人依其所好而定，他人也不会干涉，但卡斯底格朗认为朝臣的衣饰应与其言谈举止相协调，应充分体现出其自尊和身份。朝臣着黑色衣饰比较合宜，其次是其他深色的衣饰，因为黑色和其他深色显得庄重肃穆。

朝臣辅佐君主乃世俗事务，但卡斯底格朗认为朝臣不应被紧紧束缚于尘世之中，完美无缺的朝臣不仅关心尘世生活，还应有一个精神家园，灵魂有归宿，人生有信仰。卡斯底格朗在柏拉图的理念世界中找到了人生终极问题的解决办法，朝臣应体会和热爱天国之美即理念世界的美好，卡斯底格朗认为，天国之美"是其他一切美的本源，其美决不增，亦不减，永远宏伟壮丽。其美之本身，如同这一面与另一面一样，最完整仅如同天国自身，它不与其他事物分享美，但正是它之美，其他一切事物方显其美，因为它们共享有天国之美"②。

这种对天国或理念世界的爱使人远离烦忧，给人带来幸福无比的满足感，因而应成为朝臣最重要的品质之一。卡斯底格朗进而分析了这种爱的性质，他认为这种爱产生于体验、享受天国之美的愿望，天国之美与伦理之善相联

① ［瑞士］雅各布·布克哈特：《意大利文艺复兴时期的文化》，157—159 页。
② ［英］博伊德、［英］金：《西方教育史》，209—211 页。

系，它源于人精神的沉思而非感官的体验。人从对一种事物之美的爱扩展到对一切事物之美的爱，但此种爱尚不完美，由爱一物至爱万物再至爱上帝，达到天人合一之境时，方为最完美之爱，此时人的灵魂会有极乐的体验，会与最高存在物——上帝融而为一，人会进入心醉神迷的状态。

总之，朝臣生活于俗世，服务于世俗君主，拥有许多世俗的本领，但朝臣绝非俗物，他能超脱于尘世的不足，有着很高的精神境界。

四、论自然与人文

朝臣是天生的还是后天造就的？卡斯底格朗强调朝臣应有一个好的出身，他认为朝臣多出于富贵之家，一个重要原因是富贵之家的子弟会有较高的天赋。他认为同种瓜得瓜种豆得豆一样，大自然赋予万物以发展生长的潜能和种子，万物的生命与发展不能超出潜能所界定的范围，如同猪不能变为狗，狗不能变为马一样，不具备天赋者难以成长为完美的朝臣。这颇有些龙生龙、凤生凤的意味。但卡斯底格朗同时又认为，并不只是高贵子弟有高的天赋，贫贱子弟中也不乏较高天赋者，而且即便是天赋不佳者亦可通过后天的努力在很大程度上克服先天之不足。总之，卡斯底格朗看重先天因素的作用，但他更看重后天的教育力量对人的发展的影响。他所设想的完美的朝臣不是天生的，而是社会文化和教育的产物，是时代文明的体现。可以说，在朝臣的多方面才能中，既有先天自然的成分，也有后天人为的成分。

"优雅"（grace）是卡斯底格朗教育理论中的核心概念，朝臣的一切表现都应是优雅的。优雅的内核被称作"sprezzatura"，意即"不费力""不做作"（effortlessness），这个词是理解《宫廷人物》全书和朝臣为官处世之术的关键，它要求朝臣言谈举止的优雅表现都不应是费力勉强表现出来的，而应是一种不经意、不费力、自然而然的流露，如同天生就是如此，无须任何雕饰，已达自由之境，无任何外在约束，但随心所欲却不逾矩。最高的艺术就是看不出它是艺术，它将人为的因素全隐藏于后，如同自然而出，全无人工的修饰。不做作、娴熟(facility)和自发(spontaneity)就是对朝臣这种精妙的为仕处世之术的概括。这几个方面都可概括为"自然"(naturalness)。然而这一"自然"不同于天生之"自然"，后者是指人生而具有的、赖以生存和发展的一些生理和心理素质，而前者是指以先天"自然"为基础，经后天努力而达到的某种随心所欲不逾矩的境界。

作为一个人文主义者，卡斯底格朗深知人类文明和文化对个人发展的意义，因而他追求的"自然"实为社会文明在个人身上某种集中的、高度的、完美的体现，使社会文化因素化为人的血肉，布乎四体，形乎动静，俨然天成。他似乎在追求一种朴素的深刻、一种外表简朴而内在深邃的人生状态，实则追求一种教育的化境。大智若愚，大象无形，朝臣的智慧、才能、风度不是为了示人，他已经摆脱了低级趣味而达于自然、纯粹之境。由此可见，卡斯底格朗的"自然"是一种人化的自然，是高度教育、高级文明的产物，他力欲使朝臣更多、更好地接受社会文明的精华。

总之，卡斯底格朗是想通过后天人为之力量，将先天之自然推向文明的极致而达到文明陶冶后的化境——后天之自然，使一个有高级教养的人俨然一个生就如此的人，使后天教育之花结出最为甜蜜的硕果。他的教育情怀的确是高远博大的。

虽然《宫廷人物》写作、流行于君主制时代，但它表达的却是培养完人的人文主义教育思想，这从一个角度说明君主制与人文主义并非水火不容，君主制也需要人文主义，实际上君主制还保护、促进了人文主义，尤其是艺术的发展更是受惠于君主甚多。由于《宫廷人物》行世时，欧洲已全面进入君主制时代，《宫廷人物》恰逢其时，于是在整个欧洲流传甚广，影响甚大。更重要的是，卡斯底格朗所描绘的朝臣理想可适用于一切人，因而《宫廷人物》对一切追求完美的人都具吸引力，这也是其当时颇受欢迎的重要原因，如同教育史家所指出的：“《宫廷人物》之所以受到欢迎，只有通过以下这一事实才能得到解释，那就是卡斯底格朗的朝臣的基本属性，不是一个个别阶段或特殊的社会集团的属性，而是由一个伟大时代所显示出来的所有最大可能的人类的属性。”①

然而，问题在于，朝臣所具有的优秀品质是否能够经受当时意大利复杂多变的政治风云的考验？卡斯底格朗的思想中是否会有太多的理想或空想成分？

也许马基雅维利可以令人信服地回答这些问题。

第四节　马基雅维利的人文主义教育思想

马基雅维利毕生所关注的是军事、外交等政治事务，并不关注教育，亦无教育方面的著述，然而研究意大利人文主义教育思想却不能避开他、绕过他，因为他以冷峻的现实主义精神对 14、15 世纪以来的意大利人文主义教育理想进行了深刻的反思，对教育与政治、道德与政治的关系进行了令人耳目一新的探索。在他面前，意大利人文主义教育家们关于通过教育培养具有美德的完人以变革社会的理想显得苍白乏力。

一、生平

马基雅维利 1469 年 5 月 3 日出生于佛罗伦萨，1527 年 6 月 22 日去世，享年 58 岁。从出生、成长直到他开始参加政治活动的这段时间，佛罗伦萨政治安定，处于文艺复兴的黄金时代，而马基雅维利的后半生则处在法国和西班牙等国在意大利角逐的战争时期。

---

① ［英］博伊德、［英］金：《西方教育史》，214 页。

马基雅维利的祖辈是佛罗伦萨贵族，其父是一名律师，爱好古典文化，对马基雅维利的教育非常关心，不惜支付昂贵的学费让马基雅维利师从名师接受良好的人文主义训练。这一切为其将来投身于政治外交活动准备了良好的条件。

1494 年美第奇家族在佛罗伦萨的统治被推翻，佛罗伦萨共和国重建。大约在 1495 年或 1496 年，马基雅维利开始在共和国政府任职，一直到 1512 年佛罗伦萨共和国覆灭。马基雅维利主要负责处理军事和外交事务，在战争时期，负责军事组织等工作。但他的主要工作是作为政府代表出访国外和意大利各城邦，从 30 岁开始先后出访近 30 次，到过法国、瑞士、德意志各国和意大利各城邦国家，在这期间他写过许多有关这些国家情况的报告，并将其发回佛罗伦萨以供政府决策参考。频繁的外交活动使马基雅维利对欧洲各国和意大利各城邦的社会政治现实有了充分的了解，为其日后撰写政治学、历史学著作奠定了现实基础。

1512 年在西班牙武力的支持下，美第奇家族卷土重来，重新掌握了佛罗伦萨的统治权，佛罗伦萨共和国终结。同年，马基雅维利被罢免了一切职务，次年 2 月被捕入狱，在朋友的营救下，于 3 月出狱。出狱后，他成为村夫，到乡下过着贫苦的农民生活，白天劳动，晚上读书写作，生活清贫而充实。马基雅维利 1513 年写出《君主论》，1515 年以后将之修改定稿；1518 年创作了戏剧《曼陀罗》；约在 1520 年写毕《兵法》并于当年出版；1520 年开始写作《佛罗伦萨史》，并于 1525 年完成，这是其最后一部著作。马基雅维利的这些著作奠定了其作为政治思想家、历史学家的地位。

1520 年年底马基雅维利被起用，佛罗伦萨大学委托他撰写前文所述的《佛罗伦萨史》。1526 年他受教皇克莱门七世任命，负责加强佛罗伦萨的城防工作。1527 年 5 月 8 日西班牙和德国军队进行了"罗马大劫掠"，这是意大利文艺复兴终结的标志。逢此动乱时期，佛罗伦萨人乘机起义，再次推翻了美第奇家族的统治，恢复共和国。马基雅维利希望复官，但未能如愿。

马基雅维利最著名的著作是《君主论》，也正是在这部著作中，马基雅维利对人文主义的一些教育理念提出了挑战。但也应同时看到，他在其理论中对人文主义亦有许多继承之处。

二、对人文主义精神的继承

君主时代的来临是否意味着人文主义和人文主义教育有了一个急剧的转向呢？并非如此，实际上君主时代的人文主义者从15世纪的市民人文主义者那里汲取了许多东西，马基雅维利也不例外。这种继承关系主要表现在以下三个方面。

其一，君主应当是具有优秀品质的人，其抱负应是尽可能为自己赢得名誉、光荣和声望。这种理念与15世纪人文主义者对完人理想的追求、对声誉的追求是一致的。

马基雅维利在《君主论》第21章专门讨论了君主应该如何获得声誉这一主题。他认为，赢得声誉是君主的毕生追求，而要获得声誉必须建功立业，"世上没有任何事情比得上伟大的事业和做出卓越的范例，能够使君主赢得人们更大的尊敬"，他把西班牙国王费迪南德（Ferdinado di Aragona，1452—1516）视为值得仿效的当代统治者，说"他由于自己的盛名和光荣，从一个弱小的君主，一跃而为基督教世界中首屈一指的国王"，西班牙也成为欧洲列强之一。马基雅维利认为："最重要的是，一位君主必须依靠他的行动去赢得伟大人物与才智非凡的声誉。"①

并不只有马基雅维利持这样的看法，帕特里齐、卡斯底格朗等人亦然。帕特里齐认为，"君主必须以其行动来为自己赢得荣誉"，应坚定地相信荣誉的获取是对"发扬优秀品质的最大报酬"。卡斯底格朗认为，朝臣的作用是辅

---

① ［意］尼科洛·马基雅维利：《君主论》，105—107页。

佐君主，保证君主去获取"名誉和利益"，追求最高的荣耀，并最后使自己成为"举世闻名的杰出人物"。整个《宫廷人物》始终贯穿这样的思想，虽然"寻求虚荣和非分之物"是错误的，但"剥夺自己应得的荣誉，不寻求作为高尚行为的唯一真正报酬的赞扬"①，也是错误的。

其二，人文主义者一般都将命运作为一个重要问题来讨论，将命运看作一种反复无常的潜在力量。例如，庞达诺在《论命运》中认为，尽管命运女神没有理性，但她有时却能给人带来幸福。然而人文主义者在讨论命运时往往强调的是命运给人们带来的意想不到的、不可弥补的损失，例如，卡斯底格朗在《宫廷人物》中不停地抨击命运女神"把最应升迁者打入深渊"。

马基雅维利承认命运的作用，认为寻求命运的青睐是可能的，有些人就是借助了命运的青睐才成就大事的。但马基雅维利总是着重强调命运女神性格的不稳定性，并因此认为听天由命、完全依赖于命运之神是愚蠢之举。他指出：

> 我不是不知道，有许多人向来认为，而且现在仍然认为，世界上的事情是由命运和上帝支配的，以致人们运用智虑亦不能加以改变，而是丝毫不能加以补救；因此他们断定在人世事务上辛劳是没有用的，而让事情听从命运的支配，这种意见在我们这个时代就更觉得可信，因为过去已经看到而且现在每天看到世事的重大变幻远在每个人的预料之外。考虑到这种变幻，有时我在一定程度上倾向于他们的这种意见。但是，不能把我们的自由意志消灭掉，我认为，正确的是：命运是我们半个行动的主宰，但是它留下其余一半或者几乎一半归我们支配。我把命运比作我们那些毁灭性的河流之一，当它怒吼的时候，淹没原野，拔树毁屋，把土地搬家；在洪水面前人人奔逃，屈服于它的暴虐之下，毫无能力抗

---

① ［英］昆廷·斯金纳：《现代政治思想的基础》，123—124 页。

拒它。事情尽管如此，但是我们不能因此得出结论说：当天气好的时候，人们不能够修筑堤坝与水渠做好防备，使将来水涨的时候，顺河道宣泄，水势不至毫无控制而泛滥成灾。①

马基雅维利因此明确地讲："任何一位君主如果他完全依靠命运的话，当命运变化的时候他就垮台。"②

　　命运有作用，人为亦有作用，不可只片面强调其中之一。那么君主需要什么品质才能控制或减弱命运的力量呢？人文主义者的一致回答是：只有借助于人的优秀品质才有希望克服命运的恶意，获得名誉、光荣和声望。帕特里齐认为，具有真正优秀品质的君主"在其事务中永远不会受命运的支配"，因为他即使在最险恶的环境中也总能保持坚定。他还认为好运总是伴随着勇敢，因而一位具有优秀品质的、勇敢的君主在处理事情时往往会获得命运女神的支持。庞达诺在其《论君主》中强调，人的优秀品质是如此"值得崇尚"，以致所有统治者都应在他们的一切公共行为中"奋力追求它"，它是"全世界最光彩夺目的东西"，甚至比太阳更明亮，因为"盲人看不见太阳"，但"他们可以清晰地看见人的优秀品质"。③ 马基雅维利的观点与此相似。他信奉"命运偏爱勇敢"这句话，除勇敢之外，君主还应具有才略，才略是能使君主折断残暴的命运之箭并获得名誉、光荣和声望的不可或缺的品质。

　　其三，适当的教育对于君主优秀品质的形成是至关重要的。帕特里齐在《王国与国王的教育》一书中对君主的教育问题做了充分的论述。马基雅维利在《君主论》中也详细论述了君主应具备的一些素质，但他并未谈及君主应如何接受系统的人文主义教育训练，他关注的主要是治国之道，这是其独特之

① ［意］尼科洛·马基雅维利：《君主论》，117页。
② ［意］尼科洛·马基雅维利：《君主论》，118页。
③ ［英］昆廷·斯金纳：《现代政治思想的基础》，125—126页。

处。"他确信，对于君主来说，最优良的教育便是熟记《君主论》。"①

三、对人文主义教育理想的批判

优秀品质是通过教育形成的，那么优秀品质主要是指什么呢？不论是 14、15 世纪的城市人文主义者，还是 16 世纪的宫廷人文主义者，都将之理解为一系列的美德，具备一系列美德的人就是具备优秀品质之人。帕特里齐的论述非常典型，他在《王国与国王的教育》第六卷之首就问道："何为人的优秀品质？"他认为柏拉图为这个问题提供了精当的答案，品质优秀的人应具有四种主要美德：一是智慧的美德，它包括富有理性、聪明睿智、小心谨慎和远见卓识；二是节制的美德，它包括虚怀若谷、清心寡欲、纯洁朴实、诚挚坦白、不偏不倚和庄重严肃等；三是勇敢的美德，这是一种"最适宜于伟大人物的美德"；四是至高无上的正义的美德，这是一种"最伟大的美德"。帕特里齐还进一步提出，如果这些美德不由虔诚、信仰等基本的基督教品质来补充和加强，就将徒劳无益。他认为最伟大的美德是对上帝和基督的信仰，"它光辉灿烂，若缺少它，国王和君主的其他美德便会黯然失色"②。他认为，如果我们的统治者不具备这种品质，"他们的智慧将是无用的和虚假的"，他们的节制将是"可悲和可耻的"，他们的刚毅将变得麻木，他们主持正义将"只意味着流血"。③

可见，人文主义者所强调的美德包括两个大的方面：一方面是古代伦理学家所列举的世俗美德，另一方面是指基督教所推崇的一些美德。

但应注意一点，君主时代的人文主义者将君主应具有的美德和一般公民应具有的美德做了明确的区分。帕特里齐在《王国与国王的教育》中明确强调，

---

① ［英］昆廷·斯金纳：《现代政治思想的基础》，127 页。

② Patrizi, *The Kingdom and the Education of the King*, quoted in Quentin Skinner, *The Foundations of Modern Political Thought*, vol.1, p.126, Cambridge, Cambridge University Press, 1978.

③ Patrizi, *The Kingdom and the Education of the King*, quoted in Quentin Skinner, *The Foundations of Modern Political Thought*, vol.1, p.127, Cambridge, Cambridge University Press, 1978.

"统治者的美德是一回事，而人民的美德是另一回事"，如谦恭和顺从是适宜于大众的，但对君主而言则不适当。那么，君主应具有哪些美德呢？帕特里齐、庞达诺等人认为慷慨、仁慈和守信是君主应具备的三种最主要的美德。他们的理论逻辑是这样的：君主具有了这几种主要美德也就具备了优秀品质，而君主的优秀品质是其获取名誉、光荣和声望的条件，因而结论是，君主如欲建功立业从而获取名誉、光荣和声望，首先必须具备慷慨、仁慈、守信等美德。

马基雅维利同意这一结论吗？不仅不同意，而且持鲜明的反对态度，"马基雅维里要否定的正是这一主要结论。他同意把名誉、光荣和声望看作是君主的正当目标，但他坚决否定这样一种流行的信念：通向这些目标的最有保证的途径是始终按照传统的道德准则行事"[1]。也就是说，靠慷慨、仁慈和守信这些美德，君主不可能获取名誉、光荣和声望。马基雅维利的这种认识实际上是对人文主义者所一贯尊奉的教育理想的否定。因为他认为通过教育所培养的这些美德并不能使君主受益，人文主义的教育目的在他看来是虚幻不实、脱离时代的。下文将通过与他人的观点相对比，逐一分析马基雅维利对慷慨、仁慈和守信三种美德的态度。

首先看慷慨。帕特里齐声称，对于国王和君主来说，慷慨是最伟大的美德。庞达诺认为吝啬和贪婪的君主想要得到最高的荣誉和声望，只能是自欺欺人的，他在《论慷慨》一文中强调，"就一位君主而言，有损尊严莫过于不能宽容大量"。与赞赏慷慨相关，他还赞赏君主的豪侈，他在《论豪华》一文中指出，通过建造"宏伟的建筑物、辉煌的教堂和剧院"而获得声望对君主而言是必不可少的。

马基雅维利反对慷慨和豪侈。他说：

---

① ［英］昆廷·斯金纳：《现代政治思想的基础》，136页。

一个人如果希望在人们当中保有慷慨之名，就必不可免地带有某些豪奢的性质，以致一个君主常常在这一类事情上把自己的财力消耗尽了。到了最后，如果想保持住慷慨的名声，他就必然非同寻常地加重人民的负担，横征暴敛，只要能够获得金钱，一切事情都做得出来。这就使得他的居民开始仇恨他，而且当他变得拮据的时候，任何人都不会敬重他……如果君主是英明的话，对于吝啬之名就不应该有所介意。因为当人们看见由于节约的缘故，他的收入丰盈，能够防御对他发动战争的任何人，能够建功立业而不加重人民的负担；因此随着时刻的流传，人们将会认为这位君主愈来愈慷慨了。①

马基雅维利的观点是，君主的慷慨会加重人民负担，误国误民，

世界上再没有一样东西比慷慨消耗得更厉害的了，因为当你慷慨而为的时候，你就失去了使用慷慨的能力，不是使自己贫穷以致被人轻视，就是因为要避免陷于贫穷而贪得无厌惹人憎恨。因此，一个君主头一件事就是，必须提防被人轻视和憎恨，而慷慨却会给你带来这两者。②

马基雅维利指出："在我们的时代里，我们看见只有那些曾经被称为吝啬的人们才做出了伟大的事业，至于别的人全都失败了。"③而一个失败的君主，还谈得上光荣和声誉吗？

其次看仁慈。人文主义者一般都认为，对于统治者而言，仁慈能得到臣民的爱戴，而残酷则使臣民畏惧，因此，统治者应以仁慈为怀。庞达诺在《论

---

① [意]尼科洛·马基雅维利：《君主论》，76 页。引用时有改动。
② [意]尼科洛·马基雅维利：《君主论》，78 页。
③ [意]尼科洛·马基雅维利：《君主论》，77 页。

君主》中认为，对于仁慈的价值，无论如何强调也不会过分，"当我们承认某人具有这种品质时，我们便会赞赏和尊敬他，把他奉为神明"①。帕特里齐认为，对于统治者来说，公开的严厉措施不仅是适宜的而且是必要的，但帕特里齐同时也承认，严厉很容易蜕变为野蛮和残忍，再没有什么罪恶比君主的残忍"更可耻、可恶或更悖人道"的了。

马基雅维利则认为君主不应滥用仁慈，过分仁慈反而会导致混乱，而残酷有时却能带来秩序与和平。仁慈有时误事，而残酷却能使君主有所作为。仁慈会使君主受人爱戴，而残酷则使君主令人畏惧。马基雅维利认为，一个君主最好是既令臣民爱戴又令臣民恐惧，如果二者不能兼得，则恐惧优于爱戴。他说："人们冒犯一个自己爱戴的人比冒犯一个自己畏惧的人较少顾忌，因为爱戴是靠恩义这条纽带维系的；然而由于人性是恶劣的，在任何时候，只要对自己有利，人们便把这条纽带一刀两断了。可是畏惧，则由于害怕受到绝不会放弃的惩罚而保持着。"②臣民畏惧君主对于君主的统治是有利的和必要的，马基雅维利因此指出："我的结论是：人们爱戴君主，是基于他们自己的意志，而感到畏惧则是基于君主的意志，因此一位明智的君主应当立足在自己的意志之上，而不是立足在他人的意志之上。"③

最后看守信。帕特里齐和庞达诺等人文主义者认为，君主应诚实守信，永不食言。帕特里齐强调，君主"是从不欺骗，从不撒谎，也从不允许别人撒谎的"④。庞达诺认为，"再没有比一个统治者不履行诺言更可耻的了"，他还强调指出，"形势许可时，即使是对敌人，他也绝对应该信守诺言"。⑤

---

① Pontano, *The Prince*, quoted in Quentin Skinner, *The Foundations of Modern Political Thought*, vol.1, p.128, Cambridge, Cambridge University Press, 1978.

② [意]尼科洛·马基雅维利：《君主论》，80—81页。

③ [意]尼科洛·马基雅维利：《君主论》，82页。

④ Pontano, *The Prince*, quoted in Quentin Skinner, *The Foundations of Modern Political Thought*, vol.1, p.128, Cambridge, Cambridge University Press, 1978.

⑤ [英]昆廷·斯金纳：《现代政治思想的基础》，133页。

马基雅维利则认为，守信对君主并不总是有益的，欺诈有时胜过守信。他说：

> 任何人都认为，君主守信，立身行事，不使用诡计，而是一本正直，这是多么值得赞美呵！然而我们这个时代的经验表明：那些曾经建立丰功伟绩的君主们都不重视守信，而是懂得怎样运用诡计，使人们晕头转向，并且终于把那些一本信义的人们征服了。……当遵守信义反而对自己不利的时候，或者原来使自己作出诺言的理由现在不复存在的时候，一位英明的统治者绝不能够，也不应当遵守信义。假如人们全都是善良的话，这条箴言就不合适了。但是因为人们是恶劣的，而且对你并不是守信不渝的，因此你也同样地无须对他们守信。①

从以上的分析可以看出，马基雅维利的道德价值取向与一般人文主义者是相悖的，之所以如此，是基于他对意大利政治现象的冷峻思考，他说：

> 人们实际上怎样生活同人们应当怎样生活，其距离是如此之大，以致一个人要是为了应该怎样办而把实际上是怎么回事置诸脑后，那么他不但不能保存自己，反而会导致自我毁灭。因为一个人如果在一切事情上都想发誓以善良自持，那么，他厕身于许多不善良的人当中定会遭到毁灭。所以，一个君主如要保持自己的地位，就必须知道怎样做不良好的事情，并且必须知道视情况的需要与否使用这一手或者不使用这一手。

一切以国家的前途命运为重，若对国家有利，恶的亦是善的，"某些事情看来好像是好事，可是如果君主照着办就会自取灭亡，而另一些事情看来是

---

① ［意］尼科洛·马基雅维利：《君主论》，83—84 页。

恶行，可是如果照办了却会给他带来安全与福祉"。马基雅维利也承认人文主义者所赞赏的那些美德并不是坏东西，他并不反对这些东西，只是认为它们不切实际，他说："我知道每一个人都同意：君主如果表现出上述那些被认为优良的品质，就是值得褒扬的。但是由于人类的条件不允许这样，君主既不能全部有这些优良的品质，也不能够完全地保持它们。"[1]

但这里有一个两难的境地：君主若履行这些美德便不会成功，若不履行又会受世人责骂。马基雅维利在这里提供的解决两难之境的法门是：君主"必须做一个伟大的伪装者和假好人"，君主必须心口不一，表里不一，不然难成气候，他说：

> 对于一位君主来说，事实上没有必要具备我在上面列举的全部品质，但是却很有必要显得具备这一切品质。我甚至敢说：如果具备这一切品质并且常常本着这些品质行事，那是有害的；可是如果显得具备这一切品质，那却是有益的。你要显得慈悲为怀、笃守信义、合乎人道、清廉正直、虔敬信神，并且还要这样去做，但是你同时要有精神准备作好安排：当你需要改弦易辙的时候，你要能够并且懂得怎样作一百八十度的转变。必须理解：一位君主，尤其是一位新的君主，不能够实践那些被认为是好人应作的所有事情，因为他要保持国家，常常不得不背信弃义，不讲仁慈，悖乎人道，违反神道。因此，一位君主必须有一种精神准备，随时顺应命运的风向和事物的变幻情况而转变……如果可能的话，他还是不要背离善良之道，但是如果必需的话，他就要懂得怎样走上为非作恶之途。[2]

---

[1]　[意]马基雅维利：《君主论》，73—74页。
[2]　[意]马基雅维利：《君主论》，84—85页。

人文主义者的教育信条是：君主的优秀品质可战胜命运的狂虐；优秀品质主要体现在人是否具有一系列传统美德上；教育是培养人的优秀品质亦即培养人的品德的重要手段，教育构成传统美德之形成基础，因而也就构成君主战胜命运的重要基石。然而马基雅维利的理论却表明，教育这块基石并不牢靠。这并不是说教育这种影响人的手段不牢靠，而是教育所传输的伦理道德观点不牢靠，这些传统伦理会把君主逼上绝路，葬送君主的事业和前程。

可见，马基雅维利并不否认教育手段的重要，他要求君主以其《君主论》为教材，就足以说明他重视教育因素对君主的影响，他与其他人文主义者的分歧在于：什么样的教育对于君主而言才是合宜的？君主要成就一番事业，需具备怎样的品质？

很显然，在马基雅维利眼中，君主应具有的品质与其他人文主义者相比是有较大差异的。他认为政治应服从于另一套伦理原则，否则必然失败。他将政治的成败和道德的善恶放在一个现实的背景下去做冷静的甚至是冷峻的思考，认为善未必成，恶未必败，他想为政治引入一套新的伦理规则，那就是以成败论善恶，胜者为王败者为寇，因持善而败正说明了善的空洞与苍白，说明持善已不合宜于时代。

从马基雅维利的理论可以引申出下列若干关于教育和教育思想的基本问题：其一，教育和教育理论怎样才能切合时代的需要？怎样才能与社会现实合拍？许多人文主义者描绘了美好的教育理想，然而美好的东西未必是切合实际的，马基雅维利"对其同时代人最根本的批判，是指出他们对他所认为的君主特有的两难境地感觉迟钝"①。马基雅维利的理论具有冷峻的现实主义风格，正是这种冷峻的现实主义使其高出他人一筹。他的思想是尖刻的，同时也是深刻的。任何一个时代的教育思想家皆应具有这种冷峻的现实主义风格，否则其教育思想必然是肤浅不实的，因为正是冷峻的现实主义才能使与社会

---

① ［英］昆廷·斯金纳：《现代政治思想的基础》，139 页。

现实密切相关的教育思想具有深度。教育思想家不应无视或漠视社会现实和时代需要。马基雅维利正是在这一方面给他人做出了榜样。

其二，教育与政治是一种怎样的关系？教育如何才能切实促进政治的健康发展？怎样才能找到教育运作与政治发展的契合点？教育所培养出的具有一系列美德的人是否能与现实的政治需要合拍？是否需要有两套教育伦理观或价值观（一套用于培养统治者，另一套用于培养平民）？教育能否以道德教育为手段去影响现在和未来的政治？教育是否应该尊重政治本身的运作规则和程序，而非一厢情愿地、盲目地为其进行非专业性的支持和辩护？教育能否为达到一个好的目的而选用一个坏的手段，就像马基雅维利认为为达到一个好的政治目的可不择手段一样？

其三，教育与人性是一种怎样的关系？教育应有一个怎样的人性假设？教育思想者和教育实践者能否对人性抱过分乐观的态度？若不能，那么能否像马基雅维利那样对人性抱十分悲观的态度？如果说人性中有恶的一面，如果说由人所构成的社会含有许多恶的方面，那么教育该如何面对这两种"恶"？是使受教育者消极地适应社会现实还是应有一个更高的追求——使受教育者在适应现实的同时，还能改造不良的社会现实以使社会更趋美好？教育能否克服人性中的恶的一面？

上述问题都是教育思想家所不能回避的，马基雅维利给后人在教育方面的启示主要表现在他要求人们思考上述问题。

马基雅维利的思想无疑具有很强的颠覆性，他对传统伦理观念的反叛使其背负恶名，有人将其视为恶棍、魔鬼，把其《君主论》视作"罪恶的教唆者"，"凶恶的马基雅维利"这一形象成为16世纪戏剧中常见的讽刺对象。甚至到了现代，马基雅维利依然饱受非议和抨击。然而本节的分析表明，对马基雅维利不能做简单化、庸俗化的理解，其价值应得到应有的肯定。如同布克哈特所言：

马基雅维利是一个无与伦比的伟大的人物。他把现存势力看作是有生命力的和能动的，对于可能采取的方向，观察得广泛而精确，既不想自欺也不想欺人。他不矜虚荣和不尚浮夸，无人能及……他的政治论断的客观性，其坦率程度有时令人吃惊，但它是危急存亡之秋的时代标志，在那个时代里，人们是难于相信正义或者别人有正义的行为的。我们如果从道德观点上来衡量而对他感到愤怒，那是没有必要的。①

---

① ［瑞士］雅各布·布克哈特：《意大利文艺复兴时期的文化》，93 页。引用时有改动。

第八章

16 世纪西班牙的人文主义教育

第一节　16 世纪西班牙人文主义教育发展的背景

15 世纪中叶至 16 世纪末，西班牙农业、手工业和商业都获得了巨大的发展。此时西班牙开展收复失地运动，并在新大陆开拓殖民地，成为称霸欧洲和美洲的强国。新航路的开辟和殖民帝国的建立，对西班牙的经济、政治、生活产生了巨大影响。西班牙从众多殖民地攫取大量金银，而本土工业发展缓慢，因而资产阶级力量较为薄弱。西班牙天主教是国王执政的重要支柱，因而西班牙形成了浓厚的宗教氛围，是天主教势力最为稳固的地区。16 世纪后半叶费利佩二世统治时期，以卡洛斯一世为象征的西班牙人文主义思想受到了阻遏。为了反宗教改革，西班牙实行闭关锁国，与欧洲其他国家断绝往来，国内社会矛盾日趋激烈。新兴市民阶层势力日益强大，同时也出现了通过文化、金钱和军功而获得权势的新型贵族。

当时的西班牙社会还有另外一面，那就是国王利用宗教裁判所对犹太人进行残酷的迫害。迫害犹太人是为了实现西班牙的宗教统一，即所有人都信奉基督教。犹太人在西班牙社会的经济生活中具有重要地位，他们擅长经营财产，许多贵族世家委托犹太人经营田产，一些主教雇犹太人管理财务，一些国王也把税收、铸市、食盐专卖等事务交给一些犹太家族，犹太人的社会地位并不低。但犹太人信奉犹太教，正是在宗教信仰问题上才出现了对犹太人的宗教迫害问题。犹太人改奉基督教是为了免受迫害，但他们改教后的境况并不好。尽管他们在社会上地位重要，然而他们既得不到基督教徒的信任，被控在新信仰的外衣下保留旧的信仰；也得不到犹太教徒的信任，犹太教徒为保持其信仰的纯洁性，采取严酷手段对待改奉基督教的犹太人。另外，许多改教的犹太人为了在基督徒面前表明自己，又激烈地反对犹太教。这样就导致了错综复杂的矛盾。

1478 年西班牙设立宗教裁判所，开始掠夺犹太人的财产，大肆迫害、驱逐犹太人，1492 年 3 月 30 日国王下达驱逐令，要求把所有未改信基督教的犹太人驱逐出境。

西班牙扮演了罗马天主教会的急先锋角色，结果宗教统一在西班牙是实现了，但代价却是丧失了许多富有经济才能的民众，使得西班牙的经济活动尤其是商业发展大受影响。正因为西班牙国王表现"出色"，教皇亚历山大六世于 1494 年年底授予费迪南德和伊莎贝拉两人"天主教国王"的称号，以表彰他们对基督教的功绩，教皇还授予这两位天主教国王改革本国教会的重权。红衣主教希门尼斯奉国王之命执行这项工作，对西班牙教会予以改革，他通过兴办教育提高教士们的文化修养，通过加强纪律约束提高教士们的道德行为水准。结果在西班牙，教会和教士并没有像意大利和北部欧洲的一些国家那样腐败。希门尼斯这种教会内部的改革为后来欧洲的反宗教改革运动树立了榜样。

西班牙是典型的天主教国家，是反宗教改革运动的急先锋。许多人据此认为西班牙是一个没有产生过文艺复兴的国家，这是不正确的。1470 年以后不久，在西班牙就已经明显可见对于人文学科的兴趣了，这主要是受意大利人文主义影响的结果。意大利学者到西班牙讲学，西班牙学者到意大利学习，促进了人文主义在西班牙的传播。

　　西班牙人文主义者继承了本国的历史文化，还充分学习了意大利文艺复兴的优秀文化。西班牙文艺复兴人文主义的内容丰富，涵盖文学、戏剧、诗歌、小说、绘画、建筑、科学、医学、哲学、历史学、地理学、航海学等领域。西班牙文艺复兴时期的人文主义运动的特征是基督教人文主义，西班牙国王和贵族也支持人文主义运动。15世纪在天主教国王统治时期，到过意大利的西班牙人文主义学者和在西班牙讲学的意大利人文主义学者创办学校，开设拉丁语、古希腊语专业课程，翻译出版拉丁语、古希腊语及意大利的人文主义作品，由此人文主义思想传入西班牙。西班牙的中世纪文学传统（骑士文学）一直持续到16世纪初，一直到塞万提斯的作品结束了骑士文学，表现了文艺复兴的人文主义精神。16世纪上半叶红衣主教希门尼斯创建阿尔卡拉大学时，人文主义在西班牙已获得胜利。西班牙文艺复兴的人文主义运动兴起较晚但衰退却很快，其高潮处于16世纪末17世纪初，但没能得到充分而全面的发展，只表现了反封建割据的精神，而并未动摇天主教会。西班牙的文艺复兴尽管没有引发新教式的宗教改革，但它在各方面强调了人的价值，而且市民与数目不多的教士对宗教改革表现出了极大的关注。虽然人文主义的影响在当时的西班牙随处可见，但某些中世纪的文化潮流仍继续存在。

　　西班牙的君主制没有对新兴资产阶级在经济、政治和文化上进行保护和支持，导致西班牙文艺复兴未能得到深入而广泛的发展。西班牙人文主义者分为两派：一派是狭义的人文主义者，模仿古典文化即是目的本身，成为绝对的准则，这一派别被用来巩固天主教会的权威；另一派是广义的人文主义者，他们接受古典文化教育，但把古典教育视为实现自由和人权的途径。尽管西班牙是思维狭隘的正统天主教国家，但西班牙受过良好教育的阶级深受意大利和北部欧洲的人文主义影响。16世纪30年代后期，伊拉斯谟追随者和改革派人文主义者的热情开始减退；到16世纪中叶，已很少有人引用伊拉斯谟的著述，但人文主义中的古典学术依然启发了一批西班牙的人文主义者。西班牙人文主义者从西班牙中世纪形成的骑士文学、抒情诗、宗教剧中汲取营养，创作出人文主义作品，对于推动文艺复兴时期文学、小说、戏剧等的发展具有重要意义。

1503—1600 年，大约有 16000 吨白银运抵西班牙，这是当时欧洲白银资源的三倍，而输入西班牙的黄金则达到 185 吨，使欧洲黄金的供应增加了大约 1/5。[①] 大量金银的输入，使西班牙的市民生活水平有了极大提高，催生了文化娱乐的需要。戏剧可以充分表达社会的状况，西班牙的君主、贵族以及市民都喜爱戏剧演出。西班牙既有满足王公贵族需求的豪华剧团和剧院，也有民间的剧团、剧院，这极大地推动了 16 世纪下半期到 17 世纪上半叶西班牙戏剧文学的发展，并掀起了西班牙戏剧文学和小说的创作高潮。

在文学方面，西班牙人文主义的作品表现为两种类型：一是吸引贵族的本民族语言类，二是学者追求的拉丁语类。本民族语言类的代表作是费尔南多·德·罗哈斯(Fernando de Rojas)创作的喜剧《塞莱斯蒂娜》(*La Celestina*，1498)。拉丁语类的代表作是阿方索·德·帕伦西亚(Alfonso de Palencia，1423—1490)的著述，包括古代西班牙地名百科、若干古代著述的西班牙语翻译、拉丁-西语辞典和当时尚未出版的西班牙当代史。西班牙文艺复兴晚期的文学成就被西班牙文学史家称为文学的"黄金时代"。16 世纪中叶西班牙出现了新的叙事体文学，表现为四类。一是源于中世纪，以田园牧歌生活为主题的田园小说。在西班牙的葡萄牙诗人豪尔赫·蒙特马约尔依据意大利诗人桑纳扎罗首创的《阿卡迪亚》创作了《迪亚娜》，成为西班牙田园牧歌的发端。《迪亚娜》以优美的诗歌、丰富的想象、感人的对话描绘了 16 世纪上半期西班牙的上层社会。二是源于古罗马的拜占庭小说(或历险小说)，这一类作品充满神奇色彩与异国风情，代表作是塞万提斯的《贝雪莱斯和西吉斯蒙达历险

---

① [英]R.T. 戴维斯：《西班牙的黄金世纪(1501—1621 年)》，259 页，伦敦，1956。

记》。三是摩尔人小说。这是源自摩尔人谣曲的、具有西班牙本土特色的叙事体作品。代表作是《美女哈里发和阿本塞拉赫人的故事》，反映了慷慨大度、勇敢、礼让等优良品德。四是最具有西班牙特色的流浪汉小说，最早的作品是《小癞子》。这部作品以第一人称讲述了小癞子在学徒成长过程中的所见所闻，以中世纪的现实主义手法反映了那个时代的社会阴暗面。

西班牙诗歌受到古典文化和意大利人文主义的强烈影响，其代表人物是宫廷诗人胡安·博斯坎（Juan Boscán）和加尔西拉索·德·拉·维加（Garcilaso de la Vega）。加尔西拉索·德·拉·维加是宫廷诗人、军人和骑士，西班牙文艺复兴时期最完美的宫廷侍臣典型。加尔西拉索出身于贵族家庭，自幼受到著名人文主义学者的培养，他非常熟悉古希腊、罗马作家的作品。加尔西拉索年轻时跟随卡洛斯五世四处征战，在出征普洛旺斯时身负重伤后逝世。加尔西拉索创作优美诗篇的灵感源于西班牙王后的女侍伊萨贝尔·弗莱雷。加尔西拉索倾慕伊萨贝尔·弗莱雷，但伊萨贝尔·弗莱雷与他人结婚并过早地离开人世，这使得加尔西拉索极为痛苦。因此，加尔西拉索的诗作没有歌颂英雄和宗教，而是表达对伊萨贝尔·弗莱雷的爱恋之情。加尔西拉索·德·拉·维加不仅模仿意大利诗歌而且还保持了西班牙传统诗歌的气质，创造了西班牙的感怀诗。路易斯·德·贡戈拉的诗歌影响力极大，代表着西班牙诗歌在古典文化和晚期文艺复兴时期的意大利诗歌影响下的后期形态。

这个时期的著名诗人还有塞维利亚派诗人费尔南多·德·埃雷拉，他的诗歌修辞华丽、描述细腻，喜用拉丁语汇，诗段偏长、格式完备、音韵优美、情调深沉，影响了后世的夸饰主义诗歌创作。费利佩二世在位时神秘主义诗歌发展达到巅峰，代表诗人有路易斯·德·莱昂神父，他把《圣经》式文风和古典式文风和谐地融合起来。以他为中心形成了以语言简洁、表达明快、诗段短小而见长的萨拉曼卡派。虽然塞维利亚派与萨拉曼卡派诗歌风格各异，但两派都尊加尔西拉索·德·拉·维加为导师。

　　西班牙人文主义者使用本民族语言创作严肃文学。16 世纪早期的主要人文主义学者之一安东尼奥·德·内夫里哈著有《卡斯提语法》，这是欧洲近代的第一本民族语言语法书。胡安·德·巴尔德斯（Juan de Valdés, 1509—1541）在《语言论集》中坚称卡斯提语适合严肃文学创作。意大利田园小说在1558 年由葡萄牙作家若热·德·蒙特马约尔引介到西班牙，之后出现不少模仿的作品，代表作是当时西班牙最伟大的作家塞万提斯的第一部小说《亚拉提亚》。

　　西班牙天主教会迫害了许多人文主义者，这迫使塞万提斯和维加等人文主义者凭借聪明才智和无畏勇气在避免"神圣异端法庭"迫害的同时抨击黑暗社会，于是文学作品和戏剧得以迅速发展。西班牙人文主义者的作品表现出妥协性与软弱性以及新旧思想的冲突，这集中反映在代表人物塞万提斯和剧作家洛佩·德·维加的作品中。

　　塞万提斯的《堂吉诃德》是西班牙文学中的杰作。在《堂吉诃德》中，主人公堂吉诃德就是处于新旧交替时代复杂而矛盾的典型人物，其性格的矛盾性正是作者本身世界观矛盾的反映。塞万提斯力图通过小说揭露 16 世纪至 17世纪初西班牙的社会丑恶现象，控诉封建君主专制主义的不合理性，但他又无法找到实现人文主义理想的可能性，这又暴露出作者自身人文主义的妥协性和软弱性。但作者却在桑丘身上描绘出西班牙黄金世纪的民主精神，这又体现了作者的人文主义政治思想和对劳动人民的同情。

　　维加的一生都处于新旧矛盾之中，他向往美满而幸福的世俗生活，但又无法摆脱神权思想和贵族特权的束缚。其戏剧代表作《羊泉村》同情处于封建压榨下的劳动人民，描绘了人民团结战斗的精神，歌颂了农民争取自由的正义斗争。但作者却把西班牙国王描绘成维护民族和人民利益的贤明君主，这又表明了其人文主义思想的软弱性和妥协性。

　　西班牙是欧洲最早开展殖民掠夺活动的国家，在早期殖民活动中，西班牙对拉丁美洲进行残酷征服，手段血腥残暴，人文主义者的史学著作对帝国的殖民活动进行了控诉与揭露，这方面的代表人物是人文主义者、传教士、史学家拉斯·卡萨斯（1474—1566）。

西班牙文艺复兴时期人文主义者的作品扎根于人民群众，追求个性自由，反映了西班牙人民对封建专制的抗议。西班牙人文主义比欧洲其他国家的人文主义更加接近实际生活。大多数西班牙人文主义者不仅是学者，而且是知名的教育家。西班牙的人文主义是在天主教会的阻挠和迫害下进行的，但是许多西班牙人文主义者得到了国王和贵族的庇护，并担任宫廷高级职务。西班牙人文主义者的学说促进了人的思想解放，削弱了教会的权威。

第二节　16世纪西班牙人文主义教育的实践

16世纪有抱负的西班牙市民坚信让子女接受良好的人文主义教育是攀升社会阶梯的必由之路。16世纪西班牙很多市镇政府开办了文法学校，聘用大学毕业生教授拉丁文法和人文主义知识。很多市镇政府认为经营学校、聘请胜任的校长是很难的事情，于是只能接受耶稣会控制的市立学校。西班牙国王不希望平民接受良好教育，因而提高了拉丁文法学校的入学门槛，只有贵族和上层市民的子女有条件进入拉丁文法学校，而社会底层民众的子女没有机会学习拉丁文。

15世纪后期西班牙王国统一后，王室需要大量受过良好教育的官员。1493年后，西班牙法律规定最高级行政官员必须学习至少十年的民法或教会法，这样西班牙大学就和高级行政官员的任命联系了起来。西班牙王国的统治者费迪南德和伊莎贝拉以及其后的查理五世和费利佩二世都认识到王室的这一需求，因而大力推动高等教育的发展。15世纪后期至16世纪早期，西班牙王室对大学的支持使人文主义学术受益，其中最直接受益的是法学。大部分北部欧洲国家的大学教育在 16 世纪和高级行政官员有联系，但西班牙在 1500 年就为这种联系奠定了基础。西班牙形成统一王国后，大学成为受过良好教育官员的唯一来源，这些官员在政府中发挥了主导作用。1400 年至 1500 年，西班牙创办了 20 所大学，到 1619 年已增至 32 所。这些大学是西班牙人文主义运动的中心，推进了西班牙的文艺复兴运动。1450 年，西班牙国王阿方索五世发布诏令在加泰罗尼亚建立一所大学，于是巴塞罗那大学正式成立。建校初期，设立的专业有神学、宗教法规、医学、民法、美术和哲学等。1536 年，大学开始兴建新校舍。1596 年，大学首次设立语法系、艺术系、哲学系、修辞学系、神学系、民法与宗教法规系、医学系。

安东尼奥·德·内夫里哈(Antonio de Nebrija，1444—1522)是 15 世纪后期最广为人知的西班牙人文主义者。他曾在博洛尼亚学习 10 年，得到意大利著名人文主义者瓦拉的亲自授课，精通拉丁语和古希腊语，其人文主义文化水平与当时的意大利人文主义者相当。1509 年内夫里哈成为王室的史料编纂人，但他大部分时间担任大学教师，先后在萨拉曼卡大学、塞维利亚大学和阿尔卡拉大学担任教授。内夫里哈回到西班牙后积极传播人文主义文化，对西班牙粗劣的拉丁语进行猛烈攻击。1481 年他编纂的《拉丁语入门》很快就在中学和大学里代替了旧式的中世纪拉丁语法，《拉丁语入门》的重要性在于其抛弃了以逻辑论证解释语法的中世纪做法，改以古典文学为例来说明语法。1492 年，内夫里哈出版了《卡斯提语法》，这是所有欧洲现代语言中第一部系统性和学术性的语法书。除了编纂语法书和词典外，内夫里哈还编印了一些古典拉丁语作品并对其进行评注。内布里哈是确定古希腊语读音准则的第一位文艺复兴学者，他对希伯来语也非常感兴趣。内夫里哈对古典文化的兴趣与北部欧洲诸国的伊拉斯谟、科利特、比代等人文主义学者是一样的，其主要用意在于促进对《圣经》的研究。内夫里哈认为，只有以批评的眼光检查最古老的《圣经》手稿，同时对拉丁文本《圣经》一些段落进行刨根问底的批评性的检查，才能确定真正的拉丁文本《圣经》。在保守的西班牙，这种对待《圣经》的态度过于革命性，为一些神学家所不容。1512年内夫里哈被迫离开执教多年的萨拉曼卡大学去往阿尔卡拉大学讲学。支持人文主义学术的红衣主教让内夫里哈在阿尔卡拉大学担任研究职位，协助该校进行《康普鲁顿合参本圣经》的编辑工作，这项工作得到了红衣主教的赞助。

当时，阿奎那的神学在萨拉曼卡大学占据统治地位，那里甚至不允许司各脱主义和奥卡姆主义之类的敌对学说存在。这种过分的保守促使西班牙红衣主教希门尼斯和西班牙摄政王于1508年在阿尔卡拉建立了一所新大学即阿尔卡拉大学。阿尔卡拉大学将当时最优秀的巴黎大学和萨拉曼卡大学的教育模式，与更具创新性的博洛尼亚大学和鲁汶大学等的教育模式融合在一起，成为培养优秀人才的摇篮。阿尔卡拉大学不仅是一所大学，更是文艺复兴的主要推动力之一。阿尔卡拉大学成立之后，在欧洲文艺复兴时期和西班牙人文主义思潮中成为先锋。红衣主教希门尼斯希望阿尔卡拉大学不仅为教会改革培养神职人员，同时也为西班牙王室培养称职的官员。

阿尔卡拉大学吸引了众多西班牙贵族来此接受高等教育，是西班牙走向黄金时代的重要推动力。阿尔卡拉大学成立不久之后，就成为基督教人文主义在西班牙的大本营。大学除开设有关司各脱主义和唯名论的课程外，为增进对《圣经》的研究，还设置了古希腊语课程。设置古希腊语课程的主要目的不是阅读研究古希腊的著作，而是因为古希腊语是《新约圣经》和许多早期基督教作家使用的语言。希门尼斯认为，如果不学习古希腊语就不能成为好的神学家。他急切地想使阿尔卡拉大学成为古希腊语研究的中心。为此希门尼斯广揽人才，把16世纪西班牙一些最有名望的人文主义者聘请到该校任教。内夫里哈就是在此时被希门尼斯聘请到阿尔卡拉大学的。他还曾邀请伊拉斯谟到西班牙来讲学，只是没有成功。在希门尼斯的促进下，阿尔卡拉大学的古希腊语学者编出了古希腊语《新约圣经》并于1514年付印，这比伊拉斯谟在巴塞尔出版的文本还要早两年左右。早在 1502 年希门尼斯就采取行动，不仅要出版拉丁语的《圣经》，还要出版使用原来各种文字的全本《圣经》。阿尔卡拉大学创办后，希门尼斯在大学里聚集了一批著名学者来从事这项工作。这项工作涉及古希腊语、希伯来语和阿拉伯语。经过多年努力，1520 年经教皇利奥十世批准，《康普鲁顿合参本圣经》才获出版，之所以称其为"康普鲁顿本"，是因为阿尔卡拉的拉丁语名字叫康普鲁顿。《康普鲁顿合参本圣经》的出版是西班牙早期人文主义最伟大的成就。希门尼斯还计划出版亚里士多德的全部著作，既用原文又用超过过去所有版本的新的拉丁语古译文，但后来由于希门尼斯的逝世，这项工作被搁置了。在 16 世纪和 17 世纪，阿尔卡拉大学发展成为伟大卓越的学术研究中心。很多知名学者都曾在这里的课堂中学习或授课。

在人文主义的促进下，1500 年维夫斯的家乡建立了瓦伦西亚大学，创办该大学的目的就在于促进人文主义的研究，学校既开设传统的学科，也教授古希腊语和拉丁语。不过瓦伦西亚大学的地位没有萨拉曼卡大学和阿尔卡拉大学那样突出。

人文主义也走进了西班牙宫廷，西班牙的统治者费迪南德和伊莎贝拉对人文主义有浓厚兴趣，他们聘请人文主义学者担任拉丁语秘书，并在宫廷中开展人文主义教育，聘请意大利人文主义学者做宫廷学校的教师，以提高王室成员的文化水准。

16 世纪西班牙教育与教会紧密相连，几乎所有的学校都由耶稣会控制，耶稣会把初等教育视为自己的领域。大学设置的系以神学、哲学、法律、艺术、医学、拉丁语为主，教师主要由教士、法学家组成，主要是培养神职人员、基本职业技能人员和官吏。耶稣会是保全人文主义教育的一股重要力量，是天主教改革中涌现出的最重要的宗教团体。耶稣会创建者依纳爵·德·罗耀拉不喜欢伊拉斯谟的批判精神，也不喜欢他把宗教体验精神化，损抑外在的、物化的天主教典礼要素的主张，但他依然属于那个时代，坚信要学习神学和其他高端学科就必须掌握古典语言和文学。第一所耶稣会学院成立于1548年的梅西纳，其教育方式沿用了法国市立学院的教师在巴黎所接受的人文主义教育，正是这种教育令这些教师获得成功。教育成为耶稣会持续从事的一大活动领域，虽然他们的学校保持着宗教上的保守性，也有心添加尊重传统和权威的内容，有意识地对抗伊拉斯谟人文主义所培育的批判立场，但还是把拉丁语、古希腊语和古典文学列为教学的基础。16世纪末期，耶稣会学校已发展出一套标准化课程，初期强调人文主义学习，最后两年以哲学为课程结尾。

第三节　维夫斯的人文主义教育思想

维夫斯与伊拉斯谟有许多共同之处，他们都是基督教人文主义者，都视教育为改造社会的基本手段。尽管维夫斯对当时欧洲文化教育的影响没有伊拉斯谟大，但从教育思想史的角度看，维夫斯的历史地位较伊拉斯谟更重要，因为他的教育思想较之后者更系统、更深刻、更富有现代精神。维夫斯教育思想的深度和广度，在整个文艺复兴和宗教改革时代是独一无二的，不仅他的同时代人，而且其后的一些人文主义教育家也远不及他。

一、生平与著作

维夫斯的教育思想深深地打上了他所生活的时代的烙印，也深刻体现了他独特的人生经历和个性特征。

（一）在西班牙

维夫斯是西班牙人，他于1492年生于西班牙的瓦伦西亚一个富庶的犹太人家庭，这一年哥伦布发现了新大陆。维夫斯的父母于 1492 年西班牙驱逐犹太人的法令颁布前后改奉天主教。1507 年到 1509 年维夫斯在瓦伦西亚主教于 1500 年创办的瓦伦西亚大学读书，1509 年赴法国巴黎大学求学，时年 17 岁，但从此以后他再也没有回到过西班牙。这不是没有缘由的。

西班牙的人文主义运动是以基督教人文主义为特征的，西班牙宫廷也支持人文主义运动，这与北部欧洲诸国并无多大区别。维夫斯是一位基督教人文主义者，这与他在西班牙所受的影响不无关系。维夫斯还是个忠诚的爱国者，对本民族语言有着深深的热爱。这就使人很难理解他为什么离开西班牙一去不归。阿尔卡拉大学曾请他回西班牙任修辞学教授，这是一个地位很高、令人羡慕的职位，但他还是拒绝了。他拒绝任职、终生不归的原因是国事、家事给他带来的巨大烦恼和恐惧。

当时的西班牙社会还有另一面，那就是国王利用宗教裁判所对犹太人进行残酷的迫害。维夫斯出生于犹太人家庭，他 17 岁离家赴巴黎求学时，他的父母和几个姊妹仍留在西班牙，他们饱受迫害。

1492 年前后维夫斯的父亲改奉天主教，1499 年维夫斯 7 岁时，其父亲就被宗教裁判所逮捕过，但幸运的是并没有被控有罪。1524 年其父被宗教裁判所处以死刑。1527 年其母被宗教裁判所判罪，罪名是她在改奉天主教后去过犹太教堂。此时，其母已不在人世，她早在 1508 年就已去世，宗教裁判所对死人也不放过，将其母的尸体从坟墓中掘出，对尸体横加亵渎。维夫斯的几个姊妹也因此被剥夺了对其父母财产的继承权。其家人的遭遇使身在异乡的维夫斯深受打击，身体和精神都受到损害。从他与别人的通信中可以看出，直到 1531 年他一直处于极度的痛苦之中，这对他的人生和思想产生了深刻的影响。他变得消极，希望遁世而居，疑心厄运会降临到自己头上，甚至一度想弃世而去。他只活了 48 岁，这与其家事之不幸是大有关联的。

维夫斯是内向而谨慎的人，即使是在私人通信中也只字不提宗教裁判所，唯恐信件误入他人之手而给自己带来不利的后果。对于父亲被处死一事，他是用隐晦的方式去记叙的，并且常常使用他自己也没有完全掌握的古希腊语。作为一个被宗教裁判所判罪的犹太人的儿子，维夫斯害怕祸及己身，也担心他人因此而看不起他，害怕他的赞助人离他而去，从而使他失去生活来源。尽管在内心中他并不认为父母有什么过错，但在反犹太文化背景下的其他很多人看来，被宗教裁判所判罪毕竟不是一件值得称许的事。维夫斯一直受此困扰，担心别人对他的评价和看法，以至他的一位朋友在给他的信中特别讲明，对他的爱没有因其家事不幸而减少分毫。

这种生活际遇使维夫斯对境况较差的大众尤其是犹太人充满同情，因为他体验过他们的痛苦与不幸。他的教育思想具有鲜明的民主性，与其他人文主义者思想中的贵族性形成了强烈的反差，这与其生活经历是息息相关的。这种生活际遇也使得他不能像伊拉斯谟和胡腾那样在其思想中表现出咄咄逼人的战斗性，因为他深知，他的家庭背景使他更不堪遭受外来的打击，于是他小心翼翼地活着，极力避开当时社会上和文化界的种种矛盾与冲突，以求平安了此一生，在这一点上他比伊拉斯谟成功，他没有卷入纷争的旋涡。

这种取向对其写作产生了深刻的影响，他不像伊拉斯谟用文学的、富有煽动力的语言直抒胸臆，而是用哲学的、心理学的隐晦语言表达自己，其语势自然不如前者强劲，影响也不会有前者那样大。大悲则静，人于静中的思考往往是深刻的，维夫斯的确比伊拉斯谟深刻。他的不便向外人讲述的痛苦使他具有丰富而深刻的内心体验，古典文化不论是古希腊的还是古罗马的都不能解决其内心的苦痛，于是他开始了他自己的心灵探索。他从观照自己的精神境况出发去考察人类的心理状况，从而成为"现代心理学的奠基者之一"①，在其丰富的心理学思想中，他对人的情感和动机予以翔实的分析，至

---

① Carlos G. Noreña, *Juan Luis Vives and the Emotions*, Southern Illinois University Press, 1989, p.7.

今令人叹服，让人感到这些文字不像一个 16 世纪上半叶的人写的。维夫斯将其心理学思想应用于教育上，获得了丰硕的成果，这一点大大超越于他那个时代，甚至超越了其后的两个世纪。维夫斯教育思想中最闪光之处就是他将教育理论建立在心理学的基础上。但谁又能想到，这居然与西班牙的宗教裁判所大有关联呢？

除上述以外，西班牙对维夫斯的教育思想还有三个重要的影响：一是对其认识论的影响，二是对其关于本民族语言态度的影响，三是对他的女子教育思想的影响。

维夫斯的家乡瓦伦西亚风光秀丽，有"西班牙的花园"之美誉。生活在这种美好的自然环境中，使维夫斯深受陶冶。瓦伦西亚自然风光的丰富多彩使他终生难忘，是使其终生愉悦的一片绿洲。在国外生活的岁月里，在给朋友的信中，在他的著作中，他充满感情地回忆起瓦伦西亚碧绿的青草地、绚丽多姿的鲜花、种类繁多的蔬菜瓜果，他认为他的语言无力描述出这里的景色之美。这种美是他用自己的眼睛看到的而不是从书上得到的，这种美给他一生带来了书本所不能带来的愉悦，这种美使他深刻体会到观察的价值，使他认识到书本不是知识的唯一来源。他后来要求人们去"研究自然"，他说："各门学科所包含的一切东西首先存在于自然之中，正如珍珠存在于贝壳之中，宝石存在于沙土之中。"①意即一切书本知识源于自然，源于书本之外，他将观察和研究自然作为一种重要的教学方法，这在当时推崇古人书本的文化氛围中是卓尔不群的，伊拉斯谟在这一点上就远不能与维夫斯相比。他通过观照、反省自身而对人的心理进行研究，体现的也是一种新的研究方法和认识方法。

维夫斯要求应推广本民族语言的教学，这在当时拉丁语、古希腊语占统治地位的文化教育界，也是颇令人惊异的，更难能可贵的是，他 17 岁后一直

---

① Foster Watson, *Luis Vives*, Oxford University Press, 1922, p.5.

居住在国外却还一直倡导本民族语言。这与其在瓦伦西亚的生活经历有关。在其青少年时代，西班牙语已发展得较为成熟，成为大众在日常生活中广为使用的语言，而且当时的法庭审判也已使用西班牙语，这给维夫斯留下了很深的印象。另外，他对大众的同情、他的民主思想也使得他看重大众所使用的语言。

维夫斯对女子教育的兴趣也与西班牙的影响有关，不过这种影响是比较间接的，这与另一个西班牙人——阿拉贡的凯瑟琳（Catharine of Aragon）有关。阿拉贡的凯瑟琳是西班牙国王费迪南德和伊莎贝拉之女，1485 年生于阿尔卡拉，少时在宫廷里接受了良好的人文主义教育，由于西班牙王室与英国王室联姻，她于 17 岁时离开西班牙嫁给威尔士亲王亚瑟，但婚后几个月亚瑟就去世了。1509 年她 24 岁时与亚瑟的弟弟英国国王亨利八世成婚，成为英国王后。凯瑟琳利用自己的影响力，在英国积极推进人文主义运动，对英国人文主义的发展助力不小。1523 年维夫斯赴英国与凯瑟琳第一次相见。凯瑟琳的学识使维夫斯看到了女子教育方面所具备的潜力，维夫斯还应邀参与了对凯瑟琳的子女的教育活动。

尽管维夫斯 17 岁离开西班牙后一直未归，但他的教育思想的根却在西班牙，他的喜怒哀乐与西班牙有着密切的联系。

（二）在法国

1509 年到 1514 年维夫斯赴巴黎大学求学，在蒙太古（Montaigu）学院学习。巴黎大学的学术风气远不如瓦伦西亚大学开明①，由经院主义占据统治地位，对此维夫斯颇为抱怨，认为学习经院哲学耗用了他过多的时间却收益甚少。经院主义教育训练的一项重要内容是让学生学会争辩、诡辩，他说：

孩子一入校，从第一天起，就立即教他去争吵，尽管此时孩子还不

———————

① Carlos G. Noreña, *Juan Luis Vives and the Emotions*, p.9.

会与别人谈话。这种争吵的训练贯穿在语法课、诗歌课、历史课、辩证法课和修辞学课之中，贯穿在一切科目之中，这样学生就养成了永不沉默的习惯。早饭时，他们争辩；早饭后，他们争辩；晚饭时，他们争辩；晚饭后，他们争辩。在吃饭时，在洗澡时，在工场作坊里，在教室里，在城里，在乡下，在公共场所，在私人场所，在一切场合，每时每刻，他们都在争吵。①

而他们争吵、争辩的大多都是没有多少意义的问题。维夫斯也是一个论辩高手，伊拉斯谟曾说"在诡辩者中没有人比维夫斯更会争辩"②，但维夫斯厌恶空洞无物的争辩，他渴求有实际内容、有丰富内涵、能给人带来乐趣的知识，这就是人文之学，当时有一些西班牙人在巴黎大学教书或求学，他们常常聚集在一起，讨论学术和社会问题，他们"就像一群不可征服的人，在与无知这一顽固的堡垒作战"，而巴黎大学的年轻人"除了会粗野地恶语伤人外一无所知"，维夫斯的小团体的活动是对大学空疏无用的学风的反动。

1514 年维夫斯写了一本名为《耶稣基督的胜利》(*Christi Jesu Triumphus*)的小册子，表现出维夫斯人文主义思想中的宗教取向。该书的部分内容记叙了这个小团体的一次活动。一天下午，维夫斯和他的一些朋友在教堂祈祷后一起聚谈时，他们的老师西班牙人赖克斯(Caspar Lax)邀他们见面，晚饭时谈及恺撒运用武力征服世界即"恺撒的胜利"这一话题，赖克斯感叹道，如果是"基督的胜利"而不是"恺撒的胜利"该有多好！维夫斯请求他解释什么是"基督的胜利"。赖克斯解释道，基督的胜利意味着基督教精神、基督教道德的胜利，仁慈、友爱的作用超出于武力和战争，君主征服他人不应靠蛮力而是靠美德，君主应追求和平而不是战争。这种观点与伊拉斯谟等人颇为相似，对维夫斯

① Foster Watson, *Luis Vives*, pp.18–19.

② Foster Watson, *Luis Vives*, p.19.

的思想产生了重要影响，维夫斯由此开始重视教育的社会作用。

1514 年他离开巴黎来到布鲁日，后又到鲁汶。在布鲁日他结识了西班牙人瓦尔多拉夫妇，后来维夫斯同他们的女儿玛格丽特结婚。在布鲁日时维夫斯还结识了反宗教改革运动的急先锋、耶稣会的创始人西班牙人罗耀拉。1519 年维夫斯出版了《反对伪辩证法》(*Adversus Pseudodialecticos*) 一书，抨击经院主义教育方法，反对经院主义的权威地位。他认为他从瓦伦西亚和巴黎所学到的那些经院学问对其是有害的，他说："在我缺乏鉴别力的时候，我接受了这些东西。我以最高的热情投身于学习这些学问，它们萦绕于我的心间。然而，它们虽进入了我的心里，但却与我的意愿相悖。正当我追求更美好的东西时，它们却使我神智昏乱。"①

他认为经院主义教育内容的核心即辩证法 (逻辑学) 只是一个工具，一个探索各种知识的工具，教学不应以其为目的。他以生动的语言阐明了其观点。他说，谁能忍受一个画家用一生的时光去准备画笔、去调制颜料而不去作画？谁能忍受一个补鞋匠用一生的时光去磨针、磨锥子、磨刀以及摆弄丝线而不去补鞋？整天学习逻辑学 (辩证法)，满足于争辩取胜，而不用这一工具去探索知识，是虚度时光，与不作画的画家和不补鞋的鞋匠是一路货色。《反对伪辩证法》以其论证的精巧、深刻为维夫斯赢得了声誉，确立了其作为一个人文主义者的地位。伊拉斯谟读过该书后在给英国人文主义者莫尔的信中对维夫斯大加赞赏，他说："有朝一日，维夫斯将超过伊拉斯谟，会使伊拉斯谟的名字黯淡无光。"②此时，伊拉斯谟已 55 岁，而维夫斯才 27 岁。维夫斯将《反对伪辩证法》寄给莫尔，向他征求意见，莫尔在回复中对维夫斯赞不绝口，他说他为自己和其他很多人感到羞愧，为获取虚名写了这样那样的小册子，但都不重要，远不能与维夫斯这位年轻人所写的论证透彻的书相提并论。1521 年

① Foster Watson, *Luis Vives*, Oxford University Press, 1922, p.30.
② Foster Watson, *Luis Vives*, Oxford University Press, 1922, p.33.

起，莫尔开始对维夫斯予以资助，同年，英国王后凯瑟琳也开始资助维夫斯，此时莫尔和凯瑟琳均尚未与维夫斯谋面。

1521 年 8 月，维夫斯在布鲁日第一次与莫尔等英国人文主义者相见，深深感受到英国人对他的热情和友好，萌生了赴英定居的想法。此时他正在修订和注释拉丁文本的奥古斯丁《上帝之城》，这是一项费时耗力的工作，是应伊拉斯谟的请求而做的。与莫尔等人相见后，在他们的鼓励下，维夫斯加快了工作进度，1522 年 7 月 7 日最终完成。由于对英国人颇有好感，加上他愿意赴英定居，于是他将此书题献给英王亨利八世，他在献辞中讲到，有些人向国王陛下奉献金子、银子、珠宝、衣饰、宝马和精良的兵器，给国王奉献这些东西就如同向大海里倒水，因为国王不缺这些东西，而他所要献给国王的是智慧。对智慧和知识的热爱是国王的美德，是国王留给子孙的最好的财富。1523 年 1 月 24 日，亨利八世复信表示感谢和祝贺，认为维夫斯做了一件了不起的工作，使奥古斯丁的真面目得以重见天日，并表示在任何情况下都愿意对维夫斯予以帮助。亨利的复信更坚定了维夫斯赴英的想法。

在赴英国前，维夫斯写了一本名为《基督教妇女的教育》(*De Institatione Foeminae Christianae*，英文为 *The Instruction of a Christian Woman*)的书，将之题献给英国王后凯瑟琳，他在书中以凯瑟琳四姐妹所受的教育为例阐明了女子教育的必要性，他说，"好女人以无所事事为耻，因此伊莎贝拉王后教她的四个女儿学习纺纱、缝纫和绘画"，在文化知识方面她们几个也"学得都很好"，都很有教养，长大后两人成为葡萄牙王后，一人成为西班牙王后即神圣罗马帝国皇帝查理五世的母亲，一人成为英王亨利八世的王后，这就是凯瑟琳。维夫斯力图说明对女子进行教育既有必要性又有可能性，女子不是不可教的。该书于 1524 年在安特卫普出版，1540 年英译本在英国出版。

(三)在英国

1523 年春天，维夫斯来到英国，受到英国王室和英国人文主义者的欢迎。

国王和王后将玛丽公主的教育事宜委托给维夫斯和另一个英国人文主义者林纳克负责。维夫斯为玛丽公主拟订了一份有关女孩的教育计划，后来他又给蒙乔伊勋爵的儿子拟订了一份教育计划。这两份计划，一份是关于女孩教育的，另一份是关于男孩教育的，其教育目的、内容都是有差异的。英国主教威尔塞（Wollsey）此时刚于牛津大学设立了六个讲座席位，其中的一个席位给了维夫斯，维夫斯自此开始在牛津大学讲授修辞学和古典文学。维夫斯与莫尔私交很好，是莫尔家的常客。莫尔的住所是一座大宅院，有藏书丰富的图书室、布置优美的花园，是英国著名人文主义者理想的聚会之处，常常高朋满座。伊拉斯谟将莫尔的家称为学园、学校甚至大学，意即其中洋溢着浓厚的文化气息。维夫斯在此结识了很多朋友，与莫尔的交往进一步增进了他对普通大众的同情。

1524年维夫斯写了两本小书，一本是《箴言集》（*Symbola*），一本是《走向智慧之路》（*Introductio ad Sapientiam*，英文为 *Introduction to Wisdom*）。前者是专为玛丽公主写的，辑录了几百条古代伟大作家的名言，他认为这些箴言对于孩子精神的健康发展是有益的，因为它们都含有丰富的道德教育价值。书中有"永不抱怨"这句箴言，维夫斯告诉玛丽，这句箴言就是他自己的座右铭，使他受益匪浅。《走向智慧之路》共有15章，其内容与《箴言集》类似，将柏拉图、亚里士多德、西塞罗、普鲁塔克、塞涅卡等人学说中的精华汇集一起，以之教育学生，陈明学生对他人、上帝所应负的责任。这两本书都具有强烈的道德教化色彩，反映出维夫斯力图在教育上将古典文化的精粹与基督教道德结合于一体的基督教人文主义思想。维夫斯每天的生活也恰是其基督教人文主义精神的体现，每天他在读书和从事研究活动之前，必先向上帝祈祷。

1526年维夫斯的《救助贫困》（*De Subventione Pauperum*）一书问世，他要求世俗政府出面来救助穷人，改变过去那种由教会救济穷人的做法，维夫斯对教会在救济穷人时的贪腐行为进行了抨击，认为由世俗政府出面更利于解决济贫问题。他说，在一个殷实之家，如果家庭中的任何一个成员衣衫褴褛或赤身裸体，而家长对此却无动于衷，这是家长的耻辱。在一个城市里，若地方官员对居民饥寒交迫的苦境无动于衷，则是官员们的耻辱。维夫斯还要求给贫民子弟提供受教育的机会，他为贫儿教育问题提出了许多建议，甚至还针对失聪失明的残疾儿童的教育问题提出了一些建议。从此可以看出，维夫斯对人类充满了深厚的爱心，这种爱是不分贫富贵贱的。在这一点上，他与莫尔是相同的，莫尔的《乌托邦》中也表现出同样的教育情怀。

1527 年亨利八世和凯瑟琳王后的婚姻出现了危机。维夫斯对凯瑟琳王后的同情使得他失去了国王对他的支持。王后视维夫斯为知己，想让维夫斯在离婚审判中做她的辩护人，维夫斯深知法庭是由国王操纵的，审判只是走过场，于是奉劝王后不要参加审判，王后却认为维夫斯不愿为其尽力，不再信任维夫斯。于是国王和王后都不再资助维夫斯了。在这种形势下，继续待在英国十分尴尬，维夫斯遂于 1528 年离开英国到布鲁日定居。

(四)终老布鲁日

从 1528 年到 1540 年维夫斯去世，除短时到其他地方出访外，维夫斯一直住在布鲁日。定居于布鲁日后，由于失去了英国王室的资助，维夫斯一家生活得比较拮据。为了寻求赞助人的资助，为了通过短期教学获得一些收入，他去过巴黎，去过布鲁塞尔，去过鲁汶。1537 年他做了拿骚(Nassau)公爵夫人的教师，此后生活状况才有较大的改善。怎奈好景不长，1540 年 5 月 6 日他就辞世了。

维夫斯最重要的、给他带来巨大声誉的一些著作都是在这一时期写就的。1529 年维夫斯的《论人类之和谐与不和谐》(*De Concordia et Discordia in humano genere*)出版，他将之题献给神圣罗马帝国皇帝查理五世(凯瑟琳的外甥)。他在书中表达了对和平的渴求，该书主要关注如何在欧洲实现和平，如何保证和平持续下去而不为战争所打断。他呼吁各国君主不囿于本国利益，从人类的角度、从各国共同利益的角度考虑问题，以杜绝纷争，求得和平。

1531年他的《知识论》(*De Disciplinis*)出版，这本书是维夫斯教育思想的代表作，被誉为"文艺复兴时代论证最深刻、最充分、最详尽的教育著作"，该书的教育理论深度超过了文艺复兴时代的任何教育论述。《知识论》分三编，共20卷。第一编题为《知识腐坏的原因》(*De Causis Corruptarum Artium*，英文*On the Causes of Corruption of the Arts*)，共有7卷，讨论了在社会发生急剧变革的时代，知识进步十分缓慢的原因，他认为不学无术者的贪婪和傲慢、人们不愿潜心于学问、战争、不同领域知识的混杂不分、对真正的亚里士多德的曲解、大学中不良的学风、拉丁语和古希腊语教学水准的低下、不把逻辑学作为一种有效的探索知识的工具、表达能力方面缺乏训练、对真正的自然科学知识的无知等都是当时知识进步缓慢的原因。第二编题为《知识的传授》(*De Tradendis Disciplinis*，英文为*On the Transmission of Knowledge*)，共有5卷，详尽讨论了教育问题，涉及课程的设置、教学的方法、教学的过程、学校的建立、教师的选择、学生的心理表现及其差异等诸方面的问题。第三编题为《论人文知识》(*De Artibus*，英文为*On the Arts*)，共有8卷，其中大部分篇幅用于讨论哲学问题和认识方法问题。在这三编中，第二编《知识的传授》最为重要，出版后最受欢迎和好评，在16世纪，人们曾把这一编从三编中选择出来进行专门研究。

1538年维夫斯的《拉丁语练习》(*Linguae Latinae Exercitatio*)出版，这是一本用拉丁语写的对话集，内容涉及学生的日常生活，易于为学生所理解和接受。书中所使用的拉丁语都是简洁而规范的，目的在于使学生通过这种有趣味的、内容贴近自身生活的练习，迅速地掌握拉丁语。

维夫斯最负盛名的著作《论灵魂与心灵》(*De Anima et Vita*)也出版于1538年。这是一本心理学巨著，详尽而深刻地讨论了感知、记忆、推理、判断、沉思、情感(包括爱、恨、恐惧、悲伤、喜悦等)、睡眠与死亡等问题，对人自身进行了广泛而深入的研究，在广度和深度方面远远超过了古人、同时代人和其后两个世纪的后人。维夫斯还将他对人类心理的研究结果应用于教育领域，将教育理论建立在心理学认识的基础上，这就使其教育理论具有其他人文主义教育家所不具备的坚实基础，使他的教育理论远高于同时代人。

维夫斯的一生远没有伊拉斯谟那样风光，他不好张扬，也不爱争斗，不愿也没有陷入任何纷争，他死时既没有敌人也没有鲜花，他的思想尤其是心理学和教育心理学思想也未必能为当时的人们所理解，但在文艺复兴时代众多的教育家之中，他的教育思想却是最值得称道、最令后人景仰的。

二、教育的目的和作用

维夫斯是一位基督教人文主义者，既热衷于古典文化，又对上帝有虔诚的信仰。同伊拉斯谟一样，他对当时社会的宗教、道德、文化和政治状况并不满意。他认为要使社会变好，须先使人心变善变智，他力图以人文主义文化和基督教道德改造社会，而要将人文主义文化和基督教道德输入人心，就必须依靠教育的力量。

(一)教育对改善宗教和道德状况的作用

维夫斯不像天主教会那样重视宗教礼仪，他认为这些都是外在的东西，最重要的是内心对上帝真诚的信仰和热爱。维夫斯并不关注来世问题，他主要从伦理道德意义上看待基督教，要求人信仰和热爱上帝，也就是要求人以上帝为榜样，做符合基督教道德要求的善举，"维夫斯所赋予上帝的几乎就是一个工具性的角色"①，上帝是最高的善，是美德的集大成者，他以美德之光照亮了人们前进的道路。上帝的作用在于引人向善，在于使社会变得更好。

上帝是美德的化身，是最高的善。他问道，除了上帝自己，我们能把什么定为人的归宿呢？人应全神贯注于上帝并使自己的本性变成上帝的本性，

---

① James Bowen, *A History of Western Education*, Volume Two, p.389.

使自己拥有美德。社会是靠美德、爱联结在一起的。上帝因爱而创造了人类，基督因爱人类而甘心承受苦难，人若有真诚之爱，人世间就不会有纠纷和战争。因此，维夫斯高扬上帝，就是高扬爱的旗帜，并想以此化解社会中的各种利益冲突，他说：

> 爱是我们所以创生的原因；因为，他(上帝)的热爱的标志，没有比他创生了我们更加显著……通过爱，即通过我们对上帝的爱，我们将回到我们的来源那儿去，这来源也就是我们的归宿。因为，除了爱，没有一种东西能把精神的东西联结起来，没有一种东西能使许多东西统一起来。①

既然上帝是最高的善，那么虔敬上帝就是追求善。学生入校后，应先使他们树立虔敬的基础，教育的"一切都应该引导到虔敬"，教师在教育学生时，应避开任何"与一个善良的心灵相违背的东西，并且总是说有助于良好道德的话语"②。他要求教育要以美德的力量，战胜和击破学生心中的私欲，他说：

> 应该教给他们我们宗教的基本真理，使孩子懂得他生来是多么柔弱和易于作恶；使他懂得没有上帝的帮助，没有一件东西有或能有任何价值，他必须经常地、诚恳地祈求上帝，没有上帝的帮助，他绝不能希望有所成就。很多人在判断什么是善、什么是事物的价值时，他们的盲目性和错误是多么严重呀！善良的见解必须灌输到空着的胸怀中去。我们是上帝的仆人，通过基督的十字架我们甘心服从上帝，必须把它当全能的神敬畏他，当全知的神敬仰他，当仁慈的赐予者热爱他。我已经写了

---

① 吴元训编：《中世纪教育文选》，246—247页。
② 吴元训编：《中世纪教育文选》，289页。

一本名为《走向智慧之路》的小册子，来阐明这些问题，教师容易从哲学家和宗教方面的作家那里采摘一些小的花朵，供他的学生应用，好像从青葱的草地采摘花朵一样。他应该再三地表明，根据记载人生怎样是一场无穷的、激烈的斗争；灵魂的欲望和理智相对抗，它们总是佩带武器，准备战斗，如果它们获胜，结局便是人类最痛苦的毁灭。所以，必须经常地议论欲望和反对欲望，以免它们击破我们的力量。很难说愚蠢的孩子会在他们身上显现出多少坏的欲望，他们认为它们并无伤害，但是，当它们变得比较清楚时，他们发现试图根除这些习惯的工作并不容易——欲望生了根，而且常常长出新苗。的确，一切行动在我们习惯于它的时候，都会变成愉快的事情。倘若不习惯于最好的东西，该是多么的愚蠢和狂妄……让孩子们懂得，上帝是一切正确行动的酬劳者，我们的心灵和思想上帝是明白的。这样，只要他们的年龄许可，他们会习惯于不为了获利而工作，而是为了神圣的、永久的报酬而工作。[①]

维夫斯认为，要在学生心中树立《圣经》的权威，因为《圣经》体现了上帝的意志。他说：

圣经的威信应该在学生的心中留下深刻的印象，使他们敬畏。当他们听到圣经上所讲的话时，他们会设想他们听到的是全能的上帝的声音。只要需要，教师可以从圣经中选几段，作为对病人的救治。"从《圣经》中，我们能"找到最高的权威，它不会欺骗我们，因为它是由不存错误的智慧产生的"。[②]

[①] 吴元训编：《中世纪教育文选》，285—286页。引用时有改动。
[②] 吴元训编：《中世纪教育文选》，289—290页。

孩子的虔敬和德行应尽早培养，因为"我们在童年时期所接受的看法，在我们生活的道路上跟我们走得很远，如果它们在幼年时期就在行为中凝固和确定下来，那么它们在我们一生中的影响便更为深远"，孩子善于模仿一切东西，常常模仿父母、保姆、亲戚、朋友的行为，这些人会对孩子的性情产生很大的影响，"父母所特有的虔敬，将扩散到和他们血肉相连的人的身上。所以，如果父母的性情不良，就必须忧惧。因为，父母和亲戚的性情，被孩子和奶一起吸进去，并随着年龄固定下来，有什么东西比此具有更大的影响呢……有什么影响能比父母和亲戚的影响更加大呢?"孩子会有犯错误的苗头，因而"柔顺的心灵必须按照正确的准则加以陶冶"。维夫斯认为父亲对孩子品德的关心应重于对财产的关心，因为德行的遗产更加重要，"不管他是否有遗产传给下一代，首先应该占有的是正直的性情。不，说得更恰当一些，不需要遗产，只需要德行"，因为一个败家子很快会将家产挥霍一空，而一个勤俭持家者会使财富不断积聚。①

学校和教师不应只传播给学生知识，还应培养学生良好的品德。维夫斯在巴黎大学求学时，对巴黎大学学生的道德状况深为不满，这些年轻人举止轻浮，沉溺于酒色，还不时在街头打斗。出身富裕家庭的学生急躁易怒，骄傲自大，挥霍财物。维夫斯认为，人到了青年时期，由于欲望的增长和不良朋友的影响，很容易走向堕落，致使"人的心灵跟着它的欲望游荡"，致使人"耽迷于各种各样的不道德的行为"，使得人"好像一只粗野、凶悍的野兽，沉浸在无知、傲慢、没有礼貌、没有知识和卑鄙的状况中。他的心灵热衷于各种各样的任性和恶德，他的生活完全放弃给各种猥亵的行动，最后被疾病所磨灭"。② 如果学校和教师不关注学生的品德成长，必定会使学生的心灵更加腐败，会使他们的不道德行为继续蔓延。人有学问是必要的，但人还应正确

---

① 本段的引文均见吴元训编：《中世纪教育文选》，268—274 页。
② 吴元训编：《中世纪教育文选》，270—271 页。

地运用他的学问，"没有一件事比滥用好的东西还要坏，而学问这个最有价值的工具，如果它被一个坏人所占有，可以转变为凶暴的罪行"①，因此，学校不仅应使学生有知识，还应使学生有德行，总之应使学生品学兼优。贯穿维夫斯一生的指导思想是"理性的培养和发展的目的在于，使学生过上一种有德行的生活"②。智慧发展与品德发展不应割裂。

基于此，维夫斯认为，人有了知识，应该谦虚，不应骄傲自大，不应为此趾高气扬，因为我们知道的与我们不知道的相比只是很少的一部分。一个人必须不断地学习，就像对任何事都一无所知一样。不要以向别人学习为羞耻，人类向动物学习了很多事情也没感到羞耻，为什么向他人学习就感到羞耻呢？人不应自负，人应看到其自身的智慧是有限的，与上帝神圣的智慧相比，人类的智慧是微不足道的，没有人有上帝那样的博学和智慧。人的聪明才智来自上帝的恩赐，如果一个人因其才学而受人尊敬，他不应自满，而应"用谦卑的心崇拜和感谢上帝给了他所有好的礼物"③，为追随上帝，人应不断地、多方面地学习。获取和运用知识，应有一个高尚的目的，知识不是个人获取名利的工具。为获得金钱而寻求学问，就寻求不到真正的学问，因为寻求者的用意在于金钱。为获得声誉而寻求学问往往也是靠不住的，人们经常因希望占有光荣而堕落，很多人生时享有盛誉，可是死后却名声不佳。名声是如此不确实和靠不住，时过境迁，声誉也会随之消失，"很多优秀的发现被自然的力量和后代的勤奋弄得黯然失色，因为后来者的书的声誉遮掩了以往的书的声望，正如高大建筑挡住了光线"④。追求声誉难免要投合别人的好恶，而别人的好恶又是难以把握的，因此，为追求声誉而研究学问，往往会使研究者违背自己内心的真实判断而媚俗，从而远离真理。追求声誉若是为

---

① 吴元训编：《中世纪教育文选》，272 页。
② Carlos G. Noreña, *Juan Luis Vives and the Emotions*, p.10.
③ 吴元训编：《中世纪教育文选》，307 页。
④ 吴元训编：《中世纪教育文选》，311 页。

了个人私欲，所得就会是非常有限的。最大的光荣在上帝那里，维夫斯充满激情地讲："若你不去注意别人对你的称赞并决心忠实地服从你自己的良心，并通过它为上帝服务，那么，你将有多少长期和可靠的光荣啊！"①应取悦于上帝而不应为虚名取悦于他人，而取悦于上帝的最好的做法就是，在探求知识时，不受他人左右，独立判断；在获取知识后，将知识运用于社会。

总之，上帝是最高的善，上帝具有最高的智慧，人作为上帝的子民，应在品德和智慧方面追随上帝，求善求真，若如此，社会就会变成一个既善且真的社会，教育的宗旨就是培养追求真与善的人，从而实现既善且真的社会理想。这便是维夫斯基督教人文主义的教育理想。

（二）教育对改良政治状况的作用

维夫斯认为社会问题尤其是政治问题的实质是道德问题，既涉及君主的道德，也涉及臣民的道德，若君主和臣民都关心公共利益，不为私欲所左右，社会必然会祥和平安。

同许多人文主义者一样，维夫斯把自己视为君主的顾问，认为向君主提出政治建议是其应尽的职责。此外，这也与维夫斯对知识与政治的关系、学者与君主的关系的理解有关。维夫斯强调知识要应用于实际，他说：

> 要大胆自信，我们要学习各个领域的知识，以备应用，这是上帝指定的。所以，我们不能只是永远地学习，而是要把我们的学问应用于生活实际。每门学问是无止境的，但在一定阶段，我们必须开始把它用于有利于他人和社会。②

由于君主拥有很大的权力，君主们若能听从学者的谏言，必然会对政治、社

---

① 吴元训编：《中世纪教育文选》，312页。
② 吴元训编：《中世纪教育文选》，313页。

会的改良产生重要影响。因此，学者给君主提政治建议是沟通知识与政治、学者与君主关系的重要途径，也是实现知识的社会价值的重要方式。越是有权力的人，其行为对社会的影响就越大，不过这种影响有好有坏，是好是坏与当权者的道德水平和认识水平有关。他说，一个坏的君主"并不比任何老百姓更有价值"①。向君主进谏是为了使君主的权力使用得更加公正合理。

维夫斯尤其强调历史知识对政治改良的意义，认为历史知识具有重要的实用价值，正确地理解过去是保持当今政治贤明的关键，历史知识是贤明之师。他论证，历史中充满各种事件，每件事都在变，但"人类最本质的天性"是永恒不变的，人类内心情感的基础从未发生过变化，人的行为建立在人的情感的基础上，同时人的行为又在政治生活中造成不容忽视的影响，这就意味着人们研究历史不是研究琐细的历史事件，而是研究事物发生的普遍原因。人们可以从这种普遍性的认识中找到有益于当前的东西，他说："一个人被其他人的邪恶所警告是件大好事，这比自己去体验好。因此，历史像个范例，为我们服务，它告诉我们应该追随什么、避免什么。"历史知识对君主管理国家非常有用，他说："我认为历史的最大、最重要的用处是有助于政府和公共事务的行政管理。"②维夫斯从他对历史知识价值的探讨中还得出另一个结论：那些对历史认识得最深刻的人，可以说最有资格担任君主的谋臣和顾问。

以历史为师，让学者为君主出谋划策，都隐含对君主进行教育的必要性。而当时君主的状况更说明了这种必要性。维夫斯认为大多数君主"心灵很腐败"，他们傲慢自大，粗暴易怒，缺乏理智，品德低下，愿听他人的阿谀奉承而不愿听他人的规劝和责备。维夫斯指出有学问的人应有社会责任感，不应为个人私利而无原则地吹捧君主。有学问的人应少称赞君主，应多告诫甚至谴责君主，贤明的君主从谏如流，在听到别人的谴责时，"没有一点儿痛苦和

---

① 吴元训编：《中世纪教育文选》，309 页。
② 吴元训编：《中世纪教育文选》，299—300 页。引用时有改动。

愤怒"。有学问的人不应为有权的君主文过饰非。

因此，有学问的人应对君主施以好的影响，不应抱不负责的态度，维夫斯认为他的责任不是为君主提供某个具体问题的解决办法，而是提醒君主不要忘记其所肩负的"道德义务"①，君主应给其臣民树立良好的榜样，能控制住自己的感情。只有当君主能明辨哪些事情真正有价值并能相应地调节自己的愿望时，才能做到控制自己的感情。维夫斯强调政治的道德底蕴，认为君主应是有德之人，君主首先考虑的应是社会的公共利益而不是君主个人的私人利益。他认为战争和政治动乱是对有罪的人尤其是对有罪的统治者的惩罚。国家与国家之间的纠纷和战争多因君主的野心而引发，战争给社会和人民带来的则是灾难。维夫斯坚决反对战争，积极倡导和平，他认为在学习历史时，不需要学习战争，要让学生注意和平的事。

不但君主应关注社会公共利益，而且每个人都应关注社会公共利益。维夫斯说，"人是政治的动物"，"我们是为社会而生的，一生离不开它"②。由于人是有社会性的，故教育应培养学生具有社会性的品德，使学生关心公共利益和国家利益。维夫斯对人们普遍缺乏公益心深表忧虑，他说：

在目前，当只有少数人甚至几乎没有一个人关心公共福利的时候，担任公职是大家所轻视的，而这个时候，这种公职的确是不应该回避的，为了热爱他的国家，应该是热切地被期望和受欢迎的。但是，今天，在很多国家，热爱祖国没有被理解，甚至到了这样的程度，每个人都只为他自己而生活，只关心他一个人。③

---

① Carlos G. Noreña, *Juan Luis Vives and the Emotions*, p.380.
② 吴元训编：《中世纪教育文选》，247 页。
③ 吴元训编：《中世纪教育文选》，270 页。

正因为缺乏爱国精神，所以更需要教育加以培养，通过合宜的教师，在学生心中"炽烈地燃起"对祖国的热爱，"对于无论什么于国家有益和宝贵的东西，他将愿意考虑国家的利益而奉献，同时，只要他有机会，他将尽其所能为国家的进步做出一切有益的贡献"①。

维夫斯对普通大众的命运充满深切的同情，在政治上他具有民主主义思想，早在1519年他就在《反对伪辩证法》中写道：

> 我从社会的深处看到一种变化正在发生。在所有的国家里，大众正在崛起，他们具有完全的、卓越的、自由的理智，他们再也不能忍受所受的奴役，他们决心割断暴政套在他们脖子上的锁链。他们正呼唤着他们的同胞奔向自由。

这段话很像是20世纪的人说的，但它的确是16世纪初的维夫斯说的。上层社会的人往往视大众为无知愚昧的群氓，维夫斯则对大众的才智予以高度评价，他认为体力劳动者的智慧高于争辩不休的经院学者，在《反对伪辩证法》中他提出，如果把经院学者们的争论从拉丁语译成大众能懂的本民族语言，从而使体力劳动者知悉经院学者们所讨论的内容，他们必定会发出不满的嘘声和愤怒的喊叫，必定会高声叫喊着把经院学者驱逐出巴黎。维夫斯认为体力劳动者有丰富的直接经验，他们由生活经验得来而非由特别研究得来的实用判断力和各种常识，远胜于经院学者们空洞乏味的争吵。② 1531年在《知识的传授》中他甚至说"一个君主并不比任何老百姓更有价值"，意即一个坏的君主对社会的价值还不如一介平民。③

---

① 吴元训编：《中世纪教育文选》，274页。
② Foster Watson, *Luis Vives*, p.32.
③ 吴元训编：《中世纪教育文选》，309页。

与这种民主性思想相联系，维夫斯反对暴政，要求世俗政权关心社会公共福利，救助贫困民众。在教育上，他要求关注贫民子弟的教育，关注女子的教育，关注残疾儿童的教育。但我们也应看到，他的民主性是有局限的，比如，他认为，女子受教育的目的就是为成为贤妻良母做准备。女人与男人相比有许多弱点，比如，头脑简单、情绪不稳定、疑心较重、嫉妒心强、多嘴多舌、专注于琐事等，女人在体力上和对情感的控制上均不能与男人相比，女人像是"一种软弱的动物"，故应服从于父亲和丈夫的权威。女子受教育的目的在于为结婚、为家庭做准备，应教她们学习各种家务，知识教育方面应主要集中于道德哲学，以培养妇女贤淑的美德。

(三)学校和教师的作用

由于维夫斯将革新社会政治、宗教、道德、文化的重担寄托于教育，而教育的好坏乃至成败又取决于学校和教师的质量，因而他十分关注学校和教师问题。

维夫斯充分肯定家庭教育的作用，但他要求设立公共的教育机关以提供更多的教育机会，他要求："在每一个市镇设立一所学校，聘请确实有学问、正直和谨慎的人担任教师。他们的薪水由公款支付。儿童和青年跟他们学习适合于他们年龄和兴趣的学艺。"①学校应成为一个"智慧赖以产生和成长的地方"。学校是一个教育场所，为更好地达到教育的目的，维夫斯对学校校址的选择提出了严格的要求。他认为，应使校址远离市井喧嚣，特别是要远离噪声很大的铁匠铺、石工作坊等，以免影响学生学习。学校周围的居民应该是热心正直值得尊敬的人，而不是懒散的、卑鄙的或邪恶的人。也不要把学校建筑在大路附近，以免学生由于观望过路人而分心。学校的校址也不应该设在国家的边界上，以免遭到战争的威胁而使学生不能安心学习。

维夫斯高度赞扬教师这种职业，认为教师以自己的光"点燃了别人心灵上

---

① 吴元训编：《中世纪教育文选》，275 页。

的光"，认为教师如同耶稣基督般神圣。如果说耶稣是人类的引路人，那么教师则是学生的引路人，"一个学生需要一个引路人，直到他知道路"，"有什么比一个人的心灵由于别人心灵的帮助而走向聪明和道德更好和更和谐的呢？农民对土地即是这种关系。那些培训别人心灵的人，应得到报酬，可称之为父母，如视力对眼睛，和洞察力对大脑一样"。①

维夫斯认为教师要发挥其应有的作用，必须具备三方面的素质：具有使他们能很好地进行教育的学问，具有教学的技巧和才能，具有纯洁的品格。教师应懂得教学技巧，应具有关于教育教学的"实际的智慧"。他说：

> 实际的智慧是整个生活的指引者，无论在训练优良的行为、纠正错误、批评指责还是在运用惩罚等方面，实际的智慧都具有最巨大、最有效的力量。因为，这些方法如果运用的时间、地点和方式方法都适当，可以产生巨大的效果；但是，如果运用不当，它们就都是使人讨厌和没有效果的东西。

教师还应拥有广博的知识、良好的品德，

> 一个教师应该既是个好人，又是学问的爱好者；因为，由于他勤奋好学，他就乐于教导，能发挥他的作用；由于他是好人，他就可以对别人有帮助。对待他的学生，他将具有父亲般的性情，学生好像就是他的儿子；他也不会指望可以从他的学生或他的职业得到多少报酬。为赚钱而教学，是决不会很好去教的。

当时各国许多学者办学的一个重要目的是获利，维夫斯认为这是一种"出卖性

---

① 吴元训编：《中世纪教育文选》，315—317 页。

的教学"，教师对获利的贪婪之心会败坏学艺，使自己和学问受到污辱。他
指出：

> 要让一切个人获利的机会都从学校排除掉。让教师们从国家领取薪
> 水，这正是好人希望而恶人鄙弃的；这样以免得薪水高，无知的和邪恶
> 的人出于贪钱而暗暗混进教师的队伍，而善良的和有学问的人，他们不
> 知道如何为职业奔走，也不愿意这样做，反而当不成教师。让教师别向
> 学生收费，从而避免从学生那儿寻求金钱，或是由于希望获利，而对待
> 学生过分和气和宽容。①

教师应因其德才而具有威望，从而获得学生的尊重，

> 让所有的人都被某种庄严和威望所吸引，让教师在他的学生中间更
> 多地激发他们的信任和尊敬，而不采取殴打和威胁。对教师的智力和品
> 德的仰慕将是学习的最大动力，是产生服从心理的有力影响。②

维夫斯要求师生间建立良好关系，教师应热爱学生，学生应尊敬教师。
他说：

> 教师对学生的爱应是一个做父亲的爱，他应真正从心底里爱学生，
> 好像学生就是自己的儿子。给孩子肉体的人，是否真正比刺激他心灵活
> 动的人对孩子更有贡献呢？事实上，就心灵比肉体更加是一个人的重要
> 部分来说，教师可以更实在地被称为父亲。因为，我们之所以是人，并

---

① 吴元训编：《中世纪教育文选》，261—263 页。
② 吴元训编：《中世纪教育文选》，268 页。

不是因为我们有了和野兽所同有的肉体，而是由于我们的心灵和上帝以及天使相似。为了这个理由，马其顿的亚历山大承认他受惠于亚里士多德的比受惠于菲利浦的还要大；他从菲利浦得到他的肉体，但是从亚里士多德得到他的心灵。使徒保罗说，他引导上帝的儿子走向德行。但是，这种亲子之爱并不是盲目的，而是观察敏锐甚至尖刻的。所以，它能发觉学生身上应该加强、改变或补救的一切倾向。应该使孩子牢牢地记住，他们在学校里所接受的是心灵的陶冶，即培养我们永生的精神。他们必须牢记，这种培养是上帝交给人类作为慈恩的最大礼物，它不可能从任何其他的来源得到，而且这肯定是一种追求，沿着这条路，他们能取悦上帝，到达上帝那里，这是他们最大的幸福。这样，他们将享受这种心灵的陶冶，把它看作他们必需的事情，并且尊敬它、崇拜它，把它当作神圣的、天赐的东西。因此，他们走进学校时将会充满着敬仰的心情，就像走进圣庙一样。教师应该竭力防止学校由于玩耍而变成没有价值的地方，也不允许它被任何不名誉的事所侵害。孩子们将热爱和信任教师，把他们当作为上帝服役的教师，当作他们心灵的父亲。教师将易于以他们愉快的态度而获得学生的热爱，将由于他们是很好的教师和他们正直的生活而得到学生的尊敬。教师的爱对优良的教和学能发生多么巨大的影响，是令人难以置信的。①

维夫斯对教师的素质提出了很高的要求，但当时教师的现状却令人担忧。他说：

> 现在有一些人把子弟送到某些学校，为的是使他们受到谦恭、有礼而高贵的教育，而他们是非常失望的，因为，几乎所有的教师都是贪婪、

---

① 吴元训编：《中世纪教育文选》，287—288 页。

卑鄙、低贱和愁眉苦脸的，难于讨好而又急躁，性情很坏，更不用说他们的懦弱无能了。教师不能经常和孩子们在一起，事实上，孩子们相互之间学习助长了不良的行为和某些关于事物的错误见解。①

要充分发挥教育对社会政治、宗教、道德、文化的促进作用，需要有许多条件，其中教师素质的提高无疑是重要条件之一。

三、教学内容

维夫斯对教学内容的看法建立在知识观的基础上，他反对空疏无用的知识，强调知识的实用性。

（一）不唯书的知识观

在《知识的传授》中维夫斯列出了许多门类的知识，既有传统的医学、法学和神学，也有其他人文主义者所倡导的学科，如文法、修辞、辩证法、算术、几何、天文学、音乐、雄辩术、体育、历史、哲学、伦理学，还有生物学、地理学、营养学、经济学、政治学等，知识的范围的确是大大拓展了，然而这些书本知识来源于何处呢？维夫斯认为，这些知识除来源于古代作家的著作外，还来源于当代一些作家的著作。例如，在伦理学方面，维夫斯特别推崇伊拉斯谟和比代；在政治学方面，他再度提到伊拉斯谟，还提到了帕特里齐和莫尔。他认为，所有这些作者"已经成为伟人，或不久就会被人们视为伟人"②。

从此可以看出，维夫斯已走出言必称古人这一许多人文主义者易入的误区，已经摆脱了崇古、泥古的阴影。实际上，他走得比这更远，这就是不唯书是从，不论是古代的书、中世纪的书，还是当代的书，他认为知识除了书

---

① 吴元训编：《中世纪教育文选》，270 页。
② ［英］昆廷·斯金纳：《现代政治思想的基础》，254 页。

本外，还有一个来源，那就是个人的直接经验。他将经验分为两种：一种是自己获得的，另一种是从他人那里尤其是从书本中得来的。他认为两者对人来说都很重要，但维夫斯的独特性在于他强调直接经验的作用。

维夫斯强调知识的实际效用，推崇"实际学问"，他认为，若只是从书本到书本，没有实践这一环节，就根本谈不上实际学问。他说，在生活中，实际的学问就在我们的身边，它随时准备做我们的伙伴。实际学问是一种对我们生活中一切事物都适用的学问，当人情绪激动时，它予人以有效的指导，使人生的航船不会被激流碰撞，不会被浅滩、暗礁或风浪所倾覆。实际学问来自经验，而经验有两个来源，

> 经验不是由自己行动所获得的个人知识，就是来自我们看到、听到或谈到的他人的经验知识。如果一个人缺乏这方面的来源，他就不能有实际的学问。因为，凡是涉及任何实际的经验，至少你自己要通过经验。虽然对你讲述很多格言、教训，假如你自己不适时地去实践，这与一个十足的新手没有区别，如绘画、纺织、缝纫等。一个人只有理论的知识，而没有一点实践经验，如果你让他去做一件事，他的工作将是拙劣的。同样，实际的经验，如果没有判断，对一个人来说也是没有多大好处的。因为，一个人如果只有实际经验而缺乏理性判断，他的行为常常是软弱的，不坚定的。有许多人在各种事务上有经验，知道得很多，可是，他们的判断迟钝而混乱，或者他们的判断很少或没有根据学问，因此，他们的经验将使他们收益很小。我们还不能期望青年人有什么学问，青年、成人和老人虽有学问，假如他们缺乏实际经验，他们的判断也表现得迟缓或衰退。为此，我们在一切学科的学习中获得知识和方法之后，要将其运用到实际中去获得经验。必须认真对待这个问题。[1]

----

[1] 吴元训编：《中世纪教育文选》，296—297 页。

可见，维夫斯并不否定书本知识的作用，但他认为书本不是知识的唯一来源，而且书本知识若不与实践结合、不运用于实际，也就没有多大价值。这种观点批判的锋芒直指经院主义知识的空疏无用和人文主义对古典文化的过分推崇。知识并不全在古人那里，并不全在经院学者那里，也并不全在人文主义学者那里，每一个人的直接经验也是知识的重要来源，通过细致的观察，一个人可以从外部世界、大自然获得许多知识，他说，有的人住在平原上，有的人住在山上，有的人住在密林里，这些人都可从他们生存的环境中学到很多东西，维夫斯甚至让学生"向园丁、农民、牧羊人和猎人求教"①。因为这些人具有丰富的从直接经验中获得的知识。这种观点的背后是维夫斯对知识垄断和知识霸权的强烈不满，是对普通人的认识能力和普通人在知识发展中的作用的充分肯定。因此，维夫斯的民主思想并不仅仅表现在政治方面，也表现在人类的认识方面。

(二)知识的选择

此处的知识是指历史中积淀下来的书本知识，维夫斯用较大篇幅讨论了书本知识的选择问题。

维夫斯认为，人要获得智慧就需要读很多很多的书，这些书应涉及各门学科的知识，但是，"一个人的生命是有限的"，"大批量的书，使想学习的人被吓住"，面对众多的书籍，学习者感到思想低落，他们会低沉地问："谁能把它们都读了?!"书是读不完的，因此，必须选出一部分来读，选择的标准是是否对人类有益，维夫斯说，生命是如此短促和易逝，所以不要把精力消耗在那些多余的和有害的书上，应选择那些有益于人类的书来读。有益的要求有二："既对生活有用也对敬慕上帝有用。"维夫斯接着又指出："而且，就是上帝的意图也是使知识趋于有用。"②这样，维夫斯就把实用作为衡量知识价

---

① G. H. Bantock, *Studies in the History of Educational Theory*, Volume Ⅰ, p.110.
② 吴元训编:《中世纪教育文选》，254 页。

值的重要准则，他说："生活需要的知识既多又异。由于人们的生命时间很短，转瞬即逝，一个人要超过其他人就要正确地使用他的时间，他就不能消费任何时间在琐碎的事情上，而要涉及生活实际。"①维夫斯引用古希腊医学家盖伦的话说，那些对生活没用的知识，没有权利被提出来让他人学习。

维夫斯讲求知识的有用性，这一价值取向在理论上至少产生了以下几个结果。其一，使得维夫斯对经院主义之学抱十足的蔑视态度，因为在他看来，经院之学纯粹是斗嘴皮子的学问，空疏无用。

其二，使得维夫斯较其他人文主义者更看重古罗马文化，因为古罗马文化比古希腊文化更重实用。②

其三，使得维夫斯对人文主义的博雅教育理想不以为然，"他对有益于社会的强调与意大利早期人文主义者对风度高雅、举止有礼、谈吐睿智的强调形成鲜明的对比"。维夫斯意欲为社会培养各种各样的、具有德行的有用之才，而不是像格里诺那样要培养聪明的、善思辨的学者，也不是像西尔维乌斯(教皇庇护二世)那样要把青年人培养成教会"未来的十字军战士"，也不是像弗吉里奥那样要使学生受到"战争艺术的训练"，因为维夫斯反对战争，他的实用知识中不含战争知识，在他看来，战争是不道德的，知识应为和平服务。总之，"在他看来，教育的实用的和伦理的方面要比教育的纯粹审美的、思辨的、休闲消遣的方面重要得多"③。风度、谈吐、衣饰、跳舞、游乐等在他看来都是外在的东西，内在的东西是虔诚并有为社会服务的本领。

其四，使得维夫斯重视职业性的学科如法学、医学、神学等，不将自由教育与职业教育对立起来。很多人文主义者推崇以古典文化为基础的自由教育，鄙视职业教育，认为法学、医学等是技术性的东西，其地位是低下的。

---

① 吴元训编：《中世纪教育文选》，253—254 页。
② G. H. Bantock, *Studies in the History of Educational Theory*, Volume I, p.110.
③ Carlos G. Noreña, *Juan Luis Vives and the Emotions*, p.53.

而维夫斯对实用性的强调使他"在自由教育和职业教育的鸿沟之间架起了一座桥梁"①。

在知识的选择问题上，有一个问题是维夫斯不能回避的，那就是如何看待古典著作。因为古典著作的作者都是异教徒，他们的著作中有许多因素与基督教精神是不一致的。

> 异教徒的、阿拉伯人的、犹太人的作品，是否应读，还是应彻底禁止？在它们里面确实有一些邪恶的、欺骗人的东西，这对那些没有经验的人和堕落的人是有害的。这是个很严重的问题，值得好好思考。这个问题没有任何人会容易地、简单地下一个断言。②

维夫斯认为，异教徒的作品中包含许多有用的东西，"它们包括百科全书式的知识"，"对生活有着重大的用处"③；同时，异教徒的书中也有很多对道德有益的东西，"异教作者对反对罪恶表现了很有效的判断，他们赞扬了道德。这些，我们都允许用来为增强我们的美德和反对我们的邪恶倾向服务。这些判断可以在他们的教学和格言中找到。这些将有助于我们的生活实践"④。此外，维夫斯认为"异教徒还掌握了美、华丽、有风度的演讲技术等"⑤。这些在维夫斯看来都是健康有益的，但他认为有些著作中也掺杂着危险的东西，

> 好比在蜂蜜或甜酒中掺了毒药……我们从这些书中找到好多称赞的声音，如对骄傲、愤怒、残酷、权力、财富以及享乐等的美慕和崇拜，

---

① Carlos G. Noreña, *Juan Luis Vives and the Emotions*, p.64.
② 吴元训编：《中世纪教育文选》，255页。
③ 吴元训编：《中世纪教育文选》，256页。
④ 吴元训编：《中世纪教育文选》，256—257页。
⑤ 吴元训编：《中世纪教育文选》，257页。

也会找到在他们的叙述中起污染作用的罪恶故事，如淫欲的、报仇的、自负的故事等。这些称赞和故事使学校出现狡猾、欺骗、冒充等现象，使灵魂无论愿意与否，都受到欺骗和诡计等的吸引，只等待时机去付诸实践。所以当人们的思想倾向于野心和获取时，就认为只有这些东西才会带来金钱和光荣。对于知道这些是如何危险的人和懂得这些教材的人，学习这类书可能无害，同时还可从中抓住它们有益的东西。可是，就是聪明的人也需要随时知道什么是有害的，并加以反对，正如技术高超的医生治病，开处方用毒药以毒攻毒。他们能比较异教徒的有害作品与我们的作品，前者是不纯的，是黑暗的，我们的则是优秀的，光明的。简言之，他们能仔细地观察各种作品，指出它们的优点或缺点①。

而对于学生而言，他们既无知又好奇，不知道如何正确地选择和使用书，这就需要教师加以防范和指导。

(三)教学科目

作为一个基督教人文主义者，维夫斯特别重视对《圣经》的学习和研究，将《圣经》作为重要的教学内容，因为《圣经》是上帝意志的表达，是人们达到虔敬的必由之路。维夫斯看重历史的作用，认为历史知识是政治贤明的向导；认为法律来源于历史，"罗马的或其他的法律，不是别的，而是历史的一部分，它产生于研究人们的习惯，在这习惯中，包括人们之间的交往和国际的交往"；历史有益于神学，"神学的大部分是关于希伯来人、基督、使徒、殉道者、圣徒、教会的事迹的故事"，这些历史事迹对人的行为有着非常大的激励作用；历史这门学科，对所有学科的产生、培育和发展有着重要作用。② 维夫斯重视古典文化的教学，要求以实用和虔敬为原则选择古典著作。维夫斯

---

① 吴元训编：《中世纪教育文选》，252—253 页。
② 吴元训编：《中世纪教育文选》，299—301 页。

也重视自然知识的学习，将生物学、地理学等都列入教学的内容。关于《圣经》、历史、古典著作、自然知识等，前文已有述及，此处不再赘述，在此主要讨论维夫斯对古典语言、民族语言、"七艺"、体育和三种职业性学科——神学、法学和医学的看法。

维夫斯关于古典语言和民族语言的看法与其他许多人文主义者既有相同的一面又有独到的一面。相同的一面是他也尊崇古典语言，独到的一面是他非常重视民族语言。

他有一个怪异的观点，认为民族语言的多样性是人类罪恶的产物，这种罪恶就是人类的傲慢自大，结果产生了多种多样的民族语言，给人与人之间的交流带来了障碍。他认为理想的状态应是，所有的人都属于同一个民族，都属于同一个国家，都说同一种语言。这简直是伊拉斯谟观点的重述。但现在已不是原初状态，民族语言的多样性已是事实，为了有利于民族间、国家间的交流，必须有一种普遍性的、共同的语言，维夫斯认为拉丁语就是这种共同的语言，但他所说的拉丁语是纯正的古典拉丁语而不是中世纪粗陋不堪的拉丁语。他认为中世纪所使用的拉丁文法和拉丁词汇是有缺陷的，使得拉丁语的纯洁性遭到了破坏。文艺复兴使纯洁优美的古典拉丁语重放光彩，拉丁语是一种理想的语言，悦耳动听、语汇丰富、表现力强。当时，拉丁语已经得到了广泛使用，这既有益于宗教信仰的传播，也有益于表达各种认识的成果。

维夫斯是个现实主义者，不像伊拉斯谟那样漠视民族语言的价值和发展。尽管为了学术上的交流，他的著述几乎都是用拉丁语写的，但他对民族语言充满感情，能讲多种民族语言，除了他的本民族语言卡斯蒂利语（Castilian）和瓦伦西亚语（Valencian）外，他还会讲法语、英语和佛莱芒语（Flemish）。维夫斯看到了掌握民族语言的重要性，他懂多种民族语言给他带来的益处进一步印证了他的这种看法。在《基督教妇女的教育》中，维夫斯指出，母亲有责任教孩子们讲好本民族语言，母亲在为孩子选择保姆时，应挑选本民族语言讲得好的人。母亲在孩子幼小时应注意孩子讲的每一句话，看是否正确，若不正确，应及时纠正，应使孩子能够看懂用本民族语言所写的祈祷文。在《知识的传授》中，他认为父亲和初等学校的教师也有教孩子本民族语言的责任。教师不仅应教育学生正确地说民族语言，还应该教育他们正确地使用民族语言写作。他还要求学生了解他们的民族语言从产生到现在的发展历史。本民族语言之所以重要，原因很简单，因为它为儿童了解他所生活的世界提供了基本的和最初的语言手段。语言是传统的与他人交流的工具，是打开各种知识门户的钥匙，在这个意义上，维夫斯认为，所有语言的作用和意义都是一样的，懂得拉丁语、古希腊语并不比懂得法语和西班牙语更有价值。用西班牙语或法语写的一个正确的句子比用拉丁语写的一个不正确的句子要好。这表明在对待语言的态度上，维夫斯也具有较强的民主成分，用民族语言写的正确的句子胜过用拉丁语写的错误的句子，就如同他说"一个好平民胜过一个坏国王"一样。

维夫斯认为在语言和事物的关系上，前者应服从于后者，语言存在的意义和价值在于能描述事物。他以这种认识为基础探讨了"三艺"即文法、辩证法(逻辑学)和修辞学的作用。他认为文法、逻辑、修辞所涉及的都是语言的规则问题，对语言和思维来讲，它们都很重要，学习它们是必要的，但它们不是目的本身。一段文字，语法正确无误，逻辑严谨细密，修辞手段的运用也丰富多彩，然而如果言之无物，这段文字就没有价值。语法、逻辑、修辞这些手段都是描述事物的工具，离开了事物本身，它们就失去了存在的意义。这是维夫斯对"三艺"的基本看法。

他认为语言是不断发展变化的，语言的规则尤其是语法规则也不应一成不变，词汇和句法都会发生变化。拉丁语和古希腊语这两种古典语言也不应该是"死"的语言而应成为"活"的语言，因此，他激烈地反对一些人在词汇和文风方面对西塞罗和昆体良生硬死板的模仿，认为这种模仿会抑制和阻碍语言的发展，并使一些过时的东西不合时宜地保存下来。他认为拉丁语词汇也不是一成不变的，为使之更有活力，可以将一些新创的词引入拉丁语词汇。

维夫斯要求革新辩证法（逻辑学）和修辞学的教学目的。辩证法从中世纪开始主要被视为一种论辩的艺术，这门科目的教学目的是让人善辩，并在论战中战胜对手，结果学生走出学校时言辞咄咄逼人，好斗成性，却没学到切实的知识。维夫斯认为，使人善辩不是目的，辩来辩去并不能增加新知，辩证法本身不是目的，它只是一种手段，它是探索任何一门学科知识所必需的一种工具，这门课的教学，应使学生能够为在社会上过有益的、实实在在的生活做切实的准备，而不是使其离开学校后成为好斗但不会下蛋的公鸡。

维夫斯认为，修辞的中心目的不是"装饰"文字，而是使人所讲、所写的东西更明晰、更有效、更令人信服。人的思维的创造力是与表达的清晰携手并肩的。辩证法与修辞紧密联系在一起，二者相得益彰。许多人文主义者片面强调修辞的作用，以辞藻华丽、修辞手段丰富作为追求的目标，对此维夫斯颇不以为然。他认为，过分追求修辞效果而不顾及内容，会使人陷入"愚蠢的冗赘"的泥潭，他写道："我认为一个明智者的喃喃自语胜于一个傻瓜的信口开河。"①因为明智者言之有物，即使只是喃喃自语，表达得朴实无华；而一个傻瓜胡说八道，尽管堆砌了许多词语，但没什么内容。人说话不是为了用丰富的语汇去取悦听众，而是为了传达和交流某种实实在在的东西。内容重于形式，没有内容，形式再漂亮，也没有什么意义；而若有内容，即使形式不漂亮，依然会有意义。

维夫斯推崇昆体良，但他认为昆体良对修辞作用的看法存在问题。昆体良认为，演说人在公众场合演说时，为了能驾驭听众，至少必须给听众造成这样一种外在的印象，即演说人是个值得尊敬的人，而手段就是靠修辞技巧

---

① Carlos G. Noreña, *Juan Luis Vives and the Emotions*, p.58.

的运用所带来的感染力，讲得好也就意味着生活得好。这是维夫斯所不能接受的，他认为昆体良将两种不同的东西混在一起了，把审美的东西即修辞手段、演说技巧与伦理的东西即生活的意义与目的等同起来了。有的学者认为，昆体良的上述观点具有马基雅维利主义的色彩，为了达到目的可以不择手段，即为了达到取悦听众并使听众敬重这一目的，一个本质上不值得他人尊敬的人也应该用言辞打动他人之心从而给人以可敬的印象。马基雅维利认为，一个君主靠美德难于立世，但即使他不躬行美德也应给人以躬行美德的印象。就像马基雅维利要求君主那样，昆体良要求演说者要作伪，要"伪善"。这在维夫斯看来显然是不道德的。

维夫斯认为，中世纪"三艺"教学的明显缺陷是未将"三艺"与文学、历史和哲学有机地结合起来，维夫斯指出，只有与后者有机地结合起来，而不是将"三艺"作为教学目的本身，才能使学生从中获得有益于社会和人生的丰富知识。尽管中世纪的"三艺"教学，也会从一些文学作品中选取一些片段，但大多是为了以此说明如何正确运用语法规则，如何用修辞手段美化文字，很少为了文学作品本身的缘故，即为了纯粹的审美愉悦而去阅读它们。意大利人文主义的伟大成就之一就是扭转了这种局面，并使"三艺"教学与文学、历史、哲学等结合起来，使文法、修辞、辩证法（逻辑）这些语言规则和语言形式获得了丰富的内容滋养。

然而，维夫斯对古代文学、历史和哲学著作并不是一概接受，将其作为教学内容，而是依它们是否符合虔敬和道德的标准予以甄选。维夫斯对文学的审美价值深信不疑，他谙熟古希腊罗马诗人的诗作，曾用十分生动的语言描述过读诗给他的心灵带来的欢乐，但他同时又担心诗的强烈感染力会对人的想象力发生作用，并激发起抑制不住的情感，以致使人做出不道德的事。异教文学的审美价值和强烈感染力与基督教道德存在一定的冲突，即审美追求与伦理追求存在不一致的现象。维夫斯力欲使二者比较好地结合起来，从而达到他的基督教人文主义的要求。维夫斯认为历史是一个道德教师，人应从历史中学习，但他同时也认为有些历史事实如尔虞我诈的斗争、你死我活的战争等对人并无好的影响。关于哲学，维夫斯认为，经院主义的辩证法和对争辩的滥用大大降低了哲学的威信，哲学成为神学的注脚，没有应有的独立地位。他要求改革哲学教学，尤其强调道德哲学、形而上学（物理学）和自然哲学的研究，要求人类探索自然和人类自身。

维夫斯将"四艺"也列入教学内容，由于他重视自然知识，对自然世界有一种百科全书式的研究兴趣，这就使得他所讲的"四艺"在知识范围上远远超出了中世纪"四艺"的狭隘范围和狭隘的神学目的。

他认为"七艺"这些自由学科是与人的日常生活及人的职业活动密切相关的。"三艺"不是神学玄思的工具，而是普通人在私人活动或职业活动中交流的工具。"四艺"与职业活动更为密切相关。数学（算术和几何）是测量学、透视学、光学、声学的基础。透视与建筑学和绘画艺术密切相关。光学对于研究镜像和透镜的原理是必要的。声学对于音乐家而言非常实用。天文学对于航海和农业生产都有益处。维夫斯鼓励学生到商店、工厂去向工匠们求教，学习各种工艺的技术和技巧。音乐是和谐之声，可使大脑放松，是一种重要的休息手段。

与大多数人文主义者不同的是，维夫斯不鄙视职业学科如法学、医学和神学等，他要求改革职业教育。由于他的家人曾遭到宗教裁判所的迫害，所以他非常谨慎，对神学教学应如何改革持回避态度，不敢说三道四，但对法学和医学却多有论及。尽管维夫斯没有受过法律专业知识方面的训练，但在他的好朋友、法学家克兰维德（Craneveld）和伊拉斯谟的影响下，他对法律产生了浓厚的兴趣，曾写过有关法律问题的著述，法律史专家认为维夫斯在人文主义法学史上占有重要的一席之地。早在11、12世纪，罗马法在欧洲就已开始复兴，促进了欧洲法律制度的建立和健全。但到了16世纪，由于资本主义的发展，工商业活动对法律提出了新的要求，维夫斯要求对法律进行改革，以使之适应时代的要求。他要求的法律改革不是对罗马共和国时期的罗马法进行细枝末节的修修补补，而是要求进行实质性的改革。他对当时的法律制度予以抨击，抨击法官和律师对法庭辩论的过分热衷，抨击法律条文的机械死板和晦涩难懂，抨击法学研究中注释这种传统研究方法的陈腐烦琐。他认为法律应该是简洁、有活力的，法律应关注人类生存最重要的问题，应体现出平等的原则。

维夫斯对医学评价颇高，认为它不同于空疏无用的虚玄之学，其目的是实践性的，为的是救死扶伤。医学必须以实践为基础，病症多种多样，发病原因、病情表现、病灶位置皆因人因病而异，必须在对这些进行切实研究的基础上才能探索到一般的病理及治疗的方法。培养医生必须理论与实践两个方面并重。理论方面的训练应当包括研究人体解剖学、各种病症表现、药物学和药理学等内容。维夫斯认为医学研究是没有止境的，需用一生时间且须全力以赴，即使不要求每一个医生都成为走在医学前沿的研究者，也应要求每一个医生了解医学发现的最新动态。实践方面的训练包括解剖人体、用动物做实验以及和有经验的医生多多交流等方面。医生应穿着整洁，并保持自己身体的健康，在行医时应有医德，不要因贪婪或自负而耽搁了疾病的治疗。①

维夫斯关注医学是与他关心人的身体健康相联系的，他认为健全的精神寓于健全的身体，要使身体健康，需注意营养、休息和活动三个方面，他说：

> 我们的头脑和身体的力量是无穷的，但有时是虚弱的。我们要给它们一些食物和休息。这样，才能完成进一步的工作，否则，它们将在很短期间就要耗尽，变成无用。儿童要经常锻炼他们的身体。因为这个时

---

① Carlos G. Noreña, *Juan Luis Vives and the Emotions*, pp.65-66.

期他们需要生长和发展力量。因此我们不能把学习压得太多太紧，要允许他们的注意力有休息的时候。否则，他们在开始爱学习之前就开始恨它了。①

维夫斯要求食物应有营养，进食要定时，食物的选择应根据每个人不同的身体状况。投标枪、打球或跑步都是很好的体育活动，其目的不是使儿童粗野和凶顽，而是促进他们身体的健康发展并使他们的头脑精力充沛。相对于其他一些人文主义者而言，维夫斯并不十分重视体育，只是将它置于一个相对次要的地位。

（四）教学方法

有两个因素在很大程度上影响了教学方法研究的深度：一是对人类认识过程的研究状况，二是对教学对象心理特征的研究状况。维夫斯恰恰在这两个方面都高出其他人文主义者许多。

维夫斯认为经院主义的方法不能产生新知识，不利于知识的进步。不仅如此，这种方法还毁坏人的心智，助长人的非道德倾向，结果不是捍卫了真理和道德而是戕害了二者。他指出：

应该消除一切助长浮夸、傲慢和虚饰的机会。因此，凡是得不到真理的公开争论要少举行，在那种场合下，比较热心于真理的人难于得到赞助，而只为力图显示自己的机智或聪明的人制造机会。从这种受到赞赏的争论中，争吵、口角和纠纷增多了，更加有害的是理智起来反抗真理，为了推翻真理，理智采取各种各样秘密的方法，尽管运用各种计策，希望推翻真理，克服真理，而不是服从真理。这样蛮横、邪恶的争吵不能造就善良的人，更不能造就基督教徒，因为这两类人的心灵应该是纯

① 吴元训编：《中世纪教育文选》，294 页。

洁的，他们应该是真理的追随者，是基督的追随者。最后，很多从这些
争论中离去的人，更加会骂人，更加固执，没有一个人比参加争论以前
更加聪明或更加良好。①

维夫斯认为辩论和争论是必要的，但其目的不应是压倒、斗胜对方，而
是探求真理，辩论和争论应当是善意的。维夫斯说："在多数情况下，用语言
或笔伤人甚于用剑，用刀只能伤人的身体，用语言则刺伤人的灵魂。"他认为：

> 争论应该是朋友式的，而不是战争中敌对式的。在所有的讨论中都
> 应该如此，特别是在神学中。在这门学科中，对神圣的真理的不虔诚的
> 进攻和怀疑，使听众的头脑中开始对那些应肯定、确定和不可动摇的事
> 情发生怀疑和动摇。罪恶的敌人于是对这些散布的怀疑进行鼓励和扩大。
> 人们也跟着去做，从而使一个人为他自己智慧的光荣甚于为了维护真理。
> 我们应该服从真理，不只是那些关于虔诚的和神圣的事，还有世俗
> 的事。②

经院主义的争论所依据的是亚里士多德的逻辑学，维夫斯认为这种逻辑
学是有严重缺陷的。维夫斯对经院哲学的批判较伊拉斯谟要深刻得多，

> 在他看来，经院哲学的学科及其赖以为据的亚里士多德逻辑学的根
> 本缺陷，在于以一般概念为先决条件，他认为学识腐化的真正原因正在
> 于此。而唯一能消除这种弊端的方法就是从事实经验开始，通过头脑的
> 自然的推理并由这些事实经验形成概念。简言之，正确的学习方法不是

---

① 吴元训编：《中世纪教育文选》，263 页，引用时有改动。
② 吴元训编：《中世纪教育文选》，317—319 页。

演绎法而是归纳法。①

维夫斯不仅对经院主义的方法不满，而且对许多人文主义者崇古泥古的做法亦深为不满。这些人认为一切知识尽含于古代文化之中，若要求知，无须面向外部世界，只要面向古人、面向过去就够了。维夫斯认为，若是如此，人类的认识将永远不能超越古人，超越过去，知识就不会进步。他反对任何知识权威，他说："为了尊重知识，如果需要，伟大作家也应受到批评。"②维夫斯认为人的认识是有局限性的，正是这种局限性给人类认识的发展带来了可能性与必要性，如果人类的认识可以一劳永逸，那么人类认识的发展就既无可能性亦无必要性。真理不是哪一个人或哪一个时代能够全部探求完毕的，人类的认识过程是一个不断发展的历史进程。他认为，如果我们都充分发挥自己的智慧，可以肯定的是，我们对事物的认识会比柏拉图、亚里士多德或者任何古人对事物的认识要深刻。我们有权利去探索、研究、形成自己的观点。真理对所有的人都是开放的，还有很多真理人类尚未发现，有待后人去发现它们。③ 他指出，亚里士多德年长时对事物的认识比年轻时要深刻和丰富，我们现在比亚里士多德知道得更多。尽管维夫斯认为亚里士多德是"迄今为止所有哲学家中最有智慧者"④，但他对亚里士多德著作的许多内容甚至对亚里士多德的文风也多有批评。另外，柏拉图、西塞罗、塞涅卡、昆体良等深受维夫斯敬重的大家也都受到过他的批评。他对伊拉斯谟也有微词。伊拉斯谟反对泥古不化，反对西塞罗主义，要求对古代文化尤其对古代文体风格进行"创造性的模仿"（creative imitation），而不是机械刻板的照抄照搬。维夫斯认为，伊拉斯谟的创造性模仿还是没有走出古人的樊篱。维夫斯要求人不

①　[英]博伊德、[英]金：《西方教育史》，179页。
②　吴元训编：《中世纪教育文选》，321页。
③　G. H. Bantock, *Studies in the History of Educational Theory*, Volume Ⅰ, p.107.
④　Carlos G. Noreña, *Juan Luis Vives and the Emotions*, p.55.

应只以古人为师，应自己去探求知识，应自己走出书本到书本以外的世界去探求知识。

这就需要新的认识方法，因为经院主义的方法和以古人为师的做法不能产生新知。新方法就是以感觉经验为基础的归纳认识的方法。维夫斯说：

> 脑有两种功能，观察的能力是眼睛的事，对事务的判断和决定是大脑的事。眼睛只管观察，而大脑则管人的行动。人类头脑探索的范围包括：天空、风雨、石头、金属、植物、动物和人。人不是孤立的，他研究自己的身心以及与其有关的事物，永恒状态的和不同阶段的它们的变化，以及考虑人类的发明，从而打开观察的广阔天地。此后，他开始研究精神方面的事物，甚至研究至高万能的上帝。所有这些课题，人类的能力之所以能够做到，是判断的功能。①

对事物的认识仅靠观察、感官经验还不够，还应有理性的参与，需要从具体的多样的经验中抽象出一般的原理。他说：

> 开始时只有一个经验，然后又有一个经验，我们对这些新鲜经验感到新奇，新奇之后它们就在我们心中留下印迹，以备来日生活之用。从一系列分散的经验中，大脑便创立了一个普遍性的规律。之后，这一规律又被更多的经验所支持、确证，那么，此时，这一规律就被认为是确凿的从而被确立起来。然后，这一规律就被传给后人。

维夫斯在此描述了人类从具体到抽象再到具体这样一个认识的过程。他认为，"直接经验是偶然的，是不确定的，除非它们被理性所驾驭"，他要求

---

① 吴元训编：《中世纪教育文选》，321 页。

"把经验上升为一般性的认识，并用一般性的认识来指导经验"。他看重人类已有认识成果即间接知识的作用，认为正是知识将人的精神与直接经验结合在一起，使二者交互作用，或将直接经验上升为一般性的认识从而产生新知，或在直接经验的基础上验证、修正过去形成的认识。没有知识，人很难理解、洞察其所见所闻，也很难有所作为，知识是"一般性原理的聚合，其目的在于认识、做事或产生新知"。维夫斯重视人类已积累起来的知识对个人认识发展的作用，认为一个人的认识不能仅依靠个人的经验，还须借鉴他人的经验，他要求学生从书本中、从过去的文化中汲取每一门学科的知识。他反对为学习知识而学习知识，认为知识只是工具而非目的。有人这样评价维夫斯：维夫斯的同时代人中没有谁像他那样重视知识的实用特性，也没有人像他那样重视直接的感觉经验的作用。①

基于这样一种对人类认识过程的理解，维夫斯阐述了他对学习过程的理解，他说，

> 学习的过程是从各种感觉到想象，再由想象到理解，它是学习过程的生命和本质。所以学习过程要由个别事实到大批事实，由个别事实到一般事实，这是在儿童学习中必须注意的……因此，各种感觉是我们最初的教师，理解则源于感觉②。

这样，维夫斯就把感官经验作为认识活动的开端，认为学生对日常生活的各种经验和经历是教育的要素。

与伊拉斯谟相比，维夫斯既重视感觉经验对学生认识的作用，也重视人类历史上所积累下来的间接经验对学生认识的作用。伊拉斯谟问道："人能从

---

① G. H. Bantock, *Studies in the History of Educational Theory*, Volume I, pp.107-108.
② [英]博伊德、[英]金：《西方教育史》，180页。

树中学到什么?"他的意思是人应从历史上积淀下的文化中学习知识，而不应通过感官从外部现象世界中获得知识，知识在古人那儿，在书本上。而维夫斯则号召学生向园丁求教，他认为人通过现象能从树中学到许多书本上没有的东西，但他并不否认书本知识的重要价值。相比较而言，伊拉斯谟的观点是片面的。这种不同的认识直接影响到他们对教学过程、教学方法的不同构想，一个是重书本的方法，另一个是书本、实践并重的方法。维夫斯的方法肯定今人胜于古人，肯定人有创造新知的能力和责任，其精神风貌较伊拉斯谟要新许多，具有质的差异。他为教育增加了新的资源，除了积累下来的文化知识外，学生的个人经验也是不可缺少的。在维夫斯看来，教师依赖于书本、学生依赖于教师的知识获得方式，是大有问题的。对个人直接经验的肯定提升了学生在教学过程中的地位，学生的认识过程再也不是一个完全依附于书本和教师的过程。

（五）心理学与教学方法

维夫斯对教育理论的一个重要贡献是他力图将教学方法建立在心理学研究的基础上，正如教育史家所指出的：

> 他的杰出之处，就是力图用心理学的方法来理解教育问题。以前的教育家主要拘泥于所教的学科，而且对方法的考虑也仅限于由题材所决定的教学过程；维夫斯则最先提出了一个革命的教育概念，即教育主要是一个由学习者的本性所决定的学习过程。①

维夫斯说："在决定怎样对每一个人进行教学的时候，应该考虑他们的性情。仔细考虑这个题目属于心理学的研究。"②他要求教师在实施教育教学活

---

① ［英］博伊德、［英］金：《西方教育史》，180 页。
② 吴元训编：《中世纪教育文选》，276 页。

动之前应先了解学生的性情，"让教师每年分别在不同地方举行四次会议，共同讨论他们学生的天性，商讨他们的教育问题。安排每个孩子学习他似乎最适合学的东西"①。

维夫斯对人的心理表现诸如感觉、记忆、联想、推理、判断、情感、意志等进行了详尽的分析，其中对记忆和联想的分析与教学过程有密切的联系。他认为记忆是一种特殊的心理能力，通过它人才能将其观察、阅读、思考之所得保留下来。识记的能力、回忆的能力和重组记忆下来的材料的能力是记忆力的三个因素。记忆是大脑的一种功能，记忆区位于头的后部。维夫斯对如何提高记忆能力很感兴趣，他认为记忆与人的情感好恶有密切的联系，他指出我们在大脑中只能保留住我们愿意保留的东西，而且我们只愿去记忆那些让我们感兴趣的东西。他说这是被他作为一个学生和教师的经历所证明了的。识记与保持二者之间也有一定的关系，一般识记所花时间越长，保持的时间也就越长。有的人才智敏捷，对于事实和观点具有很强的理解力和洞察力，但记忆东西却很慢。将已学知识予以应用以及用提问的方式定期测验已学知识，有利于巩固记忆。维夫斯还分析了导致遗忘的原因，身体状况不佳（比如生病）、个人注意力不集中、被外界所干扰、记忆的材料对记忆者没有多少价值以致不愿主动去记忆、记忆者最初对所记东西的印象（第一印象）模糊不清等因素都对人的记忆能力有不良影响，容易导致遗忘的发生。联想涉及的是一些关系，如因与结果的关系、部分与整体的关系、时空条件与相关事实的关系、两个相似的事实间的关系等。这几种关系对教与学都非常重要。②

维夫斯认为学生的心理特征在不同的年龄阶段、在不同的人的身上都有

①　吴元训编：《中世纪教育文选》，267 页。

②　William Harrison Woodward, *Studies in Education during the Age of the Renaissance*, pp.185-187.

不同的表现，这就是心理的年龄特征和个别差异。

他要求教师尊重学生的年龄特征，依学生年龄的长幼、学习能力的强弱来安排教学内容，他说：

> 要按他们的年龄来选择，并持续扩大其教学范围。假如不用自然的办法教育一个人，而是教训其努力和勤奋等，那么，他就会常常犯错误，就会按相反的方向发展，干他自己的事。所以在任何年龄阶段都要纠正错误。我们不允许儿童被任何错误抓住，并且日益发展。因此，当一些事情学生还不能理解时，教师应把它们推迟到以后适合的年龄去做或学。①

他还要求根据学生的个别差异实施教育和教学。学生的个别差异既表现在认识能力方面，也表现在情感方面。

观察、理解、比较、判断是几种重要的认识能力。这几种认识能力往往因人而异，有些人能看到一切颜色暗淡的东西，观察力敏锐，

> 有些人辨别分散的东西的能力很强，但是不能同时领会很多东西，或者是他们一时领会了它们，却不能记住它们。有许多人，他们看见、领会而且记住了各种事物的印象，但是往往不能把各种事物相互联系起来；他们也不会通过事物的互相比较去判断事物的性质。心灵的天然能力也正是这样。有些人因为敏锐，对分散的东西看得清楚。但是当它们联系在一起的时候，却不能领会它们，也不能记住它们了。他们的理解力是狭窄的。他们的记忆力是短暂的、转瞬即逝的。另外有些人能够领会，但是对于直觉感知的东西，并不进行思考，以便判断并决定他们的

---

① 吴元训编：《中世纪教育文选》，291 页。

本质和属性①。

有些人心理迟钝，只能认识、把握事物的表面现象；有些人则心理敏锐，能够认识、把握事物的内在本质。有些人动手能力强，有些人思维能力强，有些人则两方面都较强，

> 有些人在用手做东西方面非常灵敏，希腊人称这些人为"能工巧匠"。你总是看到这种孩子画画、建造、纺织，他们把这些事情做得那么好，（做的时候）那么高兴，使你会想到他们已经学了很久了。另外有些人，被伟大而高尚的心理所激动，致力于判断和推理这类比较崇高的事情。他们在童年时期不长于手工技艺，但是，他们已经能理解他们所听到的每一句话，敏捷地、迅速地发现一件事情的原因。有些人对这两种活动都擅长，但是他们人数很少。有些人适合于某一个别部门的学问，如有些人尝试写流利的散文但甚感困难。我知道有这样一些人，他们描述一件事情时非常机智，但是他们的推理却非常荒谬。在心理的一切材料上（不仅在双手活动方面，而且在一切要求特殊能力的活动方面）都具有才能的人是罕见的②。

教师在教育教学过程中应充分考虑到学生在各种认识能力方面存在的差异。同时，教师还应考虑学生在情感、品德等方面的差异，他说：

> 有些人感情容易激动，另一些人感情比较平静，这后一种人好像被各种情感轮流地统治着。由身体产生的原始的感情，有些倾向于善，有

---

① 吴元训编：《中世纪教育文选》，276 页。
② 吴元训编：《中世纪教育文选》，280 页。

些倾向于恶。有些人的心灵被某些感情占有到这样的程度，以致所有进入心灵的东西都被拉到感情那儿去，正如有病的胃把所有进到胃里去的东西变成有毒的体液一样……有些人的心灵部分是正直的，但是感情突然意外地发生，控制了心灵，迫使它离开了正路。有些人简单、正直、善良，有些人狡猾、欺诈；有些人经常隐蔽自己，有些人和他们相反，总是勇往直前。在有些人，只有恐惧能起作用；在另一些人，只有仁慈能起作用。有些人敏感、清醒而有节制；另一些人则习惯性或间歇性地表现出疯狂和粗暴。有些人温和，有些人凶狠和激烈，有些人甚至放肆到无拘无束。有些人通过正当和高贵的事业维持心灵的运动，我们称这些人有大丈夫的气概；另一些人耽于无聊的事情或者根本不做什么事，我们称这些人幼稚和浮躁。①

教师应顾及学生在感情上的反应，不要动辄对学生发怒或体罚学生。他要求教师在一般情况下不应对学生发怒，"教师在什么时候要多少发点怒呢？就是当儿童自己能做而他不做的时候。没有比教师用残酷的威胁、发怒和鞭打，要求幼小儿童做这做那更为愚蠢的了。这样的教师，他们自己就应该被鞭打。教师对学生要遵守温和指责的原则，至少他不要疏忽和引起学生们的反感。他不要用严厉的字眼儿打击儿童们的神经，或用严厉的态度吓唬他们"。教师应该"用称赞和肯定激励学生"，但这并不是说不可对学生进行惩罚。他说：

由于人的头脑常被情感引向错误，因此，每个没有思考的行动必须加以检查，用申斥来制止，用语言来责备，如果需要则用鞭打。像动物挨打受痛，使儿童从错误转向正确，这只有在说理不奏效时才使用。所

───────────────

① 吴元训编：《中世纪教育文选》，282 页。

有这些，我不赞成在自由人中进行，像在奴隶中进行那样，除非儿童发展到如此地步，非用打的办法去激励他们去完成任务，像对奴隶那样。教师不要跟儿童太随便。当他们还小的时候，因为"太随便会滋长轻视"。教师要牢记不要严厉，要和蔼；不要威胁，除非需要；不要辱骂儿童，这会引起他们对学习产生轻视和厌恶。假如教师对儿童的威胁尚不能奏效，教师可以打他。但采用这个办法，要注意，不要使身体感到太痛，甚至受到伤害。教师不要让学生习惯于他的轻视或训斥。我希望他不要行之过度，以备在特殊和很少情况下使用。教师要保持尊严，要考虑问题，不要经常发怒，而产生无情。对大一点的儿童更应少用发怒来检查，可是有时也要用。儿童们的错误言行主要是用威胁来制止。①

总之，维夫斯要求教育者研究、了解并尊重他们的教育对象，将教育教学活动建立在心理研究的基础上。他深刻地认识到，教育是一种以人为对象、中心、目的的活动，不了解和尊重学生，教育活动就必定会是盲目的和效果不佳的。

在众多的人文主义教育家中，维夫斯给人以鹤立鸡群的感觉，他的教育思想的确是卓尔不群的。他的民主情怀，他关于知识的价值、来源的看法和他对人的心理的深刻而细微的洞察，把他的教育思想推向了时代的巅峰。从其他方面看，维夫斯不是那个时代最伟大的人物，但从教育思想这个方面看，其他人均不能与他媲美。

---

① 吴元训编：《中世纪教育文选》，292—293 页。

结　语

褚宏启

文艺复兴时期的人文主义教育，时间跨度大，从 14 到 16 世纪历时几百年；空间跨度大，涉及欧洲阿尔卑斯山脉南北的多个国家；内容跨度大，不论是教育实践还是教育理论，其内容都非常丰富。跨越广大时空的人文主义教育所关注的基本问题，主要涉及教育目的、道德教育、教育内容、教育方法等方面。

第一，教育目的。中世纪教会学校的教育目的主要是为了宗教职务，为了有助于对上帝的信仰。人文主义教育使这种宗教教育的目的发生了转向。不论是意大利早期人文主义教育家所要培养的公民还是意大利后期和北方人文主义者所要培养的君主、侍臣，都是为革新现实社会服务，具有强烈的世俗性。人的发现和人的解放必然会对教育的基本精神产生重大影响，会要求教育的各个层面发生相应的变化。人文主义者所推崇的教育是以古代文化为基础的古典人文教育，由于古代文化本身蕴含着关于人的、不同于中世纪的价值观念，因此，受教育者接受人文教育就意味着接受一种关于人的新的价值观念，意味着对自身的发现和解放。

人文主义者重视教育对人的发展的作用，主张通过教育来培养具有多种造诣的全面发展的人。人文主义者认为中世纪教育是职业性的，是狭隘的，不能使人的各种潜力得到充分的、全面的发展，他们主张传授古典学问，让学生接受广泛的人文学科教育，目的在于培养头脑发达、能写善辩、风度优雅、体魄强健的完人，以适应丰富多彩的社会生活的需要。人文主义者强调人的全面发展，强调通过教育使人得到解放、得到发展，强调教育不仅应为上帝和天国服务，更应为世俗国家服务、为个人的今生今世服务。

第二，道德教育。人文主义者都强调美德在社会生活中尤其在政治生活中的重要性，道德教育在人文主义教育中居首要地位。他们既要用道德教育来克服社会的不道德现象，又要用道德教育来塑造新的道德精神。人文主义者反对不合乎人性的道德教育，反对对人的压抑，要求学生积极向上，奋发有为。

人文主义者反对教会虚伪的道德实践，但他们并不全盘否定基督教道德本身，人文主义者推崇的道德，很多都属于基督教道德的范围。人文主义教育家推崇哪些道德呢？首先是古代伦理学家所崇尚的四项基本美德：正义、意志、节制、智慧。除四美德外，他们还强调宽宏、仁慈、守信等美德。北部欧洲人文主义教育家还尤其强调虔诚的美德。人文主义教育家重视美德的原因有二：其一，他们认为，人生的目的应该是获取名誉、光荣和声望，而美德是获得这些的首要条件；其二，追求美德还有政治上的原因，他们认为，消弭党争，消除腐败，建立一个井然有序、和谐有度的国家的关键在于德行，若统治者以身作则，躬行美德，则极易化民成俗，净化社会风气。教育怎样造就美德呢？主要就是通过学习古典文化。除读书外，人文主义教育家还重环境和家庭对儿童道德成长的作用。

与上述人文主义教育家的道德教育思想不同，法国的拉伯雷、蒙田和英国的培根对道德教育的看法展示出一种新的伦理倾向。可以看出，拉伯雷、蒙田、培根等人的道德教育思想与君主政治的联系大大减少，几近消失，而且由于宗教改革、知识发展等因素的影响，他们更强调自由、宽容和怀疑精神，强调知识与品德的有机联系，呈现出新的风貌，与前面提及的一些人文主义教育家迥然不同。

第三，教育内容。人文主义的教育内容是建立在对古典文化的发现、整理和选择这一基础之上的。人文主义者批判中世纪形成的经院主义认识方法，批判中世纪形成的知识体系，他们运用人文主义的方法搜集、整理、诠释古典文化，并从中择取教育的内容。在古典文化中，人们发现了"人"，人们还要运用古典文化塑造"人"。人文主义者认为，"真正的人"的精神世界的构建必须借助于古典文化，古典文化本身对于当时的人就是一种精神解放的力量。

人文主义教育家所主张的教育内容充分体现了古典文化复兴的精神，古典语言、古典著作构成教育内容的核心和基石，古典语言主要指拉丁语、古希腊语和希伯来语，古典著作主要指古希腊罗马的文学、历史、哲学、伦理学、医学、法学等著作。中世纪的"七艺"依然是学习的内容，但抛去了中世纪教育笼罩其上的浓厚的宗教成分，还其本来的世俗面目。到了文艺复兴后期，本民族语言、自然科学、体育等也日益成为教育的重要内容，人文主义教育的课程日益近代化。

第四，教育方法。文艺复兴时代的教育方法所体现的基本精神与中世纪大相径庭。新的方法是建立在新的人性论和新的认识方法的基础之上的。中世纪教会学校为了维护教会的权威和神学思想的绝对统治地位，强迫学生盲目信仰，绝对服从，不准提问，不准怀疑，强调信仰而泯灭理性。教会学校纪律十分严酷，体罚盛行，棍棒成为学校必备之物，学生身心备受摧残。禁欲主义、信仰主义、权威主义成为中世纪教育方法的典型特征。

文艺复兴给教育带来了生机和新的风貌，教育方法在总体精神上产生了变革，具体表现在以下几个方面。第一，反对权威主义和体罚，崇尚自由精神。第二，教育应遵循儿童身心发展的特点。尽管人文主义教育家对儿童身心发展的特点尚无统一的、科学的认识，但他们在实践中已经意识到，成功的教育与遵循儿童心理特点之间存在着密切联系。第三，注重能力培养，反对迂腐的学风。人文主义教育家尖锐地抨击了强迫儿童死记硬背的教条主义做法，要求培养学生的理解力和判断力。

后期人文主义的一个重大贡献，就是批判经院主义的烦琐方法，引入了认识事物的新方法，对教育教学方法的变革产生了深刻影响。中世纪经院主义引入了理性的因素，较之中世纪前期的信仰主义有相当大的进步，但随着时代的进步，其消极特征如枯燥的形式主义、烦琐而拘泥于细节等日益显露出来，经院哲学家们讨论的问题往往荒诞无稽，他们虽好辩难和推理，但由于推理依据的大前提不经过论证，得出的结论往往毫无价值，而且推理的过程、论辩的方式又相当烦琐细碎。

与经院哲学相应，经院主义教育内容空洞，方法烦琐，误人子弟。人文主义者与此相对，批判经院主义的论证方式和教育方法。其中，对经院主义方法批判最彻底，并以崭新的方法来取而代之的是维夫斯和培根。在维夫斯看来，经院哲学的学科及其赖以为据的亚里士多德逻辑学的根本缺陷，在于以无根基的一般概念为先决条件，然后进行枯燥的推理。简言之，正确的认识方法与学习方法不是演绎法而是归纳法，维夫斯重视感官经验在教学中的作用，把感官经验作为智力活动的开端。

培根活动的盛期是在文艺复兴末期，他从哲学的高度对归纳法进行了详尽的论证。他批判了导致人们陷入错误认识的四种假象：种族假象、洞穴假象、市场假象、剧场假象，反对认识过程中的主观性、片面性以及因盲目信仰权威和语义不清造成的谬误。他认为只有把感性认识与理性认识结合起来，先努力收集许多在数量上、种类上足够启发理智的感性材料，然后在"真正的归纳法"的指导下，运用理性能力对材料进行分类和整理，从中引出科学的结论来。培根的思想在整个欧洲思想发展史上占有异常光辉的一页，培根提出的认识原理，尽管并不尽善尽美，但对17世纪乃至以后的教育思想产生了深远的影响，夸美纽斯著名的对直观性教学原则的论证就是建立在培根认识论基础上的。

在教育目的论、教育作用论、道德教育论、课程论、教学方法论之外，有些人文主义教育家还探讨了其他一些教育问题，如莫尔和卡斯底格朗论及美育，莫尔论及劳动教育，伊拉斯谟和维夫斯论及教师的标准等，但这些不是人文主义教育家普遍关注的热点问题，不构成人文主义教育思想的主要内容。

尽管人文主义教育在不同的地域和不同的发展阶段有不同的特色，但在基本特征上毕竟有共通之处，这些特征是人文主义的基本特征在教育上的具体表现，也是相对于中世纪教育的进步所在。这些基本特征是：

其一，人本主义。人文主义教育具有人本情怀。人文主义教育带有人文主义的根本特征，那就是对人的关注。人并非消极无为的存在物，人有其自身的尊严，人是有力量的，通过教育，人可成为完美的个体，可建立丰功伟绩，可战胜命运的肆虐，能凭自己的力量改变世界。教育就是解放人，就是塑造完美的新人。而中世纪教育的核心特征是它的宗教化、神学化，只有上帝是全知全能、尽美尽善的，人是卑微的，人具有原罪，不可能获得优秀品质，人是无能无为的，只有卑微地受苦赎罪才能得到上帝的拯救从而进入天国。人文主义教育家认为应培养全面发展的、尽善尽美的人为现实社会服务。这体现了一种对人的新观念，后天的力量——教育受到了重视，而先天的决定力量——神意与命运则受到了嘲弄，为人们所不信任。

人文主义教育家所主张的学习内容同样充满着人文、人道精神，古典作品构成人文主义教育内容的主体，不论是历史、哲学、伦理学还是文学，所主张的观念均与中世纪相对，都歌颂尘世生活，都以人为本，歌颂人的力量，都充溢着乐观向上的精神，绝无中世纪的忧郁阴冷和绝望悲观。即便是基督教人文主义者如伊拉斯谟等人虽然主张学习圣经，却不贬抑人，而且还力主人类有自由意志。

蒙昧主义、信仰主义、权威主义、禁欲主义是中世纪教育方法的基本特征，唯独没有"人道"精神。文艺复兴时期人文主义教育的一个重大改革就是对中世纪教育方法基本特征的反叛。人文主义教育家崇尚自由，反对体罚，要求教育应遵循儿童的天性而不是戕害其天性、悖逆其天性，教师应了解学生的身心特点，应依其年龄特征和个别差异因材施教。人文主义教育家反对硬读死记、盲目灌输的教学风气，要求注重儿童创造力的培养和个性的铸就。毋庸讳言，这些都是人文精神或者说人道精神的集中体现。

其二，古典主义。人文主义教育的产生是以复兴古代教育思想为起点的。人文主义教育的目的、道德教育、教学内容、教学方法等皆含有古代教育的因素，但这绝非纯粹的"复古"，实则含有古为今用、托古改制的内涵。这种古典主义不同于中世纪教育的古典主义，后者也借用古人，但往往是简单粗暴、断章取义的，前者则力求用历史主义的态度和方法恢复古代文化的真实面目。

人文主义教育思想本身就含复兴古希腊罗马教育观念的成分。人文主义教育家的很多思想吸收了古人的见解，如和谐发展的思想，培养人具有四种基本美德的思想，有些教育家如蒙田还推崇苏格拉底的谈话法。这种教育思想的复兴和整个文艺复兴的顺序一致，先复兴古罗马的教育思想，然后才复兴古希腊的教育思想。"人文主义之父"彼特拉克最先恢复了西塞罗的教育思想，从而开复兴古代教育思想之先河。弗吉里奥的教育思想则可以说是昆体良教育学说的翻版，主张培养通才，要求教育适合儿童的爱好和年龄。希腊文化复兴以后，希腊教育理论中和谐发展的理想亦为人们所吸收，如维多里诺主张将严格的身体训练和文化训练结合起来。北部欧洲的人文主义教育家如伊拉斯谟、维夫斯、蒙田、拉伯雷等人在论著中也屡屡引证古代教育家的论述。这充分说明古代的教育思想构成人文主义教育思想的重要理论源泉。

古典课程是人文主义教育家所推荐的课程的基础乃至全部。在中世纪后期，由于经院哲学的影响，学校都把注意力集中于有关上帝、天国的抽象烦琐的推理上，对现实世界抱十足的轻蔑态度。一些学者厌恶这种学术气氛，逃出永无休止的争论旋涡，转而去探讨伟大而完美的古典文化世界。不论意大利人文主义教育家还是北部欧洲人文主义教育家都将拉丁语、古希腊语以及古代历史、文学、哲学典籍作为学习的主要科目。本民族语言、自然科学等课程只处于次要地位。古典主义具复古意味，往往含保守色彩。但在文艺复兴时代，古典主义却有进步意义。学习古典文化的目的不仅仅是在于获得审美的愉悦，更重要的是意在通过学人之言进而学古人之道。

但我们也应看到，随着时代的进步，以学习古典文化为主要特征的早期人文主义教育理论与实践日益不能适应社会发展的需要，人们从古代文化中吸取了灵感，但时代的前进要求人类思想的进一步解放，人文主义必须走出古代的阴影，应从古典文化以外的地方去寻找新的灵感。到了文艺复兴后期，由于科学文化的进步与社会发展的客观要求，一些新的科目如本民族语言、自然科学等日益渗入学校课程中去，后期人文主义教育家的课程理论又增添了新的内容。但古典科目依然是课程的主体，这种状况一直持续到 19 世纪末。

其三，世俗性。世俗性与崇尚人道、与古典主义息息相通，强调人道就是否定神道和天国而褒扬人生活的人间尘世，所复兴的古典文化教育也都具有非宗教的世俗性质。人文主义教育家的教育目的已不像中世纪那样纯粹为了宗教。尽管上帝依然活在他们心中，但对世俗生活和世俗教育的要求在他们的思想中也是一道滚滚不息的洪流。天国的光辉依然闪耀，但尘世的引力却渐趋强大。要求教育为现实社会服务、为尘世服务，已经成为人文主义教育的主旨之一。人文主义教育家将教育视为解决社会问题的重要手段。虽然北方人文主义者还将虔信作为一种美德，但虔信已不是道德教育的全部内容。道德教育的目的不是邀得上帝的青睐和恩宠，而是克服社会的腐败和不道德现象，并塑造新的道德精神。质言之，追求美德是对当时现实社会不道德状况的否定和改造现实社会的一种憧憬与渴求。

人文主义教育家所主张的课程也具有世俗性，古典语言和古典作品的世俗性自不待言，就是对中世纪遗留下来的"七艺"和神学等科目也作了世俗性的处理。"七艺"在中世纪以前是世俗性科目，但到了中世纪，教会使"七艺"笼罩上一层浓厚的宗教气氛。文艺复兴时期，世俗文化的地位得到了大大提升，"七艺"也恢复了原先的世俗精神。即便是宗教神学，也被赋予新的人文主义色彩。如不少人文主义教育家通过引证《圣经》歌颂现实生活、歌颂人的尊严和伟大，他们在承认神的同时也歌颂人类，天国与尘世、上帝与子民并不像中世纪那样泾渭分明。过去尘世为天国服务、人类是上帝的奴隶，现在人文主义教育家打着天国的招牌和上帝的名号而实际上却歌颂人生和尘世的美好。

由于文艺复兴波及范围较广，世俗性在不同地区、不同时期的表现也不相同。一般而言，意大利人文主义教育思想的世俗性较北部欧洲要强，后期人文主义教育思想的世俗性较前期要强，前者反映了不同地区的文化差异，后者则体现了时代发展的趋势。

其四，宗教性。人文主义教育依然具有宗教性。在教育的基本精神上，人文主义教育家几乎都希望将古希腊和古罗马的世俗教育与基督教的世界观结合起来，也就是使世俗性与宗教性并存，以世俗性改造中世纪的陈腐专横的宗教性，以造就一种新的更富世俗色彩和人性色彩的宗教性。几乎所有的人文主义教育家都相信上帝，他们揭露、抨击教会和僧侣的腐败与不道德，但他们不反对宗教，更不打算消灭宗教，他们的世俗性是有限度的。

很多人文主义教育家都推崇基督教的人生观和世界观，其中以伊拉斯谟、维夫斯等基督教人文主义教育家最甚，他们认为应以基督教的标准衡量一切事物，教育最重要的任务就是培养对上帝的虔敬和爱戴，但他们的基督教人文主义与中世纪的宗教信条有显著不同。正如有的学者指出的：

　　到 1500 年基督教文艺复兴已与人文主义结合在一起，莫尔、伊拉斯谟等人皆支持这一运动。这些人的宗教学说和北部欧洲的人文主义理想完全一致。因为他们相信宗教是为了人的好处，而不是为了有组织的教会的利益，甚至也不是为了人们所敬畏的上帝的荣誉，他们主要是从道德观点出发解释基督教，他们认为基督教的许多神学和超自然的因素都是不必要的，即使不是完全有害的，他们很少用任何形式的宗教仪式。他们嘲笑尊敬圣物和出卖赎罪券等迷信。他们承认需要有限数量的教会组织，但是他们不承认教皇的绝对权威，也不承认真正需要有教士做人和上帝之间的中间人。总之，大多数基督教人文主义者所真正希望的是理性高于信仰，行为高于教条，个人超越有组织的制度。他们相信只要逐渐通过征服愚昧和消除弊端，不必通过激烈的反抗，就能够建立一种朴素而又合乎理性的宗教。①

　　可见，基督教人文主义是要改变中世纪教会的组织和精神，它所代表、体现的是一种新的宗教性，这种宗教性在当时是进步的，并且为其后的宗教改革运动开了先河。但基督教人文主义者却反对宗教改革运动，他们所主张的改革是温和的、是自上而下的、是内部的，不想导致教会的分裂和教徒的流血，他们认为路德等人的宗教改革运动太残酷、太不人道，有违于基督教友爱的精神。因此，基督教人文主义的宗教性不同于前，也异于后，但在当时却有进步意义。

　　就整体而言，人文主义运动是一场不反对宗教的运动，在教育上，不仅教育的目的具有宗教性，教育的内容也具有宗教性，众多的人文主义教育家都主张开设宗教课程。

---

　　① ［美］爱德华·麦克诺尔·伯恩斯、［美］菲利普·李·拉尔夫：《世界文明史》（第二卷），177 页。引用时有改动。

其五，贵族性。文艺复兴运动并不是一场大众民主运动，而主要是一场由贵族发起的文化运动，尽管它极力反对中世纪的教阶制度和封建制度，但它本身也带有新的等级性和贵族性。人文主义教育运动亦具有等级性和贵族性。教育对象多为上层子弟；教育形式多为家庭教育和宫廷教育，而非大众教育的形式；从教育目的看，培养的主要是世俗统治者如君主、宫廷侍臣、学者等；从教育者看，人文主义教育家本人大多系贵族阶层，或在宫廷中任职。

人文主义教育思想中的一些口号乍看上去具有强烈的民主、平等色彩，而实则不然。"美德即高贵"是文艺复兴时期一个响亮的口号，意即人不因拥有权力、财富和血统才高贵，人有美德才是真正的高贵。不以门第论贵贱，看上去这是对中世纪等级制和贵族世袭制的否定，具有民主平等色彩，但在北部欧洲的人文主义者那儿却变了模样。他们认为，虽然美德构成了唯一和真正的高贵，但美德恰恰总是在传统的统治阶级身上最完美地表现出来。人文主义者的这种偏见有其社会基础，因为当时能有财力、物力、精力接受系统教育的多为贵族子弟，他们是学问与风度的拥有者。因此，不仅人文主义者的这种观点本身反映了等级性，而且这种观点的背后所隐藏的社会差别更反映了等级性的存在，在承认了政权应交到具有美德之人手中和肯定了这些人恰恰正是贵族和绅士之后，人文主义者得出结论：为了维护最有秩序的政治社会形成，我们不应当取消任何现存的社会差别，反而应当尽量保持这种差别。

实际上，人文主义教育在大众性方面，甚至远远不及新教教育。新教教育的典型特征是其宗教性和大众性。路德全部思想的核心是灵魂得救，路德教育思想的根本出发点在于，通过教育，培养对上帝的虔诚信仰，从而使灵魂获得拯救。尽管路德也强调了教育的世俗化目的，但与宗教性目的相比，世俗化目的是从属的、次要的。加尔文也是如此，尽管加尔文主张的教育目的也具二重性，但从其思想的主导倾向来看，他教育目的的重心仍落在信仰、教会上，在此点上，他较路德有过之而无不及。在对宗教性的强调上，新教与天主教并无区别，二者的区别主要在灵魂获救的途径不同，新教主张"因信称义"，否认教会的中介作用，否定教皇的权威，主张个人通过圣经、通过真诚的信仰与上帝直接交流；而天主教则强调教会的中介作用和教皇的权威地位。新教教育的大众性是指其教育平等的理念。路德认为，信仰完全是个人的主观体验和内心活动，每个人的信仰来自他对《圣经》的独立理解。这样在理论上就产生了一种新的教育要求——使每个人都有阅读《圣经》的能力。信仰面前人人平等这一宗教观反映到教育上就成为教育权利的平等。路德把教育的权利扩大到社会下层，从而揭开了西方近代教育民主化进程的历史序幕。由此，路德还进一步提出了普及教育的主张。加尔文则更为明确地提出了由国家负责对全体公民进行强迫教育的思想。他主张由国家管理文化教育事务，实施义务教育，是新教教育思想对教育理论与实践最主要的贡献，对当时和其后的教育发展起到了决定性的作用。

因此，等级性和贵族性充溢着文艺复兴时期的每一方土地，尽管它较中世纪有所变化，但依然存在。教育思想的等级性和贵族性只不过是当时的社会存在在教育家头脑中的反映罢了。

文艺复兴时代是西方文化的青春期，也是西方教育的青春期。这个时代雄姿勃发、朝气盎然，洋溢着蓬勃生机，其创造精神、开拓意识一直为后人称道，风范长存。但同时也稚气未退，有诸多不足，含许多不成熟的因素。文艺复兴时代是一个复杂的过渡时代，新旧杂陈、泥沙俱下在所难免，很多方面尚不能脱离古人的樊篱和过去的阴影。教育亦如此，尽管它具有世俗性和人道精神，倡世俗学科，重儿童心理，开启了近代教育的先河，为近代教育思想与教育实践的发展奠定了基础，但同时其还具有古典性、贵族性和宗教性，尽管这几个特性在当时特定的社会条件下也有一定的进步意义，但其进步性却是有限度的，随着历史车轮的滚滚向前，其进步性日渐苍白，而其落后性却与日俱增。

文艺复兴时期人文主义教育尽管具有两重性，但它涤荡了中世纪教育的阴霾，开启了欧洲近代教育的先河，为人类教育的发展做出了积极的贡献。

本卷由褚宏启、王者鹤主编，各章节的执笔人是：导言，第一章，第二章第一节、第三节、第四节和第五节，第三章第一节、第二节、第三节，第四章第一节，第五章第一节、第三节，第六章第一节、第五节，第七章第一节、第三节和第四节，第八章第三节，结语——褚宏启；第二章第二节，第四章第二节，第五章第二节，第六章第二节，第七章第二节，第八章第一节、第二节——王者鹤；第四章第三节、第四节和第六章第三节——章林；第四章第五节——李为人、王晓华；第六章第四节——石中英。全书由褚宏启、王者鹤统稿并修改定稿。

参考文献

一、中文文献

《马克思恩格斯全集》(第二卷)，北京，人民出版社，1957。

北京大学西语系资料组：《从文艺复兴到十九世纪资产阶级文学家艺术家有关人道主义人性论言论选辑》，北京，商务印书馆，1971。

北京大学哲学系外国哲学史教研室：《西方哲学原著选读》(上卷)，北京，商务印书馆，1981。

陈小川、郭振铎等：《文艺复兴史纲》，北京，中国人民大学出版社，1986。

戴本博：《外国教育史》(上)，北京，人民教育出版社，2001。

单中惠：《培根与近代科学教育的兴起》，载《华中师范大学学报》，1981(2)。

刘明翰：《世界史·中世纪史》，北京，人民出版社，1986。

马克垚：《世界历史·中古部分》，北京，北京大学出版社，1989。

吴式颖：《外国教育史教程》，北京，人民教育出版社，1999。

吴式颖主编：《外国教育思想通史》(第4卷)，长沙，湖南教育出版社，2000。

吴元训编：《中世纪教育文选》，北京，人民教育出版社，1989。

余丽嫦：《培根及其哲学》，北京，人民出版社，1987。

张椿年：《从信仰到理性——意大利人文主义研究》，杭州，浙江人民出版社，1993。

赵祥麟：《外国教育家评传》(第一卷)，上海，上海教育出版社，1992。

朱维之、赵澧主编：《外国文学史·欧美部分》，天津，南开大学出版社，1985。

[德]考茨基：《莫尔及其乌托邦》，关其侗译，北京，生活·读书·新知三联书店，1963。

[德]诺贝特·埃利亚斯：《文明的进程：文明的社会起源和心理起源的研究》，王佩莉、袁志英译，北京，生活·读书·新知三联书店，1998。

[法]拉伯雷：《巨人传》，成钰亭译，上海，上海译文出版社，1990。

[法]蒙田：《蒙田随笔全集》(上卷)，潘丽珍等译，南京，译林出版社，1996。

[法]蒙田：《蒙田随笔全集》(下卷)，潘丽珍等译，上海，译林出版社，1996。

[法]蒙田：《蒙田随笔全集》(中卷)，潘丽珍等译，上海，译林出版社，1996。

[美]E. P. 克伯雷选编：《外国教育史料》，任宝祥、任钟印主译，武汉，华中师范大学出版社，1991。

[美]F. P. 格莱夫斯：《中世教育史》，吴康译，上海，华东师范大学出版社，2005。

[美]S. E. 弗罗斯特：《西方教育的历史和哲学基础》，吴元训等译，北京，华夏出版社，1987。

[美]爱德华·麦克诺尔·伯恩斯、[美]菲利普·李·拉尔夫：《世界文明史》(第二卷)，罗经国等译，北京，商务印书馆，1987。

[美]保罗·奥斯卡·克利斯特勒：《意大利文艺复兴时期八个哲学家》，姚鹏、陶建平译，上海，上海译文出版社，1987。

[美]罗伦培登：《这是我的立场——改教先导马丁·路德传记》，陆中石、古乐人译，南京，译林出版社，1993。

[美]威利斯顿·沃尔克：《基督教会史》，孙善玲等译，北京，中国社会科学出版社，1991。

[摩洛哥]扎古尔·摩西主编：《世界著名教育思想家》(第三卷)，梅祖培等译，北京，中国对外翻译出版公司，1995。

[瑞士]雅各布·布克哈特：《意大利文艺复兴时期的文化》，何新译，北京，商务印书馆，1979。

[苏]И. Н. 奥西诺夫斯基：《托马斯·莫尔传》，杨家荣、李兴汉译，北京，商务印书馆，1984。

[意]尼科洛·马基雅维利：《君主论》，潘汉典译，北京，商务印书馆，1985。

[意]欧金尼奥·加林：《意大利人文主义》，李玉成译，北京，生活·读书·新知三联书店，1998。

[意]萨尔沃·马斯泰罗内:《欧洲政治思想史》,黄华光译,北京,社会科学文献出版社,1998。

[英]G. R. 波特编:《新编剑桥世界近代史 第一卷 文艺复兴》,中国社会科学院世界历史研究所组译,北京,中国社会科学出版社,1988。

[英]J. 戴维斯:《文艺复兴早期的佛罗伦萨及其大学》,1998。

[英]R. T. 戴维斯:《西班牙的黄金世纪(1501—1621年)》,伦敦,1956。

[英]阿伦·布洛克:《西方人文主义传统》,董乐山译,北京,生活·读书·新知三联书店,1997。

[英]奥尔德里奇:《简明英国教育史》,诸惠芳等译,北京,人民教育出版社,1987。

[英]保罗·F. 格瑞德尔:《文艺复兴时期意大利的大学》,巴尔的摩和伦敦,2002。

[英]保罗·F. 格瑞德尔:《意大利文艺复兴时期的学校教育》,巴尔的摩和伦敦,1989。

[英]博伊德、[英]金:《西方教育史》,任宝祥、吴元训译,北京,人民教育出版社,1985。

[英]丹尼斯·哈伊:《意大利文艺复兴的历史背景》,李玉成译,北京,生活·读书·新知三联书店,1988。

[英]弗兰西斯·培根:《崇学论》,关琪同译,北京,商务印书馆,1938。

[英]弗兰西斯·培根:《培根论说文集》,水天同译,北京,商务印书馆,1983。

[英]弗兰西斯·培根:《新大西岛》,何新译,北京,商务印书馆,1959。

[英]弗兰西斯·培根:《新工具》,许宝骙译,北京,商务印书馆,1984。

[英]肯尼思·O. 摩根主编:《牛津英国通史》,王觉非等译,北京,商务印书馆,1993。

[英]昆廷·斯金纳:《现代政治思想的基础》,段胜武等译,北京,求实出版社,1989。

[英]罗素:《西方哲学史》(下卷),马元德译,北京,商务印书馆,1976。

[英]托马斯·马丁·林赛:《宗教改革史》(上册),孔祥民等译,北京,商务印书馆,1992。

[英]托马斯·莫尔:《乌托邦》,戴镏龄译,北京,商务印书馆,1982。

[英]威利斯顿·沃尔克:《基督教会史》。

二、外文文献

Anthur Tilley, "Greek Studies in England in the Early Sixteenth Century", *The English Historical Review*, Vol. 53, No. 210, 1938.

Carlos G. Noreña, *Juan Luis Vives and the Emotions*, Southern Illinois University Press, 1989.

Desiderius Erasmus, *The Complaint of Peace*, Chicago & London, The Open Court Publishing Co. , 1917.

Edward Muir, *Civic Ritual in Renasisanec Venice*, Princeton, 1981.

Erasmus Desiderius, *Handbook of the Militant Christian*, Notrte Dame, Fides Publishers, 1962.

Foster Watson, *Luis Vives*, Oxford University Press, 1922.

Frank Pierrepont Graves, *A Student's History of Education*, New York, 1933.

F. Paulsen, *Die deutschen Universitdten und das Universitatsstudium*, Berlin: A. Asher & co. , 1902.

G. H. Bantock, *Studies in the History of Educational Theory*, Volume I , George Allen & Unwin Ltd. .

James Bowen, *A History of Western Education*, Volume II , Routledge, 2003.

Patrieia-Ann Lee, "Some English Academies: An Experiment in the Education of Renaissance Gentlemen", *History of Education Quarterly*, Vol. 10, No. 3, (Autumn, 1970).

Patrizi, *The Kingdom and the Education of the King*, quoted in Quentin Skinner, *The Foundations of Modern Political Thought*, Vol. 1, Cambridge, Cambridge University Press, 1978.

Paul Monroe, *A Cyclopedia of Education*, Volume 3, The Macmillan Company, 1918.

Pontano, *The Prince*, quoted in Quentin Skinner, *The Foundations of Modern Politi-*

cal Thought, Vol. 1, Cambridge, Cambridge University Press, 1978.

Thomas B. Duetshcer, "From Ciceor to Tasso: Humanism and the Education of the Novarese Parsih Cleergy (1565-1663)", *Renaissnace Quarterly*, 2002(3).

William Harrison Woodward, *Studies in Education during the Age of the Renaissance*.